U0610928

21 世纪重点大学会计精品教材

# 政府与事业单位会计

## （第二版）

主　编　郭彦斌　　卫时银

副主编　刘继荣　　门素梅

　　　　谭志军　　郭丽娟

经济管理出版社

**图书在版编目(CIP)数据**

政府与事业单位会计/郭彦斌,卫时银主编．—2
版．—北京:经济管理出版社,2009.7
ISBN 978—7—5096—0700—8

Ⅰ．政… Ⅱ.①郭…②卫… Ⅲ.①国家机构—会
计②单位预算会计 Ⅳ.F810.6

中国版本图书馆 CIP 数据核字(2009)第 125117 号

出版发行:**经济管理出版社**

北京市海淀区北蜂窝 8 号中雅大厦 11 层

电话:(010)51915602　　　邮编:100038

印刷:北京银祥印刷厂　　　　　经销:新华书店

责任编辑:常亚波　励　隽

技术编辑:黄　铄

责任校对:超　凡

| | | |
|---|---|---|
| 720mm×1000mm/16 | 21.75 印张 | 448 千字 |
| 2009 年 8 月第 2 版 | 2012 年 8 月第 7 次印刷 | |

定价:36.00 元

书号:ISBN 978—7—5096—0700—8

# 第二版前言

随着我国社会主义市场经济体制的建立与完善，我国对政府与事业单位会计进行了适时、连续、深入的改革，颁布了《财政总预算会计制度》、《行政单位会计制度》、《事业单位会计制度》、《行政单位会计准则》、《事业单位会计准则》、《行政单位财务规则》、《事业单位财务规则》及其他相关规章制度。尤其是财政部制定发布了《2007 年政府收支分类科目》，对政府的预算收支科目进行了全面、系统的规划与设计，使我国政府预算收支科目更加科学、完善。近几年来，我国的财政预算管理制度正在发生重大变化，主要可以概括为三大改革：部门预算制度改革、国库集中收付制度改革和政府采购改革。财政预算管理制度的变化，势必推动政府财政会计核算的变化。

为了更好地适应政府与事业单位会计改革的需要，按照新的财政、行政、事业单位财务会计制度的要求，我们对 2005 年出版的《政府与事业单位会计》进行了修订，将新的制度变化与原有的体系基础有机地结合，融会贯通。全书共分四篇：第一篇，总论，介绍政府与事业单位会计的基本原理；第二篇，政府财政会计，介绍政府财政会计的基本内容及核算方法；第三篇，行政单位会计，介绍行政单位会计核算的内容及方法；第四篇，事业单位会计，介绍事业单位会计核算的内容和方法。我们编写本书时，以会计法及上述各项准则、制度为依据，同时注意理论与实务相结合。本书可作为大、中专院校财经类各专业学生的教学用书，也可作为政府与事业单位会计人员自学的参考书。

本书共四篇二十三章，由郭彦斌、卫时银任主编，刘继荣、门素梅、谭志军任副主编。其中：第一至第二章由刘继荣编写，第三章由谭志军编写，第四至第十章由郭彦斌、李海洋、卢海滨编写，第十一至第十六章由门素梅、郝晓健、杨晓辉、郭丽娟编写，第十七至第二十三章由卫时银、姜杰凡、刘晗编写。

在本书编写出版过程中，贾国军博士、副教授做了大量工作，在此表示衷心的感谢。

尽管我们在编写过程中付出了很大的努力与心血，但由于作者水平有限，书中难免有不足与偏差，恳请广大读者批评指正。

编　者

2009 年 5 月 5 日

# 目 录

## 第一篇 总 论

## 第二篇 政府财政会计

# 第三篇　行政单位会计

# 第四篇　事业单位会计

# 第一篇
# 总　论

# 第一章　政府与事业单位会计概述

## 第一节　政府与事业单位会计的概念及构成

政府与事业单位会计是各级政府财政机关、行政单位和事业单位反映和监督政府财政资金和事业单位资金活动的会计。其定义可表述如下：政府与事业单位会计是以预算管理为中心的宏观管理信息系统和管理活动，是反映和监督政府财政总预算及事业单位预算执行情况的一门专业会计。政府与事业单位会计是与企业会计相并列的会计学两大分支之一，既是国家预算管理的重要信息系统，又是各单位经济管理的重要组成部分。

### 一、政府与事业单位会计的适用范围

会计按其适用范围和核算对象，可分为企业会计、政府与事业单位会计两大体系。

企业会计是反映和监督社会再生产过程中属于生产、流通领域中的各类企业生产经营活动过程和结果的会计体系。适用企业会计的工业、商业、农业、交通运输等企业，基本上从事各种生产经营活动，为社会提供物质资料，主要特征是以营利为目的。

政府与事业单位会计是反映和监督政府财政总预算及事业单位预算执行情况的会计体系。它适用于社会再生产过程中分配领域、社会福利领域和精神产品生产领域中的各级财政部门、行政单位和各类事业单位。这些部门和单位一般不直接生产物质产品，而是通过预算资金业务活动，为社会生产和人民生活服务，主要特征是不以营利为目的，而以社会效益为目的。

政府财政部门是组织国家财政收支和办理国家预算、决算工作的部门，包括中央、省、自治区、直辖市，设区的市、自治州、县和不设区的市、市辖区、乡、镇等各级政府财政机关。政府财政机关以各级政府为会计主体，对其财政收支进行反映和监督。

行政单位是进行国家行政管理，组织经济、文化建设，维护社会公共秩序的政府机关，包括各级国家立法机关、行政机关、司法机关、检察机关及其派出机

构和设有单独财务系统的军队。党派和社会团体不属于行政单位，但在预算管理和会计核算上比照行政单位处理。

事业单位是不具有物质产品生产和国家事务管理职能，主要以精神产品和各种劳务形式向社会提供生产性或生活性服务的单位，包括文化、教育、卫生、科研设计、广播电视、体育等科学文体事业单位；水利、环保、计划生育、气象等公益事业单位；孤儿院、养老院等社会福利救济事业单位。事业单位所属的经济实体，是以营利为目的的生产服务性实体，不包括在上述事业单位范围之内。

作为非物质生产部门的财政部门、行政单位和事业单位，虽然一般不直接创造社会所需的物质财富，但对于整个社会再生产起着不可忽视的作用。社会主义市场经济的建立与完善，需要科学技术的进步；经济的繁荣与发展越来越多地取决于高素质人才队伍的建设；社会的稳定与发展，更是离不开精神文明的建设。而一切社会事业的发展，都离不开国家政权机关发挥组织、领导的核心作用。可见，政府财政部门、行政单位和事业单位同企业单位一样，同样是整个国民经济中不可或缺的组成部分。

## 二、政府与事业单位会计的构成

政府与事业单位会计总体上来说由三部分组成：政府财政会计、行政单位会计和事业单位会计，其中前两个部分又可合并称为政府会计。

政府财政会计分为中央财政会计和地方财政会计。中央财政会计核算和监督中央总预算的执行情况，由财政部办理，也称中央财政总会计。地方财政会计核算和监督地方总预算的执行情况，由各级地方财政部门办理，又称地方财政总会计。

行政单位的会计组织形式，根据国家建制和经费领报关系，划分为行政主管单位会计、二级行政单位会计和基层行政单位会计。行政主管单位会计是指向同级财政部门领报经费并发生预算管理关系的行政主管单位所执行的会计核算。二级行政单位会计是指向行政主管单位领报经费并发生预算管理关系，且有下属单位的行政单位所实行的会计核算。基层行政单位会计是指向上级行政单位领报经费并发生预算管理关系，且无下属单位的行政单位所实行的会计核算。

行政单位会计按国家机关性质，又可以分为司法机关会计、行政机关会计、审判机关会计、检察机关会计、军队会计和社团会计等。

事业单位会计根据国家建制和经费领拨关系或财政隶属关系，划分为事业主管单位会计、二级事业单位会计和基层事业单位会计。事业主管单位会计是指向同级财政部门领报经费并发生预算管理关系的事业主管单位执行的会计核算。二级事业单位会计是指向事业主管单位领报经费并发生预算关系且有下属单位的事业单位执行的会计核算。基层事业单位会计是指向上级事业单位领报经费并发生预算管理关系且无下属单位的事业单位执行的会计核算。

事业单位会计从涉及的主要行业来看又可以分为教育单位会计、医院会计、体育单位会计、科研单位会计、农林水利会计等。

应该注意的是，组织各级总预算的执行，除了有上述提到的各级财政部门外，还有其他一些部门参与。在我国，财政资金的收入、拨出和留缴是由中国人民银行代理的国库来经办的，中国人民银行办理国库业务所执行的会计核算称为国库会计。财政收入主要是由税务机关完成征收解缴的，核算和监督中央预算和地方预算中各项财政收入征管、缴库过程资金运动的会计称为收入征解会计。上述财、税、库三个方面相互提供有关资料、密切协作，是组织、管理和核算、监督各级财政预算收入实现的重要部门，所以说政府财政会计、行政单位会计、事业单位会计、国库会计与收入征解会计共同组成了当前我国政府与事业单位会计的有机整体。

# 第二节　政府与事业单位会计的对象、任务和特点

## 一、政府与事业单位会计的对象

政府与事业单位会计的对象是其核算和监督的预算单位的资金运动。由于政府财政部门、行政单位和事业单位主要是执行国家预算任务的预算单位，其资金运动过程一般表现为预算资金活动的过程和结果，即预算执行的过程和结果。

政府财政会计的核算对象是各级政府总预算执行过程中的预算收入、支出和结余。

行政单位会计的对象是行政单位预算资金活动过程中的资金来源、资金运用和资金结余。

事业单位会计的对象是事业单位预算资金的领拨、使用及其结果，以及收入的取得、成本费用的发生和收益的形成等资金运动过程。

## 二、政府与事业单位会计的任务

政府与事业单位会计是服务于国家预算管理和单位财务管理的专业会计，其主要目标是为预算管理部门和单位提供预算财务收支活动过程及其结果的有关财务会计信息。在此目标的约束下，其任务可表述如下：

（1）反映和监督预算财务收支情况，确保国家预算收支任务的顺利实现。

为确保国家预算收支任务的实现，加强预算财务管理，有关部门必须及时了解和掌握预算财务收支的执行情况。政府与事业单位会计能够及时、完整、准确地提供预算财务收支活动的有关信息，有效监督预算的执行。

（2）检查资金使用情况，提高资金使用效率。

借助于政府与事业单位提供的财务信息，我们能够全面了解单位业务活动的

种类、规模和发展趋势，有利于评价单位业务活动的成绩，以便于采取措施，组织收入、合理安排支出、减少不合理开支，从而提高资金的使用效率。

（3）分析预算执行进度，确保预算资金供求。

根据政府与事业单位会计提供的预算执行情况的信息，有关部门可以分析预算执行过程中存在的问题，及时揭示预算资金的供求矛盾，调整供求关系，以确保预算的顺利执行。

（4）检查财政财务收支计划的执行结果，实行会计监督，维护国家财经纪律。

政府与事业单位会计在反映预算收支活动的同时，可以及时了解和检查财经政策的贯彻和执行情况，以便发现不合法和不符合政策的收支行为，从而采取措施，及时纠正。

## 三、政府与事业单位会计的特点

### （一）政府财政会计的特点

政府财政会计具有以下主要特点：

（1）与预算管理有密切关系，受预算管理制度的制约。

（2）以收付实现制为会计核算的基础。

（3）不进行成本核算。

### （二）行政单位会计的特点

（1）行政单位业务活动的目的是满足社会公共需要，具有明显的非市场性。

（2）行政单位收支核算必须服从预算管理的要求。

（3）行政单位会计核算基础采用收付实现制。

（4）行政单位一般不进行成本计算。

### （三）事业单位会计的特点

（1）事业单位开展经济业务活动，从总体上来说，不以营利为目的，重视社会效益，一般不进行成本核算或完全的成本核算。

（2）一般以收付实现制为会计核算基础，但有的经营活动收支业务采用权责发生制。

（3）资金（经费）来源渠道多，要为多方面提供会计服务。

（4）有经营活动的事业单位，可以进行成本核算。

## 第三节　政府与事业单位会计的基本前提

政府与事业单位会计的基本前提，亦称政府与事业单位会计基本假设，是指组织政府与事业单位会计工作必须具备的前提条件。政府与事业单位会计的基本前提有如下四个：

## 一、会 计 主 体

会计主体是指会计工作为其服务的特定单位或组织，它规范了会计活动的空间范围和界限。组织会计核算工作首先应明确为谁核算的问题，一切核算工作都是站在特定会计主体立场上进行的，有了会计主体这一前提，才能将主体的业务活动与其他单位的业务活动区分开来；资产、负债等会计要素都是同特定的单位相联系的，如果主体不明确，资产和负债就无法界定，收入和支出就无法衡量。

政府财政会计的主体是各级政府，而不是各级政府的财政部门。因为财政总预算各项收入的收取和支出的分配，是各级政府的职权范围，财政部门只能代表政府执行预算，充当经办人的角色。行政事业单位会计的主体即为各级各类行政事业单位。

## 二、持 续 运 行

这是指政府与事业单位会计主体的业务活动能够持续不断地运行下去。它要求会计人员以单位持续、正常的业务活动为前提进行会计核算。政府与事业单位会计应以各级政府及各类事业单位能够持续不断地运行下去作为组织正常会计核算的基本前提。持续运行是一致性、可比性等会计信息质量要求的依据。如果没有规定持续运行的前提条件，一些公认的会计处理方法缺乏存在的基础，将无法采用，单位也就不能按照正常的会计原则、正常的会计处理方法进行会计核算，不能采用通常的方式提供会计信息。

## 三、会 计 分 期

这是指将会计主体持续运行的时间人为地划分成时间阶段，以便分阶段结算账目，编制会计报表。政府与事业单位会计期间分为年度、季度和月份。会计年度、季度和月份采用公历日期。

会计期间的划分对会计核算有着重要的影响。由于有了会计期间，才产生了本期与非本期的区别；由于有了本期与非本期的区别，才产生了权责发生制和收付实现制，才使不同类型的会计主体有了记账的基准。会计期间的划分，使单位连续不断的经济业务活动被分为若干个较短的会计期间，有利于单位及时结算账目，编制会计报表；有利于及时提供反映单位经济活动情况的财务信息，能够及时满足单位内部加强收支管理及其他方面进行决策的需要。

## 四、货 币 计 量

这是指会计主体的业务活动及其结果可以而且必须通过货币予以综合反映。计量工作，一般可用实物、劳务与货币三种尺度，但会计计量只能以货币为统一计量单位。这主要是因为货币是现代经济中一切有价物的共同尺度，是交换的媒介，是债权债务清算的手段，会计要综合反映单位各种会计要素的信息，货币是最理想的计量工具，而前述的其他两个计量尺度都不具有这种功能。

货币计量前提包括以下三个要点：①货币计量单位是会计计量的基本计量单位，其他计量单位是辅助的。②在多种货币存在的条件下，或某些业务是用外币反映时，需要确定一种货币为记账本位币，我国会计准则规定以人民币作为记账本位币。③货币计量应包含币值稳定的前提，即假定货币本身的价值是稳定的，货币购买力的波动可以忽略不计。当发生恶性通货膨胀时，就需要采用特殊的会计处理方法来进行校正，以确保会计信息能正确反映单位经济业务的本来面貌。

# 第四节　政府与事业单位会计的基本原则

会计核算的基本原则是政府与事业单位处理具体会计核算业务的基本依据，是对会计工作及由此产生的会计信息的基本要求。基本原则的内容主要包括：

## 一、真实性原则

亦称客观性原则，是指会计核算应以实际发生的经济业务为依据，客观、真实地反映单位的财务收支状况及结果。按照这个要求，会计核算的对象应该是单位实际已经发生的经济业务，并有合法的凭证作依据，利用符合经济业务特点的方法或标准进行核算，做到内容真实、数字准确、手续完备，如实反映财务收支状况和事业成果。此外，真实性还要求会计报表应该是客观的，即会计报表应该根据合法的会计账簿记录进行编制，不能凭空捏造，更不能出现账簿系统与会计报表不相符合的情况。因此，会计信息的真实性，是保证会计核算质量的首要条件。

## 二、相关性原则

相关性原则是指会计信息应当符合国家宏观经济管理的要求，满足预算管理和有关各方面了解单位财务状况及收支情况的需要，满足单位内部加强管理的需要。

## 三、可比性原则

可比性原则是指会计核算应当按照规定的会计处理方法进行。同类单位的会计指标应当口径一致，相互可比。这条原则要求的内容可表现在两个方面：一是会计处理方法在同一行业内的单位之间应采取统一的方式和方法，即统一按照通用会计制度，结合不同行业的单位，按各行业会计制度进行；二是同一单位在不同地点、不同时间发生的相同类型的经济业务应采用统一的方式、方法处理，从而保证单位内部各类业务事项的可比性。会计信息的可比性，是提高会计信息可利用程度的一个很重要的内容。

## 四、一致性原则

一致性原则是指会计处理方法应当前后各期保持一致，不得随意变更，如确有必要变更，应将变更情况、原因和对单位财务收支情况及其结果的影响在会计报告中说明。在会计核算中，某些业务往往存在着多种核算方法可供选择使用，如存货计价方法、折旧的方法、成本计算方法及收支结余确定方法等。为了保证会计报表前后期有关数据的可比性，防止因会计方法变更影响会计数据的客观性，会计处理方法就应前后各期一致。也就是说，会计方法一旦被选定就不得随意变动。如确有必要改变会计方法，应按规定的报批程序进行，并将变动情况和原因以及变动后对单位财务状况和经营成果的影响在会计报告中加以说明。

## 五、及时性原则

及时性原则是指对单位的各项经济业务应当及时进行会计处理。及时性的内容包括两个方面：一是会计数据的处理应当及时。也就是说，会计事项的账务处理应当在当期进行，不能延至下一会计期间或提前至上一会计期间。二是会计报告应及时报出，也就是说，会计报告应在会计期间结束后按规定日期呈报给上级主管部门、出资者及其各方利益关系人，不得影响各方利用报表和上级主管部门、财政部门的决算工作。及时性原则是保证会计信息使用者及时利用会计信息对单位财务状况做出准确判断和评价的必要条件。但是，任何单位都不得为满足及时性原则而提前结账和赶制会计报表，否则将会违背真实性原则。

## 六、明晰性原则

明晰性原则是指会计记录和会计报告应当清晰明了，便于理解和运用。提供会计信息的目的在于使用，而要使用会计信息就必须理解会计信息，清楚会计信息所说明的问题，这就要求会计核算所提供的信息简明、易懂，能够在遵守会计其他准则的情况下，简单、明了地反映单位的财务状况和经营成果。保持会计记录和会计报表的明晰性，便于报表使用者理解会计报表和利用会计信息，也有利于审计人员进行查账和验证工作。

## 七、收付实现制原则

收付实现制是与权责发生制相对应的会计核算原则，以货币资金的实收实付为基础来确认收入和费用。也就是说，凡是在本期实际收到的款项，无论该项收入发生在什么时间，都作为当期的收入处理；凡是在本期实际支付的款项，无论该项费用发生在什么时间，都作为当期的费用处理。但对某些特殊业务如有采用权责发生制的必要，也可采用权责发生制，比如需要进行成本核算的事业单位的业务处理。

## 八、重要性原则

重要性原则是指会计报告应当全面反映单位财务收支情况及其结果，重要的经济业务应单独反映。按照这一原则的要求，单位的一切财务收支必须按会计准则及新制度的规定进行完整、全面的记录和核算；在设计和编制会计报表时，对影响单位财务状况的一切财务信息都必须给予全面、适当的反映；而无论此信息对单位是否有利，均不得虚饰。对于财务报表未能详尽披露的信息，应在报表附注或报表说明书中给予说明，以免信息使用者对单位财务报表产生误解，导致决策的失误，如会计期间采用的会计方法改变对单位财务状况的影响，及其他对财务状况有重大影响的事项，都应在财务报表内或表外附加说明。

## 九、专款专用原则

专款专用原则是指对国家预算拨款和其他指定用途的资金，应当按规定的用途使用，不能擅自改变用途，挪作他用。这一原则是事业单位会计特有的一条原则，这也是事业单位本身的性质所决定的。

## 十、实际成本原则

实际成本原则亦称历史成本原则或原始成本原则，它是指各项财产物资应当按照取得或购建时的实际价值核算并入账，除另有规定者外，一律不得自行调整其账面价值。按实际成本作为会计计量的原则具有客观、可验证、易取得等优点，特别是客观性与可验证性又为审计工作提供了依据。应该指出，按实际成本计价原则的客观性是以币值稳定为前提的。

## 十一、配比性原则

配比性原则是指从事经营活动的事业单位，其经营支出与相关的经营收入应当配比。从广义的角度看，配比原则应包括三方面的内容：①某类收入必须与取得时付出的成本、费用相配比，这样才能确定取得的某类收入是否可抵偿其耗费。②某一机构、部门的收入必须与该机构、部门的成本、费用相配比，这样可以衡量某一机构、部门的经营业绩。③某个会计期间的收入必须与该期间的耗费相配比，即将期间内的总收入与总的成本、费用相配比，从而确定出本期的净收益。

# 第五节　政府与事业单位会计要素与会计等式

## 一、会计要素

政府与事业单位会计要素是对其会计核算对象的具体分类，是构筑政府与事业单位会计报表的组件。我国现行制度下的会计要素分为如下五类：

**（一）资产**

这是指一级财政或行政事业单位掌管或使用的能以货币计量的经济资源，包括各种财产、债权和其他权利。

**（二）负债**

这是指一级财政或行政事业单位承担的能以货币计量并需以资产或劳务偿付的债务。

**（三）净资产**

这是指一级财政或行政事业单位资产减去负债后的差额。在企业会计中，这部分称为所有者权益，在预算会计中，因为这部分经济资源的所有权均属国家，为体现单位的自主性和独立性，并尊重法律事实，称之为净资产。

**（四）收入**

这是指一级财政或行政事业单位为实现其职能或开展业务活动，依法取得的非偿还性资金。

**（五）支出**

这是指一级财政或行政事业单位为实现其职能或开展业务活动，对财政资金的再分配或所发生的各项资金耗费或损失。

在上述预算会计要素中，资产、负债、净资产三个会计要素构筑资产负债表，收入和支出两个会计要素构筑收入支出表或预算执行情况表。

## 二、会计平衡等式

会计平衡等式，亦称会计平衡公式，是指各预算会计要素之间客观存在的必然相等关系。会计平衡等式为：

资产＋支出＝负债＋净资产＋收入

或：

资产＝负债＋净资产＋（收入－支出）

上述等式中，收支相抵、结余转入净资产后，会计平衡等式为：

资产＝负债＋净资产

会计平衡等式是政府部门与事业单位会计核算、编制会计报表的理论依据。

## 复习思考题

1. 简述政府与事业单位会计的概念。
2. 简述政府与事业单位会计的对象。
3. 简述政府与事业单位会计的特点。
4. 简述政府与事业单位会计的基本原则。
5. 政府与事业单位会计的平衡等式是怎样的？

# 第二章　政府与事业单位会计工作组织

## 第一节　政府与事业单位会计机构

政府与事业单位会计工作是一项综合性的经济管理工作，它同计划、统计、财产管理等其他经济管理工作有密切的联系。政府财政会计还负有具体组织、协调国库会计、税收会计之间有关核算事务的责任。因此，建立和健全政府与事业单位会计组织机构，对于完成会计任务，有效地进行预算管理工作，发挥政府与事业单位会计在国民经济管理中的作用，具有重要的意义。

政府与事业单位会计工作是一项严密、细致的工作。错综复杂的经济活动要通过会计连续地、系统地进行记录、分类、计算、汇总、分析。从凭证到账簿、报表，从记账、算账、报账到使用账簿，需要一系列严密、细致的程序和手续，在任何一个环节上发生差错，都会影响整个会计核算结果的正确性。为了保证会计工作的质量，就必须设置专门的工作机构和配备专职的工作人员来从事这项工作。

### 一、会计机构的设置和会计人员的素质要求

#### （一）会计机构的设置

会计机构是组织、领导和具体从事会计工作的职能部门。合理设置会计机构，是发挥会计职能，有效地进行预算管理工作和完成政府与事业单位会计任务的重要条件。会计机构的设置，既要考虑国家对会计工作的统一要求，也要根据各地、各部门、各单位的实际情况，在保证工作质量的前提下，尽可能"精兵简政"。

根据行政事业单位预算会计制度的要求，事业规模大，会计业务多的主管会计单位和二级会计单位，应当单独建立会计机构；事业规模不大，会计业务不多的二级会计单位和基层会计单位，可以不单独设立会计机构，但应配备专职或兼职会计人员办理会计业务。人员和经费很少的县、乡级直属机构可以按报销单位管理，按隶属关系或业务性质，归口设立联合会计机构或者配备专职会计、出纳人员办理联合会计工作。

政府财政会计担负着组织、管理和指导一个地区的会计工作的职责。一般来

说，地市以上财政机关应当设置独立的政府财政会计机构；县、乡财政可以不设独立机构，但必须配备专职政府财政会计人员。

中央和地方各级财政、行政事业单位会计机构名称通常为：会计司、处、科、股、室。

**（二）会计人员的素质要求**

政府与事业单位会计是一项政策性强，又需要一定专业技术的工作。应当选派政治素质高，并具备一定专业知识和工作能力的人来担任这项工作。

（1）政府与事业单位会计人员必须忠于职守、廉洁奉公、实事求是、遵纪守法，树立全心全意为社会主义事业服务的思想。

（2）政府与事业单位会计人员必须认真贯彻执行国家的财经方针政策、法令、制度，树立全局观念，坚持原则，维护国家利益。同时，也要注意工作方法，努力做到让广大干部群众自觉地执行财经制度，促进增收节支，提高资金使用效益。

（3）政府与事业单位会计人员必须努力钻研业务，掌握会计专业知识和技能，熟悉财会制度的有关规定，熟悉分管部门和本单位的资金活动情况，不断提高业务工作能力。

不论是行政事业单位的会计人员还是各级政府财政预算会计人员，都应当保持相对稳定，以利于会计工作水平的提高。

# 二、会计机构和会计人员的主要职责

**（一）会计机构的职责**

会计机构的主要职责是：按照会计法、预算法及有关规定进行会计核算，实行会计监督；拟订本系统、本单位办理会计事务的具体办法；参与拟订经济计划、业务计划；考核、分析预算、财务计划的执行情况；办理其他会计事项。

**（二）会计人员的职责与权限**

1. 会计人员的职责

（1）按照国家财务制度的规定，认真编制并严格执行财务计划、预算；遵守各项收入制度、费用开支范围和开支标准；分清资金渠道，合理使用资金。

（2）按照国家会计制度的规定，记账、算账、报账，做到手续完备、内容真实、数字准确、账目清楚、日清月结、按期报账。

（3）按照银行制度的规定，合理使用贷款，加强现金管理，做好结算工作。

（4）按照经济核算原则，定期检查、分析财务计划、预算的执行情况；挖掘增收节支的潜力，考核资金使用效果，发现经营管理中的问题，及时向领导提出建议。

（5）按照预算会计档案管理制度的规定，妥善保管会计凭证、账簿、报表等资料。

（6）遵守、宣传、维护国家财政制度和财经纪律，同一切违法乱纪行为作斗争。

2. 会计人员的工作权限

（1）有权要求本单位有关部门、人员认真执行国家批准的计划、预算，遵守国家财经纪律和财务会计制度。如有违反财经纪律和财务会计制度的行为，会计人员有权拒绝付款、拒绝报销或拒绝执行，并向本单位领导人报告。对于弄虚作假、营私舞弊、欺骗上级等违法乱纪行为，会计人员必须坚决拒绝执行，并向本单位领导或上级机关、财政部门报告。

（2）有权参与本单位预算编制、制定定额、签订经济合同的过程，参加有关生产、经营管理会议。

（3）有权监督、检查本单位有关部门的财务收支、资金使用和财产保管、收发、计量、检验等情况。

# 第二节　政府与事业单位会计交接

会计人员因工作调动或其他原因离开会计岗位，与接替人员办理有关交接手续的活动称做会计交接。会计交接是分清工作责任、保持会计工作前后衔接的必不可少的手续和制度，是保证会计工作顺利进行的重要条件。

## 一、会计交接的内容和手续

### （一）会计交接的内容

会计人员办理移交手续前，对已经受理的经济业务，若尚未登记账目，应登记完毕，并在最后一笔业务余额后加盖印章，同时在账簿"经管人员一览表"上签名、盖章，注明移交日期。属于应该移交的各项资料，应编制移交清册，列明移交内容，对未了事项要写出书面材料。会计交接的主要内容有：

（1）年度预算和预算执行情况。

（2）公章及其他会计印鉴。

（3）会计凭证、账簿、报表和会计资料。

（4）现金和支票簿。

（5）有关的文件规定、规章制度。

（6）未了事项和其他应交代事项。

会计人员办理交接手续时，必须有监交人，一般会计人员交接工作，由会计主管人员负责监交；会计主管人员交接工作，由单位负责人负责监交，如认为有必要，上级主管部门可派人会同监交。

### （二）会计交接手续

会计人员在办理交接过程中，必须认真核对账簿余额，做到账账相符，账款相符，账实相符。移交人员要按照移交清册，逐项移交，接交人员要逐项核对点收。同时双方要认真执行以下移交手续：

（1）现金、有价证券要根据账簿金额由交接双方当面点清，出现和账簿不一致的情况时，移交人要在规定期限内查清并处理。

（2）会计凭证、账簿、报表和其他有关会计资料必须完整无缺。如有短缺，移交人员要在移交清册中注明，由移交人负责。会计凭证、账表及有关资料交接时，移交人不得封包移交，接交人不得封包接收。

（3）对于财产物资和债权债务账户余额，必要时可进行抽查，与实物核对，与往来单位和个人核实。银行存款账户余额应与银行对账单核对。

（4）公章及其他财会印鉴要一一点清后交接。

交接工作结束后，交接双方和监交人员要在移交清册上签名、盖章，并写明交接日期，交接双方和监交人的职务、姓名。移交清册一式三份，交接双方各执一份，另一份作为会计档案保存。

移交人因病或其他特殊原因不能自己办理移交时，经领导批准，可以委托别人代办移交，但责任自负。

接替人应继续使用移交的账簿，不能换人换账本，要保持会计记录的连续性。

## 二、撤销、合并单位的会计处理

行政事业单位根据有关规定撤销或合并，被撤销和合并的单位必须在上级主管部门的监督下，对单位的财产、债权债务进行全面清查，必要时请审计部门组织审计。同时，按一定程序对外公告，以表示法人资格的取消。会计人员在单位撤销、合并过程中，要处理好以下几项工作：

（1）把截至撤销或合并日期的全部账目登记清楚并结出余额，做到账证、账账、账表相符。

（2）固定资产、材料、银行存款、现金等进行全面清点、清查。如有账实不符的，要编制账存、实存清单，报告监督撤并的部门处理。

（3）全面清理债权债务。属本单位的债权，要一一通知债务人按期结清往来。不能如期归还的要编造清单上报主管部门或转给合并后的单位继续清理。属本单位的债务，尽量全部清偿。如单位撤销，应以单位所有的财产来清偿债务，但依法不能强制执行（查封、扣压、变卖、冻结）的财产不能用来抵偿债务。如单位合并，其债务由合并后的单位负责继续清偿。

（4）将转让或移交给有关单位的财产物资造好清册，做好冲销债务或无偿调出的记录。

（5）到开户银行办理销户手续，吊销印鉴卡，注销空白支票，并把全部印章及会计档案造好清册。撤销单位移交给主管部门保管；合并单位移交给合并后的单位保管。

会计人员在清查结束之前，不得擅自离开岗位。领导干部不能在清查结束之前调走会计人员。

# 第三节　政府与事业单位会计档案

会计档案是指按照会计法的规定需集中保管的会计资料，包括会计凭证、会计账簿、会计报表和其他会计资料。会计档案是重要的经济和历史资料，必须按规定的期限妥善保管，以备考查。到期档案应按规定的批准程序办理销毁手续。

## 一、会计档案的保管

### （一）会计档案的建立

会计部门根据会计凭证登记账簿以后，要将各种记账凭证按照编号顺序，连同所附原始凭证定期装订成册，防止失散。更换新账簿后，要把旧账簿编号存放，以便事后查阅。活页式账簿还需装订起来，并在首页前封贴明细分类账目录，注明起讫页数，以免丢失。会计报表一般需一式三份，一份交上级部门，一份交单位负责人，一份由会计部门自存，装入会计档案。

### （二）会计档案的管理

行政事业单位每年形成的会计档案，由财会部门负责整理立卷或装订成册，妥善保管。当年的会计档案，由本单位财会部门保管。年终办理决算后形成的会计档案，属于本年度的，可由本单位的财会部门保管一年；一年到期后，编造移交清册，移交本单位档案部门保管。合并、撤销单位的会计档案，应分别移交给并入单位、上级主管部门或主管部门指定的单位接收保管。

调阅会计档案要严格办理手续。本单位人员调阅会计档案要经会计主管人员同意；外单位人员调阅会计档案要有正式介绍信，并经会计主管人员或单位领导批准。调阅时要详细登记调阅人的工作单位、姓名、档案名称、调阅理由等，需要复印的要经单位领导同意。

各单位会计档案的存放环境要符合防潮、防虫、安全等要求。对电子计算机生成的会计档案软盘的保管还要注意防磁。各种会计档案要做到存放有序、查找方便、安全可靠。

### （三）会计档案的保管期

根据财政部、国家档案局联合发布的《会计档案管理办法》的规定，会计档案的保管期限，根据其特点，分为永久、定期两类。定期保管期限分为3年、5年、10年、15年、25年五种。有关预算会计各种档案的保管期限如表2-1所示。各种会计档案的保管期限从会计年度终了后的第一天算起。

表 2-1　政府与事业单位会计档案保管期限表

| 档案名称 | 保管期限 | | 备　注 |
|---|---|---|---|
| | 总预算会计 | 单位预算会计 | |
| 一、会计凭证类 | | | |
| 国家金库编送的各种报表及缴库退库凭证 | 10 年 | — | |
| 各收入机关编送的报表 | 10 年 | — | |
| 单位预算会计的各种原始凭证、记账凭证 | — | 15 年 | 包括传票汇总表 |
| 财政总预算会计拨款凭证及其他会计凭证 | 15 年 | — | |
| 涉及外事的会计凭证 | 永久 | 永久 | |
| 二、会计账簿类 | | | |
| 日记账 | — | 15 年 | |
| 总账 | 15 年 | 15 年 | |
| 明细分类或登记簿 | 15 年 | 15 年 | |
| 现金、银行存款账、固定资产明细账（卡片） | — | 25 年 | 单位预算会计固定资产报废清理后保管 5 年 |
| 三、会计报表类 | | | |
| 各级政府财政总决算 | 永久 | — | |
| 各级行政事业单位决算 | 10 年 | 永久 | |
| 税收年报（决算） | 10 年 | — | |
| 国家金库年报（决算） | 10 年 | — | |
| 建设银行基本建设拨、贷款年报 | 10 年 | — | |
| 财政总预算会计旬报 | 3 年 | — | 所属单位报送的保管 2 年 |
| 财政总预算会计月、季度报表 | 5 年 | — | 同上 |
| 单位预算会计月、季度报表 | 3 年 | 5 年 | 同上 |
| 四、其他类 | | | |
| 会计移交清册 | 15 年 | 15 年 | |
| 会计档案保管清册 | 25 年 | 25 年 | |
| 会计档案销毁清册 | 25 年 | 25 年 | |

## 二、会计档案的销毁

会计档案保管期满，报经批准后可以销毁。会计档案销毁的批准权限是：基层单位由单位领导人审查同意后报上级单位批准，主管部门由部门领导人审查同意后报同级财政部门批准。对于未了结的债权债务的原始凭证，应单独抽出立卷，由档案部门保管到结清债权债务为止。

已批准销毁的会计档案，基层单位应派专人监销；主管部门销毁会计档案，应由同级财政部门、审计部门派人监销。监销人员在档案销毁前与有关人员进行清点核对，销毁后在销毁清册上签章证明。会计档案销毁清册由本单位档案部门妥善保管。

### 复习思考题

1. 简述会计档案的保管期限。
2. 简述会计机构设置的原则。
3. 简述会计人员的职责。
4. 简述会计交接工作中应注意的问题。

# 第二篇

# 政府财政会计

# 第三章　政府财政会计概述

## 第一节　政府财政会计基本概念

### 一、政府财政会计的概念和特点

**（一）政府财政会计的概念**

政府财政会计是各级政府财政部门核算、反映和监督政府预算执行情况与财政周转金等各项财政性资金活动的专业会计。

政府财政会计是政府预算的一个组成部分，其组成体系与政府预算体系相一致。我国的政府预算按照"统一领导，分级管理"的原则，实行一级政府一级预算，设立中央，省、自治区、直辖市，设区的市、自治州，县、自治县和不设区的市、市辖区，乡、民族乡、镇五级预算。各级政府预算均设立相应的政府财政会计，负责核算、反映和监督本级政府预算的执行。中央政府财政部设立中央政府财政会计；省（自治区、直辖市）财政厅（局）设立省（自治区、直辖市）政府财政会计；设区的市（自治州）财政局设立市（州）政府财政会计；县、自治县（不设区的市、市辖区）财政局设立县（市、区）政府财政会计；乡、民族乡、镇财政所设立乡（镇）政府财政会计。各级政府财政会计在全国组成一个相互联系的信息网络。

**（二）政府财政会计的特点**

政府财政会计与企业会计以及行政和事业单位会计相比，有其自身的特点，主要表现在：

（1）政府财政会计以核算收支余额为主，一般不进行成本核算。

（2）政府财政会计核算单位的投入，一般情况下是无偿的、不求回报的，更不存在业主权益问题。

（3）政府财政会计具有多层次、多元化的会计核算组织结构。

（4）政府财政会计的资金来源单一化，但要为多方面提供会计信息服务。

（5）除明确规定个别事项外，政府财政会计核算均以收付实现制为基础。

## 二、政府财政会计的对象

政府财政会计的对象，是各级政府总预算执行过程中的预算（包括一般预算和基金预算）收入、支出和结余，以及在资金运动中所形成的资产、负债和净资产。

总预算收入反映财政收入的规模和收入积累的水平，以及缴入国库的进度；总预算支出则反映财政支出的范围、方向和预算拨款的进度；收支结余，反映预算收入和支出的差额。同时，在执行总预算的过程中所发生的各项资金运动，必然会形成各种资产、负债以及相应的净资产。

## 三、政府财政会计的任务

政府财政会计均设在各级财政部门，成为预算管理的一个重要职能部门。其主要职责是进行会计核算，反映预算执行情况，实行会计监督，参与预算管理，合理调度资金。认真做好政府财政会计工作，对于保证国家预算的顺利执行和圆满完成具有重要作用。政府财政会计的基本任务主要有以下几个方面：

### （一）正确、及时地处理政府财政会计的日常核算事务

政府财政会计对各项财政收支、资金调拨和往来款项，都要进行认真核算和记载，做到正确、及时，各种会计记录要日清月结。每年年度终了，要及时组织年度政府财政决算及行政事业单位决算的编审和汇总工作，同时，根据财政体制的有关规定，进行上、下级财政之间的年度结算工作，办理上、下级财政之间往来款项的清理工作。

### （二）合理调度财政资金

财政部门保证对用款单位按计划及时供应资金是实现国家预算的关键。政府财政会计一方面要积极配合征收机关督促缴款单位及时、足额地上缴各项预算收入；另一方面要根据财政收支的特点，妥善解决财政资金库存和用款单位需求的矛盾，合理地调度所属地区和部门之间的财政资金，在保证按计划及时供应资金的基础上，提高资金的使用效益。

### （三）实行会计监督，参与预算管理

由于财政的一收一支都要通过政府财政会计，因而政府财政会计应通过对收支的核算和反映，加强预算执行情况分析，并对总预算、部门预算和单位预算的执行实施会计监督；同时政府财政会计也要参与预算的管理，对预算执行过程中出现的问题，要及时提出意见和建议，供有关领导机关决策参考。政府财政会计还应协调参与预算执行的国库会计、收入征解会计等之间的业务关系，共同做好预算执行情况的核算、反映和监督工作，以促进预算的顺利实现。

### （四）组织和指导本行政区域预算会计工作

省、自治区、直辖市（含计划单列市）政府财政会计在与政府财政会计制度不相违背的前提下，负责制定或审定本行政区域政府与行政事业单位会计有关具

体核算办法的补充规定；组织政府与行政事业单位会计人员的培训活动，不断提高其政策和业务水平；深入基层，组织检查和辅导本单位会计和下级政府财政会计工作，及时解决工作中存在的问题，总结、交流经验。

**（五）做好预算会计的事务管理工作**

各级政府财政会计在遵守《政府财政会计制度》的前提下，要积极制定或审定本行政区域内政府财政会计的有关具体核算办法的补充规定；要根据不同的具体情况参与政府与行政事业单位会计人员专业技术资格考试、评定及核发会计证的工作；负责对政府与行政事业单位会计基础工作的管理，包括政府与行政事业单位会计核算程序的规范化和电算化等，以提高政府与行政事业单位会计信息的及时性和准确性，加强预算执行情况分析，增强单位内部管理，为国家预算的圆满完成服务。

# 四、政府财政会计核算的一般原则

《政府财政会计制度》规定了政府财政会计在核算中应遵循的一般原则：

（1）真实性原则。政府财政会计核算应当以实际发生的经济业务为依据，如实反映财政收支执行情况和结果。

（2）相关性原则。政府财政会计信息，应当符合预算法的要求，适应国家宏观经济管理和上级财政部门及本级政府对财政管理的需要。

（3）可比性原则。政府财政会计核算应当按照规定的会计处理方法进行。

（4）统一性原则。财政部门管理的各项财政资金（包括一般预算资金、纳入预算管理的政府性基金、专用基金等）都应当纳入总预算会计核算管理。

（5）一贯性原则。政府财政会计处理方法前后各期应当一致，不得随意变更。如确有必要变更，应将变更的情况、原因和对会计报表的影响在预算执行报告中予以说明。

（6）及时性原则。政府财政会计核算应当及时进行。

（7）明晰性原则。政府财政会计记录和会计报表应当清晰明了，便于理解；对于重要的经济业务，应当单独反映。

（8）专款专用原则。政府财政会计核算的有指定用途的资金，必须按规定用途使用，不得擅自改变用途，挪作他用。

（9）收付实现制原则。政府财政会计核算以收付实现制为基础。

我国1997年制定的《政府财政会计制度》规定各级政府财政会计，在会计核算上是以收付实现制原则为结账基础的。这是因为，政府财政会计是为政府预算服务的，必须准确地反映各级政府本期的预算收入、预算支出和预算结余。由于我国政府预算采用历年制，以本预算年度的收入维持本预算年度的支出，并坚持当年预算收支平衡、略有结余的方针，所以，政府财政会计所反映的一般预算收入、基金预算收入都要以预算年度缴入国家基层金库的数额为准，所反映的一般预算支出和基金预算支出以按核定预算由国库拨付给用款单位的数额为准。这样，既可以迅速落实各级总预算的收支和结余，又可以加速各级政府财政会计报表的编制，及时而准确地反映政府预算的执行情况。

为了使政府财政会计满足政府预算和国库收付制度改革的需要，2001年财政部发布了《〈财政总预算会计制度〉暂行补充规定》，该补充规定指出：政府财政会计核算以收付实现制为主，但中央政府财政会计的个别事项可以采用权责发生制。中央政府财政会计采用权责发生制的事项有：

（1）预算已经安排，由于政策性因素，当年未能实现的支出。是指国债投资项目支出。年初中央财政预算中已经安排，执行中由于国家计委未能按预算足额下达投资计划等原因，需作结转处理。

（2）预算已经安排，由于用款进度的原因，当年未能实现的支出。是指参加国库单一账户试点单位，由于用款进度的原因，年终有一部分资金留在政府财政会计账上拨不出去，为了不虚增财政结余，需作结转处理。对于不实行国库单一账户试点的单位，财政总会计不得作结转处理。

（3）动支中央预备费安排，因国务院审批较晚，当年未能及时拨付的支出。

（4）为平衡预算需要，当年未能实现的支出。是指补充偿债基金支出。为了平衡预算，需要根据当年赤字规模和债务收支情况，确定补充偿债基金的具体数额，作当年支出处理。

（5）其他。主要是指除上述情况之外，根据国务院领导批示精神，需作结转处理的事项。

以上事项，由于年终结账前，才能最后确定当年应支未支的数额，因此对于采用权责发生制的事项，平时不作账务处理，待年终结账时，根据经确认的结转数额，再作账务处理。

须指出的是，中央财政采用权责发生制的事项，仅限于《〈财政总预算会计制度〉暂行补充规定》中列示的五种情况，除此之外，其他任何事项均不得采用权责发生制。

## 五、政府财政会计的作用

政府财政会计在预算管理中的作用主要有以下几点：

（1）通过会计信息分析预算收支执行情况，有助于年度预算的顺利实现。各级政府财政会计提供的收支核算资料，是编报各级财政预算收支执行情况的数字基础，各级财政部门可以据此向同级政府及时汇报预算收支的执行情况，以便有关领导机关了解和掌握预算执行进度，了解出现的问题，并根据实际情况，对有关财经政策做出相应的调整，从而更好地促使预算的顺利实现。

（2）通过对预算收支的核算实行会计监督，促进增收节支。收支的核算要通过政府财政会计办理，预算的执行情况也要通过政府财政会计来反映，因此，政府财政会计有条件、也有必要对预算的收支执行情况进行必要的会计监督。在收入方面，监督有关部门和单位应缴的各项预算收入是否及时和足额入库，预算收入的退库是否符合国家的有关规定等；在支出方面，监督预算拨款是否按核定预算拨付，有无超预算的拨款等。政府财政会计通过对各项收支的会计监督发现问题，提出改进建议，促进增收节支，更好地为预算执行和管理服务。

（3）妥善调度资金，保证预算资金按计划及时供应。在年度中间，由于季节性的关系，预算收支执行的进度往往是不一致的，有时会出现季度或月份之间收支不平衡的情况，政府财政会计要根据财政库存情况，做出妥善和合理的安排，同时要掌握和分析情况，对可以及早缴纳的预算收入，督促有关方面及时缴纳，合理调度资金，尽力使资金能按预算、按计划供应，促进各项生产建设和行政任务的顺利完成。

# 第二节　政府财政会计科目和凭证

## 一、政府财政会计科目

政府财政会计科目是对政府财政会计要素做进一步分类的一种方法。它是政府财政会计设置账户、核算和归集经济业务的依据，也是汇总和检查财政总预算资金活动情况及其结果的依据。按照政府财政会计要素的类别，政府财政会计科目分为资产、负债、净资产、收入和支出五类。根据现行有关政府财政会计制度的规定，各级政府财政会计统一适用的会计科目如表3-1所示。

表3-1　政府财政会计科目

| 编号 | 科目名称 | 核算内容 |
|------|----------|----------|
| | 一、资产类 | |
| 101 | 国库存款 | 核算各级总预算会计在国库的预算资金 |
| 102 | 其他财政存款 | 核算各级总预算会计未列入"国库存款"科目反映的各项财政性存款和政府采购资金专户的存款 |
| 103 | 财政零余额账户存款 | 核算财政国库支付执行机构在银行办理的财政直接支付业务 |
| 104 | 有价证券 | 核算各级政府按国家统一规定用各项财政结余购买有价证券的库存数 |
| 105 | 在途款 | 核算决算清理期和库款报解整理期内发生的上下年度收入、支出业务及需要通过本科目过渡处理的资金数 |
| 111 | 暂付款 | 核算各级财政部门借给所属预算单位或其他单位临时急需的款项，以及政府财政会计将预算资金划入政府采购资金专户的款项 |

续表

| 编号 | 科目名称 | 核算内容 |
|---|---|---|
| 112 | 与下级往来 | 核算与下级财政的往来待结算款项 |
| 121 | 预拨经费 | 核算财政部门预拨给行政事业单位、尚未列为预算支出的经费 |
| 122 | 基建拨款 | 核算拨付给经办基本建设支出的专业银行或拨付基本建设财务管理部门的基本建设拨款和贷款数 |
| 131 | 财政周转金放款 | 核算财政有偿资金的拨出、贷付及收回情况 |
| 132 | 借出财政周转金 | 核算上级财政部门借给下级财政部门周转金的借出和收回情况 |
| 133 | 待处理财政周转金 | 核算经审核已经成为呆账，但尚未按规定程序报批核销的逾期财政周转金转入和核销情况 |
|  | 二、负债类 |  |
| 211 | 暂存款 | 核算各级财政临时发生的应付、暂收和收到不明性质的款项，以及采购机关将预算外资金和单位自筹资金划入政府采购资金专户的款项 |
| 212 | 与上级往来 | 核算与上级财政的往来待结算款项 |
| 213 | 已结报支出 | 核算财政国库资金已结清的支出数额 |
| 222 | 借入款 | 核算中央财政和地方财政按照国家法律、国务院规定向社会以发行债券等方式举借的债务 |
| 223 | 借入财政周转金 | 核算地方财政部门向上级财政部门借入有偿使用的财政周转金 |
|  | 三、净资产类 |  |
| 301 | 预算结余 | 核算各级财政预算收支的年终执行结果 |
| 305 | 基金预算结余 | 核算各级财政管理的政府性基金收支的年终执行结果 |
| 307 | 专用基金结余 | 核算政府财政会计管理的专用基金收支的年终执行结果 |
| 321 | 预算周转金 | 核算各级财政设置的用于平衡季节性预算收支差额周转使用的资金 |
| 322 | 财政周转基金 | 核算各级财政部门设置的有偿使用资金 |
|  | 四、收入类 |  |
| 401 | 一般预算收入 | 核算各级财政部门组织的纳入预算的各项收入 |
| 405 | 基金预算收入 | 核算各级财政部门管理的政府性基金预算收入 |

续表

| 编号 | 科目名称 | 核算内容 |
|---|---|---|
| 407 | 专用基金收入 | 核算财政部门按规定设置或取得的专用基金收入 |
| 411 | 补助收入 | 核算上级财政部门拨来的补助款 |
| 412 | 上解收入 | 核算下级财政上缴的预算上解款 |
| 414 | 调入资金 | 核算各级财政部门因平衡一般预算收支从预算外资金结余以及其他渠道调入的资金 |
| 425 | 财政周转金收入 | 核算财政周转金利息及占用费的收入情况 |
| | 五、支出类 | |
| 501 | 一般预算支出 | 核算各级政府财政会计办理的应由预算资金支付的各项支出 |
| 505 | 基金预算支出 | 核算各级财政部门用基金预算收入安排的支出 |
| 507 | 专用基金支出 | 核算各级财政部门用专用基金收入安排的支出 |
| 511 | 补助支出 | 核算本级财政对下级财政的补助支出 |
| 512 | 上解支出 | 核算解缴上级财政的款项 |
| 514 | 调出资金 | 核算各级财政部门从基金预算的地方财政税费附加收入结余中调出，用于平衡预算收支的资金 |
| 524 | 财政周转金支出 | 核算借入上级财政周转金支付的占用费及周转金管理使用过程中按规定开支的相关费用支出情况 |

各级政府财政会计科目使用要求如下：

（1）各级政府财政会计应按会计制度规定设置会计科目，按会计科目使用说明使用。不需要的可以不用，不得擅自更改科目名称。

（2）明细科目的设置，除会计制度已有规定外，各级政府财政会计可根据需要自行设置。

（3）为便于编制会计凭证、登记账簿、查阅账目和实行会计电算化，会计制度统一规定了会计科目编码。各级政府财政会计不得随意变更或打乱科目编码。

（4）政府财政会计在填制会计凭证、登记账簿时，应填列会计科目的名称或者同时填列名称和编码，不得只填编码，不填名称。

## 二、政府财政会计凭证

会计凭证是记录经济业务、明确经济责任的书面证明，也是登记会计账簿的依据。政府财政会计在核算各项经济业务时，都应取得或填制原始凭证，并根据审核无误的原始凭证填制记账凭证。

### （一）原始凭证

原始凭证是经济业务发生时，载明经济业务完成情况的原始证明。各级预算会计的原始凭证主要包括：国库报来的各种收入日报表及附件，如各种"缴款书"、"收入退还书"、"更正通知书"等；各种拨款和转账收款凭证，如预算拨款凭证、各种银行汇款凭证等；主管部门报来的各种非包干专项拨款支出报表和基本建设支出月报；其他足以证明会计事项发生经过的凭证和文件。

### （二）记账凭证

记账凭证是会计人员根据审核无误的原始凭证填制的记录经济事项、借贷方向、会计科目及其金额的证明文件。它是登记账簿的依据。政府财政会计的会计凭证不分收、付、转三种专用格式，一律采用通用记账凭证。

## 三、政府财政会计账簿

账簿是由具备一定的格式、互相联系的账页组成，以供会计人员在会计凭证的基础上，全面、连续、系统地记录和反映各项经济业务的簿籍。为了核算各级政府财政资金，政府财政会计应根据需要设置以下账簿：

（1）总账。总账是用来核算政府财政会计资金活动的总括情况，平衡账务，控制和核对各种明细账的账簿。总账采用三栏式账簿，并按会计科目名称设置账户。

（2）明细账。明细账是对总账有关科目进行明细核算的账簿。明细账可以选用三栏式账簿或多栏式账簿。政府财政会计需设置的主要明细账有收入明细账、支出明细账、往来明细账、借出财政周转金明细账等。

政府财政会计的会计账簿在使用时，必须按照有关制度的规定执行，会计凭证和会计账簿发生错误时，应按规定的方法进行更正。

## 复习思考题

1. 什么是政府财政会计？
2. 政府财政会计有哪些特点？
3. 政府财政会计的基本任务是什么？
4. 政府财政会计的基本原则有哪些？
5. 政府财政会计凭证有哪些？使用要求是什么？
6. 政府财政会计核算采用权责发生制的事项有哪些？
7. 政府财政会计的作用表现在哪几方面？

# 第四章　政府财政会计资产的核算

在政府财政会计中，资产是指一级财政掌管或控制的能以货币计量的经济资源。由于财政是代表政府办理资金再分配的行政机关，不直接办理预算资金的支出和使用，资产中也没有财产物资，因此，政府财政会计所核算的资产，其表现形态只有货币资金和债权两种。包括国库存款、其他财政存款、财政零余额账户存款、有价证券、在途款、暂付款、与下级往来、预拨经费、基建拨款、财政周转金放款、借出财政周转金、待处理财政周转金等。

## 第一节　财政性存款的核算

财政性存款是财政部门代表政府所掌管的财政性资金，包括国库存款和其他财政存款。财政性存款的支配权属于同级财政部门，由政府财政会计负责管理，统一收付。

### 一、财政性存款的管理

政府财政会计在财政性存款的管理中，应当遵循以下原则：

（1）集中资金，统一调度。各种应由财政部门掌管的资金（包括一般预算资金、基金预算资金、专用基金、财政周转金等），都要纳入政府财政会计的存款账户，并根据各项事业进度拨付资金，以满足计划内各项正常支出的需要。

（2）严格控制存款账户。财政部门的预算资金除财政部有明确规定外，一律由政府财政会计统一在国库或指定银行开立存款账户，不得将预算资金或其他财政性资金任意转存在国家规定之外的其他金融机构。

（3）执行预算，计划支拨。政府财政会计应根据人民代表大会通过的年度预算和经财政有关职能部门批准的单位季度分月用款计划拨付资金，不得办理超预算、无计划的拨款。尤其在行政、事业单位预算包干，财政总预算以拨作支的情况下，必须严格执行预算和用款计划，以加强源头控制。

（4）转账结算，不提现金。因为政府财政会计只负责财政资金的分配，而不具体使用资金，所以政府财政会计的各种支拨凭证，都只能转账结算，不得提取现金。财政部门是财政资金的分配部门，不是财政资金的具体使用单位，因此，政府财政会计不需要设置专门的"出纳"，其出纳机关是国库。办理转账结算，既符合政府财政会计的实际情况，同时也有利于保护国库存款的安全。

（5）在国库存款和其他财政存款余额内办理支付，不得透支。不能透支是目前我国金融管理的常规，也是财政资金管理的原则。这一原则，可以促使各级财政部门做好资金调度工作，确保财政收支平衡。

## 二、财政性存款的核算

为核算财政性存款业务，政府财政会计应设置"国库存款"和"其他财政存款"两个总账科目。

国库存款是指政府财政会计存放在中国人民银行国库的预算资金存款，包括一般预算资金存款和基金预算资金存款。政府财政会计通过设置"国库存款"总账科目来核算国库存款业务。该科目借方登记"国库存款"的增加数，贷方登记"国库存款"的减少数，余额在借方，表示"国库存款"的结存数。该科目可分一般预算存款和基金预算存款进行明细核算。其中，基金预算存款明细科目用以核算纳入政府性基金管理的预算资金存款，一般预算存款明细科目用以核算除基金预算存款之外的预算资金存款。

政府财政会计收到国库存款时，应根据国库报来的收入日报表和国库转来的有关结算凭证入账。办理库款支付时，应根据有关支付凭证回单入账。

【例4-1】某市财政收到国库报来的预算收入日报表，当日收到一般预算收入680000元。市政府财政会计应编制的会计分录为：

　　　借：国库存款——一般预算存款　　　　　　680000
　　　　　贷：一般预算收入　　　　　　　　　　　　680000

【例4-2】某市财政收到国库报来的预算收入日报表，当日收到基金预算收入80000元。市政府财政会计应编制的会计分录为：

　　　借：国库存款——基金预算存款　　　　　　80000
　　　　　贷：基金预算收入　　　　　　　　　　　　80000

【例4-3】某市财政收到国库转来的有关结算凭证，当日收到上级预算补助160000元。市政府财政会计应编制的会计分录为：

　　　借：国库存款——一般预算存款　　　　　　160000
　　　　　贷：补助收入　　　　　　　　　　　　　160000

【例4-4】某市财政根据预算向某单位拨付一般预算资金250000元。市政府财政会计应编制的会计分录为：

　　　借：一般预算支出　　　　　　　　　　　　250000
　　　　　贷：国库存款——一般预算存款　　　　　250000

【例4-5】某市财政根据预算向某单位拨付基金预算资金50000元。市政府财政会计应编制的会计分录为：

　　　借：一般预算支出　　　　　　　　　　　　50000

　　　贷：国库存款——基金预算存款　　　　　　　　　　50000

　　【例4—6】某市财政按财政体制收到所属某县财政上解的一般预算收入1450000元。市政府财政会计应编制的会计分录为：

　　　借：国库存款——一般预算存款　　　　　　　　　1450000
　　　　贷：上解收入　　　　　　　　　　　　　　　　　　　1450000

　　【例4—7】某市财政按财政体制向省级财政上解一般预算收入2250000元。市政府财政会计应编制的会计分录为：

　　　借：上解支出　　　　　　　　　　　　　　　　　2250000
　　　　贷：国库存款——一般预算存款　　　　　　　　　2250000

　　有外币收支业务的政府财政会计应按外币的种类设置外币存款明细账。发生外币收支业务时，应根据中国人民银行公布的人民币外汇汇率折合为人民币记账，并登记外国货币金额和折合率。年度终了，应将外币账户余额按照期末人民银行颁布的人民币外汇汇价折合为人民币，作为外币账户期末人民币余额。调整后的各种外币账户人民币余额与原账面余额的差额，作为汇兑损益列入有关支出科目。

　　"其他财政存款"科目核算各级政府财政会计未列入"国库存款"科目反映的各项财政性存款和政府采购资金专户的存款。包括各级财政周转金、未设国库的乡（镇）财政存在专业银行的预算资金存款、部分由财政部指定存入专业银行的专用基金存款和特设账户存款，以及政府财政会计将预算资金划入政府采购资金专户的款项等。政府财政会计通过设立"其他财政存款"总账科目来核算其他财政存款业务。该科目属于资产类科目，其借方登记"其他财政存款"增加数，贷方登记"其他财政存款"减少数，借方余额反映"其他财政存款"的实际结存数。为方便分类管理，该科目应按交存地点和资金性质分设明细账。当然，只有一种资金性质并在一个银行开户的，如未设国库的乡（镇）财政，在没有周转金和专用基金时，就不再需要设置明细账。

　　政府财政会计收到其他财政存款时，应根据国库报来的收入日报表入账，支付其他财政存款时，应根据有关支付凭证回单入账。

　　【例4—8】某未设国库的乡财政收到上级县财政预付的收入分成款360000元。乡政府财政会计应编制的会计分录为：

　　　借：其他财政存款　　　　　　　　　　　　　　　360000
　　　　贷：与上级往来　　　　　　　　　　　　　　　　360000

　　【例4—9】某县收到上级安排的粮食风险基金600000元，根据银行报来的收款通知入账。县政府财政会计应编制的会计分录为：

　　　借：其他财政存款　　　　　　　　　　　　　　　600000
　　　　贷：专用基金收入　　　　　　　　　　　　　　　600000

　　【例4—10】某市财政将财政周转金100000元贷放给用款单位。市政府财政会计应编制的会计分录为：

借：财政周转金放款　　　　　　　　　　　　　100000
　　贷：其他财政存款　　　　　　　　　　　　　　　　100000

【例4-11】某县财政部门根据中央专项资金特设账户代理银行转来的收款凭证，收到农村义务教育中央专项资金45000元。县政府财政会计应编制的会计分录为：

借：其他财政存款——中央专项资金存款　　　　45000
　　贷：与上级往来　　　　　　　　　　　　　　　　45000

【例4-12】某县财政部门办理农村义务教育中央专项资金财政直接支付业务，支付金额22000元。县政府财政会计应编制的会计分录为：

借：一般预算支出　　　　　　　　　　　　　　22000
　　贷：其他财政存款——中央专项资金存款　　　　　22000

基金预算的来源渠道较多，运用方向也各异，一般来说，均在国库开设账户存储。但由于个别基金的性质特殊，为方便管理需要转到专业银行存储，这种做法简称转存。

如原按国库报来的"基金预算收入日报表"，借记"国库存款"，贷记"基金预算收入"；按财政部明文规定转存某专业银行时，借记"其他财政存款"，贷记"国库存款"；转存后，开支该项基金时，借记"基金预算支出"，贷记"其他财政存款"；收到该基金的利息收入时，按规定基金预算收入在银行的存款利息收入，作为基金预算收入处理，借记"国库存款"，贷记"基金预算收入"。

专用基金也有类似情况，可比照处理。

# 第二节　财政零余额账户存款的核算

"财政零余额账户存款"科目用于核算财政国库支付执行机构在银行办理财政直接支付的业务。从账户性质以及核算内容来看，也属于财政性存款。由于"财政零余额账户存款"科目是财政部为保证财政国库管理制度改革的顺利实施，于2001年颁行《财政国库管理制度改革试点会计核算暂行办法》后，根据财政国库支付执行机构核算的特点而设置的政府财政会计科目，因而在此单列一节讲述。

## 一、财政国库支付执行机构的有关业务管理与核算

财政国库支付执行机构是财政部门审核、监督财政资金收付工作的延伸。目前，在财政部层面，财政国库支付执行机构称为国库支付中心；在地方层面，有的称国库支付局，有的也称国库支付中心。财政国库支付执行机构的重要职责之一，是办理财政资金的支付业务。财政国库支付执行机构会计是政府财政会计的

延伸，其会计核算执行《政府财政会计制度》。根据财政国库支付执行机构业务活动的特点，会计核算时需要设置"财政零余额账户存款"和"已结报支出"两个特殊总账科目。其中，"财政零余额账户存款"科目用于核算财政国库支付执行机构在代理银行办理财政直接支付的业务。

财政零余额账户是财政部门开设在代理银行，主要用于办理财政直接支付业务，并与国库单一账户进行清算的账户。该账户不得提取现金。

开户时，财政部门向财政直接支付业务代理银行发出开设财政零余额账户的书面通知，代理银行依据《人民币银行结算账户管理办法》的规定，为财政部门开设财政零余额账户。财政零余额账户每日发生的支付，于当日营业终了前由代理银行与国库单一账户清算。

在目前的改革试点中，财政零余额账户由国库支付执行机构（一般为国库处或司、科）负责管理，并签发支付指令。

## 二、财政零余额账户存款的核算

为核算财政国库支付执行机构在银行办理财政直接支付的业务，政府财政会计设置"财政零余额账户存款"总账科目。本科目贷方登记财政国库支付执行机构当天发生的直接支付资金数；本科目借方登记当天国库单一账户存款划入的冲销数；本科目当日资金结算后，余额为零。

财政国库支付执行机构为预算单位直接支付款项时，根据财政性资金支付凭证的回执联和财政直接支付汇总清算通知单，按预算单位分"类"、"款"、"项"列报预算支出，借记"一般预算支出——财政直接支付"、"基金预算支出——财政直接支付"等科目，贷记本科目。

【例4—13】某市财政国库支付执行机构为市教育局直接支付一般预算安排款项，总金额930000元。市财政国库支付执行机构应编制的会计分录为：

借：一般预算支出——财政直接支付　　　　　　　　　930000
　　贷：财政零余额账户存款　　　　　　　　　　　　　　930000

【例4—14】某市财政国库支付执行机构以基金预算资金支付公路养护服务费用300000元，从财政零余额账户中支付。市财政国库支付执行机构应编制的会计分录为：

借：基金预算支出——财政直接支付　　　　　　　　　300000
　　贷：财政零余额账户存款　　　　　　　　　　　　　　300000

从国库向零余额账户划款时，财政国库支付执行机构每日将按一级预算单位分"类"、"款"、"项"汇总的预算支出结算清单和财政直接支付汇总清算通知单与中国人民银行的国库划款凭证核对无误后，送政府财政会计结算资金，借记本科目，贷记"已结报支出——财政直接支付"。

【例4—15】当日资金支付业务终了后，某市财政局国库处将当日的支出业务汇总与国库划款凭证核对无误后，送政府财政会计结算资金，当日的支出总计为 6500000 元。财政国库支付执行机构应编制的会计分录为：

借：财政零余额账户存款　　　　　　　　　　6500000

　　贷：已结报支出——财政直接支付　　　　　　　　6500000

年度终了，财政国库支付执行机构将预算支出与财政国库管理部门总预算会计等有关方面核对一致后转账，借记"已结报支出"，贷记"一般预算支出"、"基金预算支出"等科目。

【例4—16】年末，某市财政局国库处与预算处核对本年支出，无误后，冲销国库支付执行机构会计的"已结报支出"账户。本年一般预算支出 1600000000 元，其中：财政直接支付方式支出 1000000000 元，授权支付方式支付 600000000 元；本年基金预算支出 1100000000 元，其中财政直接支付方式支出 800000000 元，授权支付方式支付 300000000 元。财政国库支付执行机构应编制的会计分录为：

一般预算支出：

借：已结报支出——财政直接支付　　　　　　1000000000

　　　　　——财政授权支付　　　　　　　600000000

　　贷：一般预算支出　　　　　　　　　　　　1600000000

基金预算支出：

借：已结报支出——财政直接支付　　　　　　800000000

　　　　　——财政授权支付　　　　　　　300000000

　　贷：基金预算支出　　　　　　　　　　　　1100000000

财政国库支付执行机构对财政部批准下达各预算单位零余额账户和小额现金账户的用款额度，不做正式会计分录，但需要备查登记。

# 第三节　有价证券的核算

## 一、有价证券的概念与管理

政府财政会计核算的有价证券是指中央政府以信用方式发行的国家公债。发行有价证券是政府调节宏观经济、平衡预算、集中财力、筹集国家重点建设项目资金的重要措施。政府财政会计有价证券管理和核算的要求是：

（1）各级财政只能用各项财政结余资金（包括一般预算结余和基金预算结余）购买国家指定的有价证券。

（2）有价证券应按取得时实际支付的价款记账，支付购买有价证券的资金不能列作支出。

（3）当期有价证券兑付的利息及转让有价证券取得的收入与账面成本的差额，应记入当期收入。原来用预算结余购买的，做一般预算收入入账；原来用基金预算结余购买的，做基金预算收入入账。

（4）购入有价证券（含债券收款单）应视同货币妥善保管。

## 二、有价证券的核算

为了核算各级政府的有价证券，各级政府财政会计应设置"有价证券"总账科目，用来核算各级政府按国家统一规定用各项财政结余购买的有价证券的库存数。该科目属资产类账户，借方记购入有价证券增加数，贷方记兑付到期有价证券本金数。利息收入通过有关收入账户核算。本账户借方余额反映有价证券的实际库存数。购入有价证券时，借记本科目，贷记"国库存款"、"其他财政存款"科目；到期兑付有价证券时，其兑付本金部分，借记"国库存款"、"其他财政存款"科目，贷记本科目。"有价证券"应按有价证券的种类和资金性质设置明细账。

【例4－17】某市财政局按规定用一般预算结余资金1200000元购买国库券。市政府财政会计应编制的会计分录为：

借：有价证券——一般预算结余购入　　　　　1200000

贷：国库存款——一般预算存款　　　　　　　1200000

【例4－18】某市财政局按规定用基金预算结余资金100000元购买国库券。市政府财政会计应编制的会计分录为：

借：有价证券——基金预算结余购入　　　　　100000

贷：国库存款——基金预算存款　　　　　　　100000

【例4－19】某市财政局用专用基金结余120000元购买特种国债。市政府财政会计应编制的会计分录为：

借：有价证券——专用基金结余购入　　　　　120000

贷：其他财政存款　　　　　　　　　　　　　120000

【例4－20】某市财政局兑换以前年度用一般预算结余购买的国库券，取得本金240000元，利息收入24000元。市政府财政会计应编制的会计分录为：

收回本金：

借：国库存款——一般预算存款　　　　　　　240000

贷：有价证券——一般预算结余购入　　　　　240000

利息收入：

借：国库存款——一般预算存款　　　　　　　24000

贷：一般预算收入——其他收入　　　　　　　24000

【例4－21】某市财政用基金预算结余购买国库券，到期兑付本金50000元，利息收入6000元。市政府财政会计应编制的会计分录为：

收回本金：

借：国库存款——基金预算存款　　　　　　　50000

贷：有价证券——基金预算结余购入　　　　　50000

利息收入：

借：国库存款——基金预算存款　　　　　　　　　　　6000

　　贷：基金预算收入　　　　　　　　　　　　　　　　　6000

# 第四节　在途款的核算

在途款是指在规定的库款报解整理期和决算清理期内，收到的应属于上年度收入的款项和收回的不应在上年度列支的款项或其他需要作为在途款过渡的资金数。

为清理和核实一年的财政收支，保证属于当年的财政收支能全部反映到当年的财政决算中，根据国库制度的规定，年度终了后，支库应设置十天的库款报解整理期。在设置决算清理期的年度，库款报解整理期相应顺延。在库款报解整理期和决算清理期内，有些属于上年度的收入需要补充缴库，有些不合规定的支出需要收回。这些资金活动虽发生在新年度，但其会计事项应属于上一年度。在会计核算中，应通过"在途款"科目进行过渡处理。

为核算决算清理期内和库款报解整理期内发生的上、下年度收支业务，政府财政会计设置"在途款"总账科目，对这些款项做过渡性核算。"在途款"科目核算决算清理期和库款报解整理期内发生的上、下年度收入、支出业务及需要通过本科目过渡处理的资金数。该科目属于资产类科目，借方登记在途款增加数，贷方登记在途款减少数。库款报解整理期内和决算清理期内收到属于上年度收入的款项时，上年度账上记入该科目借方，新年度账上记入该科目贷方；收回不应在上年度列支的款项时，上年度账上记入该科目贷方，新年度账上记入该科目借方。在记入新年度账上后，该科目无余额。决算清理期内收到属于上年度的收入时，借记本科目，贷记"一般预算收入"、"补助收入"、"上解收入"、"基金预算收入"等科目；决算清理期内收回上年度已列支的拨款或支出时，借记本科目，贷记"预拨经费"或"一般预算支出"、"基金预算支出"等科目。具体账务处理方法为：

（1）在决算清理期内收到属于上年度的预算收入时，在上年度账上做：

借：在途款

　　贷：一般预算收入

　　　　基金预算收入

在新年度账上做：

借：国库存款

　　贷：在途款

（2）在整理期收回上年已列支的一般预算支出时，在上年度账上做：

借：在途款
　　贷：一般预算支出
　　　　基金预算支出
在新账上做：
借：国库存款
　　贷：在途款

【例4-22】某市财政在库款报解整理期内收到属于上一年度的一般预算收入165000元。市政府财政会计应编制的会计分录为：

（1）在上年度账上做如下会计分录：

借：在途款　　　　　　　　　　　　　　　165000
　　贷：一般预算收入　　　　　　　　　　　　165000

（2）在新年度账上做如下会计分录：

借：国库存款——一般预算存款　　　　　　　165000
　　贷：在途款　　　　　　　　　　　　　　　165000

【例4-23】某市财政在决算清理期内收回上年度已列支的基金预算支出83000元。市政府财政会计应编制的会计分录为：

（1）在上年度账上做如下会计分录：

借：在途款　　　　　　　　　　　　　　　83000
　　贷：基金预算支出　　　　　　　　　　　　83000

（2）在新年度账上做如下会计分录：

借：国库存款——基金预算存款　　　　　　　83000
　　贷：在途款　　　　　　　　　　　　　　　83000

# 第五节　暂付及应收款项的核算

暂付及应收款项属于政府财政会计往来结算中形成的债权，包括在预算执行过程中上、下级财政结算形成的债权，以及对预算单位借垫款形成的债权。由于与政府财政会计发生暂付及应收往来款项的单位分为财政系统内上下级财政机关之间和财政机关系统外的预算单位之间两类，在会计核算上为体现这种区别，将财政与预算单位间的暂付、应收款项纳入"暂付款"科目核算，将与下级财政间的往来款项纳入"与下级往来"科目核算。

## 一、暂付款的核算

暂付款是各级财政部门借给所属预算单位或其他单位临时急需的款项，以及政府财政会计将预算资金划入政府采购资金专户的款项。

　　政府财政会计核算的暂付款虽然具有暂付的一般性质，但仅限于财政部门对所属预算单位和其他单位的临时急需借款和其他应收、暂付款项，不包括上、下级财政间的款项往来和借出、借入财政周转金。财政机关在预算执行中，与所属预算单位之间发生临时性的暂付、暂存等往来款项，要及时办理清理、结算，该做预算拨款和预算支出的款项，应当及时办理转账手续；该做预算收入的款项，不得长期挂在"暂付款"账上。年终除预拨下年度经费外，一般应无余额。

　　为核算财政机关与预算单位之间的往来款项，应设置"暂付款"和"暂存款"总账科目。这里先介绍"暂付款"账户的使用：

　　政府财政会计"暂付款"科目用于核算各级财政部门借给所属预算单位或其他单位临时急需的款项，以及政府财政会计将预算资金划入政府采购资金专户的款项。借方登记发生数，贷方登记结算收回或核销后转为支出数。借方余额反映尚待结算的暂付款数。各级财政机关借给所属预算单位临时急需的款项时，借记"暂付款"账户，贷记"国库存款"、"其他财政存款"账户；收回或转作预算支出时，借记"国库存款"、"其他财政存款"或有关支出账户，贷记"暂付款"账户。本科目要及时清理，年终该科目原则上应无余额。本账户应按资金性质及借款单位名称设置明细账。

　　【例4—24】某市财政部门因教育局修理危险校舍，借给该单位100000元。市政府财政会计应编制的会计分录为：

　　　　借：暂付款——市教育局　　　　　　　　　　100000
　　　　　　贷：国库存款　　　　　　　　　　　　　　　　100000

　　【例4—25】续【例4—24】，经批准借给市教育局款项100000元转作支出。市政府财政会计应编制的会计分录为：

　　　　借：一般预算支出　　　　　　　　　　　　　100000
　　　　　　贷：暂付款——市教育局　　　　　　　　　　100000

　　【例4—26】某县财政经批准借给市建材局急需款项150000元，用于该局下属企业的设备改造。县政府财政会计应编制的会计分录为：

　　　　借：暂付款——市建材局　　　　　　　　　　150000
　　　　　　贷：国库存款　　　　　　　　　　　　　　　　150000

　　【例4—27】续【例4—26】，县财政收到市建材局偿还的借款110000元，存入国库存款。县政府财政会计应编制的会计分录为：

　　　　借：国库存款　　　　　　　　　　　　　　　110000
　　　　　　贷：暂付款——市建材局　　　　　　　　　　110000

　　【例4—28】续【例4—26】、【例4—27】，经县财政批准，将市建材局余下的借款40000元，转作预拨经费。县政府财政会计应编制的会计分录为：

　　　　借：预拨经费　　　　　　　　　　　　　　　40000
　　　　　　贷：暂付款——市建材局　　　　　　　　　　40000

　　【例4—29】某省财政将预算资金划入政府采购资金专户，用于农业厅采购设备，金额为 200000 元。农业厅本次采购设备拟用款 400000 元，其中预算资金 200000 元，农业厅在财政预算外资金专户存储的资金 100000 元，农业厅自筹资金 100000 元，三方资金比例为 2：1：1。实际采购支出 360000 元，节约资金 40000 元。经研究决定，将节约资金按出资比例原渠道划回。省政府财政会计应编制的会计分录为：

（1）省财政会计将资金划入政府采购资金专户：

借：暂存款——政府采购款——农业厅　　　　　　200000
　　贷：国库存款——一般预算存款　　　　　　　　　200000

同时：

借：其他财政存款　　　　　　　　　　　　　　　200000
　　贷：暂存款——政府采购款——农业厅　　　　　　200000

（2）采购机关将农业厅在财政专户存储款项 100000 元划到政府采购资金专户：

借：其他财政存款　　　　　　　　　　　　　　　100000
　　贷：暂存款——政府采购配套资金——农业厅　　　100000

（3）采购机关将农业厅的自筹资金 100000 元划到政府采购资金专户：

借：其他财政存款　　　　　　　　　　　　　　　100000
　　贷：暂存款——政府采购配套资金——农业厅　　　100000

（4）履行采购合同，省政府财政会计根据采购合同和认为应当提交的有关文件资料付款 360000 元：

借：暂付款——政府采购款　　　　　　　　　　　180000
　　暂存款——政府采购配套资金——农业厅　　　　180000
　　贷：其他财政存款　　　　　　　　　　　　　　　360000

（5）经研究决定，省财政会计将节约的政府采购资金 40000 元，按比例划回原渠道：

1）将节约单位自筹资金 10000 元划回农业厅：

借：暂存款——政府采购配套资金——农业厅　　　10000
　　贷：其他财政存款　　　　　　　　　　　　　　　10000

2）将节约的预算外资金 10000 元划回预算外资金专户：

借：暂存款——政府采购配套资金——农业厅　　　10000
　　贷：其他财政存款　　　　　　　　　　　　　　　10000

3）将节约预算资金 20000 元划回国库：

借：暂存款——政府采购款——农业厅　　　　　　20000
　　贷：其他财政存款　　　　　　　　　　　　　　　20000

同时：

借：国库存款　　　　　　　　　　　　　　　　　20000
　　贷：暂存款——政府采购款——农业厅　　　　　　20000

【例4—30】续【例4—29】，省财政会计将政府采购所用预算资金180000元列报支出。省政府财政会计应编制的会计分录为：

借：一般预算支出　　　　　　　　　　　　180000

　　贷：暂付款——政府采购款　　　　　　　　　　180000

## 二、与下级往来的核算

财政上、下级之间由于财政资金的周转调度需要，以及补助、上解结算事项而形成的应补未补、应解未解等事项，就发生了债务或债权，这就是上、下级往来。

预算收入和预算支出在年度内并不总是平衡的。财政总预算在年度的某个时期有可能出现支出大于收入的情况，此时，如果动用了预算后备，预算收支仍然不能平衡，下级财政可以向上级财政申请短期借款，上级财政也可以向有结余的下级财政借入款项。这些款项，就是上、下级财政之间的往来款项。在年终决算时，全年上、下级财政的实际上解或补助款，与应上解或应补助款之间有可能存在差额，对此也要在上、下级财政之间办理清理结算，也会发生上、下级财政之间的往来款项。各级财政机关对于上、下级财政之间的往来借垫款，属于预算补助范围以内的，应直接用"补助支出"科目拨款，不得长年用往来科目挂账；非预算补助范围内的借款，应随时清理。上、下级财政之间借出或归还款项时，应尽可能在当月汇到对方入账，以利双方对账。

这种往来结算的特点是：既可能是上级财政欠下级财政，也可能是下级财政欠上级财政。所以不论是"与上级往来"还是"与下级往来"，都有可能形成债务，也都有可能形成债权。但在一般情况下，多数表现为下级财政对上级财政的欠款，因此，将"与下级往来"列为资产类科目，将"与上级往来"列为负债类科目。所以，核算上、下级往来，不能从"与上级往来"还是"与下级往来"的字面上辨别记"借方"还是"贷方"。

为了核算上、下级财政之间的往来款项，应设置"与下级往来"和"与上级往来"两个总账科目。这里先介绍"与下级往来"科目。"与下级往来"总账科目用来核算与下级财政的往来结算款项，借方登记借出数、贷方登记收回数或转作补助支出数，借方余额反映下级财政应归还本级财政的款项，贷方余额反映本级财政欠下级财政的款项。本账户应及时清理结算，对转作补助支出的部分，应在当年结清，其他年终未能结清的余额，结转下年。"与下级往来"账户是往来性质的账户，如发生贷方余额，在编制"资产负债表"时应以负数反映。各级财政机关，借给下级财政款时，借记"与下级往来"账户，贷记"国库存款"账户。体制结算中应由下级财政上缴的收入数，借记"与下级往来"账户，贷记"上解收入"账户；借款收回，转作补助支出或体制结算应补助下级财政数时，借记"国库存款"、"补助支出"等有关账户，贷记"与下级往来"账户。本账户应按资金性质和下级财政部门名称设置明细账。

【例4—31】某市财政局同意甲县财政局申请，借给该市预算调度款1000000

元。市政府财政会计应编制的会计分录为：

　　　借：与下级往来——甲县　　　　　　　　1000000
　　　　贷：国库存款——一般预算存款　　　　　　　1000000

　　【例4－32】续【例4－31】，市财政借给所属甲县的预算调度款1000000元中，甲县财政归还了400000元，经研究决定另600000元转作对该县的补助。市政府财政会计应编制的会计分录为：

　　　借：补助支出——甲县　　　　　　　　　600000
　　　　国库存款——一般预算存款　　　　　　400000
　　　　贷：与下级往来——甲县　　　　　　　　　1000000

　　【例4－33】某市财政年终结算，乙县财政有5000000元上解款没有上解，先做往来入账。市政府财政会计应编制的会计分录为：

　　　借：与下级往来——乙县　　　　　　　　5000000
　　　　贷：上解收入　　　　　　　　　　　　　　5000000

　　【例4－34】续【例4－33】，市财政收到乙县应解未解款5000000元。市政府财政会计应编制的会计分录为：

　　　借：国库存款　　　　　　　　　　　　　5000000
　　　　贷：与下级往来——乙县　　　　　　　　　5000000

# 第六节　预拨款项的核算

　　预算拨款是各级财政机关根据核定的预算计划，按规定预拨给用款单位的待结算资金。它包括预拨经费和基建拨款。在国库集中支付方式下，则没有预拨款项的核算内容（详细内容可以参看第八章第二节有关内容）。

　　预算拨款的方式一般采用划拨资金方式，即财政机关根据主管单位的申请按月开出预算拨款凭证，通知国库将财政存款划转到申请单位所在银行的存款户，由主管单位按规定用途办理转拨或支用，月末由用款单位编报单位预算支出报表的一种拨款办法。对行政事业单位拨款，应按照单位报领关系转拨。凡有上级主管部门的单位，不能作为主管会计单位，直接与各级财政部门发生领报关系。

## 一、预拨经费的核算

　　预拨经费是指财政部门预拨给行政、事业单位，尚未在当期列支的经费。凡是在年度预算执行中，政府财政会计用预算资金预拨出应在以后各期列支的款项，以及会计年度终了前预拨款给用款单位的下年度经费款均应作为预拨经费管理。发生预拨经费主要有两种特殊情况：一是年度预算执行中政府财政会计用预算资金预拨给行政、事业单位应在以后各期列支的款项，例如交通不便的边远地区，当期汇款不能及时到达，影响单位按时支付，需要上级单位提前在上一个月拨付下一个月的经费；二是在会计年度终了前，政府财政会计预拨给行政、事业单位的下年度经费，例如今冬明春水利经费，列入下年的农田水利计划，但须在今年抓紧准备或施工，在这种情况下，往往需要提前拨付，但又不能在本年度列作支出。

"预拨经费"总账科目用来核算财政部门预拨给行政、事业单位，尚未列为预算支出的经费。该科目借方登记预拨款，贷方登记转列支出数或用款单位交回款；凡是拨出经费属于本期支出的，应直接通过有关支出科目核算，不能记入本科目。预拨经费时，借记本科目，贷记"国库存款"、"其他财政存款"科目；转列支出或收到用款单位交回数时，借记"一般预算支出"、"国库存款"等科目，贷记本科目。本科目借方余额反映尚未转列支出或尚待收回的预拨经费数，本科目应按拨款单位设明细账。

【例4—35】某市财政局根据下年度计划和水利局申请，预拨给市水利局下年度农田水利经费240000元。市政府财政会计应编制的会计分录为：

借：预拨经费——市水利局　　　　　　　　　　240000
　　贷：国库存款——一般预算存款　　　　　　　　　240000

【例4—36】某市财政局预拨给市教委教育经费60000元。市政府财政会计应编制的会计分录为：

借：预拨经费——市教委　　　　　　　　　　　60000
　　贷：国库存款　　　　　　　　　　　　　　　60000

【例4—37】续【例4—36】，月末，市教委报出银行支出数快报，汇总本月支出数为45000元。市政府财政会计应编制的会计分录为：

借：一般预算支出　　　　　　　　　　　　　45000
　　贷：预拨经费——市教委　　　　　　　　　　45000

【例4—38】续【例4—36】、【例4—37】，市财政局收到市教委缴回多余的预拨教育经费15000元。市政府财政会计应编制的会计分录为：

借：国库存款　　　　　　　　　　　　　　　15000
　　贷：预拨经费——市教委　　　　　　　　　　15000

## 二、基建拨款的核算

基建拨款是指财政按基本建设计划预拨给受托经办基本建设支出的专业银行或拨付基本建设财务管理部门的基本建设款项。当政府财政会计将基本建设款拨付给经办基本建设支出的专业银行或基本建设财务管理部门时，政府财政会计的支出尚未形成，因此，基建拨款表现为政府财政会计的债权。当政府财政会计收到基本建设财务部门或经办基本建设支出的专业银行报来的基本建设拨款报表时，相应的拨款数转为支出数。

各项预拨款项应按实际预拨数额记账。预拨经费（不含预拨下年度经费）应在年终前转列支出或清理收回。在转列支出时，实行限额管理的基建拨款部分，要求按照建设单位的银行支出数列报；不实行限额管理的基建拨款，直接按照拨付给建设单位的资金数额列为支出，不通过"基建拨款"科目核算（不实行限额管理的基本建设资金的账务处理请参见本书第八章第二节有关内容）。

为了核算拨付给经办基本建设支出的专业银行或拨付基本建设财务管理部门的基本建设款和贷款数，政府财政会计应设置"基建拨款"科目（直接拨给建设单位的基本建设资金，不过本科目核算）。拨出款项时，借记本科目，贷记"国库存款"科目；收到基本建设财务管理部门或受委托的专业银行报来拨付建设单位数及缴回财政数时，借记"一般预算支出"、"国库存款"等有关科目，贷记本科目。该科目借方登记拨出数，贷方登记基本建设财务管理部门或受委托的专业银行拨付给建设单位数及缴回财政数；余额在借方，反映尚未列报支出数。该科目应按拨款单位设置明细账。

【例4—39】某市财政局拨付给市建设银行基本建设资金86000000元。市政府财政会计应编制的会计分录为：

借：基建拨款 86000000
　　贷：国库存款 86000000

【例4—40】续【例4—39】，月末，某市财政局收到建设银行报送的月报表，列报拨付建设单位款项为85600000元。市政府财政会计应编制的会计分录为：

借：一般预算支出 85600000
　　贷：基建拨款 85600000

【例4—41】续【例4—40】，市财政局收到基本建设财务管理部门缴回多余的基建拨款400000元。市政府财政会计应编制的会计分录为：

借：国库存款 400000
　　贷：基建拨款 400000

# 第七节　财政有偿使用资金的核算

## 一、财政有偿使用资金的概念、特点与管理

为了更好地支持经济建设，提高财政资金的使用效益，各级地方财政设置了具有特定用途的、有偿使用的资金，即财政周转金，如小型技改贷款、支农周转金等。财政周转金是指财政部门设置的采用信用方式供有关单位有偿使用的资金。财政周转金是财政资金的一个组成部分，是财政部门分配财政资金的一种辅助形式。设置财政周转金的目的，是为了调动用款单位的积极性，促使用款单位合理、节约使用资金，提高资金使用效益。

（一）财政周转金的特点

政府设立财政周转金，运用信用形式安排财政支出，与银行安排贷款有明显

的区别。与银行存款相比，财政周转金有如下特点：

（1）信用主体不同。财政周转金属于国家信用，其主体是政府（国家），是一级国家政权的代表；而银行信用的主体是企业性质的金融机构。

（2）资金来源不同。财政周转金来源于财政安排的预算资金，是无偿资金；而银行信用的资金来源主要是社会闲散资金，并支付利息。

（3）目的不同。财政周转金往往是贷放于社会效益好、经济效益差，宏观效益好、微观效益差的项目，不以营利为目的；而银行业务则是以营利为目的，在保证其资产的安全性、流动性的前提下，强调项目的经济效益。

（4）在信用体系中的地位不同。在信用体系中，银行信用是主体，起主导作用；而财政周转金则是一种补充，在国家信贷计划中起"拾遗补缺"的作用。

（5）资金运用范围不同。财政周转金的贷放有指定的范围；而银行贷款的原则是兼顾安全性、流动性和盈利性，择优发放，没有指定范围。

**（二）财政周转金的管理原则**

为了让财政周转金更好地发挥财政信贷作用，必须加强对财政周转金的管理。财政周转金的管理原则是：

1. 控制规模

即财政周转金的规模应控制在一定的指标之内。所谓财政周转金规模的指标，是指一级财政的财政周转金总量占本级财政可用资金总数的百分比。财政周转金规模的指标和具体数额由上级财政周转金管理部门核定。将财政周转金的规模控制在一定指标之内的目的，是为了不让财政周转金这种财政资金的有偿分配形式影响财政资金无偿分配的基本分配形式。

2. 限定投向

即对财政周转金的投入方向应进行限制。财政周转金是财政资金的有偿分配形式，是无偿分配的辅助和补充。财政周转金的投入方向应与财政无偿分配的方向相一致，不能投向非财政项目。

3. 健全制度

即财政周转金的各种管理和核算制度必须全面、完整、统一、规范。只有健全各种管理和核算制度，财政周转金才能更好地发挥其应有的作用。否则，将会影响财政周转金甚至影响整个财政工作的健康运行。

4. 加强监督

即必须建立相应的制约机制，对财政周转金的运行过程进行监督。加强监督是保证有关制度得以贯彻执行的必要手段。与财政周转金相关的资产类内容主要有财政周转金放款、借出财政周转金和待处理财政周转金等。

# 二、财政有偿使用资金的核算

各级政府财政会计为核算财政有偿使用资金，应设置"财政周转金放款"、"借出财政周转金"和"待处理财政周转金"三个总账科目。

**（一）财政周转金放款的核算**

财政周转金放款是指财政贷放给用款单位的财政周转金，财政对此拥有债权。财政周转金放款一般采用统一核算、分口管理的办法。所谓统一核算，就是财政周转金放款统一由政府财政会计或指定的专门机构办理所有的核算事项。所谓分口管理，就是有关放款的项目、贷放的数额和期限、放款的回收等事项，由财政部门的相应职能机构负责管理。

为核算财政周转金放款业务，政府财政会计应设置"财政周转金放款"总账科目。该科目属于债权性质的科目，财政将财政周转金贷放给用款单位时，借记该科目，贷记"其他财政存款"科目；财政收回贷放给用款单位的财政周转金时，借记"其他财政存款"科目，贷记该科目。该科目余额在借方，表示政府财政会计掌管的财政周转金放款数。该科目应按放款对象及放款期限设置明细账。

**【例4—42】**某县财政贷放给某用款单位农业类某项目财政周转金120000元。县政府财政会计应编制的会计分录为：

借：财政周转金放款——农业类——某项目　　　　　120000
　　贷：其他财政存款　　　　　　　　　　　　　　　　　120000

**【例4—43】**续【例4—42】，该单位归还财政周转金120000元。县政府财政会计应编制的会计分录为：

借：其他财政存款　　　　　　　　　　　　　　　120000
　　贷：财政周转金放款——农业类——某项目　　　　　　120000

**（二）待处理财政周转金的核算**

待处理财政周转金是指财政周转金放款超过约定的还款期限，经初步审核已成呆账，但尚未按《财政周转金呆账处理规定》规定的程序报批核销的财政周转金放款，以及因生产经营、项目停建等因素暂不能收回的周转金。待处理财政周转金的处理结果，可能会收回一部分资金，核销一部分资金，也可能会核销全部资金。

为核算待处理财政周转金业务，政府财政会计应设置"待处理财政周转金"总账科目。逾期未还的财政周转金经批准转入时，借记该科目，贷记"财政周转金放款"科目；按规定程序报经核销时，借记"财政周转基金"科目，贷记该科目。该科目余额在借方，表示尚待核销的待处理财政周转金。该科目应按欠款单位名称设置明细账。

**【例4—44】**某市财政贷放给某单位商贸类某项目财政周转金放款200000元，经初步审核已成呆账。市政府财政会计应编制的会计分录为：

借：待处理财政周转金——商贸类——某单位　　　200000
　　贷：财政周转金放款——商贸类——某单位　　　　　200000

**【例4—45】**续【例4—44】，该财政周转金放款经清理后，收回40000元，另外160000元按规定程序批准核销。市政府财政会计应编制的会计分录为：

借：其他财政存款　　　　　　　　　　　　　　　40000

　　　　财政周转基金　　　　　　　　　　　　　160000
　　　　　贷：待处理财政周转金——商贸类——某单位　　200000

#### （三）借出财政周转金的核算

　　借出财政周转金是指上级财政部门借给下级财政部门的财政周转金。借出财政周转金与财政周转金放款的主要区别是：财政周转金放款是财政部门贷放给用款单位实际投入使用的财政周转金，而借出财政周转金只是财政周转金在上下级财政之间的融通或结算，并不是直接投入到某个具体部门。借出财政周转金同"与下级往来"的主要区别是，"与下级往来"是上下级财政之间无偿财政预算资金的融通或结算，而借出财政周转金是上、下级财政之间有偿财政周转金的融通或结算。

　　为核算借出财政周转金业务，政府财政会计应设置"借出财政周转金"总账科目。借给下级财政部门财政周转金时，借记该科目，贷记"其他财政存款"科目；下级财政部门归还财政周转金时，做相反的会计分录。该科目余额在借方，表示借出财政周转金的尚未收回数。该科目应按借款对象设置明细账。

　　【例4－46】某市财政借给某县财政部门财政周转金1000000元。市政府财政会计应编制的会计分录为：
　　　　借：借出财政周转金——某县　　　　　　　　1000000
　　　　　贷：其他财政存款　　　　　　　　　　　　　1000000
　　【例4－47】续【例4－46】，市财政收到该县财政部门归还的部分前借财政周转金650000元。市政府财政会计应编制的会计分录为：
　　　　借：其他财政存款　　　　　　　　　　　　　650000
　　　　　贷：借出财政周转金——某县　　　　　　　　　650000

## 复习思考题

　　1. 政府财政会计中的资产包括哪些内容？
　　2. 什么是财政性存款？政府财政会计管理财政性存款应遵循哪些原则？
　　3. 政府财政会计核算财政性存款的专门账户有哪两个？它们分别核算什么内容？
　　4. 财政零余额账户存款的管理内容与核算方法是什么？
　　5. 与下级往来的业务是如何形成的？应当如何核算？
　　6. 什么是有价证券？其管理和核算的要求是什么？
　　7. 在途款的业务是如何形成的？应当如何核算？
　　8. 什么是预拨经费？其管理的基本要求是什么？
　　9. 什么是财政周转金？其特点与管理原则是什么？
　　10. 与下级往来、借出财政周转金和财政周转金放款的关系是什么？

# 第五章 政府财政会计负债的核算

## 第一节 政府财政会计负债概述

### 一、政府财政会计负债的概念

在政府财政会计中，负债是一级财政所承担的能以货币计量、需以资产偿付的债务，包括应付、暂收款项和按法定程序核定的预算举借的债务、借入财政周转金等。财政虽然是分配资金的部门，但在预算执行中，与上、下级财政、预算单位之间也会存在着互欠事项，加之政府发行公债等，这就形成了财政的负债事项。

政府财政会计所核算的负债可简单地分为有偿性和无偿性两类。有偿性负债是指政府财政会计须偿付利息的负债，主要包括按法定程序核定的预算举借的债务（即发行公债）所形成的借入款，以及因财政周转金的融通周转所形成的借入财政周转金等。无偿性负债是指不需要偿付利息的负债，包括因体制结算和向上级借入调度款而形成的与上级往来，收到不明性质的款项等应清理的暂存款，以及国库执行机构与国库结算的已结报支出资金等。

综上所述，政府财政会计负债的内容可归纳为以下五个方面：

（1）按法定程序和核定的预算举借的债务（即发行公债）所形成的借入款。

（2）因财政周转金的融通周转所形成的借入财政周转金。

（3）因体制结算和向上级财政借入调度款而形成的与上级往来。

（4）收到不明性质的款项等应清理的暂存款。这种款项可能经过清理转作收入，也可能退回。

（5）国库执行机构与国库结算的已结报支出资金。

### 二、政府财政会计负债的特点

政府财政会计所核算的负债的其他会计核算的负债相比较，具有以下特殊性：

（1）债务主体的特殊性。政府财政会计所核算的负债，并不是财政机关自身的负债，而是一级政府的负债。

（2）债务偿还上的特殊性。政府财政会计负债是需以资产偿付的债务，即只能以减少资产的方式来偿还债务。这是由政府财政会计负债主体的特殊性所决定的。

（3）负债内容上的特殊性。政府财政会计所核算的负债，除一般会计都核算的暂收、应付等往来款项外，还包括各级政府按法定程序和核定数额所举借的债务。具体表现为中央预算按全国人民代表大会批准的数额举借的国内和国外债务，以及地方预算根据国家法律或国务院特别规定举借的债务，即我们通常所说的公债。此外，还包括从上级财政部门借入的用于周转使用的有偿资金。

# 第二节　政府财政会计负债的核算

## 一、应付及暂收款项的核算

应付及暂收款项属于往来结算中形成的债务。它包括在预算执行中上、下级财政结算中形成的债务，如结算中发生的应付款、与上级往来，以及收到其他性质不明的款项。为了核算应付及暂收款项，政府财政会计应设置"暂存款"、"与上级往来"两个负债类科目。

### （一）暂存款的核算

暂存款是指各级财政临时发生的应付、暂收和收到性质不明的款项。暂存款属于待结算款项，结算时可能需要退还，也可能会转作收入。暂存款必须及时清理，不能长期挂账。

为核算暂存款业务，政府财政会计应设置"暂存款"总账科目，用来核算各级财政临时发生的应付、暂收和收到不明性质的款项，以及采购机关将预算外资金和单位自筹资金划入政府采购资金专户的款项。该科目属于负债性质科目，收到暂存款时，借记"国库存款"、"其他财政存款"等相关科目，贷记本科目；冲转退还或转作收入时，借记本科目，贷记"国库存款"、"其他财政存款"等相关科目；贷方余额反映尚未结清的暂存款。本科目应按债权单位或款项来源设明细科目进行明细核算。

【例5-1】某市财政因临时急需资金，向上级财政借入款项400000元。市政府财政会计应编制的会计分录为：

　　借：国库存款——一般预算存款　　　　　　　　　　400000
　　　　贷：暂存款——省财政　　　　　　　　　　　　　　　400000

【例5-2】续【例5-1】，上级财政经研究落实该笔借款预算，该市财政将其全数转作收入。市政府财政会计应编制的会计分录为：

借：暂存款——省财政　　　　　　　　　　　400000
　　贷：一般预算收入　　　　　　　　　　　　　400000

【例5-3】某县财政局收到性质不明的预算缴款65000元，列作暂存。县政府财政会计应编制的会计分录为：

借：国库存款——一般预算存款　　　　　　　65000
　　贷：暂存款　　　　　　　　　　　　　　　　65000

【例5-4】续【例5-3】，经查明，该笔款项属于误入，予以退回。县政府财政会计应编制的会计分录为：

借：暂存款　　　　　　　　　　　　　　　　65000
　　贷：国库存款——一般预算存款　　　　　　　65000

【例5-5】某市财政其他财政存款户收到不明性质的款项165000元，列作暂存。市政府财政会计应编制的会计分录为：

借：其他财政存款　　　　　　　　　　　　165000
　　贷：暂存款　　　　　　　　　　　　　　　165000

【例5-6】续【例5-5】，经查明，该笔款项属于误入，是一般预算收入，应记入国库存款户。市政府财政会计应编制的会计分录为：

借：暂存款　　　　　　　　　　　　　　　165000
　　贷：其他财政存款　　　　　　　　　　　　165000
借：国库存款　　　　　　　　　　　　　　165000
　　贷：一般预算收入　　　　　　　　　　　　165000

【例5-7】某市查清原性质不清的预算缴款100000元，其中：80000元是县公安局交来的罚没收入，转作预算收入；另20000元是县工商行政管理局错收的罚款，需退还被罚者，经核准后退库。市政府财政会计应编制的会计分录为：

借：暂存款　　　　　　　　　　　　　　　100000
　　贷：一般预算收入　　　　　　　　　　　　80000
　　　　国库存款　　　　　　　　　　　　　　20000

【例5-8】某市政府财政会计将预算资金500000元划入政府采购资金专户，用于为甲单位采购设备。市政府财政会计应编制的会计分录为：

借：暂付款——政府采购款　　　　　　　　500000
　　贷：国库存款　　　　　　　　　　　　　　500000
同时：
借：其他财政存款　　　　　　　　　　　　500000
　　贷：暂存款——政府采购款　　　　　　　　500000

【例5-9】续【例5-8】，采购机关将甲单位自筹资金200000元划到政府采购资金专户。市政府财政会计应编制的会计分录为：

借：其他财政存款　　　　　　　　　　　　200000
　　贷：暂存款——政府采购配套资金——甲单位　200000

**【例 5－10】** 续【例 5－8】、【例 5－9】，市财政依据采购合同和有关文件资料，支付采购款 700000 元。市政府财政会计应编制的会计分录为：

　　借：暂存款——政府采购款　　　　　　　　　500000
　　　　暂存款——政府采购配套资金——甲单位　　200000
　　　　贷：其他财政存款　　　　　　　　　　　　　700000

**【例 5－11】** 续【例 5－10】，所购设备经甲单位验收后发现不符合要求，与供应商协商决定作退货处理。现收到退回的已支付采购款 700000 元。市政府财政会计应编制的会计分录为：

　　借：其他财政存款　　　　　　　　　　　　700000
　　　　贷：暂存款——政府采购款　　　　　　　　　500000
　　　　　　暂存款——政府采购配套资金——甲单位　　200000

### （二）与上级往来的核算

在政府财政会计核算中，如果某一级财政预算出现入不敷出的现象时，可以向上一级财政申请短期借款，这时下级财政则表现为债务。另外，在年终结算时，也会发生下级财政少上解的情况，对于下级财政来说表现为债务。

为核算与上级财政往来的往来待结算款项，政府财政会计应设置"与上级往来"科目。向上级财政借款或体制结算中应补交上级财政款项时，借记"国库存款"或"上解支出"等科目，贷记本科目；归还借款、转作上级补助收入或体制结算中应由上级补给款项时，借记本科目，贷记"国库存款"、"补助收入"等科目。有基金预算往来的地区，可按资金性质分设明细账。

"与上级往来"科目是双重性质科目，一般情况下，余额在贷方，表现为本级财政欠上级财政的款项；如果出现借方余额，则表现为上级财政欠本级财政的款项。本科目属负债类科目，如发生借方余额，在编制资产负债表时，以负数反映。

**【例 5－12】** 某县向市财政借入资金 1000000 元，作为短期周转需要。县政府财政会计应编制的会计分录为：

　　借：国库存款　　　　　　　　　　　　　1000000
　　　　贷：与上级往来　　　　　　　　　　　　　1000000

**【例 5－13】** 续【例 5－12】，县财政将上述借款中的 500000 元归还市财政。县政府财政会计应编制的会计分录为：

　　借：与上级往来　　　　　　　　　　　　　500000
　　　　贷：国库存款　　　　　　　　　　　　　　500000

**【例 5－14】** 续【例 5－13】经市财政局批准，另 500000 元借款作为市对本县的财政补助。县政府财政会计应编制的会计分录为：

　　借：与上级往来　　　　　　　　　　　　　500000
　　　　贷：补助收入　　　　　　　　　　　　　　500000

**【例 5－15】** 年终体制结算，某县应解未解款项 1000000 元。经批准，该县将尚未上解的 1000000 元应上解款项做往来款项处理。县政府财政会计应编制的会计分录为：

借：上解支出　　　　　　　　　　　　　　　　1000000

　　贷：与上级往来　　　　　　　　　　　　　　　　1000000

【例 5－16】年终体制结算，某市财政向甲县应补未补 300000 元。经批准，该县将应补未补的 300000 元做往来款项处理。市政府财政会计应编制的会计分录为：

借：与上级往来　　　　　　　　　　　　　　　300000

　　贷：补助收入　　　　　　　　　　　　　　　　　300000

## 二、借入款的核算

政府财政会计借入款是指按法定程序和核定的预算举借的债务。即指中央财政按全国人民代表大会批准的数额举借的国内和国外债务，以及地方财政根据国家法律或国务院特别规定举借的债务。主要包括政府借款收入、向国际组织借款收入、其他国外借款收入、发行国库券收入等。债务收入主要用于弥补预算收入和支出之间的差额，即赤字。上、下级财政之间的借垫款，不通过本账户核算。

为了核算中央财政和地方财政按照国家法律、国务院规定采取向社会发行债券等方式举借的债务，应设置"借入款"账户。本账户贷方登记借入数，借方登记偿还数，期末贷方余额反映尚未偿还的债务。发行债券或举借债务时，借记"国库存款"等科目，贷记本科目；到期偿还本金时，借记本科目，贷记"国库存款"等科目。本账户应按债券种类或债权人设明细账。

【例 5－17】中央财政根据全国人民代表大会的决定，在国内发行一年期国库券 100000000 元。中央政府财政会计应编制的会计分录为：

借：国库存款　　　　　　　　　　　　　　　100000000

　　贷：借入款　　　　　　　　　　　　　　　　　100000000

【例 5－18】中央财政按全国人民代表大会的批准向国外举借债务折合人民币 200000000 元。中央政府财政会计应编制的会计分录为：

借：国库存款　　　　　　　　　　　　　　　200000000

　　贷：借入款　　　　　　　　　　　　　　　　　200000000

【例 5－19】中央财政发行的一年期国库券 100000000 元到期。偿付本金 100000000 元，利息 4000000 元。中央政府财政会计应编制的会计分录为：

借：借入款　　　　　　　　　　　　　　　　100000000

　　一般预算支出　　　　　　　　　　　　　　　4000000

　　贷：国库存款　　　　　　　　　　　　　　　104000000

## 三、已结报支出的核算

根据财政国库集中收付制度改革后支付管理的特点，现行《政府财政会计制度》资产类和负债类分别增设"财政零余额账户存款"和"已结报支出"会计总账科目，并按相关支出的"类"、"款"、"项"及预算单位设立支出明细账。

"已结报支出"科目用于核算财政国库资金已结清的支出数额。根据《财政国库管理制度改革试点会计核算暂行办法》的规定，国库当天业务结束后，本科目余额应等于一般预算支出与基金预算支出之和。财政国库支付执行机构每日将按部门分"类"、"款"、"项"汇总的预算支出结算清单与中国人民银行国库划款凭证核对无误后，送政府财政会计结算资金，财政国库支付执行机构会计应借记"财政零余额账户存款"科目，贷记"已结报支出——财政直接支付"科目；财政国库支付执行机构对于授权支付的款项，根据代理银行报来的财政支出日（旬、月）报表，与中国人民银行国库划款凭证核对无误后，列报支出，并登记预算单位支出明细账，财政国库支付执行机构会计应借记"一般预算支出、基金预算支出"科目，贷记"已结报支出——财政授权支出"科目；年终，财政国库支付执行机构将预算支出与有关方面核对一致后转账时，财政国库支付执行机构会计应借记"已结报支出"科目，贷记"一般预算支出、基金预算支出"科目。

具体举例，请参考学习本书第四章第二节"财政零余额账户存款的核算"的有关内容。

## 四、借入财政周转金的核算

借入财政周转金是指下级财政部门从上级财政部门借入的用于周转使用的有偿资金。借入财政周转金与借出财政周转金相对应，是财政周转金在上、下级财政之间的融通。借入财政周转金同与上级往来的主要区别是，与上级往来是上、下级财政之间无偿财政预算资金的融通或结算，而借入财政周转金是上、下级财政之间有偿财政周转金的融通或结算。

为核算地方财政部门向上级财政部门借入的有偿使用的财政周转金，政府财政会计应设置"借入财政周转金"账户。该账户属于负债类账户，贷方登记增加数，借方登记减少数，该账户贷方余额，反映尚未归还的借入财政周转金数。地方财政部门向上级财政部门借入财政周转金时，借记"其他财政存款"账户，贷记"借入财政周转金"账户；还款时，做相反的会计分录。

【例5-20】某市财政局向省财政厅借入财政周转金500000元。市政府财政会计应编制的会计分录为：

借：其他财政存款　　　　　　　　　　　　　　　　500000
　　贷：借入财政周转金　　　　　　　　　　　　　　　500000

【例5-21】市财政归还省财政厅财政周转金500000元。市政府财政会计应编制的会计分录为：

借：借入财政周转金　　　　　　　　　　　　　　　500000
　　贷：其他财政存款　　　　　　　　　　　　　　　　500000

【例5-22】某县财政从市财政借入的财政周转金到期，偿还本金600000

元，并支付占用费 30000 元。县政府财政会计应编制的会计分录为：

借：借入财政周转金　　　　　　　　　　　600000

　　财政周转金支出　　　　　　　　　　　30000

　　　贷：其他财政存款　　　　　　　　　　　　630000

## 复习思考题

1. 政府财政会计负债包括哪些内容？有什么特点？

2. 什么是暂存款？暂存款应当如何核算？

3. 什么是与上级往来？与上级往来应当如何核算？

4. 什么是借入款？借入款应当如何核算？

5. "已结报支出"科目核算的具体内容是什么？

6. 什么是借入财政周转金？借入财政周转金应当如何核算？

# 第六章 政府财政会计收入的核算

## 第一节 政府财政会计收入概述

政府财政收入是国家为了满足社会公共需要，主要是为了实现国家职能的需要，通过政府预算集中一部分社会产品所形成的集中性财政资金，是国家进行社会主义现代化建设、实现对国民经济的宏观调控必不可少的财力保证。

### 一、政府财政收入的含义

政府财政收入是国家为实现其职能，根据法令和法规取得的非偿还性财政资金，它是一级财政的资金来源。

国家财政所集中的预算收入，从取得形式上分为税收收入、国有企业利润上缴收入、国债收入、事业收入和其他收入等。但对于国家财政来说，借入的国债收入并不是永久性的无偿收入，而是国家以债务人的身份按照信用原则取得财政收入的一种形式，它是一种暂时性的融资，它与其他财政收入形式的最大区别在于它的有偿性。对于国家来说，国债不仅是要还本的，而且还需要付息。因此，国债收入在政府财政会计的核算中是不能作为正常的财政收入核算的，而是作为"借入款"在负债业务中核算。

### 二、政府财政收入的管理要求

各级政府财政会计应加强各项收入的管理，严格会计核算手续。对于各项收入的处理必须以审核无误的国库入库凭证、预算收入日报表和其他合法的凭证为依据。发现错误，应在发现错误的月份按《中华人民共和国国家金库条例实施细则》及其他有关规定，及时通知有关单位共同更正。对于已入库的预算收入和其他财政收入的退库，要严格把关，强化监督。凡不属于国家规定的退库项目，一律不得冲退预算收入。属于国家规定的退库事项，按财政部规定的退库手续办理审批。政府财政会计管理财政收入要做好以下工作：

（1）要密切注意收入进度，分析执行情况，及时反馈预算执行信息。

（2）加强与征收机关及国库的联系，保证收入的级次正确、核算正确和数字正确。发现错误，应在发现错误的月份及时通知有关单位共同更正。

（3）把好收入退付关。一是执行政策，非国家明文规定的退库项目不得退库；二是手续规范，属于国家规定的退库项目，要按财政部规定的手续办理审批后才能退库；三是国库经收处不得办理退库。

## 三、政府财政收入的分类

收入分类主要反映收入的性质和来源。我国 2007 年 1 月 1 日颁行的《政府收支分类科目》的收入分类没有再按资金管理的要求分一般预算收入、基金预算收入、债务预算收入等设置科目，而是将上述收入纳入统一的收入分类体系，并具体采用了两种分类方法。一是按收入形式分类，如税收收入、非税收入，以及税收收入下的增值税、消费税、营业税，非税收入下的行政性收费、罚没收入等，说明收入以何种方式取得。二是按来源分类，有的按所有制结构划分，如增值税下的国有企业增值税、集体企业增值税；有的按部门结构划分，如行政性收费下的文化行政性收费、公安行政性收费；罚没收入下的文化罚没收入、公安罚没收入。它说明收入从哪里取得。政府收入分类的类、款两级科目设置情况如下：

（1）税收收入。分设 21 款：增值税、消费税、营业税、企业所得税、企业所得税退税、个人所得税、资源税、固定资产投资方向调节税、城市维护建设税、房产税、印花税、城镇土地使用税、土地增值税、车船税、船舶吨税、车辆购置税、关税、耕地占用税、契税、烟叶税和其他税收收入。

（2）社会保险基金收入。分设 6 款：基本养老保险基金收入、失业保险基金收入、基本医疗保险基金收入、工伤保险基金收入、生育保险基金收入、其他社会保险基金收入。

（3）非税收入。分设 8 款：政府性基金收入、专项收入、彩票资金收入、行政事业性收费收入、罚没收入、国有资本经营收入、国有资源（资产）有偿使用收入、其他收入。

（4）贷款转贷回收本金收入。分设 4 款：国内贷款回收本金收入、国外贷款回收本金收入、国内转贷回收本金收入、国外转贷回收本金收入。

（5）债务收入。分设 2 款：国内债务收入、国外债务收入。

（6）转移性收入。分设 9 款：返还性收入、财力性转移支付收入、专项转移支付收入、政府性基金转移收入、彩票公益金转移收入、预算外转移收入、单位间转移收入、上年结余收入、调入资金。

政府收入分类的类、款科目的主要内容见表 6—1。

表 6-1　收入分类科目

| 款码 | 科目名称 | 说　明 |
|---|---|---|
| | 101 税收收入 | |
| 01 | 增值税 | 反映《中华人民共和国增值税暂行条例》征收的国内增值税、进口货物增值税和经审批退库的出口货物增值税。 |
| 02 | 消费税 | 反映按《中华人民共和国消费税暂行条例》征收的国内消费税、进口消费品消费税和经审批退库的出口消费品消费税。 |
| 03 | 营业税 | 反映税务部门按《中华人民共和国营业税暂行条例》征收的营业税。 |
| 04 | 企业所得税 | 反映税务机关按《中华人民共和国企业所得税法》和《中华人民共和国企业所得税法实施条例》征收的企业所得税。 |
| 05 | 企业所得税退税 | 反映财政部门按"先征后退"政策审批退库的企业所得税。其口径与"企业所得税"相同。 |
| 06 | 个人所得税 | 反映按《中华人民共和国个人所得税法》、《对储蓄存款利息所得征收个人所得税的实施办法》征收的个人所得税。 |
| 07 | 资源税 | 反映按《中华人民共和国资源税暂行条例》征收的资源税。 |
| 08 | 固定资产投资方向调节税 | 反映地方税务局按《中华人民共和国固定资产投资方向调节税暂行条例》补征的固定资产投资方向调节税。 |
| 09 | 城市维护建设税 | 反映按《中华人民共和国城市维护建设税暂行条例》征收的城市维护建设税。 |
| 10 | 房产税 | 反映地方税务局按《中华人民共和国房产税暂行条例》征收的房产税以及依照《城市房地产税暂行条例》征收的城市房地产税。 |
| 11 | 印花税 | 反映按《中华人民共和国印花税暂行条例》征收的印花税。 |
| 12 | 城镇土地使用税 | 反映按《中华人民共和国城镇土地使用税暂行条例》征收的城镇土地使用税。 |
| 13 | 土地增值税 | 反映按《中华人民共和国土地增值税暂行条例》征收的土地增值税。 |
| 14 | 车船税 | 地方收入科目，反映按《中华人民共和国车船税暂行条例》征收的车船税。 |
| 15 | 船舶吨税 | 反映船舶吨税收入。 |
| 16 | 车辆购置税 | 反映按《中华人民共和国车辆购置税暂行条例》征收的车辆购置税。 |

续表

| 款码 | 科目名称 | 说　明 |
|---|---|---|
| 17 | 关税 | 反映海关按《中华人民共和国进出口关税条例》征收的关税，按《中华人民共和国反倾销条例》征收的反倾销税，按《中华人民共和国反补贴条例》征收的反补贴税，按《中华人民共和国保障措施条例》征收的保障措施关税以及财政部按"先征后退"政策审批退税的关税。 |
| 18 | 耕地占用税 | 反映地方税务局按《中华人民共和国耕地占用税暂行条例》征收的耕地占用税。 |
| 19 | 契税 | 反映地方税务局按《中华人民共和国契税暂行条例》征收的契税。 |
| 20 | 烟叶税 | 反映按《中华人民共和国烟叶税暂行条例》征收的烟叶税。 |
| 21 | 其他税收收入 | 反映除以上税收之外的税收收入。 |
|  | 102 社会保险基金收入 |  |
| 01 | 基本养老保险基金收入 | 反映参加基本养老保险的单位和个人缴纳的基本养老保险费、财政补贴、利息等收入。 |
| 02 | 失业保险基金收入 | 反映参加失业保险的单位和个人缴纳的失业保险费、财政补贴、利息等收入。 |
| 03 | 基本医疗保险基金收入 | 反映参加基本医疗保险的单位和个人缴纳的基本医疗保险费、财政补贴、利息等收入。 |
| 04 | 工伤保险基金收入 | 反映参加工伤保险的单位缴纳的工伤保险费、财政补贴、利息等收入。 |
| 05 | 生育保险基金收入 | 反映参加生育保险的单位缴纳的生育保险费、财政补贴、利息等收入。 |
| 06 | 其他社会保险基金收入 | 反映除以上各项保险之外的社会保险基金收入。 |
|  | 103 非税收入 |  |
| 01 | 政府性基金收入 | 反映各级政府及其所属部门根据法律、行政法规以及中共中央、国务院有关文件规定，向公民、法人和其他组织无偿征收具有专项用途的财政资金（包括基金、资金、附加和专项费）。 |
| 02 | 专项收入 | 反映中央和地方政府根据有关规定对排污、资源、矿藏、教育、运输等征收费用形成的共用收入。 |
| 03 | 彩票奖金收入 | 反映彩票机构上缴财政部门的彩票公益金和发行费等资金。 |

| 款码 | 科目名称 | 说　明 |
|---|---|---|
| 04 | 行政事业性收费收入 | 反映依据法律、行政法规、国务院有关规定、国务院财政部门与计划部门共同发布的规章或者规定以及省、自治区、直辖市的地方性法规、政府规章或者规定，省、自治区、直辖市人民政府财政部门与计划（物价）部门共同发布的规定所收取的各项收费收入。 |
| 05 | 罚没收入 | 反映执法机关依法收缴的罚款（罚金）、没收款、赃款，没收物资、赃物的变价款收入。 |
| 06 | 国有资本经营收入 | 反映经营、使用国有财产等取得的收入。 |
| 07 | 国有资源（资产）有偿使用收入 | 反映有偿转让国有资源（资产）使用费而取得的收入。 |
| 08 | 其他收入 | 反映除以上各项收入以外的非税收入。 |
| | 104 贷款转贷回收本金收入 | |
| 01 | 国内贷款回收本金收入 | 反映收回的技改贷款及其他财政贷款本金收入。 |
| 02 | 国外贷款回收本金收入 | 反映收回的我国政府向国外政府贷款、向国际组织贷款的本金收入。 |
| 03 | 国内转贷回收本金收入 | 反映收回的政府部门向外国政府、国际金融机构借款转贷给地方政府、相关部门和企业的款项。 |
| 04 | 国外转贷回收本金收入 | 反映收回的中央政府部门向外国政府、国际金融机构借款转贷给国外有关机构和企业的款项。 |
| | 105 债务收入 | |
| 01 | 国内债务收入 | 反映从国内取得的债务收入。 |
| 02 | 国外债务收入 | 反映从国外取得的债务收入。 |
| | 106 转移性收入 | |
| 01 | 返还性收入 | 反映下级政府收到上级政府的返还性收入。 |
| 02 | 财力性转移支付收入 | 反映政府间财力性转移支付收入。 |
| 03 | 专项转移支付收入 | 反映政府间专项转移支付收入。 |
| 04 | 政府性基金转移收入 | 反映政府性基金转移收入。 |
| 05 | 彩票公益金转移收入 | 反映政府间彩票公益金转移收入。 |

| 款码 | 科目名称 | 说　明 |
|---|---|---|
| 06 | 预算外转移收入 | 反映政府间预算外资金转移收入。 |
| 07 | 单位间转移收入 | 反映各单位间的转移收入。 |
| 08 | 上年结余收入 | 反映各类资金的上年结余。 |
| 09 | 调入资金 | 反映不同性质资金之间的调入收入。 |

## 四、政府财政会计收入的内容

在财政总会计的收入核算中，只核算财政根据国家法令和法规所取得的非偿还性资金。包括一般预算收入、基金预算收入、专用基金收入、转移性收入和财政周转金收入等。

（1）一般预算收入。指财政通过一定的形式和程序，由各级财政部门组织的纳入预算管理的资金。它是财政收入中最主要的项目，其主要形式是税收收入，是国家财力的重要保障。为正确核算反映这部分预算收入，需要对一般预算收入进行科学的分类，及时、准确地收纳、划分和报解。

（2）基金预算收入。指按规定收取、转入或通过当年财政安排，由财政管理并具有指定用途的政府性基金等。这是国家为加强对预算资金的管理所采取的一项重要措施。基金预算收入资金种类繁多，涉及面广，收入和支出都有较强的政策性，必须做好各项管理工作。

（3）专用基金收入。指政府财政会计管理的各项专用基金（如粮食风险基金等）的收入。这是财政为实现政府的某些特定职能而专门设立的用于规定用途的基金的收入。

（4）转移性收入。指根据财政管理体制的规定，在各级财政之间进行资金转移、在本级财政各项资金之间调剂所形成的收入，以及本级财政因预算收支平衡问题产生的一般预算与基金预算之间的资金转移收入。财政资金转移是财政资金活动的一个重要阶段，它通过补助、上解等方式来调整上、下级之间、地区之间的财力，以调入、调出的方式来协调预算收支的平衡。各级财政之间以及本级财政的各项资金之间的资金调拨，是各级财政进行体制结算，实现财政收支执行中的平衡所经常采用的措施，在实施中也取得了良好的效果。转移性收入主要包括补助收入、上解收入和调入资金。

（5）财政周转金收入。指财政部门在办理财政周转金借出或放款业务中收取的资金占用费收入和利息收入。财政周转金是财政为了充分发挥财政资金作用，利用信用的形式将资金贷放出去，到期收回本息，变一次性支出为多次投资的一种基金。财政部门在贷放这些周转金过程中所收取的资金占用费和利息构成了财政周转金收入。

# 五、政府收入分类科目与政府财政会计预算收入科目

《2007 年政府收支分类科目》反映了我国为适应市场经济条件下的政府职能转变，建立、健全公共财政体系的总体要求，而逐步形成的一套既适合我国国情，又符合国际通行做法的较为规范、合理的政府收支分类体系。该体系的不断完善，将为进一步深化财政改革、提高预算透明度、强化预算监督创造有利条件。

我国在 1998 年开始实施的《政府财政会计制度》是和现行的预算管理方式相适应的。为积极、稳妥地推进政府收支分类改革，2007 年我国实施政府收支分类科目后，暂不改变目前预算管理的基本流程和管理模式，也不改变政府财政会计制度核算预算内资金、预算外资金以及社会保险基金分别管理、核算的方式。因此，政府财政会计的预算收支科目仍然是四个：一般预算收入、基金预算收入、一般预算支出、基金预算支出，并且，以政府收支分类科目作为明细科目进行核算。为了与目前预算管理的实际情况相适应，财政部对 2007 年政府收入分类科目与 2006 年政府预算收入科目进行了总体协调。预算收入类、款级的具体内容见表 6—2：

表 6—2　政府收入分类科目与政府财政会计预算收入科目协调表

| 科目编码 | | 科目名称 | 科目编码 | | 科目名称 |
|---|---|---|---|---|---|
| 类 | 款 | | 类 | 款 | |
| | | 一、一般预算收入科目 | | 11 | 印花税 |
| 101 | | 税收收入 | | 12 | 城镇土地使用税 |
| | 01 | 增值税 | | 13 | 土地增值税 |
| | 02 | 消费税 | | 14 | 车船税 |
| | 03 | 营业税 | | 15 | 船舶吨税 |
| | 04 | 企业所得税 | | 16 | 车辆购置税 |
| | 05 | 企业所得税退税 | | 17 | 关税 |
| | 06 | 个人所得税 | | 18 | 耕地占用税 |
| | 07 | 资源税 | | 19 | 契税 |
| | 08 | 固定资产投资方向调节税 | | 20 | 烟叶税 |
| | 09 | 城市维护建设税 | | 99 | 其他税收收入 |
| | 10 | 房产税 | 103 | | 非税收入 |

续表

| 科目编码 | | 科目名称 | 科目编码 | | 科目名称 |
|---|---|---|---|---|---|
| 类 | 款 | | 类 | 款 | |
| | 02 | 专项收入 | | 03 | 专项转移支付收入 |
| | 04 | 行政事业性收费收入 | | 08 | 上年结余收入（一般预算） |
| | 05 | 罚没收入 | | 09 | 调入资金（一般预算） |
| | 06 | 国有资本经营收入 | | | 二、基金预算收入 |
| | 07 | 国有资源（资产）有偿使用收入 | 103 | | 非税收入 |
| | 99 | 其他收入 | | 01 | 政府性基金收入 |
| 104 | | 贷款转贷回收本金收入 | 106 | | 转移性收入 |
| | 01 | 国内贷款回收本金收入 | | 04 | 政府性基金转移收入 |
| | 02 | 国外贷款回收本金收入 | | 08 | 上年结余收入（基金预算） |
| | 03 | 国内转贷回收本金收入 | | 09 | 调入资金（基金预算） |
| | 04 | 国外转贷回收本金收入 | | | 三、债务预算收入 |
| 106 | | 转移性收入 | 105 | | 债务收入 |
| | 01 | 返还性收入 | | 01 | 国内债务收入 |
| | 02 | 财力性转移支付收入 | | 02 | 国外债务收入 |

由于社会保险基金的内容还没有纳入财政的管理范围，因此，政府财政会计也不对此项收入进行会计核算。

"转移性收入"在政府财政会计核算收入时，不作为一般（或基金）预算收入进行核算，而作为与"一般（或基金）预算收入"相并列的"补助收入"、"上解收入"或"调入资金"等进行核算。这是政府收支分类科目与政府财政会计科目之间的一个差别。在政府收支分类科目中，"转移性收入"科目反映的内容不增加政府整体的财力总数。在编制上、下级政府的汇总会计报表时，下级政府的"补助收入"科目需要与上级政府的"补助支出"科目抵消；下级政府的"上解支出"科目需要与上级政府的"上解收入"科目抵消。

关于债务预算收入：国家财政所集中的预算收入，从取得形式上分为税收收入、国有企业利润上缴收入、国债收入、事业收入和其他收入等，但对于国家财政来说，借入的国债收入并不是永久性的无偿收入，而是国家以债务人的身份按照信用原则取得财政收入的一种形式，它是一种暂时性的融资，它与其他财政收入形式的最大区别在于它的有偿性。对于国家来说，国债不仅是要还本的，而且还需要付息。因此，国债收入在财政总会计的核算中是不能作为正常的财政收入核算的，而是作为"借入款"在负债业务中核算。

## 第二节　政府财政会计一般预算收入的核算

### 一、一般预算收入的内容

一般预算收入是指通过一定的形式和程序，有计划、有组织地由国家支配、纳入预算管理的资金。它是预算收入的重要组成部分，是进行社会主义经济建设、提高人民群众物质和文化生活水平的主要财力保证。因此，各级政府财政会计在年度预算执行过程中应当：对各项一般预算收入计划进行会计监督，配合各主管征收机关积极组织收入，监督一般预算收入及时、足额地缴入国库，严格收入退库的管理；协助国库及时、正确地收纳、划分和报解库款，加速库款的集中，防止专业银行占压、挪用国库资金；做好财政预算资金的灵活调度，保证社会主义建设事业资金按预算计划及时供应。

根据上节所介绍的内容，政府财政会计核算的一般预算收入内容有：

税收收入类：增值税、消费税、营业税、企业所得税、企业所得税退税、个人所得税、资源税、固定资产投资方向调节税、城市维护建设税、房产税、印花税、城镇土地使用税、土地增值税、车船税、船舶吨税、车辆购置税、关税、耕地占用税、契税、烟叶税、其他税收收入；

非税收入：专项收入、行政事业性收费收入、罚没收入、国有资本经营收入、国有资源（资产）有偿使用收入、其他收入。

### 二、一般预算收入的收纳、划分和报解

#### （一）一般预算收入的征收机构

为了组织和监督预算收入，国家设立了专门的征收和管理机构，包括征收机关和国家金库。

1. 征收机关

政府预算经过法定程序批准后，必须正确地组织实施，保证预算收入任务的完成，这就进入了预算执行阶段。组织预算执行是实现预算收支任务的重要环节。政府预算收入的执行是由财政部门负责组织的，但是，各项预算收入的性质和来源不同，征收的方法也有所不同。我国的征收机关主要有税务机关、财政机关和海关等。

（1）税务机关。税务机关主要负责各项工商税收和企业所得税的征收管理，以及国家交办的其他预算收入的征收管理。

（2）财政机关。财政机关主要负责国有企业上缴利润、农牧业税及其他预算收入的征收管理。

（3）海关。海关主要负责对进出口的货物和各种物品、旅客行李等依法征收关税和规费，为税务机关代征进出口产品的增值税、消费税、对台贸易调节税以及政府交办的涉及进出口产品的其他税收的征收管理。

（4）其他机关。不属于上述范围的预算收入，根据国家规定负责征收管理的单位为征收机关，如公安、法院、检察院等。

2. 国家金库

（1）国家金库的概念。国家金库是经管政府财政收入、支出的总出纳机关，简称国库。国家金库负责政府预算资金的收纳、划分、留解和库款支拨的业务。国库的概念包括两层意思：一是说明国库是政府财政的"财政库"，是国家财政的总出纳机关。它既不是银行收存金银实物的"实物库"，也不是银行保管货币的"发行库"。二是说明国库作为出纳机关，政府的全部预算收入都由国库收纳入库，一切预算支出都由国库拨付。但它不是单纯的现金出纳，而是参与组织和执行政府预算的专门机关。因此，国库必须认真执行国家的方针、政策和财经制度，发挥国库的执行作用、促进作用和反映作用。

（2）国家金库的管理体制和组织机构。从世界各国的情况看，政府预算收支的保管出纳制度主要有独立国库制、委托国库制和银行制三种。独立国库制指的是国家单独设立经管国家财政预算收支的机构，办理国家财政预算收支的保管、出纳工作；委托国库制指的是委托银行办理政府预算收支工作；银行制则是指国家不设国库，国家的财政收入作为一般存款存入银行进行管理。目前世界各国尤其是经济较发达的国家大多数采用委托制。

我国的国库制度一直采用委托制，即国家金库由中国人民银行代理。实行委托制的优点在于：一是可利用遍及全国城乡的银行机构，方便缴款和拨款；二是通过银行单位能迅速、灵活地划转资金，实现预算收支的上解、下拨；三是通过银行办理有利于加强对预算收支的监督管理。

我国国家金库的组织机构是按照国家财政管理体制设立的，原则上一级财政设立一级国库。根据预算法及其实施条例的规定，我国国库分设中央国库和地方国库两套机构，并分别向中央财政和地方财政负责。中央国库业务由中国人民银行经理；地方国库业务由中国人民银行分支机构经理；未设中国人民银行分支机构的地区，由中国人民银行及地方财政委托有关银行办理。

目前，我国国库设有总库、分库、中心支库、支库，有部分地方建立了乡镇国库。中国人民银行总行负责经理总库；各省、自治区、直辖市分行负责经理分库，计划单列市分行可设置分库，其国库业务受省分库领导；省辖市、自治州和成立一级财政的地区，由市、地（州）分支行经理中心支库；县（市）支行经理支库。支库以下可设置国库经收处，业务由专业银行的分支机构办理，负责收纳报解财政库款。国库经收处不是一级独立的国库，其业务工作受支库领导。

**（二）一般预算收入的收纳**

1. 缴库方式

政府预算收入的收缴，一律通过国库办理。按国库集中收付制度的规定，预算收入的缴库方式分为直接缴库和集中汇缴两种。

（1）直接缴库。指由缴款单位或缴款人按有关法律法规的规定，直接将应缴收入缴入国库单一账户或预算外资金财政专户。具体来说，就是通过缴款人所在地的开户行，以转账方式将款项缴入国库。这种方式使政府预算收入的收缴减少了层层汇总缴款的烦琐手续，同时便于税务机关的监督和指导。目前，我国企业、事业单位等纳税人主要采用直接缴库方式。

（2）集中汇缴。指由征收机关（有关法定单位）按有关法律的规定，于收缴收入的当日汇总，将所收的应缴收入缴入国库单一账户或预算外资金财政专户。这种方式主要适用于农村集贸市场、个体商贩及农民缴纳的小额零散税款、个人的进口关税及法律另有规定的应缴收入和非税收入中的现金缴款。

2. 预算收入的缴款凭证

国库在办理收入缴库时，必须填制缴款凭证，即缴款书。它是国库办理收纳预算收入的唯一合法原始凭证，也是各级征收机关、国库、银行和缴款单位分析、检查预算收入任务完成情况，进行记账、统计的重要基础资料。缴款书一般分为工商税收专用缴款书、一般缴款书和其他专用缴款书三种。

（1）工商税收专用缴款书。工商税收专用缴款书共分六联：第一联为收据（代完税凭证），国库收款盖章后退缴款单位或纳税人；第二联为付款凭证，由缴款单位开户行作付出传票；第三联为收款凭证，由收款国库作收入传票；第四联为回执，国库收款盖章后退征收机关；第五联为报查，国库收款盖章后退基层征收机关；第六联为存根，由征收机关根据需要增加，由税务机关留存。

（2）一般缴款书。实行利润承包的国有企业上缴利润等收入，各机关事业单位上缴有关收入等使用一般缴款书。一般缴款书一式五联，一至四联的用途与工商税收专用缴款书相同，第五联为报查，国库收款盖章后退同级财政部门。

（3）其他专用缴款书。主要包括企业所得税专用缴款书、涉外税收专用缴款书、海关专用缴款书，其他不属于税收、利润和其他收入的缴款书等。其他专用缴款书共分六联，与工商税收专用缴款书各联内容相同。

**（三）一般预算收入的划分**

各级国库对于每日收纳入库的预算收入，应按照预算管理体制规定的范围和比例，将预算收入在中央预算与地方预算之间，以及地方各级预算之间正确地进行划分。预算收入在各级财政之间的划分是国家预算管理体制的一项基本内容，是实现国家预算分级管理，确保财权、事权统一，解决中央财政与地方财政之间分配关系的核心内容。我国预算收入一般可划分为固定收入、分成收入两大部分。固定收入分为"中央财政固定收入"和"地方财政固定收入"，固定为各级的预算收入；分成收入按各级财政的财力情况以比例或其他方法进行分配。下面对一般预算收入在中央财政与地方财政之间的划分情况做一介绍：

（1）中央财政固定收入。包括消费税（含进口环节海关代征的部分）、车辆购置税、关税、海关代征的进口环节增值税等。

（2）地方财政固定收入。包括城镇土地使用税、耕地占用税、土地增值税、房产税、城市房地产税、车船税、契税等。

（3）中央财政与地方财政共享收入。包括：

1）增值税（不含进口环节由海关代征的部分）。

2）营业税：铁道部、各银行总行、各保险总公司集中缴纳的部分归中央财政，其余部分归地方财政。

3）企业所得税：铁道部、各银行总行及海洋石油企业缴纳的部分归中央财政，其余部分中央财政与地方财政分享。

4）个人所得税。

5）资源税：海洋石油企业缴纳的部分归中央财政，其余部分归地方财政。

6）城市维护建设税：铁道部、各银行总行、各保险总公司集中缴纳的部分归中央财政，其余部分归地方财政。

7）证券交易税。

一般预算收入在地方各级财政之间的划分情况，是在中央财政与地方财政划分范围内，由上一级财政制定本级与下级之间的预算管理体制，按规定的方法执行。由于各地的情况不同，其划分方法也各异。这种分税、分征、分管的制度，规范了中央与地方的财力分配关系，保证了中央财政收入的稳定，也调动了地方财政组织收入的积极性。

**（四）一般预算收入的报解**

预算收入的报解是指通过国库向上级国库和财政部门报告预算收入情况，并将属于上级财政的预算收入解缴到中心支库、分库和总库的过程。"报"就是国库要向各级财政机关报告预算收入的情况，以便各级财政机关掌握预算收入的进度和情况；"解"就是国库要在对各级预算收入划分和办理收入分成后，将财政库款解缴到各级财政的国库存款账户上。

支库是基层国库，各级预算收入款项应以缴入支库为正式入库。国库经收处只是代收，不能作为正式入库。支库收到属于中央预算固定收入、省级预算固定收入、地（市）级预算固定收入时，凭"缴款书"，直接编制"预算收入日报表"，将款项逐级报解到上级国库。"预算收入日报表"填写时附"缴款书"报查联随划款报单上报分库或中心支库。收到属于本级预算固定收入时，也应按"缴款书"编制"预算收入日报表"一式三份，一份留存，一份附缴款书回执联送交征收机关，一份送财政机关。收到属于分成收入时，还应编制"分成收入计算日报表"，按上级规定的分成比例对参与分成的收入办理分成留解，"分成收入计算日报表"一份留存，一份送县财政机关，一份随划款报单上报中心支库。

中心支库、分库和总库预算收入的报解程序与支库的报解程序基本相同。

"预算收入日报表"和"分成收入计算日报表"的格式如表 6－3、表 6－4 所示。

表 6—3　预算收入日报表

级次：　　　　　　　　　　　年　月　日　　　　　　　　　　第　　号

| 预算科目 | 本日收入 |
| --- | --- |
|  |  |
|  |  |
|  |  |

国库（公章）　　　　　　　　　　复核　　　　　　　　　　制表

表 6—4　分成收入计算日报表

级次：　　　　　　　　　　　年　月　日　　　　　　　　　　第　　号

| 分成项目 | 本月收入 | 本年累计 |
| --- | --- | --- |
| 收入总额 |  |  |
| 60％地（市）级分成 |  |  |
| 40％县级分成 |  |  |

国库（公章）　　　　　　　　　　复核　　　　　　　　　　制表

# 三、一般预算收入的核算

## （一）一般预算收入的确认依据

政府财政会计确认一般预算收入以本年度缴入基层国库（支金库）的数额为准。已建乡（镇）国库的地区，乡（镇）财政的本级收入以乡（镇）国库收到数为准。

县（含县本级）以上各级财政的各项预算收入（含固定收入与共享收入）以缴入基层国库数额为准。已建乡（镇）国库的地区，可以比照县级以上财政的要求，乡（镇）财政的本级收入以乡（镇）国库收到数为准。基层国库在年度库款报解整理期内收到经收处交来的上年度收入，记入上年度账。整理期结束后，收到上年度收入，一律记入新年度账。

未建乡（镇）国库的地区，乡（镇）财政的本级收入以乡（镇）政府财政会计收到县级返回数额为准。这是因为，这些地区未设国库，他们的收入都由县国库一起向县财政报解，记入了县级财政的预算收入中，若乡财政再作预算收入（一般预算收入和基金预算收入）入账，就会发生重复计算问题。因此，政府财政会计制度规定，未设国库的乡（镇）政府财政会计以乡（镇）收到县级财政返还数额为准。

### (二)一般预算收入的账务处理

为了核算各项一般预算收入，各级政府财政会计应设置"一般预算收入"总账科目。该科目属于收入类科目，其贷方记根据国库报来的预算收入日报表所列当日预算收入数（当日收入数为负数时，以红字记入），借方记年终结转数。平时贷方余额反映一般预算收入累计数。年终，将本科目贷方余额全部转入"预算结余"科目，结转后无余额。未设国库的乡（镇）政府财政会计根据征收机关（如税务所）报来的预算收入日报表登记预算收入辅助账，待收到县财政返回收入时，再做收入的账务处理。一般预算收入项目繁杂，应根据《政府收支分类科目》中"收入分类科目"下应列入一般预算收入的类、款、项、目级科目设置相应的明细账，进行分类核算。

**【例6—1】** 某市财政总会计收到国库报来的预算收入日报表，所列当日营业税收入为210000元，增值税为100000元，企业所得税为420000元，房产税为80000元，车船税为14000元，城市维护建设税为50000元。市政府财政会计应编制的会计分录为：

借：国库存款　　　　　　　　　　　　　　　　874000
　　贷：一般预算收入——税收收入——营业税　　210000
　　　　　　　　　　　　　——增值税　　　　100000
　　　　　　　　　　　　　——企业所得税　　420000
　　　　　　　　　　　　　——房产税　　　　80000
　　　　　　　　　　　　　——车船税　　　　14000
　　　　　　　　　　　　　——城市维护建设税 50000

**【例6—2】** 某市财政总会计收到国库报来的预算收入日报表，当日各种补贴退库数大于实际收缴入库数，收退相抵，当日预算收入为—130000元。其中，营业税收入150000元，个人所得税收入100000元，国有企业计划亏损补贴退库260000元，企业所得税退税120000元。市政府财政会计应编制的会计分录为：

借：国库存款　　　　　　　　　　　　　　130000
　　贷：一般预算收入——税收收入——营业税　150000
　　　　　　　　　　　　　——个人所得税　100000
　　　　　　　　　　　　　——国有企业计划亏损补贴
　　　　　　　　　　　　　　　　　　　　260000
　　　　　　　　　　　　　——企业所得税退税
　　　　　　　　　　　　　　　　　　　　120000

**【例6—3】** 某市财政局收到"分成收入日报表"，列示当日一般预算收入为30000元，按分成比例本级收入为60%，上级收入为40%。市政府财政会计应编制的会计分录为：

借：国库存款　　　　　　　　　　　　　　　　30000
　　贷：一般预算收入　　　　　　　　　　　　　　30000
借：上解支出　　　　　　　　　　　　　　　　12000
　　贷：国库存款　　　　　　　　　　　　　　　　12000

　　未设国库的乡（镇）政府财政会计，在收到征收机关（乡税务所）报来的预算收入日报表时，先根据日报表所列数额登记预算收入辅助账，待收到县级财政返回收入时，再做收入的账务处理。据此，各县（市、区）要按照本县的乡（镇）财政体制，与征收机关商定乡级财政收入的列报项目和计算方法，拟定"预算收入日报表"，乡财政借以登记辅助账，县级财政经过审查无误后作为拨款的依据。拨款时县财政借记"一般预算收入"科目，贷记"国库存款"科目。乡（镇）财政收到款项时借记"其他财政存款"科目，贷记"一般预算收入"科目。

　　【例6—4】某县政府财政会计收到国库报来的预算收入日报表，所列当日的预算收入为560000元，其中，所属某乡财政（未设国库）的预算收入为210000元。县政府财政会计应编制的会计分录为：

借：国库存款　　　　　　　　　　　　　　　560000
　　贷：一般预算收入　　　　　　　　　　　　　560000

　　【例6—5】续【例6—4】，某县财政总会计对所属未设国库的乡财政报来的"预算收入日报表"进行审核，经确认无误后，拨出款项210000元。县政府财政会计应编制的会计分录为：

借：一般预算收入　　　　　　　　　　　　　210000
　　贷：国库存款　　　　　　　　　　　　　　　210000

　　【例6—6】续【例6—5】，乡财政收到县财政返回的预算收入210000元。乡政府财政会计应编制的会计分录为：

借：其他财政存款　　　　　　　　　　　　　210000
　　贷：一般预算收入　　　　　　　　　　　　　210000

　　在县财政与其所属未设国库的乡财政的预算收入划拨结算中，也可以采取先由县财政预拨款，然后定期或年终一次结算的办法。现举例说明：

　　【例6—7】某县对所属未设国库的乡（镇）财政的预算收入实行先预拨款，然后定期或年终一次结算的办法。

　　（1）县财政向乡财政预拨款500000元。会计分录为：
县财政记：
借：与下级往来　　　　　　　　　　　　　　500000
　　贷：国库存款　　　　　　　　　　　　　　　500000
乡财政记：
借：其他财政存款　　　　　　　　　　　　　500000
　　贷：与上级往来　　　　　　　　　　　　　　500000

　　（2）定期结算时，县财政应向乡财政返回600000元，已返回500000元，余款 100000 元通知国库付款。会计分录为：

县财政记：

已返回部分：借：一般预算收入　　　　　　　　　500000

　　　　　　　　贷：与下级往来　　　　　　　　　　500000

补拨部分：　借：一般预算收入　　　　　　　　　100000

　　　　　　　　贷：国库存款　　　　　　　　　　　100000

乡财政记：

已返回部分：借：与上级往来　　　　　　　　　　500000

　　　　　　　　贷：一般预算收入　　　　　　　　　500000

补拨部分：　借：其他财政存款　　　　　　　　　100000

　　　　　　　　贷：一般预算收入　　　　　　　　　100000

【例 6—8】某市财政年终将"一般预算收入"科目的贷方余额 28500000 元全部转入"预算结余"科目。市政府财政会计应编制的会计分录为：

借：一般预算收入　　　　　　　　　　　　　28500000

　　贷：预算结余　　　　　　　　　　　　　　28500000

# 四、一般预算收入的退库、错误更正及对账

## （一）一般预算收入的退库管理

预算收入退库是指在预算收入执行过程中，经本级财政部门批准，将已入库的预算收入退还给原缴款单位或个人。退库属于减少政府预算收入，需要认真审核。办理退库时，必须遵守国家金库条例及其实施细则规定的退库范围和审批程序。凡是不符合规定的收入退库，各级财政机关、税务机关和海关不得办理审批手续，各级国库对不符合规定的退库有权拒绝办理。

1. 退库的范围

凡是缴纳入库的预算收入，即为政府预算资金，它是政府预算支出的资金来源，除同级财政外，任何单位和个人无权动用。各级政府财政会计必须维护国家库款的安全，只有在发生技术性差错、财务结算以及国家批准的政策性亏损等情况下，才能办理退库，否则不准退库。目前，财政部规定的可办理收入退库的范围是：

（1）技术性的差错和结算性质的退库，如预算收入的错调或缴错预算级次。

（2）对国有企业的所得税退税和计划亏损补贴。

（3）财政部明文规定或专项批准的其他退库项目，如农业税灾歉减免等。

2. 退库的审核

对一般预算收入的退库要加强审核。一方面审批机关要加强对收入退库的审核；另一方面办理退款的国库要加强审核。此外，政府财政会计也要加强对收入退库的审核。其审核要点是：

（1）审核预算收入的退库项目是否符合财政部规定的退库范围。

（2）审核收入退库各项程序和手续是否齐全。按规定，预算收入退库的审批是分级进行的，对各项预算收入退库，应由同级财政部门或授权的单位审批，不得越权审批，未经批准，国库不予办理收入退库。

（3）审核收入退库凭证填写是否正确，内容是否齐全，对于填写不正确、字迹不清楚的退库凭证，国库不予受理。

3. 预算收入退库的手续

缴款单位或缴款人申请退库，应向财政机关报送退库申请书，严格履行退库手续。退库申请书经财政机关审核批准后，在退库申请书上签署审批意见和核定退库金额，并填制收入退还书，加盖公章，交申请单位或申请人，由其向指定的国库办理退库。

"收入退还书"是通知国库退付库款的唯一合法凭证。它一式五联：第一联为报查联，由退款国库盖章后退至签发"收入退还书"的机关；第二联为付款凭证，由退款国库作付出传票；第三联为收入凭证，由收款单位开户行作收入传票；第四联为收账通知，由收款单位开户银行通知收款单位收账；第五联为付款通知，由国库随收入日报表送至退款的财政机关。

一般预算收入的退库，应按预算级次办理。中央预算固定收入的退库，从中央级库款中退付；地方各级预算固定收入的退库，从地方各级库款中退付；各级共享收入的退库，应按规定的分成比例，分别从上级和本级库款中退付。另外，各级预算收入的退库，原则上通过转账办理，不支付现金。对个别特殊情况，必须退付现金时，财政、税务机关应在严格审查核实后，在收入退还书上加盖"退付现金"的明显戳记，由收款人持向指定的国库，由其按规定审查退款。预算收入的退库，由各级国库办理，国库经收处只办理库款收纳，不办理预算收入的退付。

4. 收入退库的账务处理

预算收入退库的核算，正好与预算收入入库的账务处理相反。如果是从各该级预算同一科目的当日收入数内退付的，在该级预算范围内，各数收入之间，以及各科目之间，可以互相抵付，但不同预算级次的收入不得抵付。因此，退付以后，须在同一科目轧差列入收入报表。当日退库数大于入库数时，其差额用红字列入收入统计报表；反之，以蓝字列入收入日报表。这样，在收入统计表上会出现两种反映情况，因而在账务处理上也就不同。

（1）如果当日收入数大于退库数，收入日报表上各类科目合计是正数，总会计仍按收、退轧差后规定的上解、留成比例核算，对退库部分不另做账务处理。

（2）如果当日退库数大于收入数，收入日报表上各类科目合计表现为负数，用红字书写，政府财政会计则应根据国库解款凭证反映的数字以及"特种转账支票"，冲减"预算收入"、"上解支出"和"国库存款"等科目。

【例6—9】某市财政局收到"收入退还书"一联，计应退甲单位一般预算收入170000元，经批准同意退还。市政府财政会计应编制的会计分录为：

借：国库存款 170000

贷：一般预算收入 170000

**（二）一般预算收入错误的更正**

各级财政部门、税务机关、海关、国库和缴款单位，在办理预算收入的收纳、退还和报解时，都应当认真负责，防止出现差错。如果发生错误，不论是本月还是以前月份发生的错误，都应当在发现错误的月份办理更正手续。对不同类型的错误，采用不同的方法予以更正。

1. 少交或多交预算收入的更正

（1）少交预算收入，应按少交数额补办入库，由征收机关加开缴款凭证，通知缴款单位补交预算收入。国库、政府财政会计作为正常预算收入处理。

（2）多交预算收入，可由征收机关签发"收入退还书"，经批准后将多交库的预算收入退还原缴款单位，也可抵补缴款单位以后的缴款。

**【例6—10】**某公司应缴纳城市维护建设税69500元，缴款书误填为70400元，实交数额比应交数额多900元，多交部分税务局同意作为收入退库处理，并签发"收入退还书"，通知国库退付某公司900元。政府财政会计应编制的会计分录为：

借：国库存款 900

贷：一般预算收入 900

2. 其他错误更正

除了发生多交、少交预算收入外，还可能发生预算科目填写错误和预算级次划分的错误。当发生这两种错误时，应按有关规定，填制更正通知书，分情况处理。

属于国库办理分成留解、划解库款的错误，由国库另编冲正传票更正。

财政机关、征收机关、国库在办理预算收入收纳、划分、报解时填写错误，应按下列方法通知有关单位更正：

第一，缴款书的预算级次、预算科目等填写错误，应由征收机关填制更正书，送国库更正。

第二，国库编制收入日报表中发生错误，由国库填制更正通知书进行更正。

第三，国库在办理库款分成上解时发生错误，由国库更正。

更正错误应在发现错误的当月调整账表，不再变更以前月份账表，年终整理期内，更正上年度的错误，均在上年度的决算中调整。

3. 更正的会计处理

（1）预算科目填写错误。此类错误属于科目调整，无论是国库会计，还是政府财政会计，应先用红字冲减原账簿记录，再用蓝字重新登记。

**【例6—11】**某机床厂缴纳所得税12000元时，误将"机械工业所得税"填写成"农机工业所得税"。发现后，由征收机关填写更正通知书，通知国库和财政机关更正。国库更正时，应将"待报解地方预算收入"明细账中"农机工业所得税"用红字记入"12000"元，机械工业所得税用蓝字记入"12000"元。政府财政会计根据更正通知书进行明细账的调整，政府财政会计应编制的会计分录为：

借：国库存款　　　　　　　　　　　　　　　 12000

　　贷：一般预算收入——农机工业所得税　　　　 12000

借：国库存款　　　　　　　　　　　　　　　 12000

　　贷：一般预算收入——机械工业所得税　　　　 12000

（2）预算级次错误，应根据征收机关的通知调账。少记的应补充记账；多记的，用红字冲销原收入的记录。

【例6-12】地方某农机企业缴纳所得税12000元，填写缴款书时，误作为中央企业所得税交入中央金库。发现后，由征收机关填写更正通知书，通知国库、财政部门予以更正。

国库更正时，因涉及预算级次的调整，相应调整国库有关账户数字。财政机关因为本级预算收入少记了，所以应用补充登记法更正。政府财政会计应编制的会计分录为：

借：国库存款　　　　　　　　　　　　　　　 12000

　　贷：一般预算收入——农机企业所得税　　　　 12000

## （三）一般预算收入的对账

预算收入是反映财政预算执行情况的重要依据，为了保证各级财政收入数字基础的统一，做到财、税、库三方面收入数字的准确一致，各级国库报解的款项准确，各级国库与同级财政部门、收入机关必须按《中华人民共和国国家金库条例实施细则》的要求按期对账。

### 1. 月份对账

每月终了，支库应在3日内根据有关账簿余额，按"款"级预算科目编制月份预算收入对账单一式四份，送财政和征收机关核对相符并盖章后，财政、征收机关各留一份，退回支库两份，其中支库留存一份，报送中心支库一份。中央预算收入和省级预算收入月份对账单直接报分库。如有错误，应在月后6日内通知国库更正。中心支库、分库、总库直接收纳的预算收入对账工作，也应按上述方法办理。

### 2. 年度对账

年度终了后，各经收处应将年末前所收款项，在为期10天的库款报解整理期内报达支库，列入当年收入决算。支库应在年终后20天内，按预算级次分别编制预算收入年度决算表一式四份送财政、征收机关核对。财政、征收机关应在5天内核对签章完毕，财政、征收机关各留一份，退回支库两份，其中支库留存一份，其余一份属于中央和省级预算收入的报分库，属于地（市）级预算收入的报中心支库。中心支库和分库年终对账的程序与之大致相同。

# 第三节 政府财政会计基金预算收入的核算

## 一、基金预算收入的分类和内容

基金预算收入是指按规定收取、转入或通过当年财政安排，由财政管理并具有指定用途的政府性基金各项收入。基金预算收入纳入政府预算管理，是政府预算内的收入。

基金预算收入的分类与《政府收支分类科目》中的基金预算收入科目相一致。根据《2007年政府收支分类科目》，基金预算收入科目分为非税收入和转移性收入两个类级科目。其中，非税收入科目下设政府性基金收入1个款级科目。转移性收入科目下分设政府性基金转移收入等3个款级科目。有关款级科目下再分设项级科目，项级科目下再分设目级科目。类、款、项、目四级科目逐级递进，内容也逐级细化。如同一般预算收入科目一样，转移性收入在《政府收支分类科目》中属于基金预算收入的科目，但在政府财政会计核算收入时，不作为基金预算收入会计科目核算，而作为补助收入、上解收入或调入资金等会计科目核算。因此，结合本章第一节所介绍的内容，政府财政会计核算的基金预算收入为非税收收入类下的政府性基金收入1个款级科目，该科目下设45个级科目，具体内容见表6—5。

表6—5　政府性基金收入的内容

| 科目代码 | 科目名称 | 科目代码 | 科目名称 |
|---|---|---|---|
| 10301 | 三峡工程建设基金收入 | 10310 | 养路费收入 |
| 10302 | 农网还贷资金收入 | 10311 | 公路客货运附加费收入 |
| 10303 | 能源建设基金收入 | 10312 | 燃油附加费收入 |
| 10304 | 库区维护建设基金收入 | 10313 | 水运客货运附加费 |
| 10305 | 煤代油基金收入 | 10314 | 转让政府还贷道路收费权收入 |
| 10306 | 铁路建设基金收入 | 10315 | 港口建设费收入 |
| 10307 | 铁路建设附加费收入 | 10316 | 下放港口以港养港收入 |
| 10308 | 民航基础设施建设基金收入 | 10317 | 邮政补贴专项资金收入 |
| 10309 | 民航机场管理建设费收入 | 10318 | 散装水泥专项资金收入 |

续表

| 科目代码 | 科目名称 | 科目代码 | 科目名称 |
|---|---|---|---|
| 10319 | 墙体材料专项基金收入 | 10332 | 国有土地使用权出让金收入 |
| 10320 | 外贸发展基金收入 | 10333 | 新增建设用地土地有偿使用费收入 |
| 10321 | 旅游发展基金收入 | 10334 | 林业建设基金 |
| 10322 | 援外合资合作项目基金收入 | 10335 | 育林基金收入 |
| 10323 | 对外承包工程保函风险专项资金收入 | 10336 | 森林植被恢复费 |
| | | 10337 | 中央水利建设基金收入 |
| 10324 | 国家茧丝绸发展风险基金收入 | 10338 | 地方水利建设基金收入 |
| 10325 | 烟草商业税后利润收入 | 10339 | 南水北调工程建设基金收入 |
| 10326 | 文化事业建设费收入 | 10340 | 灌溉水源灌排工程补偿费收入 |
| 10327 | 地方教育附加收入 | 10341 | 水资源补偿费收入 |
| 10328 | 地方教育基金收入 | 10342 | 残疾人就业保障金收入 |
| 10329 | 国家电影事业发展专项资金收入 | 10343 | 政府住房基金收入 |
| 10330 | 农业发展基金收入 | 10344 | 城镇公用事业附加收入 |
| 10331 | 新菜地开发基金收入 | 10399 | 其他基金收入 |

在以上有关项级科目下，再分设若干目级科目。例如，在公路客货运附加费收入科目下，再分设客运站场建设费、公路客运设施建设专用基金、公路货运发展建设基金、客票附加费、公路货运附加费、货运车辆公路基础设施建设费等多个目级科目。

以上政府性基金收入科目区分为中央收入科目、中央与地方共用收入科目、地方收入科目三种。例如，被说明为中央收入科目的政府性基金收入科目有三峡工程建设基金收入、煤代油基金收入、铁路建设基金收入、民航基础设施建设基金收入、水运客货运附加费等；被说明为中央与地方共用收入科目的政府性基金收入科目有农网还贷资金收入、库区维护建设基金收入、民航机场管理建设费收入、转让政府还贷道路收费权收入等；被说明为地方收入科目的政府性基金收入科目有能源建设基金收入、铁路建设附加费收入、养路费收入、公路客货运附加费收入、燃油附加费收入等。

地方财政部门按国家规定收取的各项税费附加，纳入基金预算后，视同地方政府基金收入。

## 二、基金预算收入的缴库、管理以及核算要求

基金预算收入的缴库方式和管理要求，与一般预算收入的缴库方式和管理要求基本相同。基金预算收入征收机构的分工有所不同，主要表现在各项基金由财政部门驻各地专员办事机构同财政部门或经同级财政部门委托的部门负责征收管理，而一般预算收入是由税务机关组织征收的。

基金预算收入的确定以缴入国库数或总预算会计实际收到数额为准。基金预算收入的入账依据、核算手续、收纳、退库等管理问题比照一般预算收入的管理要求办理。

基金是专用性较强的资金，政府财政会计在管理与核算基金预算收入时，应遵循如下基本要求：

（1）先收后支，自求平衡。即政府财政会计在办理基金预算支出时，必须认真审查是否有足够的基金预算收入。政府财政会计应当在已有基金预算收入数额的范围内办理基金预算支出，要坚持收入按标准、支出按规定，基金预算收入与基金预算支出应当做到自求平衡。

（2）专款专用，分项核算。即相应的基金预算收入应当用于相应的基金预算支出，各项基金预算收入与基金预算支出之间不能相互调剂。政府财政会计应当按《政府预算收支科目》中的基金预算收支科目，设置相应的明细账，分项核算各项目基金预算的收入、支出和结余情况，不能相互混淆。

（3）对于财政部门明文规定在指定银行存储的基金，应按规定办理转存手续。在指定银行的存款利息，应作为基金预算收入处理。取得存款利息时，借记"国库存款"，贷记本科目。

## 三、基金预算收入的核算

为核算各级财政部门管理的政府性基金预算收入，政府财政会计设置"基金预算收入"科目。取得基金预算收入时，借记"国库存款"科目，贷记本科目；年终转账时，将本科目贷方余额全数转入"基金预算结余"科目，借记本科目，贷记"基金预算结余"科目。本科目平时贷方余额反映当年基金预算收入累计数。

该科目应按《政府收支分类科目》中"收入分类科目"下应列入基金预算收入的类、款、项、目级科目设置明细账，进行明细分类核算。各项基金预算收入以缴入国库数或政府财政会计实际收到数额为准。

【例6－13】某市级财政收到城镇公用事业附加收入6500元。市政府财政会计应编制的会计分录为：

借：国库存款——基金预算存款　　　　　　　　　　6500
　　贷：基金预算收入——非税收入——政府性基金收入——城镇公用事业
　　　　附加收入　　　　　　　　　　　　　　　6500

【例6—14】某市级财政收到烟草商业税后利润收入100000元。市政府财政会计应编制的会计分录为：

借：国库存款——基金预算存款　　　　　　　　　　100000
　　贷：基金预算收入——非税收入——政府性基金收入——烟草商业税后
　　　　利润收入　　　　　　　　　　　　　　　　　100000

【例6—15】某市政府财政会计收到财政部规定需专户存储的基金收入250000元。市政府财政会计应编制的会计分录为：

收入时：

借：国库存款——基金预算存款　　　　　　　　　　250000
　　贷：基金预算收入　　　　　　　　　　　　　　　250000

转存时：

借：其他财政存款　　　　　　　　　　　　　　　　250000
　　贷：国库存款——基金预算存款　　　　　　　　　250000

【例6—16】某市政府财政会计收到基金预算收入日报表，当日收入按国家规定收取的外贸发展基金收入50000元。市政府财政会计应编制的会计分录为：

借：国库存款　　　　　　　　　　　　　　　　　　50000
　　贷：基金预算收入——非税收入——政府性基金收入——外贸发展基金
　　　　收入　　　　　　　　　　　　　　　　　　　50000

【例6—17】某市财政年终将"基金预算收入"科目贷方余额890000元全数转入"基金预算结余"科目。市政府财政会计应编制的会计分录为：

借：基金预算收入　　　　　　　　　　　　　　　　890000
　　贷：基金预算结余　　　　　　　　　　　　　　　890000

# 第四节　专用基金收入的核算

## 一、专用基金收入的概念

专用基金收入是指政府财政会计管理的各项具有专门用途的资金收入，如粮食风险基金收入。专用基金收入是通过预算安排而设置的，包括上级部门拨入和本级财政预算安排。专用基金收入以政府财政会计实际收到数额为准。专用基金在收支上都有严格的专用性，不得随意改变用途。

专用基金与基金预算是两类既有共性又有差异的基金。专用基金收入与基金预算收入在管理要求上的相同之处是，它们都需要专款专用，不能随意改变用途，而且它们也都需要做到先收后支，量入为出。所不同的是，基金预算收入是财政部门按规定收取的纳入预算管理的资金收入，而专用基金收入是财政部门按规定设置或取得的在基金预算收入之外单独管理的资金收入。基金预算收入一般需要缴入国库，而专用基金收入一般要求开立专户。分别说明如下：

**（一）两者的相同点**

（1）两者都是纳入预算管理的专用性资金，收支结余核算上要独立，而且各种基金本身要独立核算、自求平衡。这实质上也是基金专用性的必然要求。

（2）两者的支出都是用于满足国家实现其特定职能的需要。国家在保证其基本职能实现的基础上，要满足如基础设施建设等方面的社会公共需要，当满足这些需要的公共产品具有一定程度的竞争性和排他性时，可以通过适当的收费及附加来满足为提供和改善这些公共产品的开支需要，这种做法为大多数国家所采用，特别是在国家财力不足的情况下，显得尤为重要。这些基金的收入也就成为国家实现这些职能的重要保障。

**（二）两者的不同点**

（1）从资金来源看，基金预算收入来源于为社会提供服务的项目的收费；而专用基金收入的资金来源是通过预算，包括上级部门拨入和本级预算安排。专用基金本身就是预算资金，但为了保证其专项用途，实现专款专用，需要根据规定实行专户存储。

（2）从设立目的上看，基金预算资金中大部分都属于政府为改善基础设施建设而设立的；专用基金如粮食风险基金则与此不同，它是国家为在保护市民利益的同时也要保护农民的利益而设立的基金。

（3）从支出效果看，大部分基金预算随着基金预算支出的增加、基础设施的改善，基金预算收入也会增加，基金预算结余也会随之增加；而为预防粮食价格过度波动带来的市场风险、维护社会各方面的利益设立的粮食风险基金，在粮食供给波动范围一定的情况下，基金支出的增加并不必然会带来今后收入的增加，基金的结余也并不必然会增加。

（4）从倾向上看，大部分基金预算倾向于效率，随着基金规模的扩大，基金支出与基金收入之间有相互促进、相互转化的特性；而专用基金的公平性特点则更强一些。例如，粮食风险基金更多的是兼顾了社会的公平性，基金规模扩大，只是意味着国家平抑粮食价格、推动农业发展能力的增强，并不能直接带来基金收入的增加。

## 二、专用基金收入的核算

为核算专用基金收入业务，政府财政会计应设置"专用基金收入"总账科目。从上级财政部门或通过本级预算支出安排取得专用基金收入时，借记"其他财政存款"科目，贷记该科目；退回专用基金收入时，借记本科目，贷记"其他财政存款"科目；年终转账将该科目贷方余额全数转入"专用基金结余"科目时，借记该科目，贷记"专用基金结余"科目。本科目年终转账后无余额。本科目平时贷方余额，反映专用基金收入累计数。

现举例说明"专用基金收入"的核算:

【例6—18】某市财政从上级财政部门取得专用基金收入600000元。市政府财政会计应编制的会计分录为:

借:其他财政存款　　　　　　　　　　　　　　600000
　　贷:专用基金收入　　　　　　　　　　　　　　　　600000

【例6—19】某市财政从本级预算安排中取得专用基金收入560000元。市政府财政会计应编制的会计分录为:

借:其他财政存款　　　　　　　　　　　　　　560000
　　贷:专用基金收入　　　　　　　　　　　　　　　　560000

同时:

借:一般预算支出　　　　　　　　　　　　　　560000
　　贷:国库存款　　　　　　　　　　　　　　　　　　560000

【例6—20】某市财政收到省财政拨入的粮食风险基金350000元。市政府财政会计应编制的会计分录为:

借:其他财政存款——专用基金存款　　　　　　350000
　　贷:专用基金收入——粮食风险基金　　　　　　　　350000

【例6—21】续【例6—20】,上述粮食风险基金后被退回。市政府财政会计应编制的会计分录为:

借:专用基金收入——粮食风险基金　　　　　　350000
　　贷:其他财政存款——专用基金存款　　　　　　　　350000

【例6—22】某市财政年终将"专用基金收入"科目贷方余额440000元全数转入"专用基金结余"科目。市政府财政会计应编制的会计分录为:

借:专用基金收入　　　　　　　　　　　　　　440000
　　贷:专用基金结余　　　　　　　　　　　　　　　　440000

# 第五节　财政资金转移性收入的核算

转移性收入是指根据财政管理体制规定在各级财政间进行资金转移以及在本级财政各项资金间进行资金调剂所形成的收入。根据财政管理体制的规定,财政资金在各级财政之间由于共享收入的分配、转移支付、体制结算会产生上、下级财政资金转移收入,本级财政因预算收支平衡问题也会发生一般预算与基金预算之间的资金转移收入。资金转移是通过补助、上解、返还等方式来调整上、下级之间、地区之间的财力,以调入、调出的方式来协调预算收支的平衡。各级财政之间以及本级财政的各项资金之间的资金转移,是各级财政进行体制结算,实现财政收支执行中的平衡所经常采取的措施。

财政资金转移性收入主要包括补助收入、上解收入和调入资金。为核算这些收入，应分别设置"补助收入"、"上解收入"和"调入资金"等政府财政会计总账科目。

## 一、补助收入

补助收入是指上级财政按财政管理体制规定或因专项、临时性资金需求等原因对本级财政进行补助而形成的收入，包括返还性收入、财力性转移支付收入、专项转移支付收入、政府性基金转移收入等。

为了核算补助收入业务，政府财政会计应设置"补助收入"总账科目。收到上级拨入的补助款项时，借记"国库存款"科目，贷记该科目；从"与上级往来"科目转入该科目时，借记"与上级往来"科目，贷记该科目；退还上级补助款项时，借记该科目，贷记"国库存款"等有关科目；年终将该科目的贷方余额转入"预算结余"、"基金预算结余"科目时，借记该科目，贷记"预算结余"、"基金预算结余"科目。该科目平时有贷方余额，表示上级补助收入的累计数。由于一般预算收支和基金预算收支要分别核算，并分别结算结余，而补助收入中可能既有对一般预算的补助，也可能有对基金预算的补助，在核算补助收入时就应分别核算。因此，有基金预算补助收入的地区，应设置"补助收入——一般预算补助"、"补助收入——基金预算补助"两个明细科目，予以分别核算。下级财政的"补助收入"合计数应与上级财政的"补助支出"数额相等。

【例6－23】某市财政收到上级拨入的一般预算补助款60000元。市政府财政会计应编制的会计分录为：

借：国库存款——一般预算存款 60000
　　贷：补助收入——一般预算补助 60000

【例6－24】某市政府财政会计收到上级拨入的基金预算补助款100000元，并按规定存入指定银行。市政府财政会计应编制的会计分录为：

借：其他财政存款 100000
　　贷：补助收入——基金预算补助 100000

【例6－25】某市收到上级拨来的税收返还收入200000元。市政府财政会计应编制的会计分录为：

借：国库存款 200000
　　贷：补助收入 200000

【例6－26】某市财政因急需向上级财政借入500000元，后经上级研究决定，作为对本级财政的补助款项。市政府财政会计应编制的会计分录为：

借入时：

借：国库存款 500000
　　贷：与上级往来 500000

转为补助时：

```
    借：与上级往来                                    500000
        贷：补助收入                                       500000
```

【例6—27】某市财政将省财政多拨来的补助收入50000元退还给省财政。市政府财政会计应编制的会计分录为：

```
    借：补助收入                                      50000
        贷：国库存款                                       50000
```

【例6—28】某市财政因急需向上级财政借入250000元，后经上级研究决定，作为对本级财政的补助款项。市政府财政会计应编制的会计分录为：

借入时：

```
    借：国库存款                                      250000
        贷：与上级往来                                     250000
```

转为补助时：

```
    借：与上级往来                                    250000
        贷：补助收入                                       250000
```

【例6—29】某市财政年终将"补助收入"科目贷方余额596000元，其中，属于一般预算的补助收入444000元，属于基金预算的补助收入152000元，转入"预算结余"、"基金预算结余"科目。市政府财政会计应编制的会计分录为：

```
    借：补助收入                                      596000
        贷：预算结余                                       444000
            基金预算结余                                   152000
```

# 二、上 解 收 入

上解收入是指按财政体制规定由下级财政上交给本级财政的收入，包括按财政管理体制规定由国库在下级预算收入中直接划解给本级财政的收入、按财政管理体制结算后由下级财政补缴给本级财政的收入和各种专项上解收入等。

(1) 体制上解收入。它是指上级财政对预算收入大于支出的地区核定上解比例或数额，由国库逐日根据预算收入的入库情况和规定的上解比例或上解数额办理分成上解形成的上解收入。

(2) 单项上解收入。在国家预算执行过程中，国家实施的某些财政经济措施或机构调整会引起上、下级财政收入发生变化。这种变化可分为两种情况：第一，收入转移，即原来的上级预算收入转为下级预算收入，或原来的下级预算收入转为上级预算收入；第二，某级财政预算收入增加，而增加的这部分预算收入并非通过本级财政主观努力取得。上述两种情况下，上级财政都会要求下级财政将所增加的收入（或转移收入）以上解的形式上交上级财政部门。这种未纳入财政包干体制收支基数，按规定专项上解的款项和其他一次性、临时性的上解，即为单项上解。

为了核算上解收入业务，政府财政会计应设置"上解收入"总账科目。收到下级上解款项时，借记"国库存款"科目，贷记本科目；退还上解收入款项时，做相反分录；年终将该科目贷方余额全数转入"预算结余"或"基金预算结余"科目时，借记该科目，贷记"预算结余"或"基金预算结余"科目，结转后，本科目无余额。该科目平时有贷方余额，表示下级上解本级收入的累计数。该科目应按上解地区设置明细账，进行明细分类核算。

有基金预算上解收入的地区，应设置"上解收入——一般预算上解收入"和"上解收入——基金预算上解收入"两个二级明细科目，按上解地区设置三级明细科目，进行明细核算。本级财政的"上解收入"应与所属下级财政的"上解支出"之和数额相等。

【例6-30】某市财政收到所属甲县财政的上解收入 80000 元。市政府财政会计应编制的会计分录为：

借：国库存款　　　　　　　　　　　　　　80000
　　贷：上解收入——甲县　　　　　　　　　　80000

【例6-31】某市财政收到所属乙县财政上解的款项 240000 元。市政府财政会计应编制的会计分录为：

借：国库存款　　　　　　　　　　　　　　240000
　　贷：上解收入——乙县　　　　　　　　　　240000

【例6-32】年终将乙县多上解的收入 12000 元退还给乙县。市政府财政会计应编制的会计分录为：

借：上解收入——乙县　　　　　　　　　　12000
　　贷：国库存款　　　　　　　　　　　　　12000

【例6-33】全年甲县应上解市财政收入 800000 元，实际已上解 750000 元，年终结算时，经研究决定，将应解未解的 5 万元款项作为往来处理。

市财政记：

借：与下级往来　　　　　　　　　　　　　50000
　　贷：上解收入　　　　　　　　　　　　　50000

甲县记：

借：上解支出　　　　　　　　　　　　　　50000
　　贷：与上级往来　　　　　　　　　　　　50000

【例6-34】某市财政年终"上解收入"科目贷方余额为 710000 元，其中属于一般预算的上解收入 605000 元，属于基金预算的上解收入 105000 元，全数转入"预算结余"科目。市政府财政会计应编制的会计分录为：

借：上解收入　　　　　　　　　　　　　　710000
　　贷：预算结余　　　　　　　　　　　　　605000
　　　　基金预算结余　　　　　　　　　　　105000

## 三、调入资金

调入资金是指不同性质资金之间的调入收入。例如，为平衡一般预算收支，从基金预算结余调入一般预算的资金，对一般预算来说，形成一般预算调入资金。从其他预算调入政府性基金预算的资金，对政府性基金预算来说，形成政府性基金预算调入资金。

"调入资金"政府财政会计科目用来核算各级财政部门因平衡一般预算收支，从有关渠道调入的资金。调入资金属于预算资金的横向调度，不涉及上下级财政的收支变动。调入资金仅限于地方弥补财政总决算赤字，未经财政部批准，不得扩大调入资金的使用范围。

为了核算调入资金业务，政府财政会计应设置"调入资金"总账科目。调入资金时，借记"国库存款"科目，贷记该科目；乡（镇）财政收到由预算外资金财政专户拨付的自筹资金，视同调入资金处理。调入时，借记"国库存款"科目，贷记本科目；同时借记"调出资金"科目，贷记"其他财政存款"科目。年终，本科目贷方余额转入"预算结余"或"基金预算结余"科目，借记"调入资金"科目，贷记"预算结余"或"基金预算结余"科目。结转后，本科目无余额。

【例6—35】某市财政从地方财政附加税费结余中调入资金80000元，用于平衡预算收支。市政府财政会计应编制的会计分录为：

　　借：国库存款——一般预算存款　　　　　　　　　　80000
　　　　贷：调入资金——从基金预算调入资金　　　　　　　　80000
　　同时：
　　借：调出资金——从基金预算调出资金　　　　　　　80000
　　　　贷：国库存款——基金预算存款　　　　　　　　　　80000

【例6—36】某乡财政从预算外资金财政专户中调出资金100000元，用于平衡一般预算收支。乡政府财政会计应编制的会计分录为：

　　借：国库存款　　　　　　　　　　　　　　　　　　100000
　　　　贷：调入资金　　　　　　　　　　　　　　　　　　100000
　　同时：
　　借：调出资金　　　　　　　　　　　　　　　　　　100000
　　　　贷：其他财政存款　　　　　　　　　　　　　　　　100000

【例6—37】年终，市政府财政会计将"调入资金——从一般预算调入资金"科目余额46万元，转入"基金预算结余"科目。市政府财政会计应编制的会计分录为：

　　借：调入资金——从一般预算调入资金　　　　　　　460000
　　　　贷：基金预算结余　　　　　　　　　　　　　　　　460000

【例6—38】年终，市财政将"调入资金"科目余额960000元转入"预算结

余"科目，其中一般预算调入资金 500000 元，政府性基金预算调入资金 460000
元。市政府财政会计应编制的会计分录为：

　　借：调入资金　　　　　　　　　　　　　　960000

　　　　贷：预算结余　　　　　　　　　　　　　　　500000

　　　　　　基金预算结余　　　　　　　　　　　　　460000

## 第六节　财政周转金收入的核算

　　财政周转金收入是指财政周转金管理机构收取的资金占用费及利息收入等。
其中，资金占用费收入是指因财政周转金放款和借出财政周转金而收取的资金占
用费收入，利息收入是指地方财政周转金管理机构在银行存款的利息。

　　财政部门对财政周转金的使用单位收取适当的资金占用费，一是为了增强资
金使用单位的责任感，提高资金使用效益，促使资金使用单位按时还款；二是为
了适当弥补财政周转金放款的风险和可能的损失；三是为了逐步增加财政周转基
金，避免或减少财政周转金的贬值。当然，财政周转金不以增值为目的，财政部
门向财政周转金的使用单位收取的资金占用费一般也低于银行贷款的利息。

　　为核算财政部门的财政周转金利息以及占用费收入情况，政府财政会计应设
置"财政周转金收入"总账科目。取得财政周转金收入时，借记"其他财政存
款"科目，贷记该科目；年终结账将"财政周转金支出"科目余额转入该科目
时，借记该科目，贷记"财政周转金支出"科目。该科目余额为当年财政周转金
收支结余数，应全数转入"财政周转基金"科目，结转时借记该科目，贷记"财
政周转基金"科目。结转后，该科目无余额。该科目应分别"利息收入"和"占
用费收入"设置两个明细账。

　　【例 6—39】某市财政收到某财政周转金使用单位缴来的资金占用费 14000
元。市政府财政会计应编制的会计分录为：

　　　　借：其他财政存款——财政周转金存款　　14000

　　　　　　贷：财政周转金收入——占用费收入　　　14000

　　【例 6—40】某市财政收到银行转来的财政周转金存款利息收入 512000 元。
市政府财政会计应编制的会计分录为：

　　　　借：其他财政存款——财政周转金存款　　512000

　　　　　　贷：财政周转金收入——利息收入　　　512000

　　【例 6—41】某市财政年终将"财政周转金支出"科目借方余额 526000 元转
入"财政周转金收入"科目。市政府财政会计应编制的会计分录为：

　　　　借：财政周转金收入　　　　　　　　　526000

　　　　　　贷：财政周转金支出　　　　　　　　　　526000

【例6—42】将"财政周转金收入"科目贷方余额1400元转入"财政周转基金"科目。市政府财政会计应编制的会计分录为：

借：财政周转金收入　　　　　　　　　　　　　　　　1400
　　贷：财政周转基金　　　　　　　　　　　　　　　1400

"财政周转金收入"年终余额的结转处理比较特殊，首先要将"财政周转金收入"科目与"财政周转金支出"科目进行对冲，得出财政周转金净收入或净支出；其次，将财政周转金净收入或净支出转入财政周转基金，作为财政周转基金的增加或减少。它同时涉及"财政周转金收入"、"财政周转金支出"和"财政周转基金"三个政府财政会计科目。

## 复习思考题

1. 政府财政会计核算的收入包括哪些？简述现行的政府收入分类中类、款级科目设置情况。

2. 政府收入分类科目与政府财政会计预算收入科目的协调是怎样的？

3. 一般预算收入内容有哪些？

4. 一般预算收入的缴库有哪几种方式？

5. 一般预算收入是如何在中央财政和地方财政之间进行划分的？

6. 一般预算收入的确认依据是怎样的？

7. 什么是基金预算收入？基金预算收入是怎样分类的？

8. 基金预算收入的管理与核算要求是什么？

9. 什么是专用基金收入？专用基金收入与基金预算收入有什么异同？

10. 财政资金转移收入包括哪几项内容？各自有什么含义？

11. 财政周转金收入核算的内容有哪些？财政周转金收入如何结转年终余额？

# 第七章 政府财政会计支出的核算

## 第一节 政府财政会计预算支出概述

支出是一级政府为实现其职能，对财政资金的再分配。预算支出的安排，实际上是国家通过对部分社会资源配置、收入分配、效益的约束来影响社会资源的配置结构。为了有计划地安排有限的财政资金，政府财政支出项目的具体分类和内容是按照 2007 年《政府收支分类科目》的规定，由财政部根据国家预算管理的实际要求统一制定的。根据政府财政会计核算支出的性质、特点以及与收入相对应的原则，政府财政支出一般包括一般预算支出、基金预算支出、专用基金支出、转移性支出和财政周转金支出等内容。

### 一、预算支出的分类和内容

《2007 年政府收支分类科目》根据政府职能活动及国际通行做法，以政府开支的具体用途，设置支出功能分类科目和支出经济分类科目。其中，支出功能分类主要反映政府活动的不同功能和政策目标，并设类、款、项三级。类级科目包括一般公共服务、外交、国防、公共安全、教育、科学技术、文化体育与传媒、社会保障和就业、社会保险基金支出、医疗卫生、环境保护、城乡社区事务、农林水事务、交通运输、工业商业金融等事务、其他支出和转移性支出 17 类。支出经济分类主要反映政府支出的经济性质和具体用途，并设类、款两级。类级科目包括工资福利支出、商品和服务支出、对个人和家庭的补助、对企事业单位的补贴、转移性支出、赠与、债务利息支出、债务还本支出、基本建设支出、其他资本性支出、贷款转贷及产权参股、其他支出 12 类。

#### （一）支出功能分类科目

我国"支出功能分类科目"设置 17 类、170 多款、800 多项。类级科目综合反映政府职能活动，如国防、外交、教育、科学技术、社会保障和就业、环境保护等；款级科目反映为完成某项政府职能所进行的某一方面的工作，如"教育"类下的"普通教育"；项级科目反映为完成某一方面的工作所发生的具体支出事项，如"水利"款下的"抗旱"、"水土保持"等。"支出功能分类科目"的"类"

和"款"级主要内容见表 7-1：

表 7-1　2007 年政府收支分类支出功能分类科目

| 科目编码 | 科目名称 | 科目编码 | 科目名称 |
|---|---|---|---|
| 201 | 一般公共服务 | 20126 | 档案事务 |
| 20101 | 人大事务 | 20127 | 共产党事务 |
| 20102 | 政协事务 | 20128 | 民主党派及工商联事务 |
| 20103 | 政府办公厅（室）及相关机构事务 | 20129 | 群众团体事务 |
| 20104 | 发展与改革事务 | 20130 | 彩票事务 |
| 20105 | 统计信息事务 | 20131 | 国债事务 |
| 20106 | 财政事务 | 20199 | 其他一般公共服务支出 |
| 20107 | 税收事务 | 202 | 外交 |
| 20108 | 审计事务 | 20201 | 外交管理事务 |
| 20109 | 海关事务 | 20202 | 驻外机构 |
| 20110 | 人事事务 | 20203 | 对外援助 |
| 20111 | 纪检监察事务 | 20204 | 国际组织 |
| 20112 | 人口与计划生育事务 | 20205 | 对外合作与交流 |
| 20113 | 商贸事务 | 20206 | 对外宣传 |
| 20114 | 知识产权事务 | 20207 | 边界勘界联检 |
| 20115 | 工商行政管理事务 | 20299 | 其他外交支出 |
| 20116 | 食品和药品监督管理事务 | 203 | 国防 |
| 20117 | 质量技术监督与检验检疫事务 | 20301 | 现役部队及国防后备力量 |
| 20118 | 国土资源事务 | 20399 | 其他国防支出 |
| 20119 | 海洋管理事务 | 204 | 公共安全 |
| 20120 | 测绘事务 | 20401 | 武装警察 |
| 20121 | 地震事务 | 20402 | 公安 |
| 20122 | 气象事务 | 20403 | 国家安全 |
| 20123 | 民族事务 | 20404 | 检察 |
| 20124 | 宗教事务 | 20405 | 法院 |
| 20125 | 港澳台侨事务 | 20406 | 司法 |

续表

| 科目编码 | 科目名称 | 科目编码 | 科目名称 |
|---|---|---|---|
| 20407 | 监狱 | 20703 | 体育 |
| 20408 | 劳教 | 20704 | 广播影视 |
| 20409 | 国家保密 | 20705 | 新闻出版 |
| 20499 | 其他公共安全支出 | 20799 | 其他文化体育与传媒支出 |
| 205 | 教育 | 208 | 社会保障和就业 |
| 20501 | 教育管理事务 | 20801 | 社会保障和就业管理事务 |
| 20502 | 普通教育 | 20802 | 民政管理事务 |
| 20503 | 职业教育 | 20803 | 财政对社会保险基金的补助 |
| 20504 | 成人教育 | 20804 | 补充全国社会保障基金 |
| 20505 | 广播电视教育 | 20805 | 行政事业单位离退休 |
| 20506 | 留学教育 | 20806 | 企业关闭破产补助 |
| 20507 | 特殊教育 | 20807 | 就业补助 |
| 20508 | 教师进修及干部继续教育 | 20808 | 抚恤 |
| 20509 | 教育附加及基金支出 | 20809 | 退役安置 |
| 20599 | 其他教育支出 | 20810 | 社会福利 |
| 206 | 科学技术 | 20811 | 残疾人事业 |
| 20601 | 科学技术管理事务 | 20812 | 城市居民最低生活保障 |
| 20602 | 基础研究 | 20813 | 其他城镇社会救济 |
| 20603 | 应用研究 | 20814 | 农村社会救济 |
| 20604 | 技术研究与开发 | 20815 | 自然灾害生活救助 |
| 20605 | 科技条件与服务 | 20816 | 红十字事业 |
| 20606 | 社会科学 | 20899 | 其他社会保障和就业文出 |
| 20607 | 科学技术普及 | 209 | 社会保险基金支出 |
| 20608 | 科技交流与合作 | 20901 | 基本养老保险基金支出 |
| 20699 | 其他科学技术支出 | 20902 | 失业保险基金支出 |
| 207 | 文化体育与传媒 | 20903 | 基本医疗保险基金支出 |
| 20701 | 文化 | 20904 | 工伤保险基金支出 |
| 20702 | 文物 | 20905 | 生育保险基金支出 |

| 科目编码 | 科目名称 | 科目编码 | 科目名称 |
|---|---|---|---|
| 20999 | 其他社会保险基金支出 | 21205 | 城乡社区环境卫生 |
| 210 | 医疗卫生 | 21206 | 建设市场管理与监督 |
| 21001 | 医疗卫生管理事务 | 21299 | 其他城乡社区事务支出 |
| 21002 | 医疗服务 | 213 | 农林水事务 |
| 21003 | 社区卫生服务 | 21301 | 农业 |
| 21004 | 医疗保障 | 21302 | 林业 |
| 21005 | 疾病预防控制 | 21303 | 水利 |
| 21006 | 卫生监督 | 21304 | 南水北调 |
| 21007 | 妇幼保健 | 21305 | 扶贫 |
| 21008 | 农村卫生 | 21306 | 农业综合开发 |
| 21009 | 中医药 | 21399 | 其他农林水事务支出 |
| 21099 | 其他医疗卫生支出 | 214 | 交通运输 |
| 211 | 环境保护 | 21401 | 公路水路运输 |
| 21101 | 环境保护管理事务 | 21402 | 铁路运输 |
| 21102 | 环境监测与监察 | 21403 | 民用航空运输 |
| 21103 | 污染防治 | 21499 | 其他交通运输支出 |
| 21104 | 自然生态保护 | 215 | 工业商业金融等事务 |
| 21105 | 天然林保护 | 21501 | 采掘业 |
| 21106 | 退耕还林 | 21502 | 制造业 |
| 21107 | 风沙荒漠治理 | 21503 | 建筑业 |
| 21108 | 退牧还草 | 21504 | 电力 |
| 21109 | 已垦草原退耕还草 | 21505 | 信息产业 |
| 21199 | 其他环境保护支出 | 21506 | 旅游业 |
| 212 | 城乡社区事务 | 21507 | 涉外发展 |
| 21201 | 城乡社区管理事务 | 21508 | 粮油事务 |
| 21202 | 城乡社区规划与管理 | 21509 | 商业流通事务 |
| 21203 | 城乡社区公共设施 | 21510 | 物资储备 |
| 21204 | 城乡社区住宅 | 21511 | 金融业 |

| 科目编码 | 科目名称 | 科目编码 | 科目名称 |
|---|---|---|---|
| 21512 | 烟草事务 | 22903 | 住房改革支出 |
| 21513 | 安全生产 | 22999 | 其他支出 |
| 21514 | 国有资产监管 | 230 | 转移性支出 |
| 21515 | 中小企业事务 | 23001 | 返还性支出 |
| 21516 | 可再生能源 | 23002 | 财力性转移支付 |
| 21517 | 能源节约利用 | 23003 | 专项转移支付 |
| 21518 | 石油价格改革财政补贴 | 23004 | 政府性基金转移支付 |
| 21599 | 其他工业商业金融等事务支出 | 23005 | 彩票公益金转移支付 |
| 229 | 其他支出 | 23006 | 预算外转移支出 |
| 22901 | 预备费 | 23008 | 调出资金 |
| 22902 | 年初预留 | 23009 | 年终结余 |

注：《2007 年政府收支分类科目》中设置了社会保险基金支出类级科目，但由于社会保险基金的内容还没有纳入财政管理的范围，因此，政府财政会计不对此项支出进行会计核算。

支出功能分类主要根据政府职能进行分类，说明政府做什么。按联合国《政府职能分类》的标准，一国财政支出的职能分类大体包括四个部分：一是一般政府服务，主要反映政府需要且与个人和企业劳务无关的活动，包括一般公共管理、国防、公共秩序与安全等；二是社会服务，主要反映政府直接向社会、家庭和个人提供的服务，如教育、卫生、社会保障等；三是经济服务，主要反映政府经济管理、提高运行效率的支出，如交通、电力、农业和工业等；四是其他支出，如利息、政府间的转移支付。

**（二）支出经济分类科目**

"支出经济分类科目"则主要是反映各项支出的具体经济构成，反映政府的每一笔钱具体是怎么花的，它是财政预算管理和财务经济分析的重要工具和手段。"支出经济分类科目"分为"类"和"款"二级科目，共有 12 个类级科目和 96 个款级科目。"支出经济分类科目"的"类"和"款"级主要内容见表 7—2：

**表 7—2 2007 年政府收支分类支出经济分类科目**

| 科目编码 | 科目名称 | 科目编码 | 科目名称 |
|---|---|---|---|
| 301 | 工资福利支出 | 30103 | 奖金 |
| 30101 | 基本工资 | 30104 | 社会保障缴费 |
| 30102 | 津贴补贴 | 30105 | 伙食费 |

| 科目编码 | 科 目 名 称 | 科目编码 | 科 目 名 称 |
|---|---|---|---|
| 30106 | 伙食补助费 | 30226 | 劳务费 |
| 30199 | 其他工资福利支出 | 30227 | 委托业务费 |
| 302 | 商品和服务支出 | 30228 | 工会经费 |
| 30201 | 办公费 | 30229 | 福利费 |
| 30202 | 印刷费 | 30299 | 其他商品和服务支出 |
| 30203 | 咨询费 | 303 | 对个人和家庭的补助 |
| 30204 | 手续费 | 30301 | 离休费 |
| 30205 | 水费 | 30302 | 退休费 |
| 30206 | 电费 | 30303 | 退职（役）费 |
| 30207 | 邮电费 | 30304 | 抚恤金 |
| 30208 | 取暖费 | 30305 | 生活补助 |
| 30209 | 物业管理费 | 30306 | 救济费 |
| 30210 | 交通费 | 30307 | 医疗费 |
| 30211 | 差旅费 | 30308 | 助学金 |
| 30212 | 出国费 | 30309 | 奖励金 |
| 30213 | 维修（护）费 | 30310 | 生产补贴 |
| 30214 | 租赁费 | 30311 | 住房公积金 |
| 30215 | 会议费 | 30312 | 提租补贴 |
| 30216 | 培训费 | 30313 | 购房补贴 |
| 30217 | 招待费 | 30399 | 其他对个人和家庭的补助支出 |
| 30218 | 专用材料费 | 304 | 对企事业单位的补贴 |
| 30219 | 装备购置费 | 30401 | 企业政策性补贴 |
| 30220 | 工程建设费 | 30402 | 事业单位补贴 |
| 30221 | 作战费 | 30403 | 财政贴息 |
| 30222 | 军用油料费 | 30499 | 其他对企事业单位的补贴支出 |
| 30223 | 军队其他运行维护费 | 305 | 转移性支出 |
| 30224 | 被装购置费 | 30501 | 不同级政府间转移性支出 |
| 30225 | 专用燃料费 | 30502 | 同级政府间转移性支出 |

续表

| 科目编码 | 科 目 名 称 | 科目编码 | 科 目 名 称 |
|---|---|---|---|
| 306 | 赠与 | 310 | 其他资本性支出 |
| 30601 | 对国内的赠与 | 31001 | 房屋建筑物购建 |
| 30602 | 对国外的赠与 | 31002 | 办公设备购置 |
| 307 | 债务利息支出 | 31003 | 专用设备购置 |
| 30701 | 国库券付息 | 31004 | 交通工具购置 |
| 30702 | 向国家银行借款付息 | 31005 | 基础设施建设 |
| 30703 | 其他国内借款付息 | 31006 | 大型修缮 |
| 30704 | 向国外政府借款付息 | 31007 | 信息网络购建 |
| 30705 | 向国际组织借款付息 | 31008 | 物资储备 |
| 30706 | 其他国外借款付息 | 31099 | 其他资本性支出 |
| 308 | 债务还本支出 | 311 | 贷款转贷及产权参股 |
| 30801 | 国内债务还本 | 31101 | 国内贷款 |
| 30802 | 国外债务还本 | 31102 | 国外贷款 |
| 309 | 基本建设支出 | 31103 | 国内转贷 |
| 30901 | 房屋建筑物购建 | 31104 | 国外转贷 |
| 30902 | 办公设备购置 | 31105 | 产权参股 |
| 30903 | 专用设备购置 | 31199 | 其他贷款转贷及产权参股支出 |
| 30904 | 交通工具购置 | 399 | 其他支出 |
| 30905 | 基础设施建设 | 39901 | 预备费 |
| 30906 | 大型修缮 | 39902 | 预留 |
| 30907 | 信息网络购建 | 39903 | 补充全国社会保障基金 |
| 30908 | 物资储备 | 39904 | 未划分的项目支出 |
| 30999 | 其他基本建设支出 | 39999 | 其他支出 |

　　结合财政收支的部门属性，通过财政信息管理系统，可对任何一项财政收支进行"多维"定位，清楚地说明政府的钱是怎么来的，做了什么事，谁做的，怎么做的，为预算管理、统计分析、宏观决策和财政监督等提供全面、真实、准确的经济信息。

## 二、预算支出的分类与政府财政会计科目

为积极、稳妥地推进政府收支分类改革，2007 年实施政府收支分类科目后，暂不改变目前预算管理的基本流程和管理模式，也不改变政府财政会计制度核算预算内资金、预算外资金和社会保险基金分别管理、核算的方式。因此，政府财政会计的预算收支科目仍然是四个：一般预算收入、基金预算收入、一般预算支出、基金预算支出。并且，以政府收支分类科目作为明细科目进行核算。为了与目前预算管理的实际情况相适应，财政部对 2007 年政府收入分类科目与 2006 年政府预算支出科目进行了总体协调。其中，政府支出分类科目的类、款级科目的具体内容与原政府预算中一般预算支出、基金预算支出科目的联系，见表 7-3 所示。

**表 7-3　政府支出分类科目与政府财政会计预算支出科目协调表**

| 政府支出分类科目编码 | | 政府预算支出科目 | 政府支出分类科目编码 | | 政府预算支出科目 |
|---|---|---|---|---|---|
| 类 | 款 | | 类 | 款 | |
| | | 一、一般预算支出 | 215 | 19 款 | 工业商业金融等事务 |
| 201 | 32 款 | 一般公共服务 | 229 | 4 款 | 其他支出 |
| 202 | 8 款 | 外交 | 230 | 5 款 | 转移性支出 |
| 203 | 2 款 | 国防 | | | 二、基金预算支出 |
| 204 | 10 款 | 公共安全 | 205 | 1 款 | 教育 |
| 205 | 10 款 | 教育 | 207 | 1 款 | 文化体育与传媒 |
| 206 | 9 款 | 科学技术 | 208 | 1 款 | 社会保障和就业 |
| 207 | 6 款 | 文化体育与传媒 | 212 | 3 款 | 城乡社区事务 |
| 208 | 17 款 | 社会保障和就业 | 213 | 4 款 | 农林水事务 |
| 210 | 10 款 | 医疗卫生 | 214 | 3 款 | 交通运输 |
| 211 | 10 款 | 环境保护 | 215 | 8 款 | 工业商业金融等事务 |
| 212 | 7 款 | 城乡社区事务 | 230 | 3 款 | 转移性支出 |
| 213 | 7 款 | 农林水事务 | | | 三、债务预算支出 |
| 214 | 4 款 | 交通运输 | 201 | 1 款 | 国债事务 |

从以上的划分和内容对照来看，一般预算支出和基金预算支出科目与政府支出分类中的功能分类科目是一致的，从而确定了政府财政会计预算支出核算的明

细内容。而支出经济分类将与行政、事业单位会计相联系。因此，政府财政会计的一般预算支出、基金预算支出科目，仍然是以政府支出分类中的功能分类科目作为明细科目核算。

　　以上一般预算支出科目的设置主要是按政府的职能或功能来分类的，它们着重反映政府在做什么。因此，这种一般预算支出科目的分类方法，称为一般预算支出按职能或功能分类的方法，所形成的一般预算支出科目也相应称为一般预算支出功能分类科目。

　　在以上预算支出科目中，一般预算支出的其他支出类级科目中的预备费和年初预留两个款级科目，是政府预算中的一般预算支出科目，但在政府财政会计进行会计核算时，不作为一般预算支出会计科目进行核算。政府财政会计对这两个款级科目不设会计科目进行会计核算。只有当政府分配或使用了预备费或年初预留的款项时，政府财政会计才作为有关的支出进行会计核算。这是政府预算中的一般预算支出与政府财政会计中的一般预算支出之间的一个差异。对于以上转移性支出类级科目，政府财政会计在进行会计核算时，也不作为一般预算支出和基金预算支出会计科目进行核算，而视情况分别作为补助支出、上解支出、调出资金进行会计核算。这是政府预算中的预算支出与政府财政会计中的一般预算支出之间的又一个差异。

## 三、预算支出的执行

　　政府预算支出的执行就是按年初确定的预算支出任务分配和使用财政资金的过程。为了保证政府预算支出的正确执行，政府财政会计要根据年度支出预算和各级计划，适时地、正确地把预算资金拨付给用款单位，反映和监督预算支出情况。

### （一）预算支出的执行机构

　　按各种不同用途的预算支出和管理分工，政府预算的执行机构分别由政府财政部门、各行政事业单位主管部门和负责拨款、付款的银行组成。

　　（1）各级财政部门是分配和管理财政资金的主管部门，也肩负着核算和监督财政资金使用的责任。在国库集中收付制度的改革中，财政部门应按照财政国库管理制度的基本要求，建立国库单一账户体系，将支出通过国库单一账户体系支付到商品和劳务供应者或用款单位。

　　（2）各行政事业单位主管部门应按照要求核算和监督拨入经费的使用。

　　（3）中国人民银行要和各级财政部门一起，履行对国库单一账户和有关代理银行的管理和监督职能。

### （二）预算拨款的原则

　　预算支出执行的一个重要环节是预算拨款。为了保证预算支出的顺利执行，预算拨款应遵循下列原则：

1. 按照预算拨款

各级财政部门的预算拨款，必须控制在年度预算和季度用款计划范围内，不能办理无预算、无计划、超预算、超计划的拨款。如遇有特殊情况需要超过预算时，必须经过办理追加支出预算的手续后，才能拨款。

2. 按照进度拨款

按照用款单位的基本建设工程进度、生产和事业发展的实际进度办理拨款，既要保证资金需要，又要防止积压浪费，保证预算资金的统一安排和灵活调度。按生产和建设事业进度进行拨款时，不仅要考虑本期资金需要，还要考虑上期资金的使用和结余情况，以促进各单位有效地使用预算资金。

3. 按照核定的支出用途拨款

预算支出的各种资金，都是根据一定的需要安排的，所以按计划、按规定的用途使用资金，才能保证各项生产和建设事业发展的资金需要。因此，办理预算拨款时，应根据预算规定的用途拨款，不能改变支出用途。

4. 按照预算级次拨款

各支出部门和单位都应按国家规定的预算级次，逐级办理预算款项的领拨。各级主管部门，一般不准向没有支出预算关系的单位垂直拨款；主管单位之间也不能发生支出预算的拨款关系。如有需要，应当通过同级财政部门办理划转手续，以减少预算拨款渠道，加强预算拨款的管理。

**（三）预算支出的核算基础**

预算支出的核算基础是指财政部门和预算单位列报支出的口径和依据。预算支出分为财政拨付资金、单位逐级拨付资金、用款单位从银行支取资金和单位实际使用资金四个阶段。在这四个阶段中，由于财政部门和预算单位的具体任务不同，预算支出的核算基础也有区别。

1. 银行支出数

银行支出数是用款单位在核定的预算范围内，从银行存款中支取的资金数。它包括直接投入使用了的资金，即"实际支出数"，也包括已从银行支款但尚未实际消耗的资金，即"银行支取未报数"。对于用款单位会计而言，其支出的核算以实际支出数为基础，而不能把银行支取未报数作为实际支出报销。但是，对于政府财政会计而言，银行支出数的形成则标志着预算资金分配的结束，预算资金由分配阶段进入使用阶段。为了保证总预算支出的正确列支，落实年度财政结算，政府财政会计应以银行支出数作为核算基础。因此，未实行经费预算包干的单位和实行限额管理的基本建设支出单位，应以银行支出数为核算基础。

2. 预算拨款数

预算拨款数是指各级财政根据核定的预算，分期拨给各单位的预算资金数。财政的重要任务是分配资金，并以"能体现分配的完成"这一特点作为列支的依据。在目前普遍实行经费预算包干制度的情况下，预算拨款之时也就是体现财政预算支出分配完成之时。因此，实行经费包干的单位和不实行限额管理的基本建设支出单位，应以预算拨款数为核算基础。

这是各级财政总预算支出的核算基础，也是财政部门与主管部门结算预算拨款的依据。

3. 实际支出数

这是指用款单位从银行支取并实际耗费的资金数字。它是预算单位经费支出的核算基础。因为只有实际耗费的资金，才能真实反映预算单位的资金使用情况和真正体现用款单位的资金使用效果。

## 第二节　政府财政会计一般预算支出的核算

### 一、一般预算支出的内容

一般预算支出是指一级政府对集中的一般预算收入有计划地进行分配和使用而安排的各项支出。它是国家财政支出的主要组成部分。根据《2007 年政府收支分类科目》，一般预算支出科目分设 17 个类级科目，有关类级科目下分设相应的款级科目，有关款级科目下再分设相应的项级科目。类、款、项、目四级科目逐级递进，内容也逐渐细化。根据上节有关内容，政府财政会计核算的一般预算支出科目内容如下：

（1）一般公共服务，32 款：人大事务、政协事务、政府办公厅（室）及相关机构事务、发展与改革事务、统计信息事务、财政事务、税收事务、审计事务、海关事务、人事事务、纪检监察事务、人口与计划生育事务、商贸事务、知识产权事务、工商行政管理事务、食品和药品监督管理事务、质量技术监督与检验检疫事务、国土资源事务、海洋管理事务、测绘事务、地震事务、气象事务、民族事务、宗教事务、港澳台侨事务、档案事务、共产党事务、民主党派及工商联事务、群众团体事务、彩票事务、国债事务、其他一般公共服务支出。

（2）外交，8 款：外交管理事务、驻外机构、对外援助、国际组织、对外合作与交流、对外宣传、边界勘界联检、其他外交支出。

（3）国防，2 款：现役部队及国防后备力量、其他国防支出。

（4）公共安全，10 款：武装警察、公安、国家安全、检察、法院、司法、监狱、劳教、国家保密、其他公共安全支出。

（5）教育，10 款：教育管理事务、普通教育、职业教育、成人教育、广播电视教育、留学教育、特殊教育、教师进修及干部继续教育、教育附加及基金支出、其他教育支出。

（6）科学技术，9 款：科学技术管理事务、基础研究、应用研究、技术研究与开发、科技条件与服务、社会科学、科学技术普及、科技交流与合作、其他科学技术支出。

（7）文化体育与传媒，6款：文化、文物、体育、广播影视、新闻出版、其他文化体育与传媒支出。

（8）社会保障和就业，17款：社会保障和就业管理事务、民政管理事务、财政对社会保险基金的补助、补充全国社会保障基金、行政事业单位离退休、企业关闭破产补助、就业补助、抚恤、退役安置、社会福利、残疾人事业、城市居民最低生活保障、其他城镇社会救济、农村社会救济、自然灾害生活救助、红十字事业、其他社会保障和就业支出。

（9）社会保险基金支出，5款：基本养老保险基金支出、失业保险基金支出、基本医疗保险基金支出、工伤保险基金支出、生育保险基金支出。

（10）医疗卫生，10款：医疗卫生管理事务、医疗服务、社区卫生服务、医疗保障、疾病预防控制、卫生监督、妇幼保健、农村卫生、中医药、其他医疗卫生支出。

（11）环境保护，10款：环境保护管理事务、环境监测与监察、污染防治、自然生态保护、天然林保护、退耕还林、风沙荒漠治理、退牧还草、已垦草原退耕还草、其他环境保护支出。

（12）城乡社区事务，7款：城乡社区管理事务、城乡社区规划与管理、城乡社区公共设施、城乡社区住宅、城乡社区环境卫生、建设市场管理与监督、其他城乡社区事务支出。

（13）农林水事务，7款：农业、林业、水利、南水北调、扶贫、农业综合开发、其他农林水事务支出。

（14）交通运输，4款：公路水路运输、铁路运输、民用航空运输、其他交通运输支出。

（15）工业商业金融等事务，19款：采掘业、制造业、建筑业、电力、信息产业、旅游业、涉外发展、粮油事务、商业流通事务、物资储备、金融业、烟草事务、安全生产、国有资产监管、中小企业事务、可再生能源、能源节约利用、石油价格改革财政补贴、其他工业商业金融等事务支出。

（16）其他支出，4款：预备费、年初预留、住房改革支出、其他支出。

（17）转移性支出，5款：返还性支出、财力性转移支付、专项转移支付、调出资金、年终结余。

需要指出的是，由于社会保险基金的内容尚未纳入财政的管理范围，因此政府财政会计不对此项支出进行会计核算。

## 二、一般预算支出的列报基础及理论依据

政府财政会计制度规定财政一般预算支出的列报口径有两个——银行支出数和预算拨款数。但在实际执行中，又有以下几种具体情况：

（1）实行限额管理的基本建设支出单位，按用款单位的银行支出数列报支

出；不实行限额管理的基本建设支出单位，按拨付、用款单位的拨款数列报支出。

（2）对行政事业单位的非包干性支出和专项支出，平时按政府财政会计的拨款数列报支出，清理结算收回拨款时再冲销已列支出。对于收回以前年度已列支出的款项，除财政部门另有规定者外，应冲销当年支出。

（3）除以上两款以外的其他各项支出均以财政拨款数列支。特别是经费包干部分，实行以拨列支。

（4）凡是预拨以后各期的经费，不得直接按预拨数列作本期支出，应作为预拨款处理。到期后再按上述列报口径转列支出。

（5）对实行财政国库集中支付而形成的年终预算单位结余资金，政府财政会计按规定实行个别事项的权责发生制账务处理，按核定的预算结余资金额，确认为当年支出。对采用权责发生制账务处理的有关事项，财政部门应当在财政决算报表说明中作专题说明。

上述情况涉及两个数据，一是银行支出数，二是财政拨款数。

银行支出数，是指用款单位在核定的预算范围内，从开户银行存款账户中支取款项的数额。其基本公式如下：

单位本期的银行支出数＝本期存入银行数＋（期初银行存款数－期末银行存款数）

财政拨款数，就是财政向各部门、单位拨付资金的实际数额。在政府采购资金政府直接拨付模式下，政府财政会计将预算资金划入政府采购资金专户时，作为暂存款处理，在向供应商支付货款以后，才将财政安排的预算资金按实际支付数列报支出。

## 三、一般预算支出的管理

政府财政会计以拨款数列报财政支出是当前国家经济体制改革的需要，这对政府财政会计的核算与管理工作提出了更高的要求。因而，在办理各项财政支出中，必须做到：

（1）严格执行《中华人民共和国预算法》和有关法令，办理拨款支出必须以年度预算为准。各级财政预备费的动用，须报经同级人民政府批准。

（2）各级财政部门对主管部门（主管会计单位）提出的季度分月用款计划，以及分"款"、"项"填制的"预算经费请拨单"，应认真加以审核，保证各主管部门的季度分月用款计划不突破年度预算，并符合有关制度规定，符合实际，并应根据经审核批准的拨款申请，结合库款余存情况按时拨款。

（3）政府财政会计应根据预算管理要求和拨款的实际情况，分"款"、"项"核算并列报当期预算支出。

（4）主管会计单位应按计划严格控制经费的使用，"款"、"项"之间如需要调剂，应填制"科目调剂申请书"，报经同级财政部门核准后方可调剂使用。财政总会计凭核定的科目调剂数调整相应的预算支出明细账。

（5）财政总会计不得列报超预算的支出，不得任意改列预算支出科目；尚未拨付的经费，不得列报支出。因特殊情况确需在当年预留的支出，应严格控制，并按规定的审批程序办理。

## 四、一般预算支出的核算

为核算一般预算支出，应设置"一般预算支出"总账科目。本科目核算各级政府财政会计办理的应由一般预算资金支付的各项支出。该科目借方登记应由预算资金支付的各项支出，包括政府财政会计办理的直接支出、将预拨经费转列的支出，以及基本建设支出；贷方登记支出收回数及年终转账数；该科目平时借方余额，反映预算支出累计数，年终将结算发生数转入"预算结余"科目，转账后该科目无余额。该科目应根据《政府收支分类科目》中的支出功能分类科目的款级设置明细账，进行明细分类核算。由于预算支出列支基础的不同，科目的使用和会计处理也就不一样，在现行制度下，一般预算支出业务主要有：一是政府采购资金转列支出；二是预算直接支出和不实行限额管理的基本建设资金的直接支出；三是预拨经费和实行限额管理的基本建设资金的转列支出；四是对非包干经费和专项经费的支出。

### （一）政府采购资金转列支出的账务处理

目前，我国各级政府为加强政府采购资金的监督和管理，提高资金使用效益，保证政府采购资金及时、足额支付，采用了政府采购资金财政直接拨付的方式。这一方式是发达国家普遍采用的资金支付模式。具体程序表现为：财政部门按照政府采购合同的约定，将政府采购资金通过代理银行（国有商业银行或股份制商业银行）直接支付给中标供应商。这一方式主要有全额拨付和差额拨付两种。

在全额拨付方式下，政府财政会计把预算资金划入政府采购资金专户时，在"暂付款——政府采购款"科目中核算，在支付采购资金后，按实际支付数转列支出。

【例 7—1】某市甲行政单位所需的行政活动用某材料采用政府采购方式购入，预计共需资金 200000 元。政府财政会计将预算资金划入政府采购资金专户，款项金额 150000 元。市政府财政会计应编制的会计分录为：

借：暂付款——政府采购款　　　　　　　　　　150000
　　贷：国库存款　　　　　　　　　　　　　　　　150000
同时：
借：其他财政存款　　　　　　　　　　　　　　150000
　　贷：暂存款——政府采购款　　　　　　　　　　150000

【例 7—2】市财政采购机关将甲行政单位的配套自筹资金划入采购资金专户，款项金额 500000 元。市政府财政会计应编制的会计分录为：

借：其他财政存款　　　　　　　　　　　　　　500000

　　　　贷：暂存款——政府采购配套资金——甲单位　　　500000

　　**【例7-3】** 续【例7-2】，市政府财政会计根据合同和有关支付文件资料，向供应商付款180000元，其中政府采购款135000元，单位自筹配套资金45000元。市政府财政会计应编制的会计分录为：

　　　　借：暂存款——政府采购款　　　　　　　　　　135000
　　　　　　　　——政府采购配套资金——甲单位　　　45000
　　　　　　贷：其他财政存款　　　　　　　　　　　　180000

　　**【例7-4】** 续【例7-3】，向供应商支付采购款后，市政府财政会计将财政安排的政府采购预算资金135000元列报支出。市政府财政会计应编制的会计分录为：

　　　　借：一般预算支出——工业商业金融等事务　　　135000
　　　　　　贷：暂付款——政府采购款　　　　　　　　　135000

　　**【例7-5】** 市政府财政会计将节约的预算资金15000元划回国库。市政府财政会计应编制的会计分录为：

　　　　借：国库存款　　　　　　　　　　　　　　　　15000
　　　　　　贷：暂付款——政府采购款　　　　　　　　　15000

　　**【例7-6】** 市政府财政会计将节约的甲单位自筹资金5000元划回采购单位。市政府财政会计应编制的会计分录为：

　　　　借：暂存款——政府采购配套资金——甲单位　　　5000
　　　　　　贷：其他财政存款　　　　　　　　　　　　　5000

　　**【例7-7】** 采购的上述材料，有部分不符合合同要求，经与有关方面协商，作退回处理，收到退还的货款20000元，按照市财政与甲单位支付款项数额比例入账。市政府财政会计应编制的会计分录为：

　　　　借：其他财政存款　　　　　　　　　　　　　　20000
　　　　　　贷：暂存款——政府采购款　　　　　　　　　15000
　　　　　　　　暂存款——政府采购配套资金——甲单位　5000

　　在差额拨付方式下，核算要求基本一致，只是在向供应商支付款项环节，《政府采购资金财政直接拨付管理暂行办法》要求遵循先支付预算单位自筹资金和预算外资金，后支付预算资金的顺序执行。

　　**(二) 预算直接支出和不实行限额管理的基本建设资金直接支出的账务处理**

　　对于预算直接支出和不实行限额管理的基本建设资金的账务处理，实际财政的重要任务是分配资金，并以"能体现分配的完成"这一特点作为列支的依据。在目前普遍实行经费预算包干制度的情况下，预算拨款之时，也就是体现财政预算支出分配完成之时。因此，实行经费包干的单位和不实行限额管理的基本建设支出单位，应以预算拨款数为核算基础，也就是政府财政会计办理预算直接支出。政府财政会计办理预算直接支出和不实行限额管理的基本建设资金支出时，借记"一般预算支出"科目，贷记"国库存款"等有关科目；支出收回或冲销转账时，借记有关科目，贷记"一般预算支出"科目。举例说明如下：

【例7-8】某市财政总会计开出拨款凭证，将"挖、革、改"资金500000元直接拨入市供水公司在银行开设的账户。市政府财政会计应编制的会计分录为：

　　　借：一般预算支出——一般公共服务　　　　　　500000
　　　　　贷：国库存款　　　　　　　　　　　　　　　　500000

【例7-9】经核实，【例7-8】中拨给市供水公司的"挖、革、改"资金比预算支出多8500元，予以收回。根据收款凭据记账，市政府财政会计应编制的会计分录为：

　　　借：国库存款　　　　　　　　　　　　　　　　8500
　　　　　贷：一般预算支出——一般公共服务　　　　　8500

【例7-10】根据核定的预算和季度分月用款计划，县政府财政会计开出拨款凭证，将事业包干经费2500000元拨入县教育局在银行开设的存款账户。县政府财政会计应编制的会计分录为：

　　　借：一般预算支出——一般公共服务　　　　　　2500000
　　　　　贷：国库存款　　　　　　　　　　　　　　　　2500000

【例7-11】某市财政局直接拨付给乙建设单位不实行限额管理的基本建设资金660000元。市政府财政会计应编制的会计分录为：

　　　借：一般预算支出——一般公共服务　　　　　　660000
　　　　　贷：国库存款　　　　　　　　　　　　　　　　660000

**（三）预拨经费和实行限额管理的基本建设资金转列支出的账务处理**

预拨经费和实行限额管理的基本建设资金都是待结算资金，只有在使用或拨付后才能转列支出。政府财政会计将预拨行政事业单位经费转列支出时，借记"一般预算支出"科目，贷记"预拨经费"科目；实行限额管理的基本建设资金转列支出时，根据中国建设银行报来的银行支出数借记"一般预算支出"科目，贷记"基建拨款"等有关科目。

【例7-12】市检察院急需用款，经研究决定，市财政向其预拨经费280000元。市政府财政会计应编制的会计分录为：

　　　借：预拨经费　　　　　　　　　　　　　　　　280000
　　　　　贷：国库存款　　　　　　　　　　　　　　　　280000

【例7-13】市财政局经审核，将【例7-12】中预拨给市检察院的经费280000元转列支出。市政府财政会计应编制的会计分录为：

　　　借：一般预算支出——一般公共服务　　　　　　280000
　　　　　贷：预拨经费　　　　　　　　　　　　　　　　280000

【例7-14】某市财政局收到建设银行报来的实行限额管理的某建设单位的基本建设支出数，金额为1230000元。市政府财政会计应编制的会计分录为：

　　　借：一般预算支出——一般公共服务　　　　　　1230000
　　　　　贷：基建拨款　　　　　　　　　　　　　　　　1230000

**【例 7－15】** 某市财政局收到基本建设财务管理部门报来的支出报表，拨付实行限额管理的丙建设单位资金 900000 元。市政府财政会计应编制的会计分录为：

借：一般预算支出——一般公共服务　　　　　　900000

　　贷：基建拨款　　　　　　　　　　　　　　　　　　900000

### （四）非包干经费和专项经费支出的账务处理

对行政、事业单位的非包干支出和有关专项支出，应按照银行支出数进行核算。拨款时借记"一般预算支出"科目，贷记"国库存款"等有关科目；收回余款时，作相反分录。

**【例 7－16】** 某市财政局按预算拨付甲事业单位本月非包干经费 78000 元，后接到该单位缴回余款 2000 元。市政府财政会计应编制的会计分录为：

拨款时：

借：一般预算支出——一般公共服务　　　　　　78000

　　贷：国库存款　　　　　　　　　　　　　　　　　　78000

收回余款时：

借：国库存款　　　　　　　　　　　　　　　　　2000

　　贷：一般预算支出——一般公共服务　　　　　　　2000

**【例 7－17】** 某市财政局拨付市卫生局专项经费 75000 元。卫生局完成专项任务后，报来专项经费报表，实际使用 70000 元，余款缴回国库。市政府财政会计应编制的会计分录为：

拨款时：

借：一般预算支出——一般公共服务　　　　　　75000

　　贷：国库存款　　　　　　　　　　　　　　　　　　75000

收回余款时：

借：国库存款　　　　　　　　　　　　　　　　　5000

　　贷：一般预算支出——一般公共服务　　　　　　　5000

### （五）行政事业单位年终预算结余资金的会计处理

在实行国库集中支付制度下，行政事业单位的经费结余年末仍存在国库，构成国库存款的组成部分。但依据经费包干协议，这部分资金的支配权和使用权属于行政事业单位。在年终，政府财政会计应会同代理银行、行政事业单位对预算单位的结余资金进行核定。对于行政事业单位的年终结余资金，政府财政会计应实行个别事项按权责发生制原则进行账务处理，并在财政决算报表编报说明中作专题说明。

行政事业单位年终预算结余资金核定后，政府财政会计根据核定资金的凭证，借"一般预算支出"等科目，贷记"暂存款"科目；下年实际支用时，借记"暂存款"科目，贷记"国库存款"科目。

**【例 7－18】** 年末，县政府财政会计会同代理银行、行政事业单位对预算单位的结余资金进行核定，核定结果显示，教育局的结余资金为 600000 元，卫生局结余资金为 500000 元。政府财政会计依据核定资金的凭证记账。县政府财政会计应编制的会计分录为：

借：一般预算支出——一般公共服务　　　　　　1100000

　　贷：暂存款——教育局　　　　　　　　　　　　　600000

　　　　　　——卫生局　　　　　　　　　　　　　　500000

【例 7—19】次年，县教育局支用结余资金 100000 元用于采购实验教学设备，款项由国库直接支付。县政府财政会计应编制的会计分录为：

借：暂存款——教育局　　　　　　　　　　　100000

　　贷：国库存款　　　　　　　　　　　　　　　100000

**（六）年终结转**

年终，"一般预算支出"科目借方余额应全数转入"预算结余"科目，借记"预算结余"科目，贷记"一般预算支出"科目。

【例 7—20】年终，某市财政汇总全年预算支出 9870000 元，转入"预算结余"科目。市政府财政会计应编制的会计分录为：

借：预算结余　　　　　　　　　　　　　　9870000

　　贷：一般预算支出　　　　　　　　　　　　9870000

# 第三节　政府财政会计基金预算支出的核算

## 一、基金预算支出的内容

基金预算支出是指用基金预算收入安排的支出。与一般预算支出相比，基金预算支出具有专款专用的特征。基金预算支出纳入政府预算管理，属于政府预算内的支出。

根据《2007 年政府收支分类科目》，基金预算支出科目分为教育、文化体育与传媒、社会保障和就业、城乡社区事务、农林水事务、交通运输、工业商业金融等事务、转移性支出 8 个类级科目。有关的类级科目下设款级科目，有关的款级科目下再设项级科目。类、款、项三级科目逐级递进，内容也逐渐细化。根据《2007 年政府收支分类科目》和本章第一节有关内容，政府财政会计核算的基金预算支出科目内容如下：

（1）教育，1 款：教育附加及基金支出。

（2）文化体育与传媒，1 款：其他文化体育与传媒支出。

（3）社会保障和就业，1 款：残疾人事业。

（4）城乡社区事务，3 款：政府住房基金支出、国有土地使用权出让金支出、城镇公用事业附加支出。

（5）农林水事务，4 款：农业、林业、水利、南水北调。

（6）交通运输，3 款：公路水路运输、铁路运输、民用航空运输。

（7）工业商业金融等事务，8 款：制造业、建筑业、电力、信息产业、旅游业、涉外发展、烟草事务、其他工业商业金融等事务支出。

（8）转移性支出，3 款：政府性基金转移支付、调出资金、年终结余。

## 二、基金预算支出的管理

基金预算支出是用基金预算收入安排的支出，由于基金管理的特殊性，决定了基金收支管理的特殊性，各级政府财政会计在管理和核算基金支出中除了遵循一般预算支出的管理要求以外，还应遵循以下原则：

（1）先收后支。根据基金的专用性的特点，在办理基金预算拨款时，必须认真审查单位请拨的项目是否有足够的资金来源。

（2）分项核算。要根据各项基金的对口主管部门的不同，分别按照财政部制定的《基金预算收支科目》做好明细账的登记核算工作，认真记录和反映各项基金的收入情况、支出情况及结余情况，各项基金必须专款专用，不得相互混淆。

## 三、基金预算支出的核算

财政总会计为正确核算各级财政部门用基金预算收入安排的支出情况，应设置"基金预算支出"总账科目，该科目借方登记发生的支出数，贷方登记支出收回数及年终转账数，该科目平时借方余额反映基金预算支出累计数。发生基金预算支出时，记本科目的借方，记"国库存款"或"其他财政存款"等有关科目的贷方；支出收回或冲销转账时，借记有关科目，贷记本科目。年终，本科目借方余额应全部转入"基金预算结余"科目冲销，冲销时借记"基金预算结余"科目，贷记本科目，转账后该科目无余额。"基金预算支出"科目应根据《政府收支分类科目》中的支出功能分类科目设置明细账，进行明细分类核算。

【例 7—21】某市政府财政会计根据预算及基金使用情况，向交通部门划拨公路水路运输费 650000 元。市政府财政会计应编制的会计分录为：

借：基金预算支出——交通运输——公路水路运输　650000

　　贷：国库存款——基金预算存款　　　　　　　　　　650000

【例 7—22】续【例 7—21】，该市财政收到交通部门退还多拨的公路水路运输费 56000 元。市政府财政会计应编制的会计分录为：

借：国库存款——基金预算存款　　　　　　　　　56000

　　贷：基金预算支出——交通运输——公路水路运输　56000

【例 7—23】某市财政拨付属于基金预算支出的资金共计 1000000 元。具体拨付情况为：公路水路运输费支出 600000 元，教育附加及基金支出 120000 元，其他文化体育与传媒支出 180000 元，残疾人事业 100000 元。市政府财政会计应编制的会计分录为：

　　借：基金预算结余　　　　　　　　　　　　　　　1000000
　　　　贷：基金预算支出——交通运输　　　　　　　　　　600000
　　　　　　　　　　　　——教育　　　　　　　　　　　120000
　　　　　　　　　　　　——文化体育与传媒　　　　　　180000
　　　　　　　　　　　　——社会保障和就业　　　　　　100000

　　【例7—24】某市政府财政会计经核实，上月向市水利部门拨付的灌溉水源灌排工程补偿费支出比预算多了89000元，经研究决定，这笔资金转作对该部门的预拨事业经费。市政府财政会计应编制的会计分录为：

　　借：预拨经费　　　　　　　　　　　　　　　　　　89000
　　　　贷：基金预算支出——农林水事务——水利　　　　　89000

同时调整国库存款明细账户，记：

　　借：国库存款——基金预算存款　　　　　　　　　　89000
　　　　贷：国库存款——一般预算支出　　　　　　　　　89000

　　【例7—25】某市财政年终将"基金预算支出"科目的借方余额1800000元全数转入"基金预算结余"科目。市政府财政会计应编制的会计分录为：

　　借：基金预算结余　　　　　　　　　　　　　　　1800000
　　　　贷：基金预算支出　　　　　　　　　　　　　　1800000

# 第四节　政府财政会计专用基金支出的核算

　　专用基金支出是用专用基金收入安排的支出，将通过预算安排的专用基金，拨付给有关单位，用于特定项目的开支。如粮食风险基金，是国家为平抑粮食价格促进农业生产发展，将预算安排的专用基金拨付给粮食部门统筹使用的资金。

　　专用基金支出是用专用基金收入安排的支出，因而在管理上有一些特殊的要求。除遵循"一般预算支出"的管理要求外，还应遵循以下三个原则：

　　(1) 在收支关系上要做到先收后支。由于基金预算收支有较强的专用性，政府财政会计在办理基金预算拨款时必须认真审查单位请拨的项目是否有足够的资金来源。

　　(2) 量入为出。对各项专用基金要编制收支计划，量入为出，注意积累，不得超支使用。

　　(3) 坚持专款专用、分项核算。由于基金的专用性，大部分基金都由对口主管部门管理，专款专用，不能相互调剂。

　　为核算各级财政部门用专用基金收入安排的支出，政府财政会计应设置"专用基金支出"科目。发生专用基金支出时，借记本科目，贷记"国库存款"或

"其他财政存款"科目；收回专用基金支出时，借记"国库存款"或"其他财政存款"科目，贷记本科目。年终转账时将本科目借方余额全部转入"专用基金结余"科目，借记"专用基金结余"科目，贷记本科目。本科目平时的借方余额反映专用基金支出累计数。年终结账后本科目无余额。各级财政如有多项专用基金，应按专用基金的类别设置明细科目。

【例7—26】某市财政根据有关文件拨付粮食部门粮食风险基金350000元。市政府财政会计应编制的会计分录为：

　　　借：专用基金支出——粮食风险基金　　　　　　350000
　　　　　贷：其他财政存款——专用基金存款　　　　　　　350000

【例7—27】续【例7—26】，经核实，上述拨款应为300000元，多拨的50000元予以收回，并存入国库。市政府财政会计应编制的会计分录为：

　　　借：国库存款　　　　　　　　　　　　　　　50000
　　　　　贷：专用基金支出——粮食风险基金　　　　　　　50000

【例7—28】某市财政年终将"专用基金支出"科目借方余额420000元全数转入"专用基金结余"科目。市政府财政会计应编制的会计分录为：

　　　借：专用基金结余　　　　　　　　　　　　　420000
　　　　　贷：专用基金支出　　　　　　　　　　　　　　420000

# 第五节　财政资金转移性支出的核算

转移性支出是指根据财政管理体制的规定，在各级财政间进行资金转移支付以及在本级财政各不同性质资金之间进行调剂支出。财政资金转移性支出包括补助支出、上解支出和调出资金等。

## 一、补助支出的核算

补助支出是指本级财政按财政管理体制规定或因专项、临时性资金需求等原因对下级财政进行补助而形成的支出，包括税收返还支出、按财政管理体制规定对下级财政进行的补助以及对下级财政的专项和临时性资金需求进行的补助等。

为核算本级财政对下级财政拨付的补助支出，政府财政会计设置"补助支出"总账科目。发生补助支出时，借记本科目，贷记"国库存款"或"其他财政存款"科目；从"与下级往来"科目转入本科目时，借记本科目，贷记"与下级往来"科目；收回对下级的补助时，借记"国库存款"或"其他财政存款"等有关科目，贷记本科目。

年终本科目借方余额应根据资金性质分别转入"预算结余"或"基金预算结余"科目，借记"预算结余"或"基金预算结余"科目，贷记本科目。本科目平时借方余额反映对下级补助支出的累计数。"补助支出"科目应按资金性质和补助地区设置明细账。用基金预算补助下级财政的地区，要将基金预算补助支出通过明细科目核算，对基金预算补助支出与一般预算补助支出实行分别核算。

下级财政的"补助收入"应与上级财政的"补助支出"数额相等。

【例7—29】某市财政向所属甲县财政拨付临时性一般预算补助380000元。市政府财政会计应编制的会计分录为：

借：补助支出——一般预算补助——甲县　　　　　380000
　　贷：国库存款——一般预算存款　　　　　　　　　　　380000

【例7—30】某市财政经批准将原借给所属乙县财政周转调度的款项68500元转作对该县的一般预算补助。市政府财政会计应编制的会计分录为：

借：补助支出——一般预算补助——乙县　　　　　68500
　　贷：与下级往来　　　　　　　　　　　　　　　　　68500

【例7—31】某市财政根据基金预算向所属丙县拨付基金预算补助781000元。市政府财政会计应编制的会计分录为：

借：补助支出——基金预算补助——丙县　　　　　781000
　　贷：国库存款——基金预算存款　　　　　　　　　　　781000

【例7—32】某市财政年终将"补助支出"科目借方余额100000元转入"预算结余"科目，其中属于一般预算的补助支出借方余额为650000元，属于基金预算的补助支出借方余额为350000元。市政府财政会计应编制的会计分录为：

借：预算结余　　　　　　　　　　650000
　　基金预算结余　　　　　　　　350000
　　贷：补助支出　　　　　　　　　　　　1000000

## 二、上解支出的核算

上解支出是指按财政体制规定由本级财政上交给上级财政的支出，包括按财政管理体制规定由国库在本级预算收入中直接划解给上级财政的支出、按财政管理体制规定结算补解给上级财政的支出和各种专项上解支出等。

为核算上解支出业务，政府财政会计应设置"上解支出"总账科目。发生上解支出时，借记该科目，贷记"国库存款"或"其他财政存款"科目；上解支出退转时，借记"国库存款"或"其他财政存款"科目，贷记该科目；年终本科目借方余额应依据资金的性质分别转入"预算结余"或"基金预算结余"科目，借记"预算结余"或"基金预算结余"科目，贷记本科目。本科目平时借方余额反映本级上解支出的累计数。

本科目一般可不设置明细账核算。但有基金预算上解支出的地区，应设置"上解支出——一般预算上解支出"和"上解支出——基金预算上解支出"两个明细科目进行明细核算。本级财政的"上解支出"应与上级财政收到本级财政的

"上解收入"数额相一致。

【例7—33】某市财政按财政管理体制规定上解上级省财政一般预算款项3300000元。市政府财政会计应编制的会计分录为：

　　　借：上解支出　　　　　　　　　　　　　　　　3300000
　　　　　贷：国库存款——一般预算存款　　　　　　　　　　3300000

【例7—34】某市财政在年终结算中按财政管理体制规定应上解上级某省财政款项5600000元。市政府财政会计应编制的会计分录为：

　　　借：上解支出　　　　　　　　　　　　　　　　5600000
　　　　　贷：与上级往来　　　　　　　　　　　　　　　　5600000

【例7—35】某市财政以基金预算存款上解省财政某专项资金800000元。市政府财政会计应编制的会计分录为：

　　　借：上解支出　　　　　　　　　　　　　　　　800000
　　　　　贷：国库存款——基金预算存款　　　　　　　　　　800000

【例7—36】某市财政年终将"上解支出"科目借方余额970000元（其中，属于一般预算的上解支出800000元，属于基金预算的上解支出170000元）分别转入"预算结余"、"基金预算结余"科目。市政府财政会计应编制的会计分录为：

　　　借：预算结余　　　　　　　　　　　　　　　　170000
　　　　　基金预算结余　　　　　　　　　　　　　　800000
　　　　　贷：上解支出　　　　　　　　　　　　　　　　970000

## 三、调出资金的核算

调出资金是指不同预算性质的资金之间的相互调出。例如，各级财政部门从基金预算结余中调出，用于平衡一般预算收支的资金，以及为平衡基金预算从一般预算中调出的资金。

为核算调出资金业务，政府财政会计应设置"调出资金"总账科目。调出基金预算结余时，借记该科目，贷记"国库存款——基金预算存款"科目，同时，借记"国库存款——一般预算存款"科目，贷记"调入资金"科目；年终本科目借方余额应根据资金性质分别转入"基金预算结余"或"预算结余"科目，借记"基金预算结余"或"预算结余"科目，贷记该科目。

如果既有从基金预算中调出以平衡一般预算资金，又有从一般预算中调出以平衡基金预算资金的地区，应分别设置"调出资金——从基金预算中调出资金"和"调出资金——从一般预算中调出资金"两个明细科目进行明细核算。

【例7—37】某市财政为平衡一般预算，从基金预算结余中调出资金3000000元。市政府财政会计应编制的会计分录为：

　　　借：调出资金　　　　　　　　　　　　　　　　3000000
　　　　　贷：国库存款——基金预算存款　　　　　　　　　　3000000

同时：

借：国库存款———一般预算存款　　　　　　　3000000

　　贷：调入资金　　　　　　　　　　　　　　　3000000

【例 7—38】某县财政从预算外财政专户中拨出 250000 元自筹资金，用于平衡一般预算收支。县政府财政会计应编制的会计分录为：

借：国库存款　　　　　　　　　　　　　　　250000

　　贷：调入资金　　　　　　　　　　　　　　250000

同时：

借：调出资金　　　　　　　　　　　　　　　250000

　　贷：其他财政存款　　　　　　　　　　　　250000

【例 7—39】某市财政年终将"调出资金"科目借方余额 960000 元转入"基金预算结余"科目。市政府财政会计应编制的会计分录为：

借：基金预算结余　　　　　　　　　　　　　960000

　　贷：调出资金———从基金预算中调出资金　960000

# 第六节　财政周转金支出的核算

　　财政周转金支出是指地方财政部门从上级借入财政周转金所支付的占用费，以及财政周转金管理使用过程中按规定开支的相关费用。占用费支出是指因借入上级财政周转金而支付的资金占用费；业务费支出是指委托银行放款支付的手续费以及财政部门确定的有关费用支出。

　　为核算财政周转金支出业务，政府财政会计应设置"财政周转金支出"总账科目。发生财政周转金支出时借记该科目，贷记"其他财政存款"科目；该科目应设置"占用费支出"和"业务费支出"等两个明细账。

　　平时本科目借方余额为已支付的周转金占用费及手续费。年终结账将该科目借方余额转入"财政周转金收入"科目冲销时，借记"财政周转金收入"科目，贷记该科目。年终结账后，该科目无余额。

【例 7—40】某市财政按规定向上级财政支付借入财政周转金的占用费 6500元。市政府财政会计应编制的会计分录为：

借：财政周转金支出———占用费　　　　　　6500

　　贷：其他财政存款———财政周转金存款　　6500

【例 7—41】某市财政向财政周转金开户银行支付委托财政周转金放款手续费 12000 元。市政府财政会计应编制的会计分录为：

借：财政周转金支出———业务费支出　　　　12000

　　贷：其他财政存款———财政周转金存款　　12000

【例7—42】某市财政支付财政周转金管理费用 6000 元。市政府财政会计应编制的会计分录为：

借：财政周转金支出——业务费支出　　　　　　　　6000
　　贷：其他财政存款——财政周转金存款　　　　　　　　6000

【例7—43】某市财政年终将"财政周转金支出"科目借方余额 30100 元转入"财政周转金收入"科目。市政府财政会计应编制的会计分录为：

借：财政周转金收入　　　　　　　　30100
　　贷：财政周转金支出　　　　　　　　30100

## 复习思考题

1. 政府财政会计核算的支出包括哪些内容？
2. 政府支出功能分类和经济分类的类级科目有哪些？
3. 政府支出分类科目与政府财政会计预算支出科目是怎样协调的？
4. 预算拨款的原则以及预算支出的核算基础是什么？
5. 政府财政会计一般预算支出核算的内容有哪些？
6. 政府财政会计如何核算一般预算支出？
7. 什么是基金预算支出？基金预算支出的管理要求有哪些？
8. 政府财政会计基金预算支出核算的内容有哪些？
9. 什么是专用基金支出？应当如何核算？
10. 财政资金转移包括哪几项内容？各自有什么含义？
11. 什么是财政周转金支出？应当如何核算？

# 第八章 政府财政会计净资产的核算

## 第一节 政府财政会计净资产概述

### 一、政府财政会计净资产的概念

净资产是指资产减去负债的差额，即属于会计主体所有的净资产值。用公式来表示为：

净资产＝资产－负债

政府财政会计所核算的净资产是同级政府所掌握的资产净值，包括各项结余、预算周转金以及财政周转基金等。

资产减去负债的差额，在企业会计中称所有者权益，所有者权益在负债与所有者权益之和（资产总计）中所占比重的大小，直接反映出企业偿债能力的强弱和经济效益状况。与企业会计不同，政府财政会计净资产所占比重的大小，并不能全面反映财政收支的真实状况和财政活动的全部内容。因为财政是为满足国家实现其职能服务的，财政收入的目的是为安排财政支出的需要，而并不是作为财政的结余而储存起来，这也是我国在财政收支平衡问题上一贯坚持"收支平衡，略有结余"方针的原因。

### 二、政府财政会计净资产的内容

如上所述，政府财政会计所核算的净资产是同级政府所掌握的资产净值，包括各项结余、预算周转金以及财政周转基金等。

结余是财政收支的执行结果，是下年度可以结转使用或重新安排使用的资金。财政各项结余包括预算结余、基金预算结余和专用基金结余。各项结余必须分别核算，不得混淆。

预算周转金是为了调剂预算年度内季节性收支差额，保证及时用款而设置的周转资金。预算周转金一般用年度预算结余资金设置、补充或由上级财政部门拨入。

财政周转基金是财政用于有偿使用的资金，在列报财政支出的同时转收入。

预算周转金的利息收入（或占用费收入）按规定扣除必要的业务费用后应用于补充财政周转基金。

# 第二节　政府财政会计结余的核算

## 一、政府财政会计预算结余的核算

预算结余是指一般预算类收入减去一般预算类支出后的差额。它是各级财政执行政府一般预算的结果。一般预算类收入包括一般预算收入、补助收入中的一般预算补助收入、上解收入中的一般预算上解收入、调入资金中的一般预算调入资金等，一般预算类支出包括一般预算支出、补助支出中的一般预算补助支出、上解支出中的一般预算上解支出、调出资金中的一般预算调出资金等。预算结余每年年终结算一次，平时不结算。

"一般预算收入"和"一般预算支出"会计账户反映的是一级政府一般预算资金的获得和一般预算资金的使用。其中，不包括转移性收入和转移性支出的内容。但在编制政府预算时，一般预算收入预算包括税收收入和非税收入，也包括转移性收入；一般预算支出预算包括一般公共事务、公共安全、教育、文化体育与传媒、社会保障和就业、医疗卫生、环境保护、城乡社区事务、农林水事务、交通运输、工业商业金融等事务，也包括转移性支出。这是政府预算和财政总预算会计核算在科目反映内容上的一个差别。在会计核算上，预算结余不仅包括"一般预算收入"账户的余额减去"一般预算支出"账户的余额，它还包括属于一般预算的转移性收入和转移性支出账户余额相抵后的差额。预算结余计算公式如下：

本年预算结余＝［一般预算收入＋补助收入(一般预算补助)＋上解收入(一般预算上解收入)＋调入资金］－［一般预算支出＋补助支出(一般预算补助)＋上解支出(一般预算上解支出)＋调出资金］

为核算预算结余，政府财政会计应设置"预算结余"总账科目。年终转账时，将"一般预算收入"、属于一般预算的"补助收入"、属于一般预算的"上解收入"、属于一般预算的"调入资金"等科目的贷方余额转入该科目贷方；将"一般预算支出"、属于一般预算的"补助支出"、属于一般预算的"上解支出"、属于一般预算的"调出资金"等科目的借方余额转入该科目借方；根据本年预算结余增设预算周转金时，借记该科目，贷记"预算周转金"科目。该科目年终贷方余额表示本年的预算滚存结余（含有价证券），转入下年度。

【例8-1】某市财政年终结算时，有关一般预算类收入科目的贷方余额为：一般预算收入10000000元，补助收入500000元，上解收入600000元，调入资金 400000 元。将上述一般预算类收入科目贷方余额转入"预算结余"科目。市政府财政会计应编制的会计分录为：

借：一般预算收入　　　　　　　　　　　　　10000000
　　补助收入——一般预算补助　　　　　　　　500000
　　上解收入——一般预算上解收入　　　　　　600000
　　调入资金　　　　　　　　　　　　　　　　400000
　　贷：预算结余　　　　　　　　　　　　　　11500000

【例 8—2】某市财政年终结算时，有关一般预算类支出科目的借方余额为：一般预算支出 9300000 元，补助支出 400000 元，上解支出 1000000 元，调出资金 500000 元。将上述一般预算类支出科目借方余额转入"预算结余"科目。市政府财政会计应编制的会计分录为：

借：预算结余　　　　　　　　　　　　　　　11200000
　　贷：一般预算支出　　　　　　　　　　　　9300000
　　　　补助支出——一般预算补助　　　　　　400000
　　　　上解支出——一般预算上解支出　　　　1000000
　　　　调出资金——一般预算调出资金　　　　500000

【例 8—3】续【例 8—1】、【例 8—2】，按规定办理一般预算收支的年终转账并增设预算周转金 200000 元。具体核算程序如下：

计算本期预算结余＝（10000000＋500000＋600000＋400000）－（9300000＋400000＋1000000＋500000）＝11500000－11200000＝300000（元）

根据本期预算结余情况，增设预算周转金 200000 元。市政府财政会计应编制的会计分录为：

借：预算结余　　　　　　　　　　　　　　　200000
　　贷：预算周转金　　　　　　　　　　　　　200000

## 二、政府财政会计基金预算结余的核算

基金预算结余是基金预算类收入减去基金预算类支出后的差额。它是各级财政执行政府基金预算的结果。基金预算类收入包括基金预算收入、属于基金预算的补助收入、属于基金预算的上解收入、属于基金预算的调入资金等，基金预算类支出包括基金预算支出、属于基金预算的补助支出、属于基金预算的上解支出、属于基金预算的调出资金等。基金预算结余每年年终结算一次，平时不结算。

为核算基金预算结余，财政总预算会计应设置"基金预算结余"总账科目。年终转账时，将"基金预算收入"、属于基金预算的"补助收入"、属于基金预算的"上解收入"、属于基金预算的"调入资金"科目的贷方余额转入该科目贷方；将"基金预算支出"、属于基金预算的"补助支出"、属于基金预算的"上解支出"、属于基金预算的"调出资金"科目的借方余额转入该科目借方。该科目年

终贷方余额，表示本年的基金预算滚存结余，该结余转入下年度账。该科目应根据"基金预算收入"科目所列的基金项目逐一结出各项基金的结余。基金预算结余计算公式如下：

本年基金预算结余＝［基金预算收入＋补助收入（基金预算补助）＋上解收入（基金预算上解收入）］－［一般预算支出＋补助支出（一般预算补助）＋上解支出（基金预算上解支出）＋调出资金］

【例8—4】某市财政 2007 年年终结算时，有关基金预算类收入科目的贷方余额如下：基金预算收入 2000000 元，补助收入 300000 元，上解收入 200000 元，基金预算支出 1500000 元，补助支出 200000 元，上解支出 180000 元，调出资金 400000 元。要求按规定办理基金预算收支的年终转账。具体核算程序如下：

（1）将本期有关基金预算的各项收入结转"基金预算结余"账户：

借：基金预算收入　　　　　　　　　　　　　　　2000000
　　补助收入——基金预算补助　　　　　　　　　 300000
　　上解收入——基金上解收入　　　　　　　　　 200000
　　　贷：基金预算结余　　　　　　　　　　　　　　　2500000

（2）将全年有关基金预算的各项支出结转"基金预算结余"账户：

借：基金预算结余　　　　　　　　　　　　　　　2280000
　　　贷：基金预算支出　　　　　　　　　　　　　　　1500000
　　　　　补助支出——基金预算补助　　　　　　　　 200000
　　　　　上解支出——基金上解支出　　　　　　　　 180000
　　　　　调出资金　　　　　　　　　　　　　　　　 400000

（3）计算本期预算结余＝（2000000＋300000＋200000）－（1500000＋200000＋180000＋400000）＝2500000－2280000＝220000（元）

## 三、政府财政会计专用基金结余的核算

专用基金结余是专用基金收入减去专用基金支出后的差额，即各级政府财政会计管理的专用基金的年终执行结果。专用基金结余每年年终结算一次，平时不结算。政府性基金补助收入与政府性基金补助支出、政府性基金上解收入与政府性基金上解支出、政府性基金预算调入资金与政府性基金预算调出资金之间，在内容上没有对应关系。转移性收入与转移性支出对基金预算结余的影响，可以通过基金预算结余总账余额与明细账余额之和的差额计算确定，也可以通过分别设置转移性收入和转移性支出明细账并将收支数额相抵计算确定。专用基金结余计算公式如下：

本年度专用基金结余＝专用基金收入－专用基金支出

为核算政府财政会计管理的专用基金收支的年终执行结果，应设置"专用基金结余"账户。政府财政会计年终转账时，将"专用基金收入"账户余额转入本账户，借记"专用基金收入"，贷记"专用基金结余"账户，将"专用基金支出"

账户余额转入本账户，借记"专用基金结余"账户，贷记"专用基金支出"账户。本账户年终贷方余额，反映本年专用基金的滚存结余，转入下年度。本科目按专用基金项目设置明细科目，进行明细核算。

【例 8—5】某市政府财政会计 2008 年 12 月 31 日有关专用基金收支账户余额如下：

专用基金收入　　　　　　1000000
专用基金支出　　　　　　800000

要求按规定办理专用基金预算收支的年终转账。具体核算程序如下：

（1）将本期专用基金收入 1000000 元结转"专用基金结余"账户。

借：专用基金收入　　　　　　　　　　1000000
　　贷：专用基金结余　　　　　　　　　　1000000

（2）将本期专用基金支出 800000 元结转"专用基金结余"账户。会计分录为：

借：专用基金结余　　　　　　　　　　800000
　　贷：专用基金支出　　　　　　　　　　800000

（3）本期专用基金结余＝1000000－800000＝200000（元）。

# 第三节　政府财政会计预算周转金的核算

预算周转金是为调剂预算年度内季节性收支差额，保证及时用款而设置的周转资金，是国家财政后备基金的一种形式。预算周转金一般用年度预算结余资金设置、补充或由上级财政部门拨入。

预算周转金的设置对保证各级财政灵活调度预算资金具有重要意义。因为，预算的收与支往往是不一致的，虽然全年预算收支平衡，但月份之间、季度之间总是不平衡的，不是收大于支，就是支大于收。而且，收入是逐日收取的，每月的支出都要在月初拨付，同时，财政资金在征收、报解、转拨的途中又需要一定的时间。因此，各级财政如果没有一定的周转金，要完成预算收支任务是很困难的。各级财政为了平衡季节性预算收支，必须设置相应的预算周转金。预算周转金设置和动用需遵守以下原则：

（1）预算周转金一般用年度预算结余资金设置、补充或由上级财政部门拨入。

（2）预算周转金由本级政府财政部门管理，只供平衡预算收支的临时周转使用，不能用于财政开支。

（3）已设置或补充的预算周转金，未经上级财政部门批准，不能随意减少。年终，必须保持原核定数额，逐年结转。

（4）预算周转金的数额，应与预算支出规模相适应。随着预算支出的逐年增长，预算周转金也应相应地补充。

为了核算预算周转金，政府财政会计应设置"预算周转金"账户。"预算周转金"账户用来核算各级财政机关为加强预算后备力量，按照规定设置的预算周转金。贷方记设置或补充数，借方一般无发生额。预算周转金只作执行年度预算周转之用，不能安排支出。即预算周转金的余额只能增加，不能减少。贷方余额反映预算周转金实有数。预算周转金不需进行明细核算。

为了减少会计核算工作量，政府财政会计一般不需要单独设置"预算周转金存款"账户，预算周转金存款合并在"国库存款"账户内统一核算。周转动用时，仍作"国库存款"处理，不能借记"预算周转金"。如果"国库存款"账户的余额小于预算周转金的数额时，说明该级财政已动用了预算周转金，但预算周转金的账面数字不能变动。

【例8—6】某县政府财政会计经市财政批准，从本县年终预算结余中设置预算周转金5000000元。县政府财政会计应编制的会计分录为：

　　借：预算结余　　　　　　　　　　　　　　5000000
　　　　贷：预算周转金　　　　　　　　　　　　　　5000000

【例8—7】某县政府财政会计收到市财政拨来预算周转金2000000元。县政府财政会计应编制的会计分录为：

　　借：国库存款　　　　　　　　　　　　　　2000000
　　　　贷：预算周转金　　　　　　　　　　　　　　2000000

【例8—8】某乡财政开始设立预算周转金，县财政拨来预算周转金190000元。乡政府财政会计应编制的会计分录为：

　　借：国库存款　　　　　　　　　　　　　　190000
　　　　贷：预算周转金　　　　　　　　　　　　　　190000

# 第四节　政府财政会计财政周转基金的核算

财政周转基金是指地方各级财政部门按规定设置用做有偿周转使用的基金。它反映一级地方财政周转金的规模。财政周转基金的来源主要有：

（1）预算安排的财政周转基金。指按国家制度规定，由财政预算安排的有偿使用资金，在列预算支出的同时，转入财政周转基金，如基本建设拨款改贷支出、企业挖潜改造资金支出等。

（2）财政周转金的利息收入和资金占用费收入。年终结算后将财政周转金收入（利息收入和资金占用费收入）减财政周转金支出（占用费支出和业务费支出）后的净收入转入，形成财政周转基金。

　　财政周转金存款利息扣除委托放款手续费后的余额全部转作财政周转基金本金，占用费收入除按规定用于必要的业务开支外，也转作周转基金本金。财政部门不得从金融机构或其他单位借入资金，不得用隐瞒预算收入、擅自将财政预算资金转到财政存款账户外的方式以增加财政周转基金。

　　各级政府财政会计，为了核算财政周转基金，应设置"财政周转基金"总账账户。"财政周转基金"账户，用来核算各级财政部门设置的有偿使用资金。贷方登记用预算资金设置和增补有偿使用周转基金数或用财政周转金净收入补充财政周转基金数；借方登记收回财政周转基金数。本账户贷方余额反映财政周转基金总额，年终余额结转下年度。

　　【例8-9】某市财政局经批准用一般预算资金增补财政周转基金6800000元。市政府财政会计应编制的会计分录为：

　　　　借：一般预算支出　　　　　　　　　　　　6800000
　　　　　　贷：国库存款　　　　　　　　　　　　6800000
　　　　同时：
　　　　借：其他财政存款　　　　　　　　　　　　6800000
　　　　　　贷：财政周转基金　　　　　　　　　　6800000

　　【例8-10】某市财政局年终将财政周转金占用费净收入3000000元补充财政周转基金。市政府财政会计应编制的会计分录为：

　　　　借：财政周转金收入　　　　　　　　　　　3000000
　　　　　　贷：财政周转基金　　　　　　　　　　3000000

　　【例8-11】某市财政局将某企业逾期未归还、经审核已成呆账的周转金56000元，转为待处理财政周转金。市政府财政会计应编制的会计分录为：

　　　　借：待处理财政周转金　　　　　　　　　　56000
　　　　　　贷：财政周转金放款　　　　　　　　　56000

　　【例8-12】某市财政局将某企业逾期未归还的周转金36000元，按规定程序报批核销。市政府财政会计应编制的会计分录为：

　　　　借：财政周转基金　　　　　　　　　　　　36000
　　　　　　贷：待处理财政周转金　　　　　　　　36000

　　【例8-13】某市财政经检查认为，某业务主管部门原设财政周转金规模过大，经核准收回部分财政周转金85000元。市政府财政会计应编制的会计分录为：

　　　　借：国库存款　　　　　　　　　　　　　　85000
　　　　　　贷：一般预算支出　　　　　　　　　　85000
　　　　同时：
　　　　借：财政周转基金　　　　　　　　　　　　85000
　　　　　　贷：其他财政存款　　　　　　　　　　85000

　　【例8-14】某市财政本年周转金利息收入30000元，发生的利息支出和手续费等支出共计10000元，净结余20000元转入财政周转基金。

（1）结转财政周转金收入。

借：财政周转金收入　　　　　　　　　　　　　　　10000

　　贷：财政周转金支出　　　　　　　　　　　　　　　　　10000

（2）将以上结余转入财政周转基金。

借：财政周转金收入　　　　　　　　　　　　　　　20000

　　贷：财政周转基金　　　　　　　　　　　　　　　　　　20000

## 复习思考题

1. 政府财政会计净资产的概念和内容是什么？

2. 政府财政会计核算的预算结余包括哪些？各自如何核算？

3. 什么是预算周转金？政府财政会计预算周转金如何核算？

4. 什么是财政周转基金？政府财政会计财政周转基金如何核算？

# 第九章 政府财政会计报表

## 第一节 政府财政会计年终清理、结算与结账

### 一、年终清理的主要内容

年终清理是指各级财政部门和预算执行单位，在年终前后对全年各项预算资金的收支及有关财务活动进行全面清算和核对的工作。年终清理的目的在于：划清年度收支，核实收支数字，结清往来款项，以及如实反映全年预算执行结果；分析全年预算执行情况，总结预算管理的经验；检查财经纪律遵守情况。

各级政府财政会计，在会计年度结束前，应当全面进行年终清理工作。年终清理的主要事项如下：

（1）核对年度预算。预算数字是考核决算和办理收支结算的依据，也是进行会计结算的依据。年终前，各级政府财政会计应配合预算管理部门把本级财政总预算与上、下级财政总预算和本级各单位预算之间的全年预算数核对清楚，追加追减、上划下划数字，必须在年终前核对完毕。为了便于年终清理，本年预算的追加追减和企事业单位的上划下划等业务，一般截至 11 月底。各项预算拨款业务，一般截至 12 月 25 日。

（2）清理本年度各项预算收支。凡属本年的预算收入，都要认真清理，年终前必须如数缴入国库。要督促国库在年终库款报解整理期内迅速报齐当年的预算收入。应在本年预算支出中列报的款项，非特殊原因，应在年终前办理完毕。

清理基金预算收支和专用基金收支。凡属应列入本年的收入，应及时催收，并缴入国库或指定的银行账户。

（3）组织征收机关和国库进行年度对账。年度终了后，按照国库制度的规定，支库应设置 10 天的库款报解整理期（设置决算清理期的年度，库款报解整理期相应顺延）。各经收处 12 月 31 日前所收款项均应在"库款报解整理期"内报达支库，列入当年决算。同时，各级国库要按年度决算对账办法编制收入对账单，分送同级财政部门、征收机关核对签章，保证财政收入数字在这三个部门的一致性。

（4）清理核对当年拨款支出。各级财政总会计对本级各单位的拨款支出应与单位的拨款收入核对清楚。对于当年安排的非包干使用的拨款，其结余部分应根据具体情况处理：属于单位正常周转占用的资金，可仍作为预算支出处理；属于应收回的拨款，应及时收回，并按收回数相应冲减预算支出；属于预拨下年度的经费，不得列入当年预算支出。实行国库集中收付制度的政府财政会计，还应做好清理零余额账户用款额度、直接支付和授权支付等方面的业务。

（5）清理往来款项。各级财政的暂收、暂付等各种往来款项，要在年度终了前认真清理结算，做到人欠收回，欠人归还。应转作各项收入或各项支出的款项，要及时转入本年有关收支账。

（6）清理财政周转金收支。各级财政预算部门周转金管理机构应对财政周转金收支款项以及上、下级财政之间的财政周转金借入、借出款项进行清理。同时，对各项财政周转金放款进行清理。财政周转金明细账由财政业务部门核算的，各预算部门或周转金管理机构应与业务部门的明细账进行核对，做到账账相符。

## 二、年终结算的主要内容

财政体制结算是指上、下级财政之间按财权与事权相统一的原则而进行的财政收支结算。中央与地方的财政体制结算办法，由中央财政制定。地方各级财政之间的财政体制结算办法由上一级财政制定。各级财政部门在财政体制执行过程中，由于企事业单位的隶属关系发生变化或国家采取一些财政经济政策，可能会使中央和地方以及地方各级财政的收支发生变化或转移，从而影响中央和地方的应得财力。这种情况在财政体制确定后一般不调整原体制确定的上解或补助数额，而是采取年终单独结算的处理办法。财政体制结算工作政策性较强，计算较为复杂。中央财政每年在财政决算编审办法中除对重大的政策性问题提出处理要求外，还具体规定有关结算的项目和办法，下达中央财政对地方财政年终结算办法。地方各级财政也结合实际情况，对本级财政与下级财政的结算办法做出规定和要求。

各级政府财政会计要在年终清理的基础上进行年终结算。年终结算就是财政体制结算，即按照财政管理体制的规定，结清上下级财政总预算之间的转移性收支和往来款项。年终结算的主要内容及步骤如下：

（1）根据财政管理体制的规定，计算出全年应补助、应上解和应返还的数额；

（2）将上述数字与年度预算执行过程中已补助、已上解和已返还的数额进行比较；

（3）结合借垫款项，计算出全年最后应补或应退的数额，填制"年终财政决算结算单"，经核对无误后，作为年终财政结算凭证，据以入账。"年终财政决算结算单"的参考格式如表9—1所示。

表 9-1　年终财政决算结算单

| 项　目 | | 金额 | 项　目 | | 金额 |
|---|---|---|---|---|---|
| 市财政决算平衡情况 | 一、收入总计<br>其中：决算收入<br>　　　转移性收入<br>　　　　其中：税收返还<br>　　　　　　专项补助<br>　　　　　　结算补助<br>二、支出总计<br>其中：决算支出<br>　　　转移性支出<br>　　　　其中：体制上解支出<br>　　　　　　专项上解支出<br>三、年终滚存结余<br>（扣除预算周转金） | | 资金结算情况 | 一、应得资金数<br>二、已得资金数<br>三、应上解数<br>四、应欠补助数 | |

各级政府财政会计对于年终决算清理期内发生的会计事项，应当划清会计年度。属于清理上年度的会计事项，记入上年度账；属于新年度的会计事项，记入新年度账。不能错记和漏记。

年终结算是在决算编审工作中，在本级财政与上级财政之间，本级财政与所属的各个下级财政之间进行的资金结算工作。目前主要的结算工作是税收返还收入结算。

在结算工作中，上级财政部门应根据年终财政体制结算项目填制"年终财政决算结算单"，作为下级财政结算的依据。各级政府财政会计应根据经上级财政部门审批的"年终财政决算结算单"中核定的税收返还收入、原体制补助或上解、专项拨款补助、专项结算补助或上解等数额，通过"与上级往来"和"与下级往来"科目办理会计转账业务，以结清上下级财政全年的预算资金账。举例说明如下：

【例 9-1】经年终结算，某市财政局按年度预算计算应上解省财政数为87000000 元，年度预算执行中实际上解数额为 63000000 元，省财政应专项补助该市财政 9500000 元。

该市政府财政会计年终计算应补上解数为：

市应补上解数＝应上解省财政数－市实际上解数－省应补助市数

　　　　　　＝87000000－63000000－9500000

　　　　　　＝14500000（元）

该市政府财政会计根据经上级财政审批的年终财政决算结算单，通过"与上级往来"科目与省财政办理结算，做如下会计分录：

借：上解支出　　　　　　　　　　　　　　　　24000000
　　贷：与上级往来　　　　　　　　　　　　　　24000000
借：与上级往来　　　　　　　　　　　　　　　9500000
　　贷：补助收入　　　　　　　　　　　　　　　9500000

"与上级往来"科目的贷方余额 14500000 元，为市财政欠省财政应补上解和省财政对市财政专项补助轧差数。

同时，省政府财政会计也应通过"与下级往来"科目与该市办理结算，做如下会计分录：

借：与下级往来　　　　　　　　　　　　　　　24000000
　　贷：上解收入　　　　　　　　　　　　　　　24000000
借：补助支出　　　　　　　　　　　　　　　　9500000
　　贷：与下级往来　　　　　　　　　　　　　　9500000

"与下级往来"科目的借方余额 14500000 元，为省财政应收的所属市财政应补缴的款项。

## 三、年终结账的主要内容

政府财政会计经过年终清理和结算，将各项预算收支记入旧账后，即可进行年终结账。年终结账工作分为年终转账、结清旧账和记入新账三个环节。

各级财政总会计经过年终清理和结算，把各项结算收支记入旧账后，即可办理年终结账。年终结账一般分为年终转账、结清旧账和记入新账三个环节。

### （一）年终转账

政府财政会计在进行年终转账时，首先要计算出各账户 12 月份借贷方的合计数和全年累计数，结出 12 月份月末余额，然后据此编制结账前的资产负债表，进行试算平衡无误后，再将应对冲转账的各个收入账户和支出账户余额，按年终转账的要求填制 12 月份的记账凭证（凭证按 12 月份连续编号，填制实际处理日期），分别转入"预算结余"、"基金预算结余"和"专用基金结余"科目冲转。将当年"财政周转金支出"转入"财政周转金收入"科目冲销，并将财政周转金收支相抵后的余额转入"财政周转基金"科目。年终转账的具体要求如下：

（1）将"一般预算收入"、"补助收入———一般预算补助收入"、"上解收入———一般预算上解收入"、"调入资金———从基金预算调入资金"等科目的贷方余额转入"预算结余"科目的贷方；将"一般预算支出"、"补助支出———一般预算补助支出"和"上解支出———一般预算上解支出"等科目的借方余额转入"预算结余"科目的借方。"预算结余"科目的贷方余额反映本年财政的预算滚存余（含有价证券），转入下年度。

（2）将"基金预算收入"、"补助收入———基金预算补助收入"和"上解收入———基金预算上解收入"科目的贷方余额转入"基金预算结余"的贷方；将"基金预算支出"、"补助支出———基金预算补助支出"、"上解支出———基金预算上解支出"和"调出资金——从基金预算调出资金"科目的借方余额转入"基金预算结余"科目的借方。"基金预算结余"科目的贷方余额反映本年基金预算滚存结余，转入下年度。

（3）将"专用基金收入"科目贷方余额转入"专用基金结余"科目的贷方；将"专用基金支出"科目的借方余额转入"专用基金结余"科目的借方。"专用基金结余"科目的贷方余额反映本年专用基金的滚存结余，转入下年度。

（4）将"财政周转金支出"科目的借方余额先转入"财政周转金收入"科目，财政周转金收支相抵后"财政周转金收入"科目的贷方余额，再转入"财政周转基金"科目。"财政周转基金"科目的贷方余额反映财政部门财政周转基金的总额，年终余额结转下年度。

**（二）结清旧账**

转账后将各个收入和支出账户的借方、贷方结出全年总计数，然后在下面划双红线，表示本账户全部结清，并编制转账后的资产负债表试算平衡。对年终有余额的账户，如"国库存款"、"其他财政存款"、"有价证券"、"暂付款"、"与下级往来"、"预拨经费"、"基建拨款"、"财政周转金放款"、"借出财政周转金"、"待处理财政周转金"、"暂存款"、"与上级往来"、"借入款"、"借入财政周转金"、"预算结余"、"基金预算结余"、"专用基金结余"、"预算周转金"、"财政周转基金"等科目，结账时，要在"摘要"栏内注明"结转下年"字样，表示旧账结束、转入新账。

**（三）记入新账**

根据本年度各个总账账户和明细账户年终转账后的余额编制年终决算资产负债表和有关明细表（不编记账凭证），将表列各账户的余额直接记入新年度有关总账和明细账各账户预留空行的余额栏内，并在"摘要"栏注明"上年结转"字样，以区别新年度发生数。

决算经本级人民代表大会常务委员会审查批准后，如需更正原报决算草案收入、支出数字时，则要相应调整旧账，重新办理结账和记入新账。

# 第二节　政府财政会计报表概述

## 一、政府财政会计报表的分类

政府财政会计报表是反映各级政府预算收支执行情况及其结果的定期书面报告，是各级政府和上级财政部门了解情况、掌握政策、指导预算执行工作的重要资料，也是编制下年度总预算会计报表的基础。政府财政会计报表包括资产负债表、预算执行情况表和政府性基金（资金、附加）收支表等。实行国库集中收付制度的政府财政会计应增设财政性资金国库集中收付拨款备查表等。实行政府收支分类科目后，政府财政会计还应增设政府性基金收支情况表、专项资金收支表和财政拨款经济分类收支表等。

## 二、政府财政会计报表的基本编制要求

各级政府财政会计报表既是对本年度财政收支计划执行工作的总结，又是编制下年度预算的重要基础资料，是同级政府和上级财政部门组织国民经济建设，制定各项方针、政策的重要参考依据。因此，在报表的编审工作过程中，要做到数字正确、报送及时、内容完整。具体要求如下：

（1）各级政府财政会计要加强日常会计核算工作，并督促有关单位及时记账、结账。所有预算会计单位都应在规定的期限内完整地报送报表，以便各主管部门及时汇总后报同级财政部门进行最后汇总。

（2）政府财政会计报表所填列的数字，必须根据核对无误的账户记录和所属单位会计报表的数字汇总。在编报过程中，应切实做到账表相符、有根有据，不得估列代编，更不能弄虚作假。

（3）政府财政会计报表要严格按照统一规定的种类、格式、内容、计算方法和编制口径填制，以保证全国统一汇总和分析。特别是各汇总报表的主管或二级预算单位，要把所属单位的报表汇集齐全，防止漏报。

# 第三节　政府财政会计预算执行情况表

预算执行情况表是反映政府财政总预算收支执行情况及其结果的定期书面报告。按照编报时间，预算执行情况表可分为旬报、月报和年报等。

## 一、旬报

旬报是反映各级财政部门自月初至本旬止预算收支执行情况的报表。旬报于每月上、中旬后报送，下旬免报（一般由月报代替）。旬报应按当年《政府收支分类科目》，从有关收支账户中取数，一般只列报收支总数及一些主要的大类数。上旬旬报列报本旬发生数，中旬旬报列报上、中旬两旬的累计发生数。

旬报要求及时、迅速。县级财政部门的旬报一般要求在旬后1日内上报上级财政部门，省级财政部门的旬报一般要求在旬后3日内上报财政部。各级财政部门在收到下级财政部门上报的旬报后，应将其与本级旬报进行汇总。汇总时，应将上、下级财政之间的对应科目进行冲销。各级财政部门应将经汇总后的旬报上报上级财政部门。

旬报的具体内容和编制方法由财政部根据情况规定，并逐级布置。旬报的一

般格式如表9－2所示：

### 表9－2　预算收支旬报表

编报单位：　　　　　　　年　月　旬　　　　　　金额单位：万元

| 代号 | 项　目 | 金额 | 代号 | 项　目 | 金额 |
|---|---|---|---|---|---|
| | 一般预算收入合计<br>其中：税收收入<br>　　　非税收入<br>　　　…… | | | 基金预算收入合计<br>基金预算支出合计 | |
| | 一般预算支出合计<br>其中：一般公共服务<br>　　　外交<br>　　　国防<br>　　　…… | | | | |

在表9－2中，"一般预算收入合计"栏反映一般预算收入实现的总数。一般预算收入的具体项目，以《政府收支分类科目》中的一般预算收入科目为依据。在表9－2中，一般预算收入和一般预算支出仅指会计核算中的一般预算收入和一般预算支出，不包括转移性收入和转移性支出，也不包括贷款转贷回收本金收入。另外，也不反映债务预算收入和债务预算支出、社会保险基金收入和社会保险基金支出、预算外资金收入和预算外资金支出的内容。基金预算收入和基金预算支出通过在表中设置专栏以合计数的形式反映。

## 二、月报

月报是反映各级财政部门自年初至本月末止预算收支执行情况的报表。月报可分为一般预算收入月报、一般预算支出月报、基金预算收支月报。各自反映自年初至本月末止一般预算收支和基金预算收支的发生情况。政府财政会计也可以将一般预算收支与基金预算收支合并，编报政府财政收支月报。

月报的列报内容一般比旬报详细，通常列报到政府收支分类科目的"款"级科目，并且要附上本月预算收支执行情况的文字说明。各级财政部门在收到下级财政部门上报的月报后，应将其与本级月报进行汇总，然后将经汇总后的月报上报上级财政部门。月报的报送也需要及时，省级财政一般要求在月后5日将月报报送到财政部。月报应根据有关收支账户本月发生额直接填列。月报的具体内容和编制方法由财政部根据情况制定，并逐级布置。

### （一）一般预算收入月报

上报财政部的地方财政"一般预算收入月报表"的格式如表9－3所示，表中各类、款的支出数，应与政府财政会计的预算收入账簿数一致。

表 9-3 一般预算收入月报表

编报单位： 年 月 金额单位：万元

| 代 号 | 预算科目 | 当月数 | 累计数 |
|---|---|---|---|
| | 一般预算收入合计 | | |
| | 税收收入 | | |
| | 增值税 | | |
| | 消费税 | | |
| | 营业税 | | |
| | 企业所得税 | | |
| | 个人所得税 | | |
| | …… | | |
| | 其他税收收入 | | |
| | 非税收入 | | |
| | 专项收入 | | |
| | 行政事业性收费收入 | | |
| | 罚没收入 | | |
| | …… | | |
| | 其他收入 | | |

**（二）一般预算支出月报**

各级财政除上报收入月报外，还应按月编制和汇总上报一般预算支出月报，同样要求在月后 5 日内报送财政部，并附报月份预算收支执行情况报告书的支出部分内容。

上报财政部的地方财政"一般预算支出月报表"的格式如表 9-4 所示，其填报口径与收入表相同，各类、款的支出数，应与政府财政会计的预算支出账簿数一致。

表 9-4 一般预算支出月报表

编报单位： 年 月 金额单位：万元

| 代 号 | 预算科目 | 当月数 | 累计数 |
|---|---|---|---|
| | 一般预算支出合计 | | |
| | 一般公共服务 | | |
| | 人大 | | |

| 代　号 | 预算科目 | 当月数 | 累计数 |
|---|---|---|---|
| | 政协 | | |
| | …… | | |
| | 外交 | | |
| | 外交行政管理 | | |
| | 驻外机构 | | |
| | …… | | |
| | 国防 | | |
| | 现役部队及国防后备力量 | | |
| | 其他国防支出 | | |
| | 公共安全 | | |
| | …… | | |
| | …… | | |
| | 其他支出 | | |

　　基金预算收支月报的格式与一般预算收支月报的格式基本相同，其填报口径与政府财政会计的基金预算收支数一致。各省、自治区、直辖市上报到财政部的月报，应当按照财政部每年制发的月报格式规定编制，不得自行增删或变动报表项目。

# 三、年报

　　政府财政会计年报，即各级政府决算或政府财政收支决算，是反映整个预算年度内政府预算收支执行情况及其结果的报表。它是各级政府全年经济活动在财政上的集中反映。编制年报是各级政府财政会计的主要任务之一。各级政府的年报具体由财政收支决算总表、收入决算明细表、支出决算明细表、基金预算收支决算总表和基金收支明细表等组成。年报各种报表及附表的格式，每年由财政部布置决算编报时制发。下面介绍年报主要报表的基本编制要求。

## （一）财政收支决算总表

　　财政收支决算总表是反映各级财政总决算收入、支出和结余情况的总体报表，是年度财政决算的主体报表。收入项目填报本级财政经核对无误的实际入库数；支出项目填报本级财政预算支出明细账所列的相关统计数字。财政收支决算总表所填列的决算数应与财政收支决算明细表、财政收支决算分级表等有关报表中的数字核对相符，并与本级财政的资产负债表中的期初、期末数核对，保证其勾稽关系计算正确。财政收支决算总表的一般格式见表 9-5：

**表 9-5 财政收支决算总表**

编报单位：

| 收入 | | | 支出 | | |
|---|---|---|---|---|---|
| 预算科目 | 预算数 | 决算数 | 预算科目 | 预算数 | 决算数 |
| 一、税收收入 | | | 一、一般公共服务 | | |
| 增值税 | | | 二、外交 | | |
| 消费税 | | | 三、国防 | | |
| 营业税 | | | 四、公共安全 | | |
| 企业所得税 | | | 五、教育 | | |
| 个人所得税 | | | 六、科学技术 | | |
| …… | | | 七、文化体育与传媒 | | |
| 其他税收收入 | | | 八、社会保障和就业 | | |
| 二、非税收入 | | | 九、医疗卫生 | | |
| 专项收入 | | | 十、环境保护 | | |
| 行政事业性收费收入 | | | 十一、城乡社区事务 | | |
| 罚没收入 | | | 十二、农林水事务 | | |
| 国有资本经营收入 | | | 十三、交通运输 | | |
| …… | | | 十四、工业商业金融等事务 | | |
| 其他收入 | | | 十五、其他支出 | | |
| 本年收入合计 | | | 本年支出合计 | | |
| 转移性收入 | | | 转移性支出 | | |
| 收入总计 | | | 支出总计 | | |

表 9-5 反映的是一般预算收入和一般预算支出的内容，不反映政府性基金预算收入和政府性基金预算支出的内容。

**（二）财政收入决算明细表**

财政收入决算明细表是反映各级财政部门决算收入明细情况的报表。该表的数字应根据政府财政会计登记的一般预算收入明细账的全年预算收入数填列。在该表中，预算科目一般需要填列到一般预算收入科目的"项"级科目，对于诸如"增值税"等科目还需要填列到一般预算收入科目的"目"级科目。政府财政会计在将本级收入决算明细表与下级收入决算明细表进行汇总时，应将本级财政与下级财政之间的对应科目进行冲销。财政收入决算明细表的具体内容与编制方法，应根据财政部有关编制决算报表的规定办理。财政收入决算明细表的一般格式类似于收入月报，这里简略。

### （三）财政支出决算明细表

财政支出决算明细表是反映各级财政部门决算支出明细情况的报表。该表的数字应根据政府财政会计登记的一般预算支出明细账的全年预算支出数填列。在该表中，预算科目一般需要填列到一般预算支出科目的"款"级科目。由于政府财政会计对同级行政事业单位包干经费拨款数的列报采用以拨款数列报支出数的办法，而行政事业单位根据规定对于从同级财政取得的包干经费又与其他收入来源合并使用、综合平衡，在列报财政资金支出数时采用统计方法列报，因此，政府财政会计在财政支出决算明细表中列报的决算支出数，与行政事业单位在经费支出明细表或事业支出明细表中列报的财政拨款支出数通常不相一致。各级政府财政会计在将本级支出决算明细表与下级支出决算明细表进行汇总时，应将本级财政与下级财政之间的对应科目进行冲销。财政支出决算明细表的具体内容与编制方法，应根据财政部有关编制决算报表的规定办理。财政支出决算明细表的格式基本类似于支出月报，这里简略。

### （四）财政收支决算分级表

财政收支决算分级表是反映地方财政收支决算中分级收支决算情况的报表。该表的收支数字应根据所属地方各级财政收支决算的数字分别填列。其中，"乡级"栏填列县属乡收支决算合计数，"县级"栏填列县级收支决算合计数，"地级"栏填列地级与地级直属乡收支决算合计数，"省级"栏填列省级收支决算总表、收入决算明细表、支出决算明细表中的有关数字。财政收支决算分级表是研究财政管理体制的重要参考资料。财政收支决算分级表的一般格式如表9—6所示：

表9—6　财政收支决算分级表

| 收 入 | | | | | | 支 出 | | | | | |
|---|---|---|---|---|---|---|---|---|---|---|---|
| 预算科目 | 决算数合计 | 省级 | 地级 | 其中：地级直属乡 | 县级 | 乡级 | 预算科目 | 决算数合计 | 省级 | 地级 | 其中：地级直属乡 | 县级 | 乡级 |
| 一、税收收入 | | | | | | | 一、一般公共服务 | | | | | | |
| 增值税 | | | | | | | 二、外交 | | | | | | |
| 营业税 | | | | | | | 三、国防 | | | | | | |

续表

| 收入 | | | | | | 支出 | | | | | |
|---|---|---|---|---|---|---|---|---|---|---|---|
| 预算科目 | 决算数合计 | 省级 | 地级 | 其中：地级直属乡 | 县级 | 乡级 | 预算科目 | 决算数合计 | 省级 | 地级 | 其中：地级直属乡 | 县级 | 乡级 |
| 企业所得税 | | | | | | | 四、公共安全 | | | | | | |
| …… | | | | | | | 五、教育 | | | | | | |
| 二、非税收入 | | | | | | | 六、科学技术 | | | | | | |
| 专项收入 | | | | | | | 七、文化体育与传媒 | | | | | | |
| …… | | | | | | | …… | | | | | | |
| 本年收入合计 | | | | | | | 本年支出合计 | | | | | | |

## （五）基金预算收支决算总表与基金收支明细表

基金预算收支决算总表是反映各级财政部门管理的政府性基金决算收入、决算支出以及决算结余总体情况的报表。该表应按《政府收支分类科目》中的基金预算收支科目分类填列预算数和决算数。其中，预算数根据当年安排的基金预算收支数填列，决算数根据年终结账前基金预算收入明细账和基金预算支出明细账中的全年实际收入数和全年实际支出数填列。政府财政会计在汇总本级基金预算收支决算总表与下级基金预算收支决算总表时，应将本级财政与下级财政之间的对应科目相互冲销。基金预算收支决算总表中的各项收入数和支出数对基金收支明细表中的相应数字起统驭作用。基金预算收支决算总表的具体内容和编制方法，应根据财政部有关编制决算报表的规定办理。基金预算收支决算总表的一般格式与财政收支决算总表的一般格式基本相同。

基金收支明细表是反映各级财政部门管理的政府性基金决算收入和决算支出明细情况的报表。该表的数字应根据政府财政会计登记的基金预算收入明细账和基金预算支出明细账的数字填列。政府财政会计在将本级基金收支明细表与下级基金收支明细表进行汇总时，应将本级财政与下级财政之间的对应科目进行冲销。基金收支明细表的具体内容与编制方法，应根据财政部有关编制决算报表的规定办理。基金收支明细表的一般格式可参照收入决算明细表和支出决算明细表的一般格式。基金预算收支决算总表的一般格式与财政收支决算总表的一般格式基本相同。

# 第四节 政府财政会计资产负债表

在政府财政会计中，资产负债表是反映某一特定时日某级财政所实际拥有的财力状况的报表。按照编报的时间，资产负债表可分为月报和年报两种。资产负债表按照"资产＋支出－负债＋净资产＋收入"的平衡公式设置。左方为资产部类，右方为负债部类，两方总计相等。五个会计要素各科目都根据总账上报告期末的余额编列，做到账表相符。

财政上、下级之间存在着汇总关系，平时月份不要求汇编资产负债表，但要编制本级资产负债表，以检查本期财务记录是否正确。年终，各级总预算会计应先编出本级财政的资产负债表，然后与经审核无误的所属下级总预算会计汇总的资产负债表汇总编成本地区的汇总资产负债表。

## 一、月报

政府财政会计月报是反映月末某级财政所实际拥有的财力状况的报表。政府财政会计资产负债表月报的一般格式如表 9—7 所示。

**表 9—7 资产负债表（月报）**

编报单位： 年 月 日 金额单位：万元

| 资产部类 | | | 负债部类 | | |
|---|---|---|---|---|---|
| 科目名称 | 年初数 | 期末数 | 科目名称 | 年初数 | 期末数 |
| 资产 | | | 负债 | | |
| 国库存款 | | | 暂存款 | | |
| 其他财政存款 | | | 与上级往来 | | |
| 财政零余额账户存款 | | | 已结报支出 | | |
| 有价证券 | | | 借入款 | | |
| 在途款 | | | 借入财政周转金 | | |
| 暂付款 | | | 负债合计 | | |
| 与下级往来 | | | 净资产 | | |
| 预拨经费 | | | 预算结余 | | |
| 基建拨款 | | | 基金预算结余 | | |

续表

| 资产部类 | | | 负债部类 | | |
|---|---|---|---|---|---|
| 科目名称 | 年初数 | 期末数 | 科目名称 | 年初数 | 期末数 |
| 财政周转金放款 | | | 专用基金结余 | | |
| 借出财政周转金 | | | 预算周转金 | | |
| 待处理财政周转金 | | | 财政周转基金 | | |
| 资产合计 | | | 净资产合计 | | |
| 支出 | | | 收入 | | |
| 一般预算支出 | | | 一般预算收入 | | |
| 基金预算支出 | | | 基金预算收入 | | |
| 专用基金支出 | | | 专用基金收入 | | |
| 补助支出 | | | 补助收入 | | |
| 上解支出 | | | 上解收入 | | |
| 调出资金 | | | 调入资金 | | |
| 财政周转金支出 | | | 财政周转金收入 | | |
| 支出合计 | | | 收入合计 | | |
| 资产部类总计 | | | 负债部类总计 | | |

　　由于政府财政会计以执行政府财政总预算为中心，在预算年度中期，会计报表主要用以反映收支预算的执行情况，并通过反映收支预算的执行情况反映一级财政的财力变化以及国家财经政策的执行情况与效果，因此，政府财政会计各月份末不结转各项收支账户的余额，待年终一次将各项收支账户的余额结转至有关的净资产账户，以反映一级财政年终财政收支的平衡情况和财力状况。由此，政府财政会计编制的资产负债表月报就采用了"资产＋支出＝负债＋净资产＋收入"的平衡公式。也即在资产负债表的月报中除了有资产、负债和净资产三个会计要素外，还有收入和支出两个会计要素。

## 二、年报

　　政府财政会计年报是反映年末某级财政所实际拥有的财力状况的报表。资产负债表年报的一般格式如表9－8所示。

### 表9—8　政府财政会计资产负债表（年报）

编报单位：　　　　　　　　　　年　　月　　日　　　　　　　金额单位：万元

| 资产部类 | | | 负债部类 | | |
|---|---|---|---|---|---|
| 科目名称 | 年初数 | 期末数 | 科目名称 | 年初数 | 期末数 |
| 资产 | | | 负债 | | |
| 　国库存款 | | | 　暂存款 | | |
| 　其他财政存款 | | | 　与上级往来 | | |
| 　财政零余额账户存款 | | | 　已结报支出 | | |
| 　有价证券 | | | 　借入款 | | |
| 　在途款 | | | 　借入财政周转金 | | |
| 　暂付款 | | | 　　　负债合计 | | |
| 　与下级往来 | | | 净资产 | | |
| 　预拨经费 | | | 　预算结余 | | |
| 　基建拨款 | | | 　基金预算结余 | | |
| 　财政周转金放款 | | | 　专用基金结余 | | |
| 　借出财政周转金 | | | 　预算周转金 | | |
| 　待处理财政周转金 | | | 　财政周转基金 | | |
| | | | 　　　净资产合计 | | |
| 　　　资产部类总计 | | | 　　　负债部类总计 | | |

　　由于政府财政会计在年末已将各项收支账户的余额结转至有关的净资产账户，各项收支账户的余额已为零，某级财政的年度预算收支平衡工作也已告一段落，因此，资产负债表年报中也就只有资产、负债和净资产这三个会计要素，不再有收入和支出这两个会计要素了。资产负债表年报的平衡公式为"资产＝负债＋净资产"。

　　以上资产负债表的一般格式中包含了财政周转金部分的相应内容。如果财政周转金由专门的机构管理，政府财政会计也可单独编报财政周转金部分的资产负债表。

　　各级政府财政会计在编报资产负债表时，应先编出本级财政的资产负债表，然后再将其与经审核无误的所属下级政府财政会计编报的资产负债表进行汇总，编出本级财政的汇总资产负债表。在编报汇总资产负债表时，政府财政会计应将本级财政的"与下级往来"科目与下级财政的"与上级往来"科目、本级财政的"上解收入"科目与下级财政的"上解支出"科目、本级财政的"补助支出"科目与下级财政的"补助收入"科目等核对无误后相互冲销，以免重复汇总。

# 第五节　财政周转金报表

财政周转金报表主要包括财政周转金收支情况表、财政周转金投放情况表、财政周转基金变动情况表等。

## 一、财政周转金收支情况表

财政周转金收支情况表用于反映周转金利息收入、占用费收入、周转金占用费、业务费支出及结余等详细情况。左方列示财政周转金运行过程中的银行存款利息收入和使用单位交付的资金占用费收入；右方列示因借入财政周转金而支付的资金占用费及各项业务支出。本表应按照"财政周转金收入明细账"和"财政周转金支出"明细账记录的分期累计数列示。收入大于支出的数字转入财政周转金后，两方合计一般相等，该表的编报要求应按财政部的规定办理。财政周转金收支情况表的参考格式如表9—9所示。

表9—9　财政周转金收支情况表

| 财政周转金收入 | | 财政周转金支出 | |
|---|---|---|---|
| 项　目 | 金额 | 项　目 | 金额 |
| 利息收入<br>占用费收入 | | 占用费支出<br>业务费支出<br>其中：1.<br>　　　2. | |
| 收入合计 | | 支出合计 | |

## 二、财政周转金投放情况表

财政周转金投放情况表是反映年度财政周转金规模、周转金放款、借出及回收情况的报表。该表分左右两方，包括三方面的内容：一是一级财政周转金拥有的财力，包括本级财政设置的周转基金，向上级财政借入的周转金，及其他可能发生的可以用作周转的资金，均在本表的左方列示；二是财政周转金的放款数，要求按归口部门分列；三是借给下级财政的周转金，要求按归口部门和下级财政部门列示。三方面的数额分别来自总账"财政周转基金"、"借入财政周转金"、"财政周转金放款"及"借出财政周转金"各账户及其明细账。报表中各项目的数字关系为：年初数＋本期增加数（或放出、借出数）—本期减少数（或收回数）＝期末数，其格式如表 9—10 所示。

表 9—10　财政周转金投放情况表

| 项　目 | 年初数 | 本期增加数 | 本期减少数 | 期末数 | 项　目 | 年初数 | 本期增加数 | 本期减少数 | 期末数 |
|---|---|---|---|---|---|---|---|---|---|
| 财政周转基金 | | | | | 财政周转金放款 | | | | |
| 借入财政周转金 | | | | | 1. | | | | |
| | | | | | 2. | | | | |
| | | | | | …… | | | | |
| | | | | | 借出财政周转金 | | | | |
| | | | | | 1. | | | | |
| | | | | | 2. | | | | |
| | | | | | …… | | | | |
| 合　计 | | | | | 合　计 | | | | |

# 三、财政周转基金变动情况表

财政周转基金变动情况表用于反映财政周转基金年度内增减变动情况。其中，"财政周转基金年初数"加上"本年预算安排"数、"本年占用费及利息转入"数、"上级拨入"数和"其他增加"数，减去"本年核销数"即为"财政周转基金期末数"。填报本表时，有关预算安排增加数和其他增加数应按实有项目列出细目。待处理财政周转金的"本年核销数"是指按规定的程序报经批准核销的数额，未经批准，不得自行核销。财政周转基金变动情况表的参考格式如表9—11所示。

表 9—11　财政周转基金变动情况表

| 序号 | 项　目 | 金额 | 序号 | 项　目 | 金额 |
|---|---|---|---|---|---|
| 1 | 财政周转基金年初数 | | 6 | 本年占用费及利息转入 | |
| 2 | 本年预算安排 | | 7 | 上级拨入 | |
| 3 | 1. | | 8 | 其他增加 | |
| 4 | 2. | | 9 | 1. | |
| 5 | …… | | 10 | 2. | |

续表

| 序号 | 项　目 | 金额 | 序号 | 项　目 | 金额 |
|---|---|---|---|---|---|
| 11 | …… | | 16 | 其中: | |
| 12 | 财政周转基金期末数 | | 17 | 收回数 | |
| 13 | 待处理财政周转金年初数 | | 18 | 本年核销数 | |
| 14 | 本年增加数 | | 19 | 待处理财政周转金期末数 | |
| 15 | 本年减少数 | | | | |

## 复习思考题

1. 什么是年终清理？政府财政会计的年终清理工作主要包括哪些内容？

2. 什么是财政体制结算？它主要包括哪些内容？

3. 政府财政会计的年终结账工作一般可分为哪几个阶段？各阶段工作的主要内容是什么？

4. 政府财政会计需要编制哪些会计报表？

5. 政府财政会计应如何编制预算收支旬报？

6. 政府财政会计应如何编制一般预算收入月报和一般预算支出月报？

7. 政府财政会计应如何编制财政收支决算总表以及收入决算明细表和支出决算明细表？

8. 政府财政会计应如何编制资产负债表？

9. 政府财政会计资产负债表月报表与年报表内容上有何区别？为什么？

10. 政府财政会计应如何编制与财政周转金相关的会计报表？

# 第十章 政府采购与国库集中收付制度

## 第一节 政府采购资金的拨付管理

### 一、政府采购资金的拨付管理

政府采购资金是指采购机关获取货物、工程或服务时支付的资金，包括财政性资金（预算资金和预算外资金）和与财政性资金配套的单位自筹资金。

其中，预算资金是指财政预算安排的资金，包括预算执行中追加的资金。预算外资金是指按规定缴入财政专户和经财政部门批准留用的未纳入财政预算收入管理的财政性资金。单位自筹资金是指采购机关按照政府采购项目要求，按规定用单位自有资金安排的款项。政府采购资金的支付实行财政直接支付和单位支付相结合，统一管理，统一核算，专款专用。

#### （一）政府采购资金直接拨付

政府采购资金直接拨付是指财政部门按照政府采购合同的约定，将采购资金通过代理银行（国有商业银行或股份制商业银行）直接拨付给中标供应商的拨款方式。选定的代理银行必须事先由人民银行国库部门对其采购资金划拨业务的资格进行认证。然后，由财政部门对有资格的银行通过招标形式确定代理银行。财政部门的国库管理机构应在代理银行按规定开设"政府采购资金专户"，相应的部门和单位原有专用于采购的资金账户要撤销。政府采购资金直接拨付分为三种具体方式：全额直接拨付方式、差额拨付方式、采购卡支付方式。项目的具体拨款方式由同级财政部门根据实际情况确定。

1. 全额直接拨付方式

全额直接拨付方式是指在采购活动开始之前，采购机关必须先将单位自筹资金和预算外资金汇集到政府采购资金专户；根据需要支付款项时，财政部门将预算资金、已汇集的单位自筹资金和预算外资金，通过政府采购资金专户一起拨付给供应商。

2. 差额拨付方式

差额拨付方式是指财政部门和采购机关按照政府采购项目中约定的各方负担

金额比例，分别将预算资金、预算外资金以及单位自筹资金支付给供应商。当然，采购资金全部为预算资金的采购项目也实行这种支付方式。

3. 采购卡支付方式

采购卡支付方式是指采购机关使用选定的某家商业银行发行的单位借记卡，支付采购资金。该方式适用于采购机关经常性的零星采购项目。

**（二）财政直接拨付方式的具体管理程序**

财政直接拨付方式的具体管理程序包括资金汇集、支付申请和支付三个阶段。

1. 资金汇集

实行全额支付方式的采购项目，采购机关应当在采购活动开始之前两个工作日内，根据政府采购计划将应分担的款项划入政府采购资金专户；实行差额支付方式的采购项目，采购机关应当在确保支付能力的前提下开展采购活动。

2. 支付申请

采购机关根据合同约定需要付款时，应当向财政部门的采购主管机构提交拨款申请和有关采购文件。其中，实行差额支付方式的，必须经财政部门的政府采购主管机构确认已先支付单位自筹资金和预算外资金后，方可提出支付预算资金申请。

3. 支付

财政部门的国库管理机构对采购机关填报的政府采购资金拨付申请书或预算拨款申请书审核无误后，按实际发生数并通过政府采购资金专户支付给供应商。实行差额支付方式的，应当按先支付预算单位自筹资金和预算外资金、后支付预算资金的顺序执行。人民银行国库应当根据财政部门开具的支付指令拨付预算资金。

此外，政府采购节约的资金属于预算资金的，原则上应留在人民银行国库，用于平衡预算；预算外资金及单位自筹资金按各自负担比例和原资金渠道划还采购机关；政府采购资金专户发生的利息收入，原则上应缴入同级国库。

## 二、政府采购资金的监督管理

财政部门应当加强政府采购资金管理，建立、健全政府采购资金专户管理制度，严格资金核算与资金拨付管理，完善内部监督制约机制，确保政府采购资金专款专用和及时、准确拨付。

开户银行应当严格按照财政部门的规定及时拨付政府采购资金，不得拖延、滞留或转移资金。凡违反规定的，财政部门和同级人民银行国库将取消该开户银行所代理的政府采购资金支付事宜。同时，由人民银行在当地的分支机构依据有关法律法规，追究开户银行和当事人的责任。

# 三、政府采购的会计处理

实行政府采购制度以后，要在总预算会计制度中增加"拨付所属资金"、"政府采购费用"科目，以反映政府采购资金的划转和采购费用的支出情况；在单位预算会计制度中增加"专项拨款"科目，并单独编报"政府采购资金使用报表"加以反映。

财政预算支出的确认时点应该在支付购买款项这一时刻，即财政支出不再"以拨列支"，也不再依赖于单位支出。对单位来说，收入和支出确认的依据都只是财政部门或上级单位提供的转账通知及其他原始凭证。而且，货币资金将逐步退出单位预算会计的核算范围，预算单位将逐步成为报账单位，对收入、净资产及负债等将不再具有实质性的控制能力和权力。因此，实行政府采购后，采购业务的核算将发生根本性的变化。

根据《政府采购资金财政直接拨付管理暂行办法》，政府采购资金财政直接拨付会计处理如下：

**（一）财政总预算会计将预算资金划入政府采购资金专户时的账务处理**

借：暂付款——政府采购款
　　贷：国库存款

同时：

借：其他财政存款
　　贷：暂存款——政府采购款

**（二）采购机关将预算外资金和单位自筹资金划到政府采购资金专户时的账务处理**

1. 财政总预算会计的账务处理

借：其他财政存款
　　贷：暂存款——政府采购配套资金——××单位

2. 行政单位会计的账务处理

借：暂付款——政府采购款
　　贷：银行存款

3. 事业单位会计的账务处理

借：其他应收款——政府采购款
　　贷：银行存款

采购机关有二级单位和基层单位的，其政府采购资金会计核算办法和账务的处理，参照以上会计分录，按现行行政单位会计制度和事业单位会计制度执行（下同）。

**（三）财政总预算会计根据采购合同和认为应当提交的有关文件和资料付款时的账务处理**

借：暂存款——政府采购款（按比例记账，下同）

　　暂存款——政府采购配套资金——××单位

　　　贷：其他财政存款

**（四）财政总预算会计支付政府采购资金的账务处理**

财政总预算会计支付政府采购资金后，通知商业银行将节约资金按原渠道划回。具体账务处理如下：

1. 全额支付的账务处理

（1）财政总预算会计的账务处理：

①将财政安排的预算资金列报支出时，财政总预算会计记：

　　借：预算支出——××类——××款——××项

　　　贷：暂付款——政府采购款

②将节约的资金划回采购机关时，财政总预算会计记：

　　借：暂存款——政府采购配套资金——××单位

　　　贷：其他财政存款

③采购机关发生退货时，收到已支付的采购款做相反的会计分录。

（2）行政单位会计的账务处理：

①收到财政划回的节约资金时，记：

　　借：银行存款

　　　贷：暂付款——政府采购款

②收到财政部门开具的拨款通知书等相关票据时，记：

　　借：经费支出——××类——××款——××项

　　　贷：暂付款——政府采购款

　　　　　拨入经费——××类——××款——××项

属于固定资产管理范围的，同时要：

　　借：固定资产

　　　贷：固定基金

③采购机关发生退货时，收到支付的采购款做相反的会计分录。

（3）事业单位会计的账务处理：

①收到财政划回的节约资金时，记：

　　借：银行存款

　　　贷：其他应收款——政府采购款

②收到财政部门开具的拨款通知书等相关票据时，记：

　　借：事业支出——××类——××款——××项

　　　贷：其他应收款——政府采购款

　　　　　财政补助收入——××类——××款——××项

属于固定资产管理范围的，同时要：

　　借：固定资产

　　　贷：固定基金

③采购机关发生退货时，收到已支付的采购款做相反的会计分录。

2. 差额支付的账务处理

（1）财政总预算会计的账务处理：

①财政安排的预算资金列报支出时，财政总预算会计记：

借：预算支出——××类——××款——××项

　　贷：暂付款——政府采购款

②采购机关发生退货时，收到已支付的采购款做相反的会计分录。

（2）行政单位会计的账务处理：

①收到财政部门开具的拨款通知书等相关票据时，记：

借：经费支出——××类——××款——××项

　　贷：拨入经费——××类——××款——××项

属于固定资产管理范围的，同时要：

借：固定资产

　　贷：固定基金

②采购机关发生退货时，收到已支付的采购款做相反的会计分录。

（3）事业单位会计的账务处理：

①收到财政部门开具的拨款通知书等相关票据时，记：

借：事业支出——××类——××款——××项

　　贷：财政补助收入——××类——××款——××项

属于固定资产管理范围的，同时要：

借：固定资产

　　贷：固定基金

②采购机关发生退货时，收到已支付的采购款做相反的会计分录。

**（五）政府采购资金专户发生的利息收入的账务处理**

1. 财政总预算会计收到国有商业银行交来政府采购资金专户发生的利息收入时的账务处理

借：其他财政存款——利息收入

　　贷：暂存款——利息收入

2. 财政总预算会计将利息收入全额作收入缴入同级国库时的账务处理

借：暂存款——利息收入

　　贷：其他财政存款——利息收入

同时：

借：国库存款

　　贷：预算收入

**（六）特殊情况下的账务处理**

采购过程中遇到了特殊情况，导致预计的采购资金增加，超出了财政部门和采购机关已划入政府采购资金专户的资金时，应按原定的采购资金比例进行负担。其账务处理程序如下：

1. 财政总预算会计将增加的预算资金转入政府采购资金专户时的账务处理

借：预算支出——××类——××款——××项

　　贷：国库存款

借：其他财政存款

　　贷：暂存款——政府采购款

2. 行政事业单位将应增加的预算外资金和自筹资金划到政府采购资金专户时的账务处理

（1）行政单位会计：

借：经费支出——××类——××款——××项

　　贷：银行存款

（2）事业单位会计：

借：事业支出——××类——××款——××项

　　贷：银行存款

年终，单位应将政府采购支出与本单位的经费支出合并向财政部门编报决算。

# 第二节　　国库集中收付制度

国库集中收付制度，是指以国库单一账户体系为基础，将所有财政性资金都纳入国库单一账户体系管理，收入直接缴入国库和财政专户，支出通过国库单一账户体系直接支付给商品和劳务供应者或用款单位的一项国库管理制度。这一制度的本质在于实现两个"直达"，即"收入直缴，支出直拨"。通过两个"直达"，对财政收入直接缴入国库以及对财政支出中预算分配、资金拨付、资金使用、银行清算以及财政资金到达商品和劳务提供者的整个过程实施有效的监控。

实行国库集中收付制度，改革了以往财政资金主要通过征收机关和预算单位设立多重账户分散进行缴库和拨付的方式，有利于财政性资金按规定程序在国库单一账户体系内规范运作，有利于收入缴库和支出拨付过程的有效监管，有利于预算单位及时用款，解决了财政性资金截留、挤占、挪用等问题。

## 一、国库单一账户体系

国库单一账户体系由下列银行账户构成：财政部门在中国人民银行开设的国库单一账户（简称国库单一账户）；财政部门在商业银行开设的零余额账户（简称财政部门零余额账户）；财政部门在商业银行为预算单位开设的零余额账户（简称预算单位零余额账户）；财政部门在商业银行开设的预算外资金财政专户

（简称预算外资金专户）；经国务院或国务院授权财政部批准为预算单位在商业银行开设的特殊专户（简称特设专户）。各账户的功能如下：

**（一）国库单一账户**

国库单一账户用于记录、核算、反映财政预算资金和纳入预算管理的政府性基金的收入和支出。代理银行应当按日将支付的财政预算内资金和纳入预算管理的政府性基金与国库单一账户进行清算。国库单一账户在财政总预算会计中使用，行政单位和事业单位会计中不设置该账户。

**（二）财政部门零余额账户**

财政部门零余额账户用于财政直接支付和与国库单一账户清算。该账户每日发生的支付，于当日营业终了前与国库单一账户清算；营业中单笔支付额 5000 万元人民币以上的（含 5000 万元），应当及时与国库单一账户清算。财政部门零余额账户在国库会计中使用，行政单位和事业单位会计中不设置该账户。

**（三）预算单位零余额账户**

预算单位零余额账户用于财政授权支付和清算。该账户每日发生的支付，于当日营业终了前，由代理银行在财政部门批准的用款额度内与国库单一账户清算；营业中单笔支付额在 5000 万元人民币以上的（含 5000 万元），应及时与国库单一账户清算。预算单位零余额账户可以办理转账、提取现金等结算业务，可以向本单位按账户管理规定保留的相应账户划拨工会经费、住房公积金及提租补贴，以及经财政部门批准的特殊款项，不得违反规定向本单位其他账户和上级主管单位、所属下级单位账户划拨资金。预算单位零余额账户在行政单位和事业单位会计中设置和使用。

**（四）预算外资金专户**

预算外资金专户用于记录、核算和反映预算外资金的收入和支出活动，并用于预算外资金日常收支清算；预算外资金专户在财政部门设置和使用。

**（五）特设专户**

特设专户用于记录、核算和反映预算单位的特殊专项支出活动，并用于与国库单一账户清算。特设专户在按规定申请设置特设专户的预算单位中使用。

## 二、收入的收缴程序

财政收入的收缴分为直接缴库和集中汇缴两种方式，并形成相应的缴款程序。

（1）直接缴库程序。直接缴库的税收收入，由纳税人或税务代理人提出纳税申报，经征收机关审核无误后，由纳税人通过开户银行将税款缴入国库单一账户。直接缴库的其他收入，比照上述程序缴入国库单一账户或预算外资金财政专户。

（2）集中汇缴程序。小额零散的税收收入和法律另有规定的应缴收入，由征收机关于收缴收入的当日汇总缴入国库单一账户。非税收入中的现金缴款，比照本程序缴入国库单一账户或预算外资金财政专户。

## 三、支出的拨付程序

### （一）支出的分类

财政支出总体上分为购买性支出和转移性支出。财政支出根据支付管理的需要，具体分为以下四类：

#### 1. 政府采购支出

政府采购支出拨付程序如下：取消各支出部门、支出单位在商业银行开设的预算内、预算外资金账户，预算资金由原来层层下拨给预算单位，改变为由财政部门把国库资金统一保存在人民银行国库单一账户上进行管理。政府采购中心根据采购预算分批采购，完成之后再由政府国库部门根据采购品种、数量、金额、供应商和劳务提供者等用款情况和现实的购买力开具付款申请凭证，通过人民银行国库单一账户拨付给商品和劳务供应者。

#### 2. 工资支出

工资支出拨付程序如下：财政国库机构在商业银行开设工资账户，并根据工资预算按月将资金从国库单一账户划拨给商业银行的工资账户，商业银行再根据各预算单位的情况开具职工工资表，将资金拨付到职工个人工资账户。

#### 3. 零用经费支出（如差旅费、提取零用现金等）

零用经费支出拨付程序如下：根据各支出单位公务、业务活动需要，按部门、按行业核定活动经费，按月从国库单一账户拨入各预算单位在商业银行开设的零用资金专户。

#### 4. 转移支出

转移支出即拨付给下级财政部门但尚未用于购买商品和劳务的支出。它是由财政部门国库机构将核定的资金从国库单一账户直接拨入下级财政部门。

### （二）支出拨付方式

按照不同的支付主体，对不同类型的支出，分别实行财政直接支付和财政授权支付两种支付方式。

#### 1. 财政直接支付方式

由财政部门开具支付令，通过国库单一账户体系，直接将财政资金支付到收款人（即商品和劳务供应者，下同）或用款单位账户。实行财政直接支付的支出主要包括工资支出、购买支出以及转移支出。

（1）工资支出、购买支出以及中央对地方的专项转移支付，拨付企业大型工程项目或大型设备采购的资金等，直接支付到收款人账户。

（2）转移支出（中央对地方专项转移支出除外），包括中央对地方的一般性转移支付中的税收返还、原体制补助、过渡期转移支付、结算补助等支出，对企业的补贴和未指明购买内容的某些专项支出等，支付到用款单位（包括下级财政部门和预算单位）账户。

2. 财政授权支付方式

预算单位根据财政授权，自行开具支付令，通过国库单一账户体系将资金支付到收款人账户。实行财政授权支付的支出包括未实行财政直接支付的购买支出和零星支出。

### （三）支付程序

1. 财政直接支付程序

预算单位实行财政直接支付的财政性资金包括工资支出、工程采购支出、物品和服务采购支出。

在财政直接支付方式下，预算单位按照批复的部门预算和资金使用计划，提出支付申请；财政直接支付的申请由一级预算单位汇总，填写"财政直接支付汇总申请书"，报财政部门国库支付执行机构。财政部门国库支付执行机构根据批复的部门预算和资金使用计划及相关要求，对一级预算单位提出的支付申请审核无误后，开具"财政直接支付汇总清算额度通知单"和"财政直接支付凭证"，经财政部门国库管理机构加盖印章签发后，分别送往中国人民银行和代理银行。

代理银行根据"财政直接支付凭证"及时将资金直接支付给收款人或用款单位。代理银行依据财政部门国库支付执行机构的支付指令，将当日实际支付的资金，按一级预算单位分预算科目汇总，并附上实际支付清单与国库单一账户进行资金清算。

代理银行根据"财政直接支付凭证"办理支出后，开具"财政直接支付入账通知书"发给一级预算单位和基层预算单位。"财政直接支付入账通知书"作为一级预算单位和基层预算单位付出或收到款项的凭证。一级预算单位有所属二级或多级预算单位的，由一级预算单位负责向二级或多级预算单位提供收到和付出款项的凭证。预算单位根据收到的支付凭证做好相应的会计核算。

2. 财政授权支付程序

财政授权支付适用于未纳入工资支出、工程采购支出、物品及服务采购支出管理的购买支出和零星支出。具体包括：单件物品或单项服务购买额不足 10 万元人民币的购买支出；年度财政投资不足 50 万元人民币的工程采购支出；特别紧急的支出；经财政部门批准的其他支出。

在财政授权支付方式下，预算单位按照批复的部门预算和资金使用计划，申请授权支付的月度用款限额；财政授权支付的月度用款限额申请由一级预算单位汇总，报财政部门国库支付执行机构。财政部门根据批准的一级预算单位用款计划中月度授权支付额度，每月 25 日之前以"财政授权支付汇总清算额度通知单"、"财政授权支付额度通知单"的形式分别通知中国人民银行和代理银行。

代理银行在收到财政部门下达的"财政授权支付额度通知单"时，向相关预算单位发出"财政授权支付额度到账通知书"。基层预算单位凭据"财政授权支付额度到账通知书"所确定的额度支用资金；代理银行根据"财政授权支付额度通知单"受理预算单位财政授权支付业务，控制预算单位的支付金额，并与国库单一账户进行资金清算。

预算单位支用授权额度时，填制财政部门统一制定的"财政授权支付凭证"（或新版银行票据和结算凭证，下同）送代理银行，代理银行根据"财政授权支付凭证"，通过零余额账户办理资金支付。

## 四、预算结余资金的处理

预算结余资金，是指实行国库集中收付制度的预算单位在预算年度内，按照财政部门批复的部门预算，当年尚未支用并按有关规定应留归预算单位继续使用的资金。预算单位结余资金的数额按照财政部门批复的部门预算数额加上年预算结余数额减去当年财政国库已支付数额（包括财政直接支付数额和财政授权支付数额）和应缴回财政部门数额后的余额计算。

预算单位的预算结余资金应按规定程序由财政部门核定。财政部门核定下达预算结余后，预算单位根据财政部门核定的上一年度预算结余和下一年度预算，按规定的程序申请使用资金。

目前，我国中央预算和地方预算都普遍进行了国库管理制度的改革，最明显的是结合政府采购制度的实施，实行国库集中收付制度。现代国库管理制度正式实施后，将会影响传统的预算会计体系和分级。建立了国库单一账户体系后，传统的预算领拨款关系将发生变化，前述的行政单位和事业单位会计的分级含义也将会随之发生变化，主管会计单位、二级会计单位和基层会计单位之间的经费领报关系淡化。但是，各单位的会计仍将保留，仍然发挥着会计核算和会计监督作用。

## 五、国库集中支付制度及其对预算会计体系的影响

国库集中支付制度也称国库单一账户制度，在西方国家已经实行多年，我国现在正处于逐步推广和完善阶段。

我国传统的国库支付制度的最大特点是各部门在商业银行都开立账户，财政部门根据各个部门的预算，把资金按进度拨到各个部门在商业银行开设的账户上。这种制度的缺陷随着改革的深化和人们观念的转变日益凸显出来，首先是财政资金使用过程脱离了财政监督。随意支付、违反财经纪律、截留、挪用财政资金的行为频频发生。其次是国库资金大量沉淀在各部门，降低了财政资金使用效率。再次是财政资金运行的信息不能及时、充分地得到反映，财政只知道资金到了哪个部门，并不能准确、及时地得到这些资金运用到了哪个方面的信息。最后则是导致财政无法用预算约束对公共支出进行控制。因此，实行国库集中支付制度被提到重要的议事日程。

所谓国库集中支付制度就是从预算分配到资金拨付、使用、银行清算，直到资金到达商品和劳务提供者账户的全过程直接由国库控制。如工资的集中支付，就是从国库直接支付到每个人的工资账户上，不再层层下拨。通过政府采购的工

程和物资也是国库资金直接支付到商品和劳务供应者的账户。财政部门在中央银行设立一个统一的国库账户，各单位的预算资金全部在该账户的分类账户集中管理。各单位可根据自身职能的需要在批准的预算额度内自行决定购买何种商品和劳务，但款项要由财政部门支付。部门有部门预算，资金仍属于部门，所有权、使用权都没有改变，仅仅改变了支付方式。

这种仅仅是支付方式的改变，会影响到传统的预算会计体系和分级。国库集中支付制度正式实行后，传统的预算领拨款关系将发生变化，前面所述的行政事业单位会计分级的含义也随之发生变化，主管会计单位、二级会计单位和基层会计单位之间的经费领报关系被淡化，但单位间的行政隶属关系和业务指导关系并不改变，上级部门的预算仍然包括上级单位本级的经费和所属各下级单位经费之和。当然，各单位的会计仍将保留，仍然发挥着会计核算和会计监督作用。

## 第三节　工资集中支付制度

### 一、工资集中支付的意义

工资集中支付亦称财政统一发放工资，是指用财政性资金安排的工资资金由财政部门委托银行代发，受托银行将工资直接拨付到个人工资账户（卡）上的一种管理方式，它是实行国库集中支付制度的一项重要内容。

实行工资集中支付后，通过逐人、逐项审定工资支出，人员经费标准的制定更加科学、合理，可以有效地控制人员经费的膨胀。同时，代发银行直接将职工个人应缴纳的社会保障性基金缴入有关账户和征收部门，可以确保社会保障性基金能够及时、足额到位，为建立、健全社会保障体系提供可靠保证。

### 二、工资集中支付的基本程序

行政事业单位实行工资集中支付，涉及编制、人事、财政、银行等部门，这些部门应该搞好分工协作。编制部门负责核准编制，人事部门负责核定人员和工资，财政部门核定经费，银行代发工资到个人账户，保证职工工资及时、足额到位。工资集中支付的基本程序是：

（1）各单位根据编制部门和人事部门的有关要求，按规定时间提供单位人员编制、实有人数、工资标准以及代扣款项（必须包含个人缴纳的住房公积金、医疗保险、养老保险和个人所得税等）等数据，分别报编制部门和人事部门审核。

（2）编制部门对单位报来的人员编制数经审核后分送财政部门和人事部门；人事部门根据编制部门核定的编制数、职工和工资计划管理的有关政策规定，审核各单位所报人员和应发工资额后，报送财政部门。

（3）财政部门一般应以公开招标的方式确定代发工资银行，并与银行签订代发工资合同。财政部门根据人事部门核定的各单位编制内的实有人数和工资额，按照政府预算支出科目分类生成发放工资汇总表，并计算代扣款项，列出工资发放清单；根据工资发放清单将工资款项全额拨付代发银行。

（4）代发银行收到财政部门拨付的工资款项后，按工资发放汇总清单中的实发工资数额，将工资分解发放到个人工资账户（卡），并根据其所列代扣款项分别将个人所得税、社会保障金和住房公积金等划入财政部门指定的银行账户，同时为各单位出具工资明细表，并负责为职工个人提供工资单。

（5）各单位根据财政部门提供的工资发放清单，按照会计制度的规定及时登记入账。

## 三、工资集中支付的会计处理

### （一）财政总预算会计核算

实行工资集中支付后，为便于工资款项的管理与支付，财政部门一般在代发银行开设"代发工资专户"，并委托代发银行将拨入的应发工资总额按月分解到职工个人账户和财政部门指定的账户。将应发放的工资足额拨入银行的代发工资专户时，会计分录如下：

借：暂付款——代发工资款

　　贷：国库存款

同时（即工资尚未实际发放以前）：

借：其他财政存款——代发工资专户

　　贷：暂存款——代发工资款

当收到银行提交的工资发放清单时，根据有关凭证做会计分录如下：

借：预算支出——××类——××款——××项

　　贷：暂付款——代发工资款

同时（冲销第二笔分录）：

借：暂存款——代发工资款

　　贷：其他财政存款——代发工资专户

### （二）行政单位主管部门会计核算

行政单位主管部门会计核算根据财政部门提供的工资发放清单中的应发工资总额，做如下处理：

借：经费支出——××类——××款——××项（本级单位的应发工资金额）

　　拨出经费——××类——××款——××项（所属单位的应发工资金额）

　　贷：拨入经费（主管部门汇总金额）

对代扣所得税等款项，会计分录为：

借：暂付款

　　贷：暂存款

**（三）基层单位会计核算**

基层单位根据银行提供的单位工资表中的应发工资数额，会计处理如下：

借：经费支出——××类——××款——××项

　　贷：拨入经费——××类——××款——××项

对代扣款项，会计分录为：

借：暂付款

　　贷：暂存款

# 复习思考题

1. 政府采购资金的拨付与管理要求是什么？具体账务处理是怎样的？

2. 国库集中收付制度的含义是什么？在国库集中收付制下，收支程序有哪些变化？

3. 简略了解国库集中支付制度及其对预算会计体系的影响。

4. 什么是工资集中支付制度？工资集中支付的核算方法是怎样的？

# 第三篇
# 行政单位会计

# 第十一章 行政单位会计概述

## 第一节 行政单位会计的概念和特点

### 一、行政单位的概念和特点

**(一) 行政单位的概念**

行政单位是指行使国家权力、管理国家事务、维护社会公共秩序、进行各项行政管理工作的国家机构，其人员列入国家行政编制，所需经费全部由国家预算拨给。行政单位具体包括：

(1) 国家各级权力机关，指各级人民代表大会及其所属机构。

(2) 各级行政机关，指国务院及其所属各部委和各省、市、县、乡的各级人民政府及其所属机构。

(3) 司法和检察机关，指各级司法部门、法院和检察院。

(4) 党政组织，有些单位虽不属于行政单位，如各党派、人民团体，因其人员列入行政编制，经费也由国家预算拨给，也视同行政单位对待。军队虽然也通过预算拨款解决经费，但因人员不属于行政编制，不划为行政单位，而作为独立的系统。

**(二) 行政单位的特点**

行政单位的职责是完成国家所赋予的各项行政管理任务，即维护社会公共秩序，保证国家机器的正常运转。行政单位虽不直接参与物质生产，但它们为社会再生产创造良好的环境，提供有效的服务和安全的保障。行政单位与其他企事业单位相比具有明显的特点，主要表现在以下几个方面：

(1) 行政单位的存在是以满足社会公共需要为前提，属于公共部门。行政单位为社会公民提供的服务，属于公共物品。

(2) 行政单位的运作不是以营利为目的。行政单位为公民提供的服务一般不收取费用或只收取少量的费用，不像企业以营利为目的提供商品和劳务。

(3) 行政单位的资金来源是单一的和无偿的。行政单位的资金来源主要是国家预算拨款，按国家的预拨数额开支使用，无需偿还。

## 二、行政单位会计的概念和特点

### (一) 行政单位会计的概念

行政单位为完成自身的任务，需要业务活动经费。它们一方面要按照财政部门或上级主管部门核准的预算，有计划地领拨经费；另一方面，又要按照预算规定的用途使用经费。因此，行政单位会计的对象是各级行政单位预算资金和其他资金的收支运动。行政单位会计是指各级行政单位以货币为主要计量单位，对行政单位预算资金和其他资金的运动进行反映和监督的专业会计。它是政府与事业单位会计体系中的重要组成部分。

行政单位会计对本单位各项经济业务引起的资金活动的过程和结果——预算的执行情况，进行连续、系统、全面的反映和监督，向本单位的领导、上级主管部门和财政机关提供财务信息，借以加强预算管理，提高资金的使用效益。行政单位预算是行政单位根据其职责和工作任务编制的年度财务收支计划，由收入预算和支出预算组成，是行政单位取得国家财政拨款、使用国家财政拨款的依据。行政单位预算是国家（政府）财政预算的重要组成部分。行政单位的预算执行情况，直接影响着国家财政预算的执行情况。

### (二) 行政单位会计的特点

相对于政府财政会计和事业单位会计而言，行政单位会计具有自身的特点，具体表现在以下几个方面：

(1) 会计核算对象是纯预算收支运动。政府财政会计的核算对象是国家和各级政府预算资金的集中、分配及其结果；事业单位会计的核算对象是预算资金的领拨使用、事业收支、经营收支等资金活动；与政府财政会计相连接，行政单位会计的核算对象是财政资金的领拨、使用及其结果，体现资金来源的唯一性。行政单位会计的核算对象则是纯预算收支运动。

(2) 支出列报依据是实际支出数。政府财政会计是以拨款数列报支出，体现财政资金的分配；行政单位会计和事业单位会计均是以经费的实际支出数列报支出，表现为资金的最终消费。

(3) 以收付实现制为记账基础。政府财政会计的结账基础除有特殊规定的事项外，均是收付实现制；事业单位会计的结账基础既需用收付实现制，又需用权责发生制；行政单位会计的结账基础是收付实现制。

(4) 会计主体为实际单位。政府财政会计的会计主体是国家或一级政府；行政单位会计与事业单位会计的主体一样，均是一个具体的单位。

(5) 会计核算简单。与事业单位比较，行政单位的业务活动目标是行使政府职能，向社会公众提供服务，经济业务活动范围较窄，其会计核算比事业单位的要简单。行政单位会计没有成本核算过程，不计盈亏。

(6) 资金来源单一。事业单位既有预算拨款，又可以自己创造收益，甚至与一般企业一样，还能从银行和其他渠道获得资金。行政单位的资金来源渠道单一，其会计以财政拨款的核算为中心，财务收支必须服从预算管理。

## 三、行政单位会计的内容

行政单位主要依靠国家预算拨款履行其立法、行政和司法等管理职能，因此，行政单位向国家取得预算拨款收入，向所属单位拨出经费，自身为行使管理职能而发生的经费支出以及经费结余就是行政单位会计核算的主要内容。行政单位会计核算的具体内容包括行政单位会计的资产、负债、净资产、收入、支出五大要素。

（1）资产。指行政单位占有或者使用的能以货币计量的经济资源。行政单位会计核算的资产包括现金、银行存款、有价证券、暂付款、借出款、库存材料、固定资产、零余额账户用款额度以及财政应返还额度等。

（2）负债。指行政单位所承担的，能以货币计量，需要以资产偿付的债务。行政单位会计核算的负债包括应缴预算收款、应缴财政专户款、暂存款、应付工资（离退休费）、应付地方（部门）津贴、补贴以及应付其他个人收入等。

（3）净资产。指行政单位的资产总额减去负债总额或收入减去支出的差额，是行政单位代表国家掌管的资产净值。行政单位会计核算的净资产包括固定基金和结余。固定基金与固定资产数额始终保持一致。资产、负债和净资产三要素之间的关系是：

资产＝负债＋净资产

（4）收入。指行政单位进行公务活动，依法从财政部门或上级主管部门取得的各项拨款。它是非偿还性资金。行政单位会计核算的收入包括拨入经费、预算外资金收入和其他收入等。

（5）支出。指行政单位为履行其管理职能，开展业务活动所发生的各项资产耗费及损失。行政单位会计核算的支出包括经费支出、拨出经费、结转自筹基建等。

行政单位会计核算的五大要素之间的关系可以从以下几个方面来表现：

资产＝负债＋净资产

资产＝负债＋净资产＋（收入－支出）

资产＋支出＝负债＋净资产＋收入

以上五大要素之间的关系为行政单位会计科目的设置、会计报表的设计提供了理论基础。并且，这五大要素之间的关系还表明了行政单位会计与政府财政会计有着相同的记账基础。

## 第二节　行政单位会计核算的一般原则

《行政单位会计制度》规定行政单位处理具体会计核算业务的基本原则有以下几点：

（1）真实性原则。亦称客观性原则，是指会计核算应以实际发生的经济业务为依据，客观、真实地反映单位的财务收支状况及结果。

（2）相关性原则。是指会计信息应当符合国家宏观经济管理的要求，满足预算管理和有关各方面了解财务状况及收支情况的需要，满足单位内部加强管理的需要。

（3）可比性原则。是指会计核算应当按照规定的会计处理方法进行。同类单位会计指标应当口径一致，相互可比。这条原则要求的内容可表现于两个方面：一是会计处理方法在同一行业内单位之间应统一，即统一按照通用会计制度，结合不同行业单位，按各行业会计制度进行核算；二是同一单位在不同地点、不同时间发生的相同类型的经济业务应采用统一的方式、方法处理，从而保证单位内部各类业务事项的可比性。会计信息的可比性，是提高会计信息可利用程度的一项很重要的内容。

（4）一致性原则。是指会计处理方法应当前后各期保持一致，不得随意变更，如确有必要变更，应将变更情况、原因和对单位财务收支情况及其结果的影响在会计报告中说明。

（5）及时性原则。是指对单位的各项经济业务应当及时进行会计处理。

（6）明晰性原则。是指会计记录和会计报告应当清晰明了，便于理解和运用。

（7）收付实现制原则。是与权责发生制相对应的会计核算原则，它以货币资金的实收实付为基础来确认收入和费用。

（8）专款专用原则。是指对国家预算拨款和其他指定用途的资金，应当按规定的用途使用，不能擅自改变用途，挪作他用。

（9）实际成本原则。亦称历史成本原则或原始成本原则，它是指各项财产物资应当按照取得或购建时的实际价值核算并入账，除另有规定者外，一律不得自行调整其账面价值。

（10）重要性原则。是指会计报告应当全面反映单位财务收支情况及其结果，对于重要的经济业务，应单独反映。

本节内容在本教材第一篇有关章节有详细的介绍，请参照学习。

# 第三节　行政单位会计的组织及任务

## 一、行政单位会计的组织系统

根据行政单位的机构建制和经费领拨关系，行政单位的会计组织系统分为主管会计单位、二级会计单位和基层会计单位。

（1）主管会计单位。指向同级财政部门领报经费并发生预算管理关系，有下一级会计单位的行政单位。主管会计单位直接向财政部门领报经费，有所属会计单位并向其所属会计单位转拨经费。

（2）二级会计单位。指向主管会计单位或上一级会计单位领报经费并发生预算管理关系，有下一级会计单位的行政单位。二级会计单位不直接向财政部门领报经费，而是向主管会计单位或上一级会计单位领报经费，有所属会计单位并向所属会计单位转拨经费。

（3）基层会计单位。指向上一级会计单位领报经费并发生预算关系，没有下级会计单位的行政单位。不论是向财政部门领报经费，还是向上一级会计部门领报经费，只要没有下级会计单位的就是基层会计单位或视同基层会计单位。

主管会计单位、二级会计单位和基层会计单位实行独立会计核算，负责组织管理本部门、本单位的全部会计工作。不具备独立核算条件的行政单位，实行单据报账制度，作为"报销单位"管理。各行政单位会计主体的会计核算应当以各自预算单位发生的各项经济业务为对象，反映和监督各预算单位自身的各项经济活动。

## 二、行政单位会计的工作机构

行政单位根据本单位的业务活动和人员编制的多少，以及所承担的会计工作任务繁重程度，设置会计工作机构或者在有关机构中设置会计人员，并设置有明确分工、符合内部控制制度要求的会计工作岗位，配备有会计从业资格的会计人员，按照《中华人民共和国会计法》、《行政单位会计制度》等规定建立、健全本单位内部会计核算制度，进行独立核算。人员编制少、会计工作量小、不具备独立核算条件的行政单位，可以实行单据报账制度，作为"报销单位"，不进行独立核算。实行国库集中支付制度之后，由财政直接向二级会计单位或基层会计单位拨付资金，而不再遵循从主管会计单位到二级会计单位，再从二级会计单位到基层会计单位的顺序。但目前我国还有许多地区没能实行国库集中支付制度，仍沿用原来的管理体制和方式。

## 三、行政单位会计的职能

与一般的专业会计一样，行政单位会计具有核算、监督、反映和参与管理的职能。

### （一）核算职能

会计核算是会计工作的重要组成部分。会计核算是以货币为主要计量单位，对会计主体一定时期的经济活动进行真实、准确、完整和及时的记录、计算和报告。以货币为主要计量单位，是会计核算的显著特征。会计就是要以货币为计量单位记账、算账和报账，以便真实、完整、准确、及时地反映会计主体的经济活动情况。会计核算的内容是会计对象，具体表现为各种各样的经济业务，包括款项和有价证券的收付，财物的收发、增减和使用，债权债务的发生和结算，净资产的增减，收入和支出的计算，以及需要办理会计手续、进行会计核算的其他事项等。

**（二）监督职能**

监督是会计的基本职能。会计监督的主体是单位的会计机构、会计人员，监督的对象是单位的经济活动的合法性与效率性。会计监督的内容主要表现如下：

（1）监督经济业务的真实性。会计机构、会计人员对不真实、不合法的原始凭证不予受理。对记载不准确、不完整的原始凭证予以退回，要求经办人员更正、补充。发现账簿记录与实物不符时，应当按照有关规定进行处理。

（2）监督财务收支的合法性。就是要监督单位所发生的经济业务是否符合党和国家的财经法律、法规、规章和国家统一会计制度的要求。会计机构、会计人员对不合法的原始凭证，不予受理；对违法的收支，应当制止和纠正；制止和纠正无效的，应向单位领导人提出书面意见，要求处理；对严重损害国家和社会公众利益的违法收支，应当向主管单位或者财政、审计、税务机关报告，以便处理。

（3）监督公共财产的完整性。会计机构、会计人员要监督公共财产是否得到很好的保管或正确的记录，账实是否相符。发现公共财产短缺或损毁，应查明原因，及时处理。

**（三）反映职能**

会计的核算结果可以比较准确地反映单位的财务状况和经济活动状况，也反映单位的管理水平。反映过程是会计把大量的数据转换成财务信息的过程，也就是说，反映不过是对客观经济活动事后的真实写照而已。因而，反映的内涵是消极和被动的。而会计核算则是一种能动的管理活动，从过程看，它可以包括事后核算，也可以包括事前、事中的核算；从内容上看，它既包括记录、计算和反映，又包括预测、控制、分析和考核。

**（四）管理职能**

会计本质上作为一种管理活动，其过程的控制被理解为对广义的生产过程，即包含流通的再生产过程的事初、事中及事后的管理。由于管理活动包括了事前、事中及事后整个过程，所以，行政单位会计管理职能又可分为预测、计划、决策、控制、分析、监督等具体职能。

# 四、行政单位会计的任务

（1）认真编制、组织、实施行政单位预算，及时取得转拨行政单位的经费，保证国家预算资金对行政单位的及时供应，保证行政单位任务的完成和社会公共事务管理职能的实现。

（2）严格执行行政单位会计制度，认真做好记账、算账、报账、用账工作。在日常会计工作中，保证手续完备、数字准确、内容真实、账目清楚。履行会计核算和监督职能，促使行政单位少花钱、多办事，提高行政单位的资金使用效益。

（3）及时提供会计信息，保证国家预算圆满实现。行政单位的经费支出是国家预算支出的延伸，行政单位应认真核算经费支出，及时、准确地向财政部门上报会计信息，为总会计核算提供数字依据，为国家的宏观经济管理打下坚实的微观基础。

（4）加强行政单位国有资产管理，防止国有资产的流失。行政单位国有资产是完成行政任务的物质基础。行政单位要按照国家有关国有资产管理的规定，制定并完善国有资产的具体管理办法，促使行政单位的国有资产严格管理、合理使用，防止国有资产的流失。

（5）根据有关规定，结合具体情况制定本单位有关财会工作的具体规则、办法，指导监督所属会计单位和报销单位的会计工作，不断提高财务会计工作的水平。

## 五、行政单位会计科目

行政单位会计的会计科目是对行政单位会计核算对象的具体内容进行科学分类的标志。行政单位的会计科目是各级行政单位会计设置账户、确定核算内容的依据。行政单位会计与政府财政会计相比，需增设现金、材料、固定资产等科目；与事业单位会计相比，行政单位会计没有应收账款、应收票据、应付账款及有关经营收支科目。这是由行政单位会计核算内容决定的。

各级行政单位会计必须按照财政部《行政单位会计制度》的规定设置和使用会计科目。行政单位会计科目表见表11—1：

表 11—1　行政单位会计科目表

| 编号 | 科目名称 | 编号 | 科目名称 |
|---|---|---|---|
| | 一、资产类 | | 三、净资产类 |
| 101 | 现金 | 301 | 固定基金 |
| 102 | 银行存款 | 303 | 结余 |
| 103 | 有价证券 | | |
| 104 | 暂付款 | | 四、收入类 |
| 105 | 库存材料 | 401 | 拨入经费 |
| 106 | 固定资产 | 404 | 预算外资金收入 |
| 107 | 零余额账户用款额度 | 407 | 其他收入 |
| 115 | 财政返还额度 | | |
| | | | 五、支出类 |
| | 二、负债类 | 501 | 经费支出 |
| 201 | 应缴预算款 | 502 | 拨出经费 |
| 202 | 应缴财政专户款 | 505 | 结转自筹基建 |
| 203 | 暂存款 | | |
| 211 | 应付工资（离退休费） | | |
| 212 | 应付地方（部门）津贴补贴 | | |
| 213 | 应付其他个人收入 | | |

行政单位会计科目的使用要求：

（1）为了加强行政单位的会计工作，统一核算口径，提高核算质量，由财政部根据有关制度制定会计科目。

（2）行政单位的会计科目，是汇总和检查行政单位资金活动情况和结果的全国统一的总账科目。非经财政部门同意，不得减并。不需用的科目，可以不用。

（3）由财政部制定有关制度，统一规定会计科目的编号，以便于编制会计凭证、登记账簿、查阅账目、实行会计电算化。各行政单位在使用会计科目编号时，应与会计科目名称同时使用。可以只用会计科目名称，不用会计科目编号，但不得只用科目编号，不写科目名称。

（4）各行政单位在全国统一的总账科目下，可根据需要自行设置明细科目。

## 复习思考题

1. 什么是行政单位会计？它具体适用于哪些组织？
2. 行政单位会计组织系统分为哪三级？各级会计单位的主要任务是什么？
3. 行政单位会计科目分为哪五类？各有什么内容？
4. 行政单位会计的职能是什么？
5. 行政单位会计核算应遵循哪些原则？

# 第十二章　行政单位资产的核算

行政单位资产是行政单位占有或者使用的，能以货币计量的经济资源。它包括流动资产、有价证券和固定资产。

一般的经济主体其会计所核算的资产有流动资产、对外投资、固定资产、无形资产和递延资产等，但由于行政单位性质的特殊性，行政单位会计所核算的资产在大类上没有无形资产和递延资产类的核算，在其他类别上科目设置较少，这些都是由于行政单位是国家权力机构的延伸和行政单位的非营利性所决定的。因此，行政单位所核算的资产具有如下特点：

在流动资产的核算内容方面，科目设置较少，对债权类和存货类的核算是粗线条的。在行政单位会计中，货币资金只设置了"现金"、"银行存款"和"零余额账户用款额度"科目，应收暂付款项类只设置了"暂付款"科目，存货类只有"库存材料"科目。没达到固定资产标准的低值易耗品并入材料核算，也没有应收款项的备抵账户，一旦发生坏账作支出处理。

在对外投资的核算中，行政单位会计只设置了"有价证券"科目。行政单位设立的目的是完成政府的行政任务，并不是为了追逐经济利益，它也不应该有对外投资的活动。但考虑到行政单位可以用结余经费购买国家发行的国库券等有价证券的现实需要，因而设置了一个"有价证券"会计科目。有价证券在管理上要视同货币资金管理，而且我国的有关条例规定行政单位只能购买财政部门发行的国库券，在国债可以自由流通的制度下，其流动性是可以很强的。因而，许多教科书把有价证券的核算并到货币资金的核算中介绍。

行政单位会计中没有无形资产和递延资产类的核算。这是由于行政单位作为国家权力机构，必须是为国家职能服务，是不可以以营利为目的的，这类单位设立之初所发生的费用均由政府财政拨款解决，不需要在未来的年度摊销。

行政单位的资产分类及科目设置情况如表12—1所示。

表 12—1　行政单位的资产分类及科目设置情况

| 资产类别 | | 科目设置 |
|---|---|---|
| 流动资产 | 货币资金 | 现金、银行存款、零余额账户用款额度、财政返还额度 |
| | 暂付应收款项 | 暂付款 |
| | 存货 | 库存材料 |
| 对外投资 | | 有价证券 |
| 固定资产 | | 固定资产 |

# 第一节　行政单位流动资产的核算

流动资产是指行政单位占有或者使用的可以在一年内变现或者耗用的资产，包括现金、银行存款、零余额账户用款额度、财政返还额度、暂付款和库存材料等。

## 一、行政单位现金的核算

### （一）现金的概念与管理要求

现金是流动性最强的流动资产，它具有普遍的可接受性。现金可以用来随时购买货品、支付费用或偿还债务，也可以随时存入银行，留待以后使用。行政单位的现金指的是库存现金，即行政单位在预算执行过程中为保证日常开支需要而存放在财务部门的货币资金。

由于现金具有普遍的可接受性和最强的流动性的特点，因此，行政单位必须加强对现金的管理。行政单位现金管理的基本要求是：

（1）严格遵守银行核定的库存现金限额。库存现金限额，是指银行根据规定对行政单位核定的一个单位可以保留库存现金的最高限额。银行核定单位库存现金限额时，一般以不超过单位 3 天零星开支所需的现金为准。行政单位现金的数额，必须严格控制在银行核定的库存现金限额之内，超过限额的部分，必须及时存入银行。

（2）收入的现金，必须及时送存银行，不得坐支。坐支是指以本单位收入的现金直接支付本单位的支出。行政单位每天收入的现金，必须当天送存银行，不能直接支用。因特殊原因需要坐支现金的，应事先报经开户银行审查批准，由开户银行核定坐支范围和限额。

（3）明确规定现金的使用范围。按照国家有关规定，在规定的范围内使用资金。行政单位与其他单位的经济往来，除按规定范围可以使用现金以外，均应通过开户银行办理转账结算。

（4）严格现金的收付手续。行政单位向银行提取现金必须如实写明提取现金的用途，将现金存入银行必须如实写明存入现金的来源。收入现金必须开给交款人正式的收据，支付现金应在付款的原始凭证上加盖"现金付讫"戳记。

（5）建立现金内部控制制度。行政单位应在现金的管理上强调内部控制的作用。行政单位的会计核算比较单一，按照现金的内部控制要求，主要在以下方面进行控制：

一是不得以"白条"抵库。所谓"白条"抵库，就是以不符合财务制度的凭证顶替库存现金。

二是行政单位之间不得相互借用现金。因为借用现金逃避了银行监督，给不正当地使用现金开了方便之门。

三是进行钱账分管，相互牵制。这是钱物和账务分别管理的一种内部牵制制度。行政单位的会计人员和出纳人员应当要有明确的分工，会计人员管账不管钱，出纳人员管钱不管账。会计人员与出纳人员的工作相互牵制，做到明确职责、相互监督。

四是对现金收付款凭证从真实性、合法性、完整性、正确性几个方面加强审核。

### （二）现金的核算

为核算现金业务，行政单位应设置"现金"总账科目。行政单位收到现金时，借记该科目，贷记有关科目；支出现金时，借记有关科目，贷记该科目。该科目借方余额，表示行政单位库存现金的数额。

【例12—1】某行政单位开出现金支票从银行提取现金1200元，以备日常开支。行政单位应编制的会计分录为：

借：现金　　　　　　　　　　　　　　　　1200
　　贷：银行存款　　　　　　　　　　　　　　　1200

【例12—2】某行政单位以现金购买办公用品560元，直接交付有关部门使用。行政单位应编制的会计分录为：

借：经费支出　　　　　　　　　　　　　　560
　　贷：现金　　　　　　　　　　　　　　　　560

【例12—3】某行政单位从财政部门为本单位在商业银行开设的零余额账户中提取现金900元，准备购买办公用品。行政单位应编制的会计分录为：

借：现金　　　　　　　　　　　　　　　　900
　　贷：零余额账户用款额度　　　　　　　　　　900

【例12—4】某行政单位收到以现金缴入的罚没款项360元。行政单位应编制的会计分录为：

借：现金　　　　　　　　　　　　　　　　360
　　贷：应缴预算款　　　　　　　　　　　　　　360

【例12—5】某行政单位将收到的现金310元存入银行。行政单位应编制的会计分录为：

借：银行存款　　　　　　　　　　　　　　　　　310
　　贷：现金　　　　　　　　　　　　　　　　　　　　310

行政单位会计部门或内部审计机构应定期和不定期地清查现金。发生长款或短款，应及时调整"现金"科目，进行相关会计处理。如果发生长款，应通过"暂存款"科目核算；如果发生短款，应通过"暂付款"科目核算。待查明原因后，转销"暂存款"或"暂付款"；对不能查明原因的长、短款，将作为"应缴预算款"或"经费支出"处理。

**【例 12-6】** 某行政单位盘点库存现金时发现长款 200 元，原因待查。行政单位应编制的会计分录为：

借：现金　　　　　　　　　　　　　　　　　　200
　　贷：暂存款　　　　　　　　　　　　　　　　　　200

以上款项如果查明原因是某人或某单位多交款，应及时退还。行政单位会计应借记"暂存款"科目，贷记"现金"科目。如果该笔长款无法查明原因，也应经单位领导批准后及时处理。借"暂存款"科目，贷"应缴预算款"科目。

**【例 12-7】** 某行政单位清查出纳的现金时，发现短款 1000 元，原因待查。行政单位应编制的会计分录为：

借：暂付款——××出纳　　　　　　　　　　1000
　　贷：现金　　　　　　　　　　　　　　　　　　1000

如果查明原因是单位多付款给某人或某单位，应及时追回。借记"现金"科目，贷记"暂付款"科目。假设此笔短款是由于出纳工作差错而引起的，无法追回，经单位领导批准，80％由出纳赔偿，其余部分记入"经费支出"科目。

借：经费支出　　　　　　　　　　　　　　　200
　　现金　　　　　　　　　　　　　　　　　　800
　　贷：暂付款——××出纳　　　　　　　　　　1000

行政单位应设置"现金日记账"，由出纳人员根据收付款凭证，按照业务发生顺序逐笔登记。每日业务终了，结出当日的现金收入合计数、支出合计数和结余数，并将结余数与现金实际库存数进行核对，做到账款相符。

有外币现金的行政单位，现金应分别人民币和各种外币设置"现金日记账"，进行现金明细分类核算。

## 二、行政单位银行存款的核算

### (一) 银行存款账户的开立与管理要求

银行存款是行政单位存放在开户银行或其他金融机构的货币资金。对于尚未进行财政国库单一账户制度改革的行政单位，财政部门将财政资金直接拨入行政单位的开户银行。银行存款账户为实存财政资金的账户。行政单位需要使用财政资金时，直接通过其开户银行提取现金或转账向收款人支付。对于尚未进行财政国库单一账户制度改革的行政单位，银行存款是其行使行政职能的财力保证。为此，行政单位开设的银行存款账户必须安全可靠，便于管理和监督。根据我国《银行账户管理办法》的规定，行政单位必须严格银行存款的开户管理，禁止多头开户。预算经费应由财务部门统一在同级财政部门或上级主管部门指定的国家银行开户，不得自行转移资金。由于行政单位的主要资金来源是财政资金，因此，财政拨款是行政单位开设的银行存款账户的主要资金来源。除此之外，根据规定行政单位不需要上缴财政的零星杂项收入等也是银行存款账户的资金来源。

对于已经进行财政国库单一账户制度改革的行政单位，由于可能会存在一些不需要上缴财政的小额零星收入、单位自筹资金、往来款项等，因此，可能仍然需要在银行开设银行存款账户。在这种情况下，行政单位自行开设的银行存款账户只存放非财政预算资金。所有财政预算资金通过单位零余额账户或财政零余额账户实现支付。

行政单位在办理银行存款开户时，应当遵循银行规定的申请开户程序。行政单位在银行开户后，必须严格遵守银行以下管理要求：

（1）严格遵守银行的各项结算制度和现金管理制度，接受银行的监督和管理。

（2）银行存款户只能供本单位使用，不准出租、出借或转让银行存款户。

（3）各种收付款凭证必须如实填明款项的来源或用途，不得巧立名目、弄虚作假，严禁利用银行存款户搞非法活动。

（4）银行存款户必须有足额的资金以供支付，不准签发空头支票和其他远期支付凭证。

**（二）银行存款的核算**

为核算银行存款业务，行政单位应设置"银行存款"总账科目。行政单位将款项存入银行或其他金融机构时，借记本科目，贷记"现金"等有关科目；行政单位收到财政部门或主管部门拨入的预算资金时，借记本科目，贷记"拨入经费"等科目；提取和支出银行存款时，借记"现金"等有关科目，贷记本科目。该科目借方余额，表示行政单位银行存款的数额。

【例12—8】某行政单位收到财政拨来的经费356000元。行政单位应编制的会计分录为：

借：银行存款　　　　　　　　　　　　　　356000
　　贷：拨入经费　　　　　　　　　　　　　　356000

【例12—9】某行政单位收到本月银行存款利息600元。行政单位应编制的会计分录为：

借：银行存款　　　　　　　　　　　　　　600
　　贷：其他收入　　　　　　　　　　　　　　600

【例12—10】某行政单位开出银行结算凭证，购买办公用品1500元，验收入库。行政单位应编制的会计分录为：

借：库存材料　　　　　　　　　　　　　　1500
　　贷：银行存款　　　　　　　　　　　　　　1500

【**例 12—11**】某行政单位向所属某单位拨付经费 120000 元。行政单位应编制的会计分录为：

　　　借：拨出经费　　　　　　　　　　　　　　120000

　　　　贷：银行存款　　　　　　　　　　　　　　　　120000

【**例 12—12**】某行政单位开出银行结算凭证，支付业务费用 36000 元。行政单位应编制的会计分录为：

　　　借：经费支出　　　　　　　　　　　　　　36000

　　　　贷：银行存款　　　　　　　　　　　　　　　　36000

【**例 12—13**】某行政单位收到财政拨回的预算外资金 47000 元。行政单位应编制的会计分录为：

　　　借：银行存款　　　　　　　　　　　　　　47000

　　　　贷：预算外资金收入　　　　　　　　　　　　　47000

　　行政单位应按开户银行、存款种类等分别设置"银行存款日记账"。银行存款日记账由出纳人员根据收付款凭证，按照业务发生顺序逐笔登记，每日终了时结出银行存款余额。有外币业务的行政单位，应在"银行存款"总账科目下分别人民币和各种外币设置"银行存款日记账"，进行银行存款明细分类核算。

　　行政单位发生外币银行存款业务时，应将外币金额折合为人民币记账，并同时登记外币的金额和折合率。将外币金额折合为人民币记账时，应按业务发生时中国人民银行公布的人民币外汇汇率折算。年度终了（外币存款业务量大的行政单位可按季或按月结算），行政单位应将外币账户余额按照期末中国人民银行公布的人民币外汇汇率折合为人民币，作为外币账户的期末人民币余额。调整后的各外币账户人民币余额与原账面余额的差额，作为汇兑损益列入有关的支出。

【**例 12—14**】某行政单位银行存款户收到外事服务收入 5000 美元，当日人民币与美元的汇率为 1 美元兑换 7 元人民币。行政单位应编制的会计分录为：

　　　借：银行存款——美元户　　　　　　　　　35000

　　　　贷：其他收入　　　　　　　　　　　　　　　　35000

【**例 12—15**】续【**例 12—14**】行政单位发生外事服务支出，用去外汇 2000 美元，当日人民币与美元的汇率为 1 美元兑换 6.9 元人民币。行政单位应编制的会计分录为：

　　　借：经费支出　　　　　　　　　　　　　　13800

　　　　贷：银行存款——美元户　　　　　　　　　　　13800

【**例 12—16**】续【**例 12—14**】，年末，人民币与美元的汇率为 1 美元兑换 7.1 元人民币，该行政单位美元户存款余额为 3000（5000−2000）美元，汇兑损益为 100 [（35000−13800）−3000×7.1] 元人民币。行政单位应编制的会计分录为：

　　　借：经费支出　　　　　　　　　　　　　　100

　　　　贷：银行存款——美元户　　　　　　　　　　　1000

### （三）银行存款余额调节表的编制

为保证行政单位对银行存款的记录与开户银行对行政单位银行存款的记录相互一致，行政单位应定期与开户银行进行对账，至少每月核对一次。月份终了，行政单位与开户银行对账时，行政单位"银行存款日记账"的余额与"银行对账单"的余额经常会出现不相一致的情况。其原因有二：一是行政单位或开户银行发生记账错误，二是行政单位或开户银行存在未达账项。如果是属于记账错误，行政单位应及时更正或通知银行更正错误。如果是属于未达账项，即结算双方由于凭证的传递需要时间，因而一方已登记入账，而另一方尚未登记入账的账项，则需要通过编制银行存款余额调节表进行调节。用银行存款余额调节表进行调节的未达账项可分为以下四类：

（1）银行已收款入账，而单位尚未收款入账。

（2）银行已付款入账，而单位尚未付款入账。

（3）单位已收款入账，而银行尚未收款入账。

（4）单位已付款入账，而银行尚未付款入账。

通过调节，行政单位银行存款日记账的余额与银行对账单的余额应当相互一致。

【例12—17】某行政单位月末收到银行送来的银行对账单，对账单上的余额为52680元，单位银行存款日记账上的月末余额为54000元。经过逐笔核对，发现有下列未达账项：

（1）银行收到属于单位的汇兑款项540元，并已登记入账，而单位由于尚未收到收款通知，因而尚未入账。

（2）银行代单位支付电费360元，并已登记入账，而单位由于尚未收到付款通知和电费收据，因而尚未入账。

（3）单位将收到的转账支票一张1700元存入银行，并已登记入账，而银行尚未登记入账。

（4）单位签发转账支票一张200元，并已根据支票存根及其他有关原始凭证登记入账，而银行尚未登记入账。

根据以上资料，该行政单位编制"银行存款余额调节表"，如表12—2所示。

表12—2　银行存款余额调节表　　　　　　　　金额单位：元

| 项　　目 | 金额 | 项　　目 | 金额 |
|---|---|---|---|
| 单位银行存款日记账余额 | 54000 | 银行对账单余额 | 52680 |
| 加：单位未记的收入款项 | | 加：银行未记的收入款项 | |
| 　1. 银行收到汇兑款项 | 540 | 　1. 存入转账支票 | 1700 |
| 减：单位未记的支出款项 | | 减：银行未记的支出款项 | |
| 　1. 银行代付电费 | 360 | 　1. 签发转账支票 | 200 |
| 调节后存款余额 | 54180 | 调节后存款余额 | 54180 |

## 三、行政单位零余额账户用款额度的核算

### (一) 零余额账户用款额度的概念

纳入财政国库单一账户制度改革的行政单位，财政部门为行政单位在商业银行开设单位零余额账户。该账户用于财政部门对行政单位的授权支付。行政单位根据经批准的单位预算和用款计划，自行向单位零余额账户的代理银行开具支付令，从单位零余额账户向收款人支付款项。代理银行将行政单位开具的支付令与行政单位的单位预算和用款计划进行核对，并向收款人支付款项后，于当日通过行政单位的零余额账户与财政国库单一账户进行资金清算。资金清算后，行政单位零余额账户的余额为零。因此，行政单位的零余额账户是一个过渡账户，而不是一个实存资金账户，它在财政国库单一账户与收款人之间起一个过渡的作用。每日终了，当代理银行与财政部门进行资金清算后，行政单位的零余额账户的余额就为零。行政单位的零余额账户并不实存财政资金，它只是行政单位的一个授权支付额度。在财政国库单一账户制度下，财政预算资金全部存放在国库单一账户。尽管如此，由于行政单位可以随时自行开具支付令使用单位零余额账户中的用款额度实现支付，因此，单位零余额账户用款额度也被视为是行政单位的一项特殊的流动资产。

事实上，在国库单一账户制度下，财政部门在商业银行开设的财政零余额账户也与行政单位直接相关。尽管财政零余额账户也可以用来为行政单位支付款项，但由于行政单位无权自行开具支付令支付其中的款项，因此，行政单位在财政零余额账户中的预算额度或用款额度，不作为行政单位的资产反映。

### (二) 零余额账户用款额度的核算

为核算行政单位在单位零余额账户中的财政授权支付业务，行政单位应设置"零余额账户用款额度"总账科目。本科目核算预算单位实行国库集中支付后，财政授权支付情况下所取得零余额账户用款额度的增减变动。行政单位收到代理银行转来的财政授权支付到账通知书，并与单位预算和用款计划核对无误后，借记该科目，贷记"拨入经费——财政授权支付"科目。行政单位开具支付令从单位零余额账户支付款项时，借记"经费支出"、"库存材料"等有关科目，贷记该科目。行政单位从单位零余额账户提取现金时，借记"现金"科目，贷记该科目。该科目借方余额表示行政单位尚未使用的财政授权支付额度。

行政单位不需要为财政零余额账户设置特别的总账科目，来核算财政直接支付业务。财政零余额账户的业务由财政国库支付执行机构通过设置"财政零余额账户存款"总账科目来核算。

【例12—18】某行政单位收到单位零余额账户代理银行转来的财政授权支付到账通知书，反映行政单位获得财政授权支付额度850000元。行政单位应编制的会计分录为：

借：零余额账户用款额度　　　　　　　　　　　　850000

　　　　贷：拨入经费——财政授权支付　　　　　　　　　　　850000

　　**【例12—19】** 某行政单位通过单位零余额账户转账支付购买了一批办公用品，金额共计132000元，该批办公用品已经验收入库。行政单位应编制的会计分录为：

　　　　借：库存材料　　　　　　　　　　　　　　　　　　132000
　　　　　　贷：零余额账户用款额度　　　　　　　　　　　　132000

　　**【例12—20】** 某行政单位从单位零余额账户提取现金500元，以备日常开支。行政单位应编制的会计分录为：

　　　　借：现金　　　　　　　　　　　　　　　　　　　　500
　　　　　　贷：零余额账户用款额度　　　　　　　　　　　　500

　　**【例12—21】** 某行政单位开出转账支票，从零余额账户中支付本月保洁费用10000元。行政单位应编制的会计分录为：

　　　　借：经费支出　　　　　　　　　　　　　　　　　　10000
　　　　　　贷：零余额账户用款额度　　　　　　　　　　　　10000

　　**【例12—22】** 某行政单位开出转账支票，从零余额账户中支付欠甲单位的款项100000元。行政单位应编制的会计分录为：

　　　　借：暂存款——甲单位　　　　　　　　　　　　　　100000
　　　　　　贷：零余额账户用款额度　　　　　　　　　　　　100000

　　实行国库集中支付制度后，在会计科目核算范围、决算报送关系及资产负债表编制等方面发生如下变化：一是预算单位原有的资产类"银行存款"科目，核算内容改变为预算单位的自筹资金收入、以前年度结余和各项往来款项等；二是年终决算仍由各预算单位负责编制并逐级汇总，由一级预算单位上报财政部门；三是实行财政直接支付和财政授权支付后，主管部门和上级单位在汇总资产负债表时，将所属预算单位的数字相加，不做将上级的"拨出经费"与下级的"拨入经费"相抵冲的处理。

# 四、行政单位财政应返还额度的核算

## （一）财政应返还额度的概念

　　在财政国库单一账户制度下，行政单位的年度支出预算经批准后，分别构成行政单位的财政直接支付用款额度或预算指标和财政授权支付用款额度或预算指标。年度终了，当行政单位通过财政零余额账户发生的实际财政直接支付数小于财政直接支付用款额度数，行政单位就存在尚未使用的财政直接支付用款额度。同样，当行政单位通过单位零余额账户发生的实际财政授权支付数小于财政授权支付额度数，行政单位也就存在尚未使用的财政授权支付用款额度。财政部门对行政单位尚未使用的财政直接支付用款额度和财政授权支付用款额度，采用先注销后恢复的管理办法。即年度终了，财政部门对行政单位尚未使用的用款额度先进行注销；次年初，财政部门再对行政单位尚未使用的用款额度予以恢复，供行政单位使用。因此，行政单位在年终尚未使用的当年财政直接支付用款额度和当年财政授权支付用款额度，在次年可以继续按计划使用。由此，当年尚未使用的用款额度，即构成行政单位的财政应返还额度。财政应返还额度只有在已经进行财政国库单一账户制度改革的行政单位才存在。尚未进行财政国库单一账户制度改革的行政单位，没有财政应返还额度的业务内容。

### （二）财政应返还额度的核算

为核算财政应返还额度的业务，行政单位应设置"财政应返还额度"总账科目。年终，行政单位根据本年度财政直接支付预算指标数与当年财政直接支付实际支出数的差额，借记该科目，贷记"拨入经费"科目；根据本年度已下达的财政授权支付额度数与当年财政授权支付实际支出数的差额，借记该科目，贷记"零余额账户用款额度"科目；如果本年度财政授权支付预算指标数大于零余额账户用款额度下达数，根据两者的差额，借记该科目，贷记"拨入经费"科目。下年度财政部门恢复财政直接支付额度时，行政单位不做会计处理；待实际使用恢复的额度时，借记"经费支出"等科目，贷记该科目。下年度财政部门恢复财政授权支付额度时，借记"零余额账户用款额度"科目，贷记该科目；实际使用恢复的额度时，借记"经费支出"等科目，贷记"零余额账户用款额度"科目。

**【例 12－23】**某行政单位已经进行财政国库单一账户制度改革。年终，本年度财政直接支付预算指标数为 898000 元，财政直接支付实际支出数为 885000元，两者差额为 13000 元。行政单位存在尚未使用的财政直接支付预算指标。行政单位应编制的会计分录为：

借：财政应返还额度　　　　　　　　　　　　　　13000
　　贷：拨入经费　　　　　　　　　　　　　　　　　13000

**【例 12－24】**续**【例 12－23】**，次年初，该行政单位向财政部门报送年终预算结余资金申报核定表，并且获得财政部门批复同意恢复财政直接支付额度总数13000 元，1 月份可用额度 3000 元。行政单位在 1 月份使用恢复额度支付办公经费 2000 元。行政单位在使用额度时应编制的会计分录为：

借：经费支出　　　　　　　　　　　　　　　　　2000
　　贷：财政应返还额度　　　　　　　　　　　　　　2000

**【例 12－25】**某行政单位已经进行财政国库单一账户制度改革。年终，本年度财政授权支付预算指标数为 567000 元，本年度财政授权支付实际支出数为545000 元，两者差额为 22000 元。本年度财政授权支付预算指标数已经全部下达到单位零余额账户代理银行。行政单位存在尚未使用的财政授权支付预算额度。行政单位应编制的会计分录为：

借：财政应返还额度　　　　　　　　　　　　　　22000
　　贷：零余额账户用款额度　　　　　　　　　　　　22000

**【例 12－26】**某行政单位已经进行财政国库单一账户制度改革。年终，本年度财政授权支付预算指标数为 786000 元，本年度财政授权支付实际支出数为

755000 元，单位零余额账户代理银行收到零余额账户用款额度 776000 元。行政单位存在尚未使用的财政授权支付预算额度 21000 元，存在尚未收到的财政授权支付预算指标 10000 元。行政单位应编制的会计分录为：

借：财政应返还额度            21000
    贷：零余额账户用款额度            21000

同时：

借：财政应返还额度            10000
    贷：拨入经费            10000

【例 12—27】续【例 12—26】，次年初，该行政单位收到代理银行提供的额度恢复到账通知书，恢复财政授权支付额度 21000 元。行政单位应编制的会计分录为：

借：零余额账户用款额度            21000
    贷：财政应返还额度            21000

【例 12—28】续【例 12—26】，次年初，该行政单位收到财政部门批复的上年终未下达的单位零余额账户用款额度 10000 元。行政单位应编制的会计分录为：

借：零余额账户用款额度            10000
    贷：财政应返还额度            10000

## 五、行政单位暂付款的核算

### (一) 暂付款的概念与管理要求

暂付款是行政单位在业务活动中与其他单位、所属单位或本单位职工发生的临时性待结算款项，如预付的设备购置费、职工预借差旅费等。行政单位所属非独立核算的报账单位领用的备用金，也作为暂付款处理。暂付款是行政单位的待结算债权，行政单位对暂付款的管理，要求做到严格控制、健全手续、及时清理。行政单位应当从以下几个方面加强对暂付款的管理：

1. 严格控制

必须在规定的范围内发生暂付款业务，遵循暂付款业务的少量、短期、必需和安全的发生原则，对暂付款项认真审查，尽量防止呆账的产生。各种暂付款项，要按核定的预算或计划，根据受款单位的收据或收款人的借款收据，经单位负责人签字批准、会计主管人员审核后方可办理。

2. 健全手续

就是要建立暂付款回收责任制，制定相应的审批制度，完善手续。暂付款原则上一清一借，前借未清不得再借。借款人办事结束后，应及时报账结算，如有余款应同时交回，以后需要时另行办理手续。暂付给所属报销单位的备用金，要根据实际需要，核定一个定额加以控制，平时报销后再予补充。

### 3. 及时清理

就是要经常检查暂付款回收情况，督促经办人员及时结算清理，不得长期挂账，除隔年结算的差旅费外，原则上暂付款在年终应全部结清。

### （二）暂付款的核算

为核算暂付款业务，行政单位应设置"暂付款"总账科目。行政单位发生暂付款时，借记该科目，贷记"银行存款"科目；结算收回或核销转列支出时，借记"经费支出"等有关科目，贷记该科目。该科目借方余额，表示行政单位尚待结算的暂付款累计数。行政单位的暂付款按实际发生数额记账。该科目应按债务单位或个人名称设置明细账。在实行政府采购并需要单位自筹配套资金时，应在"暂付款"科目下设置"政府采购款"明细科目进行核算。

【例12—29】某行政单位王某出差预借差旅费360元。行政单位应编制的会计分录为：

借：暂付款——王某　　　　　　　　　　　　　　360
　　贷：现金　　　　　　　　　　　　　　　　　　360

【例12—30】续【例12—29】，该行政单位王某出差回来，报销差旅费350元，交回现金10元。行政单位应编制的会计分录为：

借：经费支出　　　　　　　　　　　　　　　　350
　　现金　　　　　　　　　　　　　　　　　　　10
　　贷：暂付款——王某　　　　　　　　　　　　360

【例12—31】续【例12—29】，该行政单位王某出差回来，报销差旅费400元，财务支付现金40元。行政单位应编制的会计分录为：

借：经费支出　　　　　　　　　　　　　　　　400
　　贷：暂付款——王某　　　　　　　　　　　　360
　　　　现金　　　　　　　　　　　　　　　　　40

【例12—32】某行政单位因所属甲单位急需资金，从银行存款中借给其款项2500元。行政单位应编制的会计分录为：

借：暂付款——甲单位　　　　　　　　　　　　2500
　　贷：银行存款　　　　　　　　　　　　　　　2500

【例12—33】续【例12—32】，该行政单位所属甲单位偿还所借款项2500元。行政单位应编制的会计分录为：

借：银行存款　　　　　　　　　　　　　　　　2500
　　贷：暂付款——甲单位　　　　　　　　　　　2500

【例12—34】某行政单位为购买办公设备，按照合同预付5000元款项，以银行存款支付。行政单位应编制的会计分录为：

借：暂付款　　　　　　　　　　　　　　　　　5000
　　贷：银行存款　　　　　　　　　　　　　　　5000

【例12—35】续【例12—34】，采购的办公设备到货，设备价款计30000元，余款 25000 元以银行存款支付。行政单位应编制的会计分录为：

借：经费支出　　　　　　　　　　　　　　　　30000

　　贷：暂付款　　　　　　　　　　　　　　　5000

　　　　银行存款　　　　　　　　　　　　　25000

同时：

借：固定资产　　　　　　　　　　　　　　　　30000

　　贷：固定基金　　　　　　　　　　　　　30000

## 六、行政单位库存材料的核算

### （一）库存材料的概念与管理要求

库存材料是指行政单位大宗购入进入库存，并陆续耗用的行政物资材料，如购入大宗办公用品、器材等。一般来说，行政单位耗用的材料主要是办公用品。对于数量不大，品种不多，随购随用，不需要大量库存的材料物资，在购买时，可直接列入经费支出。但对于个别购入数量较多、陆续耗用的材料物资，应通过"库存材料"核算。

行政单位的材料按其用途分类，一般分为原材料、燃料、修理用备件、低值易耗品四类。行政单位所需的材料一般由采购、调拨、自制或委托加工等方式取得。对于购入、调拨材料，要严格实行计划管理，先由用料部门根据工作需要，提出用料计划；材料管理部门根据用料计划和材料库存情况，汇编材料采购计划，经会计主管人员审核，由单位领导人或其授权人员批准后，按计划执行。

行政单位的库存材料处于经常不断的领用和重置之中。它是行政单位流动资产的重要组成部分。行政单位应从以下几个方面加强对库存材料的管理：

（1）应当建立、健全库存材料的购买、验收、入库、保管和领用等一系列管理制度，明确管理责任，保证库存材料的安全和完整。

（2）应当加强对库存材料的清查盘点工作。库存材料应至少每年盘点一次，对于盘盈或盘亏的库存材料，应及时查明原因，分清责任，并做出相应的处理。

（3）库存材料的盘点数与账面数在盘点时应及时进行核对，对于盘点数与账面数的差额应及时进行调整，以保证库存材料账实相符。

### （二）库存材料的计价

行政单位所需的材料一般由采购、自制或委托加工等方式取得。行政单位的库存材料一般按实际价格计价。对于购入、有偿调入的库存材料，分别以购入价、有偿调入价计价。材料采购、运输过程中发生的差旅费、运杂费等不计入库存材料的价值，而直接计入有关的支出。对于发出、领用的库存材料，一般按账面记录采用先进先出法计价，数量大、价值小的库存材料也可采用加权平均法计价。

在实行政府采购制度的情况下，行政单位应根据批准的部门预算和有关规定编制季度分月用款计划，逐级上报主管部门审核汇总，并由主管部门报财政部门审核批复，从而取得办理财政性资金支付的依据。

### （三）库存材料的核算

为核算库存材料业务，行政单位应设置"库存材料"总账科目。该科目借方记行政单位购入并已验收入库的材料实际成本；贷方登记行政单位领用各种库存材料的实际成本；行政单位购入物资材料并已验收入库时，借记该科目，贷记"银行存款"等有关科目；领用出库时，借记有关支出科目，贷记该科目。该科目借方余额，表示行政单位库存材料的实际库存数。该科目应按库存材料的类别、品种等设置明细账，并根据库存材料入库、出库单逐笔登记库存材料明细账。

【例 12—36】某行政单位购入甲材料一批，价款 4200 元，运输费 210 元，共计 4410 元，款项通过单位零余额账户支付。材料已验收入库。行政单位应编制的会计分录为：

借：库存材料——甲材料　　　　　　　　　　　　　　4200
　　经费支出　　　　　　　　　　　　　　　　　　　　210
　　贷：零余额账户用款额度　　　　　　　　　　　　　　　　4410

【例 12—37】某行政单位某部门领用甲材料 100 件，每件单价 150 元，共计 15000 元。行政单位应编制的会计分录为：

借：经费支出　　　　　　　　　　　　　　　　　　15000
　　贷：库存材料——甲材料　　　　　　　　　　　　　　　　15000

行政单位的库存材料，每年至少应盘点一次。对于发生的盘盈、盘亏等情况，应当查明原因，属于正常的溢出或损耗，作为减少或增加当期支出处理。盘盈时，借记"库存材料"科目，贷记有关支出科目；盘亏时，借记有关支出科目，贷记"库存材料"科目。属于非正常性的毁损，应按规定的程序报经批准后处理。

【例 12—38】某行政单位年终库存材料盘点时，发现甲材料 10 件已经不能使用，每件单价 160 元。同时，盘盈乙材料 5 件，每件单价 210 元。经查，甲材料不能使用属于产品老化所致，乙材料盘盈属于漏记账所致。经批准，甲材料不能使用，作为增加当年经费支出处理，乙材料盘盈，作为减少当年经费支出处理。行政单位应编制的会计分录为：

（1）甲材料不能使用，作为增加当年经费支出处理，会计分录为：

借：经费支出　　　　　　　　　　　　　　　　　　1600
　　贷：库存材料——甲材料　　　　　　　　　　　　　　　　1600

（2）乙材料盘盈，作为减少当年经费支出处理，会计分录为：

借：库存材料——乙材料　　　　　　　　　　　　　1050
　　贷：经费支出　　　　　　　　　　　　　　　　　　　　1050

【例 12—39】某行政单位将多余不用的材料变价处理，收到变价收入款 780 元。处理材料的实际成本为 1000 元。行政单位应编制的会计分录为：

借：现金　　　　　　　　　　　　　　　　　　　　780
　　经费支出　　　　　　　　　　　　　　　　　　220

　　　　贷：库存材料　　　　　　　　　　　　　　　　1000

# 第二节　行政单位对外投资的核算

　　在对外投资的核算中，行政单位会计只设置了"有价证券"科目。有价证券在管理上要视同货币资金管理，而且我国的有关条例规定行政单位只能购买财政部门发行的国库券。在国债可以自由流通的制度下，有价证券也具有很强的流动性。因而，许多教科书把有价证券的核算并到货币资金的核算中介绍。我国《行政单位会计制度》规定行政单位购买的有价证券作为流动资产管理。

## 一、有价证券的管理

　　有价证券是表示一定财产权的证书。广义的有价证券，根据其体现的信用性质，可分为商品证券、货币证券、资本证券和其他证券。狭义的有价证券，专指证券市场上发行和流通的证券，包括股票和债券。由于行政单位是履行或代行国家职能的单位，为维护行政单位在履行公务时的公正性和独立性，行政单位不宜购买企业债券或金融债券，更不宜进行股票投资。行政单位购买有价证券，须遵守以下管理原则：

　　（1）按照国家规定，行政单位只能购买国库券，并严格遵守国务院颁布的《中华人民共和国国库券条例》，不得购买其他有价证券。

　　（2）行政单位购买国库券的资金来源，只能是国家规定其有权自行支配的结余资金。

　　（3）行政单位购入的有价证券应作为货币资金妥善保管，保证账券相符。

　　（4）各行政单位购买的有价证券，不得作为支出报销；兑付或到期的有价证券本金，应作恢复银行存款处理。

## 二、有价证券的核算

　　为核算行政单位有价证券的购入、转让和回收等情况，行政单位会计应设置"有价证券"总账科目。该科目属于资产类科目，购入有价证券时，按照实际支付的款项借记"有价证券"科目，贷记"银行存款"科目；兑付本息时，按实际收到的款项借记"银行存款"科目，按原支付数贷记"有价证券"科目，按兑付的利息贷记"其他收入"科目。"有价证券"科目借方余额反映尚未兑付的有价证券本金。

### （一）有价证券购入的核算

　　行政单位不论是以折价、溢价还是平价方式购入有价证券，均以取得时的实际成本记账。借记"有价证券"科目，贷记"银行存款"科目。

【例12-40】某行政单位用结余资金购入国库券200000元。行政单位应编制的会计分录为：

　　借：有价证券　　　　　　　　　　　　　200000
　　　　贷：银行存款　　　　　　　　　　　　　　200000

### （二）有价证券转让的核算

行政单位购入有价证券后，当单位需要资金时，可以在二级市场上将有价证券转让出去。转让时，按实际收到的价款（卖价扣除手续费、税金等后的余额）借记"银行存款"科目，按证券的账面实际成本贷记"有价证券"科目，按实收价款与账面成本的差额，借记或贷记"其他收入"科目。

【例12-41】某行政单位因急需用款，将以前年度购买的尚未到期的有价证券在流通市场上出售，实收价款为120000元，该项有价证券的账面金额为110000元。行政单位应编制的会计分录为：

　　借：银行存款　　　　　　　　　　　　　120000
　　　　贷：有价证券　　　　　　　　　　　　　　110000
　　　　　　其他收入　　　　　　　　　　　　　　10000

【例12-42】续【例12-41】，该单位将以前年度购买的尚未到期的有价证券在流通市场上出售，实收价款为100000元，该项有价证券的账面金额为110000元。行政单位应编制的会计分录为：

　　借：银行存款　　　　　　　　　　　　　100000
　　　　其他收入　　　　　　　　　　　　　10000
　　　　贷：有价证券　　　　　　　　　　　　　　110000

### （三）有价证券收益的核算

有价证券的收益包括两个方面：一是持有有价证券期间获得的利息；二是转让有价证券时获得的收益或损失。不论是哪种收益，均应通过"其他收入"科目核算。

【例12-43】某行政单位购买的200000元国库券现已到期，兑付时，获得利息20000元。行政单位应编制的会计分录为：

　　借：银行存款　　　　　　　　　　　　　220000
　　　　贷：有价证券　　　　　　　　　　　　　　200000
　　　　　　其他收入　　　　　　　　　　　　　　20000

# 第三节　行政单位固定资产的核算

行政单位的固定资产是指可供长期使用而不改变其实物形态的设备与设施。它包括房屋及建筑物、专用设备、一般设备、文物和陈列品、图书、其他固定资产等。固定资产是行政机关完成行政管理工作必要的物质条件。各单位应当建立必要的管理办法，切实管好、用好固定资产。

《行政单位会计制度》规定行政单位的固定资产是指一般设备单位价值在500元以上，专用设备单位价值在800元以上，使用期限在1年以上，并在使用过程中基本保持原有实物形态的资产。需要指出的是，在行政单位，有些单位价值虽未达到规定标准，但使用时间在1年以上的大批同类物资，也作为固定资产核算，如图书馆的图书等。

## 一、固定资产的分类

（1）房屋和建筑物。它包括行政单位拥有占用权和使用权的房屋、建筑物及其附属设施，还包括办公大楼、库房、职工宿舍、职工食堂、锅炉、围墙、水塔及房屋的附属设施。

（2）办公设备。指行政单位占用或者使用的各种办公用的设备，如办公用的家具等。

（3）专用设备。指行政单位根据业务工作的实际需要购置的各种具有专门性能和专门用途的设备，如公安、消防用的专用设备、仪器等。

（4）交通工具。指行政单位占有或者使用的各类交通工具，如小汽车、摩托车等。

（5）文物及陈列品。指行政单位占有或者使用的具有特别价值的文物和陈列品，如古物、纪念物品等。

（6）图书。指行政单位统一管理使用的批量业务用书，如图书馆、阅览室的图书等。

（7）其他固定资产。指以上各项未包括的其他固定资产。

## 二、固定资产的计价

固定资产的计价是指以货币表现的固定资产价值。行政单位的固定资产应当按照固定资产取得时的实际成本计价。为了如实地反映固定资产价值的增减变动，保证核算的统一性，各行政单位应按国家规定的统一计价原则，对固定资产进行计价。

（1）购入和调入的固定资产应分别按造价、购价和调拨价入账，包括买价、运费、包装费、安装费及购置车辆支付的附加费。购买固定资产过程中的差旅费不计入固定资产成本。

（2）自行建造的固定资产，按其实际耗用的料、工、费全部支出入账。

（3）在原有固定资产基础上进行改扩建的固定资产，应按改扩建固定资产时发生的支出减去改扩建固定资产过程中的变价收入后的净增价值，增记固定资产原值。

（4）接受捐赠的固定资产，按照同类固定资产的市场价格或根据提供的有关凭据记账。接受固定资产时发生的相关费用也应计入固定资产价值。

(5) 无偿调入的固定资产，应按调出单位的账面原价计价，不能查明原价的，估价入账。

(6) 盘盈固定资产，应按重置完全价值入账。

(7) 已投入使用但尚未办理移交手续的固定资产，可先按估计价值入账，待确定实际价值以后，再进行调整。

(8) 行政单位的固定资产不计提折旧。凡是购入、有偿调入的固定资产，均一次计入费用；调出、变卖、报废固定资产时，均以其原价注销。

购置固定资产过程中发生的差旅费，不计入固定资产价值。

已经入账的固定资产，除发生下列情况外，不得任意变动其价值：

(1) 根据国家规定对固定资产价值重新估价。

(2) 增加补充设备或改良装置的。

(3) 将固定资产的一部分拆除的。

(4) 根据实际价值调整原来暂估价值的。

(5) 发现原来记录的固定资产价值有错误的。

## 三、固定资产的核算

为了反映和监督行政单位固定资产的增减变动及结存情况，行政单位需设置"固定资产"和"固定基金"科目。行政单位的固定资产核算由会计部门和财产管理部门进行。会计部门设置"固定资产"和"固定基金"两个总账科目，并根据固定资产的分类设置二级账户，在账上只记金额，不记数量。财产管理部门设置固定资产明细账，按类别进行数量和金额的明细分类核算，并按照使用单位或个人设立固定资产领用登记簿。登记簿只记数量，不记金额。

"固定资产"科目用来核算和监督行政单位占有的全部固定资产的原始价值。该科目的借方登记各种渠道增加的固定资产原值；贷方登记调出、出售、报废固定资产的原值；余额在借方，反映行政单位期末占用的全部固定资产原值。

"固定基金"科目用来核算行政单位以各种渠道增加固定资产所形成的固定资金。该科目贷方登记因增加固定资产而增加的固定基金；借方登记因减少固定资产而减少的固定基金；余额在贷方，反映行政单位期末占用固定资产所形成的固定基金。

行政单位购买固定资产时，一方面要反映"固定资产"和"固定基金"同时增加；另一方面要反映增加该项固定资产所用的资金和形成的经费支出。其中，一部分用预算拨款购置的固定资产，直接列入经费支出；用上级拨入专款购入的固定资产，也记入"经费支出"的专款支出明细账。

行政单位购建、有偿调入固定资产时，借记有关支出科目，贷记"银行存款"等科目；同时，借记本科目，贷记"固定基金"科目。

接受捐赠的固定资产，借记本科目，贷记"固定基金"科目。

盘盈的固定资产，按重置完全价值，借记本科目，贷记"固定基金"科目。

有偿调出、变卖的固定资产，按其账面价值销账，借记"固定基金"科目，贷记本科目。

盘亏、毁损、报废的固定资产，按减少固定资产的账面原值销账。毁损、报废固定资产清理过程中发生的收入记入"其他收入"科目，清理过程中的支出，记入有关支出科目。

行政单位应设置"固定资产登记簿"或"固定资产卡片"，按固定资产类别进行明细核算。

**【例12－44】** 某行政单位用预算拨款资金购入一台设备，买价100000元，增值税17000元，运杂费及安装费3000元，货款以银行存款支付。行政单位应编制的会计分录为：

借：经费支出　　　　　　　　　　　　120000
　　贷：银行存款　　　　　　　　　　　　　120000

同时：

借：固定资产　　　　　　　　　　　　120000
　　贷：固定基金　　　　　　　　　　　　　120000

**【例12－45】** 某行政单位用上级拨入专款购入汽车2辆，该汽车单价56000元，发生与汽车有关的费用11200，共计123200元，均以银行存款支付。行政单位应编制的会计分录为：

借：经费支出　　　　　　　　　　　　123200
　　贷：银行存款　　　　　　　　　　　　　123200

同时：

借：固定资产　　　　　　　　　　　　123200
　　贷：固定基金　　　　　　　　　　　　　123200

**【例12－46】** 某行政单位用专项拨款改扩建其办公楼。改扩建支出300000元，改扩建过程中获得残料出售收入5000元。行政单位应编制的会计分录为：

借：经费支出　　　　　　　　　　　　295000
　　贷：银行存款　　　　　　　　　　　　　295000

同时：

借：固定资产　　　　　　　　　　　　295000
　　贷：固定基金　　　　　　　　　　　　　295000

**【例12－47】** 某行政单位接受外单位捐赠汽车1辆，价值120000元，发生与该汽车有关的费用22000元，均以银行存款支付。行政单位应编制的会计分录为：

借：经费支出　　　　　　　　　　　　22000
　　贷：银行存款　　　　　　　　　　　　　22000

同时：

借：固定资产　　　　　　　　　　　　142000

| | |
|---|---|
| 贷：固定基金 | 142000 |

**【例 12—48】** 某行政单位经上级主管部门批准，从同行业或相关部门无偿调入固定资产一项，原单位账面价值 600000 元；调入后以经费支出进行改造花费 50000 元。行政单位应编制的会计分录为：

| | |
|---|---|
| 借：固定资产 | 650000 |
| 　　贷：固定基金 | 650000 |

同时：

| | |
|---|---|
| 借：经费支出 | 50000 |
| 　　贷：银行存款 | 50000 |

**【例 12—49】** 某行政单位经上级批准有偿出售旧固定资产一项，账面原价为 500000 元，获出售收入 70000 元，货款存入银行。行政单位应编制的会计分录为：

| | |
|---|---|
| 借：固定基金 | 500000 |
| 　　贷：固定资产 | 500000 |

同时：

| | |
|---|---|
| 借：银行存款 | 70000 |
| 　　贷：其他收入 | 70000 |

**【例 12—50】** 某行政单位经上级批准无偿调出已使用过、现不需用的设备 1 台给相关部门，该设备原账面价值 250000 元。会计分录为：

| | |
|---|---|
| 借：固定基金 | 250000 |
| 　　贷：固定资产 | 250000 |

**【例 12—51】** 某行政单位经上级批准报废已无法使用的固定资产一项，原账面价值 60000 元，其变现收入 10000 元已收到并存入银行，以现金支付清理费 500 元。行政单位应编制的会计分录为：

| | |
|---|---|
| 借：固定基金 | 60000 |
| 　　贷：固定资产 | 60000 |
| 借：银行存款 | 10000 |
| 　　贷：其他收入 | 10000 |
| 借：经费支出 | 500 |
| 　　贷：现金 | 500 |

**【例 12—52】** 某行政单位在固定资产清查过程中，盘亏设备 1 台，账面原值 240000 元，现经有关部门批准同意报废。行政单位应编制的会计分录为：

| | |
|---|---|
| 借：固定基金 | 240000 |
| 　　贷：固定资产 | 240000 |

**【例 12—53】** 某行政单位在固定资产清查中，发现未入账的设备 1 台，重置完全价值为 30000 元。行政单位应编制的会计分录为：

| | |
|---|---|
| 借：固定资产 | 30000 |

　　　　贷：固定基金　　　　　　　　　　　　　　　　　　30000

　　固定资产在其使用过程中，由于使用磨损，或由于自然力的作用，往往发生固定资产局部的损坏。为了充分发挥固定资产的整体使用效能，保持固定资产的正常运转和使用，行政单位必须对受损的固定资产进行修理。支付修理费时，借记"经费支出"科目，贷记有关科目。

　　【例12—54】某行政单位对某设备进行修理，以银行存款支付修理费 3000元。行政单位应编制的会计分录为：

　　　　借：经费支出　　　　　　　　　　　　　　　　　　3000
　　　　　　贷：银行存款　　　　　　　　　　　　　　　　3000

　　行政单位的固定资产若发生短期或临时性闲置，可考虑出租以便提高固定资产的利用率，增加单位的收入。租出固定资产时，由于不会改变固定资产的所有权，不能作固定资产减少的处理。取得租金收入时，应借记"现金"或"银行存款"科目，贷记"其他收入"科目。

　　【例12—55】某行政单位短期租出办公用房 1 幢，收到全年租金收入 56000元。行政单位应编制的会计分录为：

　　　　借：银行存款　　　　　　　　　　　　　　　　　　56000
　　　　　　贷：其他收入　　　　　　　　　　　　　　　　56000

　　按照政府采购法的要求，凡是列入当年政府采购目录的设备，使用财政性资金购入的固定资产或建造的基本建设支出，应根据财政直接拨付的国库管理制度，由国库直接付款。行政单位应按要求编制季度分月用款计划，送主管部门审核汇总，报财政部门审核批复，则可实施购建固定资产的核算。

　　【例12—56】某行政单位收到政府集中采购方式购入的设备 1 台，购价380000 元，运杂费 300 元，安装调试费 300 元，全部由财政预算资金支付。行政单位应编制的会计分录为：

　　　　借：经费支出　　　　　　　　　　　　　　　　　　380600
　　　　　　贷：拨入经费　　　　　　　　　　　　　　　　380600
　　同时：
　　　　借：固定资产　　　　　　　　　　　　　　　　　　380600
　　　　　　贷：固定基金　　　　　　　　　　　　　　　　380600

　　【例12—57】某行政单位将自筹资金 50000 元划入政府采购资金专户，用于采购某专项设备。行政单位应编制的会计分录为：

　　　　借：暂付款——政府采购款　　　　　　　　　　　　50000
　　　　　　贷：银行存款　　　　　　　　　　　　　　　　50000

　　【例12—58】续【例12—57】，所购设备到货，经验收合格后投入使用。设备总价格为 80000 元，单位自筹资金承担 50000 元，财政预算资金支出 30000元。行政单位应编制的会计分录为：

　　　　借：经费支出　　　　　　　　　　　　　　　　　　80000

|  |  |
|---|---|
| 贷：暂付款——政府采购款 | 50000 |
| 　拨入经费 | 30000 |

同时：

|  |  |
|---|---|
| 借：固定资产 | 80000 |
| 贷：固定基金 | 80000 |

【例12—59】某行政单位购买某种办公设备5台，每台单价6000元。同时，发生运输费用200元，保险费用100元。以上款项共计30300元，通过财政零余额账户直接支付。行政单位应编制的会计分录为：

|  |  |
|---|---|
| 借：经费支出 | 30300 |
| 贷：拨入经费 | 30300 |

同时：

|  |  |
|---|---|
| 借：固定资产 | 30300 |
| 贷：固定基金 | 30300 |

## 复习思考题

1. 行政单位资产包括哪些内容？

2. 行政单位银行存款账户的开立与管理有哪些要求？

3. 行政单位现金管理有哪些要求？

4. 行政单位的零余额账户是否是一个实存资金的账户？为什么？在财政国库单一账户制度下，财政零余额账户和行政单位零余额账户都可以用来为行政单位支付款项，这两个账户有什么不同？

5. 对于已经实行财政国库单一账户制度改革的行政单位，财政应返还额度的业务内容是如何形成的？行政单位应当如何对财政应返还额度进行会计处理？

6. 什么是暂付款？行政单位应当如何加强对暂付款的管理？

7. 什么是库存材料？行政单位应当从哪几个方面加强对库存材料的管理？行政单位的库存材料应当如何计价？

8. 如果行政单位的办公材料采用随买随用的方式，或者没有大宗购入、不需要库存，行政单位是否还需要通过设置"库存材料"科目来核算相应的经济业务？为什么？

9. 什么是有价证券？行政单位购买有价证券应当遵循哪些管理要求？

10. 行政单位的固定资产可分为哪几类？行政单位的固定资产应当如何计价？行政单位固定资产的处置方式有哪几种？

# 第十三章　行政单位负债的核算

负债是单位承担的能以货币计量，需要以资产、产品或劳务来偿付的债务，是已经发生并在未来一定时期内必须偿付的经济义务，有确切的债权人和到期日，有确切的或可预计的金额，需要单位以资产、产品或劳务来偿付。行政单位的负债是行政单位承担的能以货币计量，需要以资产偿付的债务。行政单位是公共组织，向社会提供服务的资金来源是税收，税收与行政单位的公共服务之间不存在直接对应关系，因此，行政单位的负债只能以其资产偿付，而不可能像企业单位或事业单位那样以资产或劳务来偿还债务。行政单位的负债包括应缴预算款、应缴财政专户款、暂存款、应付工资以及应付津贴、补贴等。

行政单位的负债相对于一般企业来讲比较简单，不单独发行债券、不向银行借款、没有应交税金、没有应付利润等。《行政单位会计制度》规定行政单位的负债属于流动负债。行政单位会计科目设置中，没有长期负债和短期负债的区分，主要是短期性的，而且，一般来说也没有有偿性的借款，这是由行政单位的特殊性决定的，所有的往来借垫款项性质的负债只在"暂存款"一个科目中反映。企业会计中的应缴未缴款项主要是应缴税金，行政单位本身没有应税收入，也就没有单位应该缴纳的税金。但是，行政单位在履行或执行政府职能时会收到一些应纳入政府预算管理，或者是不纳入政府预算管理但要纳入财政预算外资金专户管理的财政性资金，这类应缴未缴的款项也构成了行政单位的负债。

行政单位就其职能和目标来说，一般不应该，也不可能发生大量的债务。即使发生了少量的负债，行政单位也应该加强管理，定期清查，及时结算，防止拖欠。

## 第一节　行政单位应缴预算款的核算

### 一、应缴预算款的内容

行政单位应缴预算款是指行政单位在公务活动中，按规定取得的各项应缴财政的收入。它主要包括：

（1）纳入预算管理的政府性基金。指行政单位根据法律、行政法规以及中共中央、国务院有关文件规定，向公民、法人和其他组织无偿征收的具有专项用途的财政资金。如养路费、铁路建设基金、能源建设基金、三峡工程建设基金、新菜地开发基金、公路客货运附加费、民航基础设施建设基金、地方教育基金费、港口建设费、民航机场管理建设费等。

（2）纳入预算管理的行政性收费。这是指行政单位在行使管理职能的过程中，依据国家法律、法规向公民、法人和其他组织收取的行政性费用。如各级公安、司法、民政、工商行政管理等行政单位为发放各种证照、簿册等而向有关单位和个人收取的工本费、手续费、商标注册费、企业登记注册费、公证费等费用。根据有关规定，行政性收费实行中央、省两级审批制度。省以下各级人民政府及其部门无权审批设立行政性收费项目或调整收费标准。对未纳入预算管理的行政性收费则应缴入财政专户进行管理。

（3）罚没款项。指国家行政单位，主要是各级司法、行政执法机关依据国家法律、法规，对公民、法人和其他组织实施经济处罚所取得的各项罚款、没收款、没收财物变价收入款以及有关行政单位取得的无主实物变价款等。

（4）其他应缴预算的资金。指其他按照规定应缴财政预算的资金。

## 二、应缴预算款的管理要求

应缴预算款是纳入财政预算的款项，行政单位必须加强对应缴预算款的管理。应缴预算款的管理要求主要是：

（1）依法收取。应缴预算款项的收取是一项政策性较强的工作，无论是政府性基金的收取、行政性收费的收取还是罚没款项的收取等，行政单位都必须严格依据国家有关法律和法规的规定进行，不得超越法律和法规的规定自行立项，随意收取。

（2）及时、足额上缴国库。行政单位的应缴预算款项应当按照同级财政部门规定的缴款方式、缴款期限及其他缴款要求，及时、足额地上缴国库。对于未达到缴款起点或需要定期清缴的应缴预算款项，行政单位应当及时存入银行存款账户。每月月末，不论是否达到缴款额度，应缴预算款项均应清理结缴。行政单位不得缓缴、截留、挪用或自行坐支应缴预算款项。年终，行政单位必须将当年的应缴预算款项全部清缴入库。

## 三、应缴预算款的核算

为了反映和监督各级行政单位应缴预算款的业务，行政单位应设置"应缴预算款"总账科目。该科目贷方登记各行政单位按照国家规定依法收取的各种应缴预算收入款，借方登记行政单位实际上缴给财政的应缴预算收入款。收到应缴预算款项时，借记"银行存款"等科目，贷记本科目；上缴时，借记本科目，贷记"银行存款"等科目。本科目贷方余额，反映应缴未缴数。年终，本科目应无余额。该科目应按预算收入的类别设置明细账。

【例13—1】某行政单位根据有关规定收到各种行政性收费80000元存入银行。行政单位应编制的会计分录为：

借：银行存款　　　　　　　　　　　　　　80000

　　贷：应缴预算款——行政性收费　　　　　　80000

【例13—2】某行政单位依法收得罚没收入12500元存入银行。行政单位应编制的会计分录为：

借：银行存款　　　　　　　　　　　　　　12500

　　贷：应缴预算款——罚没款　　　　　　　　12500

【例13—3】某行政单位将多年无人认领的多件财物出售，获得价款6500元存入银行。行政单位应编制的会计分录为：

借：银行存款　　　　　　　　　　　　　　6500

　　贷：应缴预算款——无主财物变价款　　　　6500

【例13—4】某行政单位追回赃物一批，变价出售后，获得价款89000元存入银行。行政单位应编制的会计分录为：

借：银行存款　　　　　　　　　　　　　　89000

　　贷：应缴预算款——赃款赃物变价款　　　　89000

【例13—5】某行政单位依据有关规定收取政府性基金1000000元存入银行。行政单位应编制的会计分录为：

借：银行存款　　　　　　　　　　　　　　1000000

　　贷：应缴预算款——政府性基金　　　　　　1000000

【例13—6】某行政单位将本月取得的罚没收入和规费收入等共计1680000元全数上缴财政。行政单位应编制的会计分录为：

借：应缴预算款　　　　　　　　　　　　　1680000

　　贷：银行存款　　　　　　　　　　　　　1680000

对于已经实行国库单一账户制度改革，并且已经取消了收入过渡账户的行政单位，可以根据"非税收入一般缴款书"等原始凭证，借方、贷方同时记"应缴预算款"总账科目；也可以通过设置"应缴预算款备查登记簿"进行登记和管理，不做会计分录。

【例13—7】某行政单位已经进行财政国库单一账户制度改革，并且已经取消了应缴预算款项的收入过渡账户。该行政单位收到一项应缴财政预算的行政性收费14000元。行政单位于收款当日将该笔款项缴入国库。行政单位可编制如下会计分录：

借：应缴预算款　　　　　　　　　　　　　14000

　　贷：应缴预算款　　　　　　　　　　　　14000

行政单位也可以不编制以上会计分录，通过设置应缴预算款备查登记簿的方法登记该笔应缴预算款项的收取和缴库业务。

# 第二节　行政单位应缴财政专户款的核算

## 一、应缴财政专户款的内容

应缴财政专户款是指行政单位按规定代收的应上缴财政专户的预算外资金收入。财政专户实际上是财政预算外资金专户的简称。行政单位的预算外资金，是指行政单位在履行政府职能过程中形成的未纳入财政预算管理的资金。

行政单位的预算外资金是行政单位为履行或代行政府职能，依据国家法律法规和具有法律效力的规章而收取、提取和安排使用的未纳入国家预算管理的各种财政性资金。行政单位预算外资金主要包括：

（1）根据国家法律、法规的规定收取、提取的各种行政事业性收费、基金（资金、附加收入）和凭借政府职权筹集的资金等。

（2）按照国务院和省、自治区、直辖市人民政府及其财政和计划（物价）部门共同审批的项目和标准，收取或提取的各种行政事业性收费。

（3）按照国务院和财政部审批的项目和标准向企事业单位和个体征收、募集或以政府信誉建立的具有特定用途的各种基金（资金、附加收入）。

（4）主管部门按照国家规定从所属企业、事业单位和社会团体中集中的管理费及其他资金。

（5）用于乡（镇）政府开支的乡（镇）自筹资金和统筹资金。

（6）其他未纳入财政预算管理的财政性资金。

此外，社会保障基金在国家财政建立社会保障预算制度以前，先按预算外资金管理制度进行管理。

## 二、应缴财政专户款的管理要求

应缴财政专户款是行政单位应上缴财政专户的预算外资金，行政单位必须加强对应缴财政专户款的管理。应缴财政专户款的管理要求主要是：

（1）按规定收取或提取。预算外资金是体现政府职能的财政性资金，行政单位应当严格按照有关规定收取或提取，不得随意收取或提取。

（2）实行收支两条线管理。预算外资金不是单位的自有资金，必须纳入财政管理。设置财政专户，实行收支两条线管理，是加强预算外资金管理的一个有效方法。财政部门要在银行开设统一的专户，用于预算外资金收入和支出的管理。行政单位取得的预算外资金必须缴入同级财政专户，支出由同级财政按预算外资金收支计划和单位财务收支计划统筹安排，从财政专户中拨付。具体方法有全额上缴、比例上缴和结余上缴三种。

（3）实行直接缴库和集中汇缴的方式，逐步将预算外资金纳入国库单一账户管理。在两种方式下，由执收单位开具统一规定的"非税收入一般缴款书"，由缴款人直接持票据到代理银行缴款，或由执收单位收款并按日汇总后，到代理银行将所收款项缴入财政专户。

## 三、应缴财政专户款的核算

为核算应缴财政专户款业务，行政单位会计应设置"应缴财政专户款"总账科目。行政单位收到应上缴财政专户的各项预算外资金时，借记"银行存款"等科目，贷记该科目；上缴财政专户时，做相反的会计分录。实行预算外资金结余上缴财政专户办法的行政单位定期结算预算外资金结余时，按结余数借记"预算外资金收入"科目，贷记该科目。实行按比例上缴财政专户的行政单位收到预算外资金时，应分别记入"应缴财政专户款"和"预算外资金收入"科目，借记"银行存款"科目，贷记"预算外资金收入"、"应缴财政专户款"科目。该科目贷方余额表示行政单位预算外资金的应缴未缴数。年终，该科目应无余额。该科目应按预算外资金的类别设置明细账。

我国行政事业单位预算外资金上缴专户的方式共有三种，分别是全额上缴、比例上缴和结余上缴。上缴方式不同，会计核算也不同。

### （一）全额上缴

实行全额上缴办法的行政单位，在收到应上缴财政专户的各项收入时，借记"银行存款"等科目，贷记"应缴财政专户款"科目；上缴财政专户时，做相反的会计分录。

【例13—8】某行政单位实行预算外资金全额上缴办法，收到未纳入预算管理的行政性收费400元，存入银行。行政单位应编制的会计分录为：

借：银行存款　　　　　　　　　　　　　　　　　　　　400
　　贷：应缴财政专户款——行政性收费　　　　　　　　　　400

【例13—9】续【例13—8】，该行政单位收到未纳入预算管理的某项基金500元，存入银行。行政单位应编制的会计分录为：

借：银行存款　　　　　　　　　　　　　　　　　　　　500
　　贷：应缴财政专户款——某基金　　　　　　　　　　　　500

【例13—10】续【例13—8】、【例13—9】，该行政单位将收到的预算外资金900元上缴财政专户。行政单位应编制的会计分录为：

借：应缴财政专户款——行政性收费　　　　　　　　　　400
　　应缴财政专户款——某基金　　　　　　　　　　　　500
　　贷：银行存款　　　　　　　　　　　　　　　　　　　900

### （二）比例上缴

实行按比例上缴财政专户的行政单位，收到预算外资金，按确定上缴比例记入"应缴财政专户款"科目。借记"银行存款"科目，贷记"应缴财政专户款"

（应上缴部分）和"预算外资金收入"（留用部分）科目；将上述应缴部分上缴时，借记"应缴财政专户款"科目，贷记"银行存款"科目。

【例13-11】某行政单位实行预算外资金按比例上缴财政专户的办法，对于取得的预算外资金，按60%上缴财政专户。该单位收到某项预算外资金20000元，将其中的12000元上缴财政专户。行政单位应编制的会计分录为：

借：银行存款 20000
　　贷：预算外资金收入 8000
　　　　应缴财政专户款 12000

同时：

借：应缴财政专户款 12000
　　贷：银行存款 12000

【例13-12】某行政单位实行预算外资金比例上缴办法，上缴比例60%，留用比例40%。现收到一笔行政性收费1000元，已存入银行。行政单位应编制的会计分录为：

借：银行存款 1000
　　贷：应缴财政专户款 600
　　　　预算外资金收入 400

【例13-13】该行政单位本月应缴财政专户的预算外资金共计20000元，月末，全数缴入财政专户。行政单位应编制的会计分录为：

借：应缴财政专户款 20000
　　贷：银行存款 20000

### （三）结余上缴

实行预算外资金结余上缴财政专户办法的单位，收到预算外收入款项时，借记"银行存款"科目，贷记"预算外资金收入"科目；使用预算外资金时，借记"经费支出"科目，贷记"银行存款"科目；定期结算预算外资金结余时，应按结余数借记"预算外资金收入"科目，贷记"应缴财政专户款"科目；上缴财政专户时，借记"应缴财政专户款"科目，贷记"银行存款"科目。

【例13-14】某行政单位实行预算外资金结余上缴办法，收到一笔行政性收费180000元，已存入银行。行政单位应编制的会计分录为：

借：银行存款 180000
　　贷：预算外资金收入 180000

【例13-15】续【例13-14】，该行政单位按规定日期结算预算外资金结余12000元，将该结余上缴财政专户。行政单位应编制的会计分录为：

借：预算外资金收入 12000
　　贷：应缴财政专户款 12000

同时：

借：应缴财政专户款 12000

　　　　贷：银行存款　　　　　　　　　　　　　　　　　　　　　12000

　　对于已经实行非税收入收缴制度改革、取消了收入过渡账户的行政单位，可以根据"非税收入一般缴款书"等原始凭证，借方、贷方同时记"应缴财政专户款"总账科目；也可以通过设置"应缴财政专户款备查登记簿"进行登记和管理，不做会计分录。

　　**【例13－16】**某行政单位已经实行非税收入收缴制度改革，应缴财政专户款项的收入过渡账户已经取消。该行政单位收到未纳入预算管理的行政性收费1850元。行政单位于收款当日将款项缴入财政部门在商业银行开设的预算外资金专户。行政单位可编制如下会计分录：

　　　　借：应缴财政专户款　　　　　　　　　　　　　　　　　1850
　　　　　　贷：应缴财政专户款　　　　　　　　　　　　　　　　1850

　　行政单位也可以不编制以上会计分录，通过设置应缴财政专户款备查登记簿的方法登记该笔应缴财政专户款的业务内容。

# 第三节　行政单位暂存款的核算

　　暂存款是行政单位在业务活动中与其他单位或者个人发生的预收、代管等待结算的款项。预收款项是指其他单位或个人存放于单位的一些款项，如存入的保证金、押金等。代管款项是指行政单位代为管理的不属于本单位所有的各项资金，包括接受其他单位委托代管的经费及单位内部有关机构的资产，如个人住房资金、工会经费等。

　　由于行政单位是不以营利为目的的公共组织，财政拨款是其主要甚至是唯一的资金来源，它不像企业单位那样依靠对外提供劳务或销售产品而取得资金，也没有事业单位那样多的服务对象和资金往来关系，与其他单位之间的暂存、应付款项目也比较少，内容也较简单，因此，行政单位只设置了"暂存款"一个会计科目对行政单位在业务活动中与其他单位和个人发生的待结算款项进行核算。

## 一、暂存款的管理要求

　　（1）必须将暂存款与单位的收入、应缴预算款和应缴财政专户款区分清楚，不得混淆，不得将应当纳入单位收入管理的款项列入暂存款项。

　　（2）对各种暂存款项应当及时清理、结算，不得长期挂账。

## 二、暂存款的核算

　　为核算行政单位发生的临时性暂存、应付等待结算款项，应设置"暂存款"总账科目。发生暂存款时记贷方，结算或退还暂存款时记借方。收到暂存款时，借记"银行存款"、"现金"等科目，贷记"暂存款"科目；冲销或结算退还暂存款时，借记"暂存款"科目，贷记"银行存款"、"现金"等科目。余额在贷方，反映尚未结算的暂存款数额。"暂存款"科目应按债权单位或个人名称设置明细账。

【例13—17】某行政单位收到一笔性质不清的款项6000元。行政单位应编制的会计分录为：

借：银行存款　　　　　　　　　　　　　　　　　　6000
　　贷：暂存款　　　　　　　　　　　　　　　　　　6000

【例13—18】续【例13—17】，经核实，收到的性质不清的6000元款项是所属某单位错缴，予以退还。行政单位应编制的会计分录为：

借：暂存款　　　　　　　　　　　　　　　　　　　6000
　　贷：银行存款　　　　　　　　　　　　　　　　　6000

【例13—19】某行政单位购入材料一批，价款8000元，因资金紧张，尚未付款。运杂费200元以现金支付。行政单位应编制的会计分录为：

(1) 材料价款部分：

借：库存材料　　　　　　　　　　　　　　　　　　8000
　　贷：暂存款　　　　　　　　　　　　　　　　　　8000

(2) 运杂费部分：

借：经费支出　　　　　　　　　　　　　　　　　　200
　　贷：现金　　　　　　　　　　　　　　　　　　　200

# 第四节　行政单位应付工资与应付津贴、补贴的核算

## 一、应付工资与应付津贴、补贴的概念和管理

应付工资是指行政单位按照国家统一规定应发放给在职人员的职务工资、级别工资、年终一次性奖金等。行政单位按照国家统一规定发放给离退休人员的离休、退休费及经国务院或人事部、财政部批准设立的津贴、补贴，属于行政单位的应付离退休费。

应付津贴、补贴是指行政单位按照地方或部门、单位出台的规定应发放给行政单位职工的地方或部门津贴、补贴。

除以上应付工资和应付津贴、补贴外，行政单位按照国家规定发给个人的其他收入，包括误餐费、夜餐费，出差人员伙食补助费、市内交通费，出国人员伙食费、公杂费、个人国外零用费，发放给个人的一次性奖励等，是行政单位的应付其他个人收入。

行政单位应当加强和规范对工资和津贴、补贴发放业务的管理，全面、准确地核算工资和津贴、补贴的发放业务。行政单位在向职工发放应付工资（离退休费）和应付地方（部门）津贴、补贴时，应以银行卡的形式发放。中央和省级行政单位一律以银行卡的形式发放，不可以发放现金。

行政单位应当按照规定将发放的工资（离退休费），地方（部门）津贴、补贴和其他个人收入的情况，在部门决算中单独反映。

## 二、应付工资与应付津贴、补贴的核算

为了进一步加强和规范行政单位工资和津贴、补贴发放的会计管理，全面、准确地核算工资和津贴、补贴发放业务，行政单位会计核算应设置"应付工资（离退休费）"、"应付地方（部门）津贴补贴"、"应付其他个人收入"三个总账科目，并在资产负债表中"负债部类"下列示应付工资（离退休费）、应付地方（部门）津贴补贴、应付其他个人收入三个项目。

发放工资（离退休费）时，借记相关支出科目，贷记"应付工资（离退休费）"；同时，借记"应付工资（离退休费）"，贷记"银行存款"或"拨入经费"（财政直接支付）等科目。

发放地方（部门）津贴、补贴时，借记相关支出科目，贷记"应付地方（部门）津贴补贴"；同时，借记"应付地方（部门）津贴补贴"，贷记"银行存款"或"拨入经费"（财政直接支付）等科目。

发放其他个人收入时，借记相关支出科目，贷记"应付其他个人收入"科目；同时，借记"应付其他个人收入"科目，贷记"银行存款"、"零余额账户用款额度"等科目。

在以上三个科目下可按"在职人员"、"离休人员"、"退休人员"设二级科目进行明细核算。

【例13—20】甲行政单位本月应付职工工资510000元，其中，基本工资480000元，地方津贴30000元，工资实行财政统发的办法。行政单位应编制的会计分录为：

借：经费支出——基本支出（基本工资）　　　　　　480000
　　　　　　——基本支出（补贴工资）　　　　　　30000
　　贷：应付工资　　　　　　　　　　　　　　　　480000
　　　　应付地方津贴补贴　　　　　　　　　　　　30000
同时：
借：应付工资　　　　　　　　　　　　　　　　　　480000
　　应付地方津贴补贴　　　　　　　　　　　　　　30000
　　贷：拨入经费——基本支出　　　　　　　　　　510000

【例13—21】乙行政单位本月发放出差人员误餐费10000元，属于财政授权支付业务。行政单位应编制的会计分录为：

借：经费支出——基本支出（其他工资）　　　　10000
　　贷：应付其他个人收入　　　　　　　　　　　　　10000
同时：
借：应付其他个人收入　　　　　　　　　　　10000
　　贷：零余额账户用款额度　　　　　　　　　　　10000

## 复习思考题

1. 行政单位的负债内容有哪些？

2. 什么是应缴预算款？主要内容有哪些？

3. 对于已经实行国库单一账户制度改革，并且已经取消了收入过渡账户的行政单位，应当如何核算应缴预算款的业务？对于尚未实行国库单一账户制度改革、暂未取消收入过渡账户的行政单位，应当如何核算应缴预算款的业务？取消了收入过渡账户的行政单位，与暂未取消收入过渡账户的行政单位，在核算应缴预算款的方法上有什么不同？

4. 什么是应缴财政专户款？它与应缴预算款有什么不同？应缴财政专户款主要包括哪些内容？

5. 对于已经实行非税收入收缴制度改革、取消了收入过渡账户的行政单位，应当如何核算应缴财政专户款的业务？对于尚未实行非税收入收缴制度改革、暂未取消收入过渡账户的行政单位，应当如何核算应缴财政专户款的业务？

6. 什么是暂存款？暂存款核算的内容有哪些？

7. 行政单位应当如何核算应付工资、应付离退休费、应付地方（部门）津贴补贴、应付其他个人收入？

# 第十四章 行政单位收入与支出的核算

## 第一节 行政单位收入的核算

行政单位收入是指行政单位为开展业务活动，依法取得的非偿还性资金，包括拨入经费、预算外资金收入和其他收入。

行政单位不直接从事物质资料生产，它是履行国家职能的管理部门。因此，其资金来源主要有两大渠道：一是来源于国家财政拨款，二是来源于预算外资金收入。行政单位会计应当按照要求对这两大类资金进行反映和监督。

### 一、拨入经费的核算

#### （一）拨入经费的管理

拨入经费，是指行政单位按照经费领报关系，由财政部门或上级主管部门拨入的预算经费。拨入经费是行政单位的主要资金来源，是行政单位开展业务活动的基本财力保证。行政单位必须加强对拨入经费的管理。

1. 领拨经费的依据

各级行政单位领拨经费的依据，是经过财政部门或主管单位审核批准后的单位预算。

单位预算是各级行政单位根据国家相关的方针政策和要求，结合单位的计划和行政任务，参照上年度单位预算执行情况和预算年度的变化数据编制的年度预算资金收支计划。为保证资金的合理使用，各级行政单位应根据年度单位预算，在季度开始前编制"季度分月用款计划表"。"季度分月用款计划表"的格式如表14—1。

各级行政单位，领取"拨入经费"，要根据财政核定的年度预算和季度分月用款计划，填写"经费请拨书"，按领报关系，经财政或上级单位审批后拨入。

2. 领拨经费的原则

经费领拨是执行国家预算的重要环节，是行政单位执行任务的财力保证。按照正确的原则领到和拨付经费，保证预算资金的及时供应，同时对经费领拨活动进行核算和监督，是行政单位会计的重要内容。单位领拨经费时，应坚持下列原则：

### 表 14—1　季度分月用款计划表

编制单位：　　　　　　　　　　　　××年第一季度　　　　　　　　　　　单位：

| 预算账户 | | 全年预算款 | 分月用款计划 | | | | | | | |
|---|---|---|---|---|---|---|---|---|---|---|
| | | | 合计 | | 月份 | | 月份 | | 月份 | |
| 编号 | 名称 | | 计划数 | 核定数 | 计划数 | 核定数 | 计划数 | 核定数 | 计划数 | 核定数 |
| | | | | | | | | | | |
| | | | | | | | | | | |
| | | | | | | | | | | |
| | | | | | | | | | | |

单位负责人　　　　　　　　　　　　会计　　　　　　　　　　　　　制表

（1）按计划领拨经费。行政单位应按照核定的单位年度预算和按"款"、"项"反映的季度分月用款计划领取和拨付经费。财政部门和主管单位根据计划分月拨款，不办理无预算、超计划的拨款。如果由于行政计划或任务变动而需要增加拨款，应编制追加预算，并经过财政部门或主管单位审核批准以后，才能增加拨款。

（2）按进度领拨经费。财政部门或主管会计单位除根据季度分月用款计划拨款外，还应结合单位各项计划和行政任务的执行进度、资金结余情况拨付经费，既要保证计划内所需资金及时供应，又要防止资金积压。

（3）按支出用途拨款。各行政单位的经费，应按照预算规定的用途拨付，不能随便改变支出用途。一个单位系统凡涉及两个"款"以上经费项目的，应在系统内按"款"领拨经费，"款"与"款"之间未经财政机关批准不得通用。

（4）按预算级次领拨。各行政单位应按国家规定的预算级次逐级领拨经费。各主管会计单位不能向没有经费领拨关系的单位垂直拨款，同级主管部门之间也不能发生横向经费领拨关系，如有需要，应通过同级财政机关办理划转预算手续。

3. 拨入经费的方式

行政单位领拨经费的方式在目前主要有两种：一是传统的经费拨款方式，二是正在试点并逐步推广的国库集中收付方式。

（1）传统的经费拨款方式。财政部门对主管部门或主管部门对所属单位的传统经费拨款方式是指划拨资金。

划拨资金，又称实拨资金，是财政机关根据主管单位的申请，按月开出预算拨款凭证，通知国库将财政存款划转到申请单位在银行的存款户，由主管单位按规定用途办理转拨或支用，月末由用款单位编报单位预算支出报表的一种拨款办法。

　　划拨资金的具体程序是：主管会计单位根据核定的年度预算和分期用款计划，填写"预算拨款申请书"一式四联，一联留存，其余三联送交财政机关。财政机关主管业务部门审查复核后，由部门领导签章，政府财政会计据以填写拨款凭证（主管会计单位在同城的，填写"预算拨款凭证"；主管会计单位在异地的，填写"银行汇款凭证"）一并送国库办理资金拨付手续。政府财政会计签发支付令后，将"预算拨款申请书"第二联留存，第三联退主管业务部门，第四联退申请单位。国库收到拨款凭证审核无误后，在凭证有关联次上签章，预算拨款凭证第一联据以记账，第二、第三联转往申请单位开户行，第四联退财政机关，由总会计据以记账。主管会计单位根据开户行的收款通知入账，并可在存款余额内直接支用或向下属单位逐级转拨经费。

　　主管会计单位向所属会计单位转拨经费时，所属单位在同城的，应使用"预算拨款凭证"办理转拨；所属单位在异地的，应使用"银行信汇凭证"转拨，紧急用款，可使用"银行电汇凭证"。预算拨款凭证的格式如表 14－2 所示。

**表 14－2　预算拨款凭证**

拨款日期　　年　　月　　日　　　　　　　　第　　号

| 收款单位 | 全称 | | | 付款单位 | 全称 | | | | | | | | | | |
|---|---|---|---|---|---|---|---|---|---|---|---|---|---|---|---|
| | 账号 | | | | 账号或地址 | | | | | | | | | | |
| | 开户银行 | | 行号 | | 开户银行 | | | | 行号 | | | | | | |
| 拨款金额 | 人民币（大写） | | | | 千 | 百 | 十 | 万 | 千 | 百 | 十 | 元 | 角 | 分 | |
| 用途 | 类：　　款：　　项： | | | | | | | | | | | | | | |
| 拨款单位盖章 | | | | 银行会计分录 | （付）对方账户　　复核员：　　　　记账员： | | | | | | | | | | |

　　（2）国库集中收付的拨入经费方式。国库集中支付制度，也称国库单一账户制度。国库集中收付制度的内容是：所有财政收入直接缴入国库单一账户体系或预算外资金财政专户，所有财政支出均由国库单一账户体系直接支付给商品和劳务提供者或用款单位。国库集中支付又分为财政直接支付方式和财政授权支付方式。财政直接支付是财政直接向行政单位的供应商支付款项，或直接向行政单位

的员工支付工资；财政授权支付则是财政部门向行政单位授权，允许其从指定银行支付一定额度以内的款项，以满足单位支出的需要。目前，财政直接支付的主要范围是工资支出、通过政府采购的工程支出和材料采购支出，其余的零星支出都通过财政授权支付方式支出。

国库集中收付制度是现代财政国库管理制度的重要内容。我国各地正在结合实际情况，逐步建立以国库单一账户体系为基础，资金缴拨以国库集中收付为主要形式的现代财政国库管理制度。这一制度的建立遵循着统一规划、分步实施的原则，采取先试点、后扩大、再推广的办法进行。

按照国库集中收付制度的试点要求，工资性支出、政府采购支出、基本建设项目支出和专项支出等先开始实施，最终将所有政府性基金、行政性收费、罚没收入和预算外资金全部纳入国库集中收付管理。国库集中收付制度的实施，导致行政单位的拨入经费方式发生新的变化。与传统的经费拨款方式相比，在国库集中收付制度下，行政单位的经费领拨产生以下两个新的变化：

第一，预算资金在各行政单位间层层转拨的情况将消失，代之以国库直接支付。各行政单位需要使用资金时，将由国库单一账户直接支付到劳务提供者和商品供应者账户上。主管部门和上级单位在汇总资产负债表时，将所属单位的数字相加时，上级的"拨出经费"和下级的"拨入经费"不用相抵。

第二，各单位在银行应开设零余额账户，并在会计科目上增加一个"零余额账户用款额度"总账科目，专门核算单位在财政下达授权支付额度内的支付业务。这样，财政资金在各单位沉淀的现象将消失。行政单位原来的"银行存款"账户主要核算自筹资金收入、各项往来款项和以前年度结余等内容。

### （二）拨入经费的核算

为核算行政单位按照经费领报关系，由财政部门或上级单位拨入的预算经费，行政单位应设置"拨入经费"科目。收到拨款时，借记"银行存款"科目，贷记本科目；缴回拨款时，借记本科目，贷记"银行存款"科目。平时贷方余额反映拨入经费累计数。年终结账时，将本科目贷方余额（不含收到财政部门或上级单位预拨的下年度的经费）转入"结余"科目时，借记本科目，贷记"结余"科目。

行政单位的"拨入经费"科目应按拨入经费的用途和资金管理要求分别设置"基本支出"和"项目支出"两个二级科目，二级科目下按照《政府收支分类科目》中的"支出功能分类"的"项"级科目设置明细账。

行政单位的专项经费需要单独向拨款单位（财政部门或上级主管部门）报账并在"项目支出"二级科目下核算。行政单位的专项经费拨款一般以科研款和工程专项款为主，如科技三项拨款、专项设备购置拨款、房屋大修拨款等。

行政单位收到非主管会计单位拨入的财政性资金（如公费医疗经费、住房基金等），也应在"项目支出"二级科目下按拨入的单位分别进行明细核算。

将以上"拨入经费"总账科目的二级科目设置成"项目支出"，目的是为了与"经费支出"总账科目设置的二级科目"项目支出"进行配合，从而将行政单位部门预算中的项目经费的来源和使用情况反映清楚。

行政单位各项收入来源实行统一管理、统筹安排使用的预算管理方法，与行政单位的各项支出都安排有其相应的资金来源渠道是不相矛盾的。例如，行政单位为开展某项专业业务活动会发生相应的项目支出。该项目支出的资金来源可以全部来源于拨入经费；也可以部分来源于拨入经费，部分来源于预算外资金收入。这样，行政单位为开展该项专业业务活动所发生的项目支出，可能会仅与拨入的专项预算经费相关，也可能会同时与拨入的专项预算经费和拨入的专项预算外资金相关。为了将开展该项专业业务活动的支出与相应的收入进行配合，如实反映部门预算的执行情况，行政单位在核算相应的"拨入经费"、"预算外资金收入"时，设置与"经费支出"一样的"项目支出"二级科目。当然，行政单位也可以将"项目支出"二级科目的名称改称"项目收入"，但其将开展专业业务活动的资金运用与开展专业业务活动的资金来源进行配合的原理是一样的。行政单位设置"拨入经费"二级科目"基本支出"的原理，与设置"拨入经费"二级科目"项目支出"一样。

1. 实拨资金方式下拨入经费取得的核算

在实拨资金方式下，行政单位根据部门预算和用款计划，按规定的时间和程序向财政部门提出资金拨入请求。财政部门经审核无误后，将财政资金直接拨入行政单位的开户银行。行政单位在收到开户银行转来的收款通知时，确认拨入经费。在实拨资金方式下，行政单位可能会收到上级主管单位转拨的财政预算资金。在这种情况下，行政单位也是在收到开户银行转来的收款通知时，确认拨入经费。

【例14-1】某行政单位本月按计划收到同级财政局拨来经常性经费拨款1800000元。行政单位应编制的会计分录为：

借：银行存款　　　　　　　　　　　　　1800000
　　贷：拨入经费——基本支出　　　　　　　　　1800000

【例14-2】某行政单位收到上级主管部门的通知，要求缴回多拨的经常性经费5500元。行政单位应编制的会计分录为：

借：拨入经费——基本支出　　　　　　　　5500
　　贷：银行存款　　　　　　　　　　　　　　5500

【例14-3】某行政单位收到财政以实拨资金方式拨付的本月经费100000元。行政单位应编制的会计分录为：

借：银行存款　　　　　　　　　　　　　100000
　　贷：拨入经费——基本支出　　　　　　　　　100000

【例14-4】某行政单位收到同级财政部门批准拨入的甲专项工程款650000元。该工程建设过程中开支620000元。工程完工后作为单位固定资产，并向财政部门报账，多余资金上缴60%，单位自留40%转入结余。行政单位应编制的会计分录为：

（1）收到拨款时：

借：银行存款　　　　　　　　　　　　650000

　　贷：拨入经费——项目支出　　　　　　　　650000

（2）支付有关费用：

借：经费支出——项目支出　　　　　　620000

　　贷：银行存款　　　　　　　　　　　　　620000

（3）工程完工报账时：

借：拨入经费——项目支出　　　　　　30000

　　贷：银行存款　　　　　　　　　　　　　18000

　　　　结余　　　　　　　　　　　　　　　12000

同时：

借：固定资产　　　　　　　　　　　　620000

　　贷：固定基金　　　　　　　　　　　　　620000

**【例 14—5】** 某行政单位收到公费医疗办公室拨入的公费医疗经费 20000 元。行政单位应编制的会计分录为：

借：银行存款　　　　　　　　　　　　20000

　　贷：拨入经费——项目支出　　　　　　　20000

**2. 财政直接支付方式下拨入经费取得的核算**

在财政直接支付方式下，行政单位根据部门预算和用款计划，在需要财政部门支付资金时，向财政部门提出财政直接支付申请。财政部门经审核无误后，通过财政零余额账户直接将款项支付给收款人。行政单位在收到财政部门委托财政零余额账户代理银行转来的财政直接支付入账通知书时，确认拨入经费。

**【例 14—6】** 某行政单位已经纳入财政国库单一账户制度改革。该行政单位收到财政部门委托代理银行转来的财政直接支付入账通知书，财政部门为行政单位支付了为开展日常行政活动所发生的经费 23000 元。行政单位应编制的会计分录为：

借：经费支出　　　　　　　　　　　　23000

　　贷：拨入经费——基本支出　　　　　　　23000

**【例 14—7】** 某行政单位已经纳入财政国库单一账户制度改革。该行政单位收到财政部门委托代理银行转来的财政直接支付入账通知书，财政部门为行政单位支付了为开展某项专业活动所发生的经费 2900 元。行政单位应编制的会计分录为：

借：经费支出　　　　　　　　　　　　2900

　　贷：拨入经费——项目支出　　　　　　　2900

**【例 14—8】** 某行政单位职工工资由财政统发，本月职工工资总额 26000 元。行政单位应编制的会计分录为：

借：经费支出         26000

 贷：拨入经费——基本支出     26000

**【例14—9】** 某行政单位通过政府采购方式购买设备一台，单位将配套的自筹资金 20000 元转入政府采购资金专户。行政单位应编制的会计分录为：

借：暂付款——政府采购款     20000

 贷：银行存款        20000

**【例14—10】** 续【例14—9】，采购的设备到货，总价款 48000 元，其中，财政拨出经费 29000 元，单位配套资金支付 19000 元。设备已验收无误，单位自筹配套资金余款 1000 元已存入银行。行政单位应编制的会计分录为：

购买设备：

借：经费支出         48000

 贷：拨入经费——基本支出     29000

  暂付款——政府采购款    19000

借：固定资产         48000

 贷：固定基金        48000

余款退回：

借：银行存款         1000

 贷：暂付款——政府采购款     1000

**【例14—11】** 某行政单位收到政府采购专项任务所需设备一台，价款由财政预算资金全额支付，共计 50000 元。行政单位应编制的会计分录为：

借：经费支出         50000

 贷：拨入经费——项目支出     50000

同时：

借：固定资产         50000

 贷：固定基金        50000

3. 财政授权支付方式下拨入经费取得的核算

在财政授权支付方式下，行政单位根据部门预算和用款计划，按规定时间和程序向财政部门申请财政授权支付用款额度。财政部门经审核无误后，将财政授权支付用款额度通知行政单位零余额账户代理银行。行政单位在收到代理银行转来的财政授权支付到账通知书时，确认拨入经费。

在财政授权支付方式下，行政单位在收到财政部门拨入的零余额账户用款额度时，确认拨入经费；在使用零余额账户用款额度或使用财政预算资金时，只有经费支出，没有拨入经费。

**【例14—12】** 某行政单位实行财政国库单一账户制度，收到财政部门拨入的零余额账户用款额度 1500000 元。行政单位应编制的会计分录为：

借：零余额账户用款额度     1500000

 贷：拨入经费        1500000

【例14-13】某行政单位已经纳入财政国库单一账户制度改革。该行政单位收到代理银行转来的财政授权支付到账通知书，收到财政授权支付额度845000元。其中，属于基本支出的为635000元，属于项目支出的为210000元。行政单位应编制的会计分录为：

借：零余额账户用款额度　　　　　　　　　　845000
　　贷：拨入经费——基本支出　　　　　　　　635000
　　　　拨入经费——项目支出　　　　　　　　210000

【例14-14】续【例14-13】，该行政单位向单位零余额账户代理银行开具支付令，支付专项业务活动经费35000元。行政单位应编制的会计分录为：

借：经费支出——项目支出　　　　　　　　　35000
　　贷：零余额账户用款额度　　　　　　　　　35000

4. 拨入经费的年终结转

【例14-15】某行政单位将"拨入经费"账户余额进行年终结转，其中基本支出550000元，项目支出230000元。行政单位应编制的会计分录为：

借：拨入经费——基本支出　　　　　　　　　550000
　　　　　　　——项目支出　　　　　　　　230000
　　贷：结余——基本支出结余　　　　　　　　550000
　　　　　　——项目支出结余　　　　　　　　230000

## 二、行政单位预算外资金收入的核算

### (一) 预算外资金的概念与内容

预算外资金是指国家机关、事业单位和社会团体为履行或代行政府职能，依据国家法律、法规或具有法律效力的规章而收取、提取和安排使用的未纳入国家预算管理的各种财政性资金。主要有：

(1) 法律、法规规定的行政事业性收费、基金和附加收入等。

(2) 国务院或省级人民政府及其财政、计划（物价）部门审批的行政事业性收费。

(3) 国务院以及财政部审批建立的基金、附加收入等。

(4) 主管部门从所属单位集中的上缴资金。

(5) 用于乡镇政府开支的乡自筹和乡统筹资金。

(6) 其他未纳入预算管理的财政性资金。

社会保障基金在国家财政建立社会保障预算制度以前，先按预算外资金管理制度进行管理。

### (二) 预算外资金的管理

预算外资金收入是行政单位为开展业务活动而取得的一部分财政性资金。行政单位预算外资金收入的管理要求主要是：

(1) 分别核算、分类管理。预算外资金收入与拨入经费都是行政单位为开展业务活动而取得的财政性资金。其中，预算外资金收入是行政单位从财政专户取得的财政性资金，拨入经费是行政单位从国库取得的财政性资金。行政单位的预算外资金收入，应当与拨入经费分别核算，分类管理。

（2）将预算外资金收入纳入单位综合财务收支计划。行政单位应当按规定编制单位综合财务收支计划。单位综合财务收支计划的内容应当包括行政单位所有的收入和所有的支出。其中，所有的收入包括拨入经费、预算外资金收入和其他收入。

**（三）预算外资金收入的核算**

为核算预算外资金收入业务，行政单位应设置"预算外资金收入"总账科目。行政单位收到从财政专户核拨的预算外资金时，借记"银行存款"等有关科目，贷记该科目。实行按比例上缴预算外资金财政专户办法的行政单位收到预算外资金时，借记"银行存款"等科目，贷记"应缴财政专户款"、"预算外资金收入"等科目。实行结余上缴预算外资金财政专户办法的行政单位收到预算外资金时，借记"银行存款"科目，贷记该科目；定期结算应缴预算外资金结余时，借记该科目，贷记"应缴财政专户款"科目。年终结账将该科目贷方余额全数转入"结余"科目时，借记"预算外资金收入"科目，贷记"结余"科目。结转后，该科目无余额。本科目应按预算外资金收入管理要求分别设置"基本支出"、"项目支出"二级科目，二级科目下按《政府收支分类科目》中的"支出功能分类科目"的"项"级科目设置明细账，进行明细核算。

主管部门收到财政专户核拨的属于应返还所属单位的预算外资金时，不通过"预算外资金收入"核算，而是通过"暂存款"科目核算。

**【例 14—16】**某行政单位收到财政部门从财政预算外资金专户核拨的预算外资金收入 50000 元。其中，一般预算收入 30000 元，专项收入 20000 元，款项已存入开户银行。行政单位应编制的会计分录为：

|  |  |
|---|---|
| 借：银行存款 | 50000 |
| 　贷：预算外资金收入——基本支出 | 30000 |
| 　　　　　　　　　　——项目支出 | 20000 |

**【例 14—17】**某行政单位经财政部门批准，预算外资金实行 60％上缴财政、40％单位留用的办法。本月该单位收到预算外资金收入 12500 元。行政单位应编制的会计分录为：

收到时：

|  |  |
|---|---|
| 借：银行存款 | 12500 |
| 　贷：预算外资金收入 | 5000 |
| 　　　应缴财政专户款 | 7500 |

上缴财政时：

|  |  |
|---|---|
| 借：应缴财政专户款 | 7500 |
| 　贷：银行存款 | 7500 |

【例 14—18】某行政单位实行结余上缴预算外资金财政专户办法。某日收到预算外资金款 100000 元，均为基本支出。行政单位应编制的会计分录为：

　　借：银行存款　　　　　　　　　　　　　　　　　100000
　　　　贷：预算外资金收入——基本支出　　　　　　　　　　100000

【例 14—19】续【例 14—18】，该行政单位按规定日期结算预算外资金结余为 30000 元，按规定该结余应上缴财政预算外资金专户。行政单位应编制的会计分录为：

　　借：预算外资金收入——基本支出　　　　　　　　　30000
　　　　贷：应缴财政专户款　　　　　　　　　　　　　　　30000

【例 14—20】某行政单位收到财政专户核拨的应返还所属单位的预算外资金75000 元。应做如下会计分录：

　　借：银行存款　　　　　　　　　　　　　　　　　75000
　　　　贷：暂付款　　　　　　　　　　　　　　　　　　75000

【例 14—21】年终，某行政单位"预算外资金收入"总账科目的贷方余额为336000 元。其中基本支出 236000 元，项目支出 100000 元。该行政单位将以上款项全数转入"结余"科目。行政单位应编制如下会计分录：

　　借：预算外资金收入——基本支出　　　　　　　　236000
　　　　　　　　　　　　——项目支出　　　　　　　　100000
　　　　贷：结余　　　　　　　　　　　　　　　　　336000

# 三、行政单位其他收入的核算

行政单位其他收入是指行政单位按规定收取的各种收入，以及其他来源形成的收入。包括如下一些项目：

（1）零星杂项收入。指行政单位在业务活动中取得的不必上缴财政的零星杂项收入，如变卖废旧书刊、报纸取得的收入等。

（2）有偿服务收入。指行政单位在业务活动中提供服务所取得的不必上缴财政的收入。

（3）有价证券及银行存款的利息收入等。

行政单位的其他收入项目繁多，来源渠道分散，且有很大的自主性，应加强对它的管理和核算。首先应划清范围，计划管理。其他收入的范围和项目必须按国家规定的制度执行，不得擅自扩大范围，增加项目。各单位应按规定编制年度资金收支计划，层层汇总，报送上级单位和财政机关审批后执行，做到年度有计划，执行有报告，年终有决算。其次应控制流向。各单位的其他收入，应当主要用于发展各项生产建设事业，不能用于增加人员编制、提高工资福利、开支标准和自筹基本建设，对其使用要严格控制，并按规定程序报批。最后应依法缴纳税费。各单位应按照税法规定和国家其他制度规定，对其他收入中应缴纳的各种税金和各项费用、基金等，及时、足额上缴各级财政税务部门。

为了总括地核算和监督行政单位按规定取得的其他收入，应设置"其他收入"总账账户。贷方记单位所取得的其他收入，借方记冲销转出的收入数。平时贷方余额反映其他收入的累计数。年终结账时，本账户贷方余额全部转入"结余"账户。年终转账后本账户无余额。该科目可按其他收入的主要类别设置明细账，进行明细分类核算。

【例14—22】某行政单位收到到期兑付的国库券本金200000元，两年的利息收入6000元。行政单位应编制的会计分录为：

借：银行存款　　　　　　　　　　　　　　206000
　　贷：有价证券　　　　　　　　　　　　200000
　　　　其他收入　　　　　　　　　　　　　　6000

【例14—23】某行政单位接到银行通知，本季度的银行存款利息为2500元。行政单位应编制的会计分录为：

借：银行存款　　　　　　　　　　　　　　　2500
　　贷：其他收入　　　　　　　　　　　　　2500

【例14—24】某行政单位收到出售废旧物品收入200元。行政单位应编制的会计分录为：

借：银行存款　　　　　　　　　　　　　　　　200
　　贷：其他收入　　　　　　　　　　　　　　200

【例14—25】某行政单位会计收到本单位开展有偿服务的收入500元。行政单位应编制的会计分录为：

借：银行存款　　　　　　　　　　　　　　　　500
　　贷：其他收入　　　　　　　　　　　　　　500

【例14—26】某行政单位年终将"其他收入"贷方余额50000元转入"结余"账户。行政单位应编制的会计分录为：

借：其他收入　　　　　　　　　　　　　　50000
　　贷：结余　　　　　　　　　　　　　　50000

# 第二节　行政单位支出的核算

行政单位支出是指为开展业务活动所发生的各项资金耗费及损失。行政单位的支出包括经费支出、拨出经费和结转自筹自建。

## 一、行政单位经费支出的核算

### (一) 经费支出的概念与特点

经费支出是指行政单位在开展业务活动中发生的各项支出。行政单位经费支出有以下特点：

（1）行政单位支出是为实现国家管理职能，完成行政任务必须消耗的全部费用支出。行政单位为履行国家所赋予的行政管理职能，完成各项行政任务，必然消耗一定的费用。由于行政单位的收入是由财政预算拨款收入、预算外资金收入和其他收入三方面来源构成，所以，行政单位的支出安排，不仅仅依靠国家财政拨款，而是由这三方面经费来源所安排的全部费用支出。

（2）行政单位支出是组织和领导经济、文化等各项建设，促进社会发展的资金保证。行政单位作为国家政权机关和管理机构，负有组织和领导国家经济、文化等各项建设的重大责任。行政单位支出是保证行政单位正常开展工作的基础和前提。因此，行政单位支出是行政单位履行行政管理职能，促进社会主义市场经济发展的必要资金保证。

（3）行政单位支出属于非生产性支出。行政单位与企业不同，企业是生产产品，通过经营实现盈利目的，以维持正常运转；而行政单位要履行国家所赋予的行政管理职能，完成各项行政工作，其支出的经费来源主要依靠国家财政预算拨款，是非生产性、非经营性、非盈利性单位。因而，行政单位支出属于非生产性支出。

**（二）经费支出的内容及分类**

在具体核算中，行政单位的经费支出应当按照部门预算的要求进行分类。行政单位经费支出一般可分为两大类：基本支出和项目支出，行政单位以此设置二级明细科目，并按照《政府收支分类科目》中的"支出经济分类"的款级设置三级明细科目，进行明细核算。

1. 基本支出的内容及分类

基本支出是行政单位为保障机构正常运转，完成日常工作任务发生的支出。基本支出反映了行政单位进行公务活动必需的基本资金耗费，是具体履行国家管理职能的基本资金保证，也是编制部门预算、接受上级部门检查预算执行情况的重要依据。在"支出经济分类科目"中，属于基本支出核算的具体内容主要有：

（1）工资福利支出类。反映单位开支的在职职工和临时聘用人员的各类劳动报酬，以及为上述人员缴纳的各项社会保险费等。该类下设的"款"级内容包括：基本工资、津贴补贴、奖金、社会保障缴费、伙食费、伙食补助费、其他工资福利支出等。

（2）商品和服务支出类。反映单位购买商品和服务的支出，不包括用于购置固定资产的支出、战略性和应急储备支出等。该类下设的"款"级内容包括：办公费、印刷费、咨询费、手续费、水费、电费、邮电费、取暖费、物业管理费、交通费、差旅费、出国费、维修（护）费、租赁费、会议费、培训费、招待费、专用材料费、装备购置费、工程建设费、劳务费、委托业务费、工会经费、福利费、其他商品和服务支出等。

（3）对个人和家庭的补助类。反映政府用于对个人和家庭的补助支出。该类下设的"款"级内容包括：离休费、退休费、退职（役）费、抚恤金、生活补助、救济费、医疗费、助学金、奖励金、生产补贴、住房公积金、提租补贴、其他对个人和家庭的补助支出等。

（4）债务利息支出类。反映政府及预算单位的债务利息支出。该类下设的"款"级内容包括：国库券付息、向国家银行借款付息、其他国内借款付息、向国外政府借款付息、向国际组织借款付息、其他国外借款付息等。

2. 项目支出的内容及分类

项目支出是行政单位为完成特定的行政任务所发生的支出，主要分为基本建设类项目和行政类项目。其中，基本建设类项目是按国家关于基本建设管理的规定，财政部门用基本建设资金安排的项目。行政类项目是财政部门用行政事业费安排的项目。项目支出也是部门支出预算的组成部分，具有专项、专业的特点，并要求专款专用。在"支出经济分类科目"中，属于项目支出核算的具体内容主要有：

（1）基本建设支出类。反映各级发展与改革部门集中安排的用于购置固定资产、战略性和应急性储备、土地和无形资产，以及购建基础设施、大型修缮所发生的支出。该类下设的"款"级内容包括：房屋建筑物购建、办公设备购置、专用设备购置、交通工具购置、基础设施建设、大型修缮、信息网络购建、物资储备、其他基本建设支出等。

（2）其他资本性支出类。反映非各级发展与改革部门集中安排的用于购置固定资产、战略性和应急性储备、土地和无形资产，以及购建基础设施、大型修缮和财政支持企业更新改造所发生的支出。该类下设的"款"级内容与基本建设支出类相同。

（3）专项业务项目类。反映行政单位为履行其职能，在开展专业业务活动中持续发生的特定支出项目。这类项目是行政单位完成行政工作任务的重要保障，也是财政预算安排应该择优考虑的。这类业务主要有专项任务、大型会议等。

**（三）经费支出的一般管理要求**

（1）建立、健全经费支出的内部管理制度。行政单位应当建立、健全一系列经费支出的内部管理制度，对各项经费支出实施严格的制度管理。

（2）各项经费支出必须严格按照预算确定的用途和数额支用。行政单位的经费支出必须严格按照预算规定的用途支用，不得办理无预算、超预算范围的经费支出。同时，行政单位的经费支出必须严格按照预算规定的开支标准支用，不得任意改变经费开支标准。对于违反财经纪律的开支，行政单位一律不得办理报销支付。

（3）保证单位基本支出的需要。行政单位应当保证人员经费和单位日常公用经费开支的需要。行政单位应当严格执行支出预算，对支出预算中的人员经费支出和维持单位正常运转的基本公用经费支出切实予以落实。在预算执行过程中，行政单位应当要尽量控制和压减大型设备的购置和大型会议的召开等方面的开支，以努力保证人员经费支出和基本公用经费支出对资金的需要。

（4）注意勤俭节约，讲究支出效果。行政单位在办理经费支出时必须注意勤俭节约，既要考虑保证行政任务的顺利完成，又要考虑合理、节约地使用各项资金，努力使行政单位的每一笔经费支出都能够达到其应有的效果。

（5）严格项目支出的管理。行政单位的项目支出应当要保证专款专用，不得任意改变项目内容或扩大使用范围。行政单位应当为每一专项工作或特定任务单独建账，以单独反映该专项工作或特定任务的资金是否到位、使用进度和完成结算等情况。对于项目资金的使用及其效益、项目进度及其完成等情况，行政单位应当要加强监督。

（6）对经费支出的薄弱环节实施重点管理。行政单位应采用积极有效的措施，对诸如"人、车、会、电话"等经费支出的薄弱环节实施重点管理。

**（四）行政单位经费支出的核算**

为了核算行政单位在业务活动中发生的各项支出，应设置"经费支出"账户。该账户为支出类账户，借方登记行政单位开展业务活动实际发生的支出数，贷方登记支出收回或冲销转出数，平时借方余额反映经费实际支出累计数。本账户应按"基本支出"和"项目支出"分设二级账户，二级账户下按政府收支分类科目中"支出经济分类"的"款"级设置明细账。发生支出时，借记本账户，贷记"银行存款"、"零余额账户用款额度"、"现金"等账户；收回本年度已列为经费支出的款项或冲销转出时，借记有关账户，贷记本账户。年终，本账户借方余额应转入"结余"账户，借记"结余"账户，贷记本账户。结转后本科目无余额。

行政单位收回本年度已列为经费支出的款项，应当冲减当年的经费支出；收回以前年度已列为经费支出的款项时，借记"银行存款"、"现金"等账户，贷记"结余"账户，不得冲减当年经费支出。

1. 基本支出的核算

**【例14－27】**甲行政单位以财政授权方式缴纳本月电话费5500元。行政单位应编制的会计分录为：

借：经费支出——基本支出                          5500
　　贷：零余额账户用款额度                        5500

**【例14－28】**乙行政单位以财政授权方式购入零星办公用品7000元，并直接领用。行政单位应编制的会计分录为：

借：经费支出——基本支出                          7000
　　贷：零余额账户用款额度                        7000

**【例14－29】**某行政单位职工出差回单位报销，原借款3000元，现报销交来发票2500元，交回多余现金500元。行政单位应编制的会计分录为：

借：现金                                          500
　　经费支出——基本支出                          2500

　　　　贷：暂付款　　　　　　　　　　　　　　　　　　3000

　　【例14—30】甲行政单位按规定采用财政授权方式支付职工福利费90000元。行政单位应编制的会计分录为：

　　　　借：经费支出——基本支出　　　　　　　　　　90000
　　　　　　贷：零余额账户用款额度　　　　　　　　　　90000

　　【例14—31】甲行政单位领用库存材料8000元用于维修。行政单位应编制的会计分录为：

　　　　借：经费支出——基本支出　　　　　　　　　　8000
　　　　　　贷：库存材料　　　　　　　　　　　　　　　8000

　　【例14—32】甲行政单位的财务部门购入账簿表册，共计560元，以银行支票支付。行政单位应编制的会计分录为：

　　　　借：经费支出——基本支出　　　　　　　　　　560
　　　　　　贷：银行存款　　　　　　　　　　　　　　　560

　　【例14—33】乙行政单位收回本年度已列入"经费支出——基本支出"中的暂付款1000元。行政单位应编制的会计分录为：

　　　　借：现金　　　　　　　　　　　　　　　　　　1000
　　　　　　贷：经费支出——基本支出　　　　　　　　　1000

　　【例14—34】某行政单位已经实行财政国库集中支付制度。财政国库支付执行机构通过财政零余额账户为行政单位支付了交通工具购置费79000元。行政单位应编制的会计分录为：

　　　　借：经费支出　　　　　　　　　　　　　　　　79000
　　　　　　贷：拨入经费　　　　　　　　　　　　　　　79000

　　同时：

　　　　借：固定资产——交通工具　　　　　　　　　　79000
　　　　　　贷：固定基金　　　　　　　　　　　　　　　79000

　　2. 项目支出的核算

　　【例14—35】丙行政单位使用专项拨款12000元购入电脑两台，并采用财政直接支付方式，电脑已到货。行政单位应编制的会计分录为：

　　　　借：经费支出——项目支出　　　　　　　　　　12000
　　　　　　贷：拨入经费——项目支出　　　　　　　　　12000

　　同时：

　　　　借：固定资产　　　　　　　　　　　　　　　　12000
　　　　　　贷：固定基金　　　　　　　　　　　　　　　12000

　　【例14—36】某行政单位已经实行财政国库集中支付制度。该行政单位通过单位零余额账户支付购买一批专用材料的价款23000元，购买一台专用设备的价款43000元。该项专业业务活动被批准列入项目支出预算。行政单位应编制的会计分录为：

借：经费支出——项目支出　　　　　　　　　　　66000
　　贷：零余额账户用款额度　　　　　　　　　　　　　　66000
同时：
借：固定资产——专用设备　　　　　　　　　　　43000
　　贷：固定基金　　　　　　　　　　　　　　　　　　43000

【例14—37】某行政单位已经实行财政国库集中支付制度。该行政单位通过单位零余额账户支付召开有关专门会议的支出共计93000元。该专门会议的有关支出已列入本年度项目支出预算项目。行政单位应编制的会计分录为：

借：经费支出——项目支出　　　　　　　　　　　93000
　　贷：零余额账户用款额度　　　　　　　　　　　　　　93000

【例14—38】某行政单位尚未实行财政国库集中支付制度。该行政单位通过银行存款账户支付开展有关专项业务活动的支出共计24000元。该专项业务活动的有关支出已列入本年度项目支出预算。行政单位应编制的会计分录为：

借：经费支出——项目支出　　　　　　　　　　　24000
　　贷：银行存款　　　　　　　　　　　　　　　　　　24000

【例14—39】某行政单位尚未实行财政国库集中支付制度。该行政单位通过银行存款账户支付开展有关专项业务活动的支出共计31000元。该专项业务活动的有关支出已列入本年度项目支出预算。行政单位应编制的会计分录为：

借：经费支出——项目支出　　　　　　　　　　　31000
　　贷：银行存款　　　　　　　　　　　　　　　　　　31000

3. 经费支出的年终结转

【例14—40】某行政单位年终将"经费支出"科目的借方余额880000元进行年终转账，其中，基本支出550000元，项目支出330000元。应做如下会计分录：

借：结余——基本结余　　　　　　　　　　　　550000
　　　——项目结余　　　　　　　　　　　　330000
　　贷：经费支出——基本支出　　　　　　　　　　　550000
　　　　　——项目支出　　　　　　　　　　　330000

## 二、行政单位拨出经费的核算

拨出经费是行政单位依据核定的预算拨付给其所属单位的预算资金。

拨出经费的方式，与财政向行政事业单位的预算拨款方式一样，也有传统的实拨资金和国库集中支付资金两种。在实拨资金制度下，预算资金必须按拨款级次逐级向下转拨，即：主管会计单位从向同级财政部门申请的经费中转拨一部分给下属的二级单位，二级会计单位转拨一部分给下属的基层会计单位，基层会计单位无此项拨款；在实行国库集中支付制度下，行政单位所属的行政事业单位的经费则由财政拨付，不再通过主管会计单位、二级会计单位等进行转拨，行政单位也不再需要通过"拨出经费"账户核算转拨经费。

　　单位拨出经费应遵守经费管理相关规定，如核定季度（分月）用款计划、专款专用、逐级转拨及按实际发生额记账等。

　　为核算行政单位按核定预算拨付所属单位的预算资金，应设置"拨出经费"科目。转拨经费时，借记本科目，贷记"银行存款"等科目；收回或冲销转出时，借记有关科目，贷记本科目。平时，本科目借方余额反映拨出经费累计数。年终结账时，将本科目借方余额（不含预拨下年经费）转入"结余"科目。结转后，本科目无余额。本科目应按拨出基本经费和拨出专项经费分设二级科目，并按所属拨款单位设置明细账，进行明细核算。

　　【例14—41】某行政主管部门将从财政部门获得的经费拨款按核定的预算转拨给其所属单位800000元，其中经常性经费700000元，专项经费100000元。行政单位应编制的会计分录为：

　　　借：拨出经费——基本支出　　　　　　　　　　700000
　　　　　　　　——项目支出　　　　　　　　　　　100000
　　　　贷：银行存款　　　　　　　　　　　　　　　　　800000

　　【例14—42】某行政单位收回多拨给其所属单位的属于经常性经费的款项40000元。行政单位应编制的会计分录为：

　　　借：银行存款　　　　　　　　　　　　　　　40000
　　　　贷：拨出经费——基本支出　　　　　　　　　　　40000

　　【例14—43】某行政单位年终将"拨出经费"科目借方余额760000元进行年终转账，其中基本支出660000元，项目100000元。行政单位应编制的会计分录为：

　　　借：结余——基本结余　　　　　　　　　　　660000
　　　　　　——项目结余　　　　　　　　　　　　100000
　　　　贷：拨出经费——基本支出　　　　　　　　　　660000
　　　　　　　　——项目支出　　　　　　　　　　　　100000

## 三、行政单位结转自筹基建的核算

　　结转自筹基建是指行政单位经批准用拨入经费以外的资金安排基本建设，其所筹集并转存建设银行的资金。行政单位应当严格控制自筹基本建设支出。确需安排支出的，应当按照规定进行申报，按照程序履行报批手续。核批后的自筹基本建设资金，应纳入基本建设资金管理，由基本建设会计组织会计核算。

　　为核算结转自筹基建业务，行政单位应设置"结转自筹基建"总账科目。该科目借方登记转存建设银行的资金数，贷方登记基本建设项目完工后，剩余资金收回数。年终转账时，应将本科目的借方余额全数转入"结余"科目，结转后本科目无余额。将自筹的基本建设资金转存建设银行时，借记"结转自筹基建"科目，贷记"银行存款"科目。其转到建设银行的资金，按照基本建设单位会计制度进行管理和核算。基本建设项目完工后剩余资金收回时，借记"银行存款"科目，贷记"结转自筹基建"科目。年终结账时，应将"结转自筹基建"科目的借方余额全数转入"结余"科目，借记"结余"科目，贷记"结转自筹基建"科目。结转后，"结转自筹基建"科目无余额。

【例14—44】某行政单位经批准将一部分资金700000元按基建计划转入建设银行。行政单位应编制的会计分录为：

借：结转自筹基建　　　　　　　　　　　　　　700000
　　贷：银行存款　　　　　　　　　　　　　　　700000

【例14—45】续【例14—44】，该工程已完工，花费50000元，多余款转回。行政单位应编制的会计分录为：

借：固定资产　　　　　　　　　　　　　　　　50000
　　贷：固定基金　　　　　　　　　　　　　　　50000
借：银行存款　　　　　　　　　　　　　　　　50000
　　贷：结转自筹基建　　　　　　　　　　　　　50000

【例14—46】年终，将结转自筹基建借方余额650000元转账转入"结余"科目。行政单位应编制的会计分录为：

借：结余　　　　　　　　　　　　　　　　　　650000
　　贷：结转自筹基建　　　　　　　　　　　　　650000

## 复习思考题

1. 行政单位的收入包括哪些内容？

2. 什么是拨入经费？拨入经费的管理要求是什么？在财政直接支付方式、财政授权支付方式以及实拨资金方式下，行政单位应当如何确认拨入经费？

3. "拨入经费"总账科目应当设置哪两个二级明细账科目？为什么要这样设置这两个明细账科目？

4. 什么是预算外资金收入？预算外资金收入的管理要求是什么？

5. 什么是其他收入？它包括哪些内容？

6. 行政单位会计核算的支出包括哪些内容？

7. 什么是经费支出？按照部门预算的要求，行政单位的经费支出可以分成哪两大类？

8. 行政单位经费支出的一般管理要求主要有哪些？

9. 什么是拨出经费？拨出经费是怎样形成的？

10. 什么是结转自筹基建？行政单位应当怎样核算结转自筹基建？

# 第十五章　行政单位净资产的核算

行政单位净资产是指行政单位资产减去负债后的差额，包括固定基金和结余。

## 一、行政单位固定基金的核算

固定基金是指行政单位固定资产所占用的基金。它体现国家对行政单位固定资产的所有权。

固定基金是行政单位净资产中的基本份额。它通常随行政单位购入、调入、建造、接受捐赠及盘盈等固定资产的增加而增加，随行政单位报废、调出、盘亏等固定资产的减少而减少。

由于行政单位的固定资产不计提折旧，因此，行政单位的固定基金在数额上始终与固定资产相等。

为核算固定基金业务，行政单位应设置"固定基金"总账科目。该科目贷方登记随固定资产增加而形成固定基金的增加数，借方登记随固定资产的减少而形成固定基金的减少数，余额在贷方。行政单位增加固定基金时，借记"固定资产"科目或有关支出科目，贷记该科目；减少固定基金时，借记该科目，贷记有关科目。该科目贷方余额表示行政单位掌握的固定资产所占用的固定基金总额。

【例15—1】某行政单位用银行存款购入一台设备，价款54000元，再用现金支付该设备的运输费100元。行政单位应编制的会计分录为：

| | | |
|---|---|---|
| 借：经费支出 | 54100 | |
| 　贷：银行存款 | | 54000 |
| 　　现金 | | 100 |

同时：

| | | |
|---|---|---|
| 借：固定资产 | 54100 | |
| 　贷：固定基金 | | 54100 |

【例15—2】某行政单位收到上级单位无偿调入的专用设备一台，估计价值24000元。行政单位应编制的会计分录为：

| | | |
|---|---|---|
| 借：固定资产——专用设备 | 24000 | |
| 　贷：固定基金 | | 24000 |

【例15—3】某行政单位经批准新建办公楼，造价890000元，经验收合格，

交付使用。行政单位应编制的会计分录为：

借：固定资产　　　　　　　　　　　　　　　　　890000
　　贷：固定基金　　　　　　　　　　　　　　　　　890000

【例15—4】某行政单位经批准报废某一般设备一台，该一般设备的账面价值为65000元，残值收入3000元，已存入银行，开出现金支票支付清理费用500元。行政单位应编制的会计分录为：

（1）核销一般设备账面价值时：

借：固定基金　　　　　　　　　　　　　　　　　65000
　　贷：固定资产　　　　　　　　　　　　　　　　　65000

（2）取得残值收入时：

借：银行存款　　　　　　　　　　　　　　　　　3000
　　贷：其他收入　　　　　　　　　　　　　　　　　3000

（3）支付清理费用时：

借：经费支出　　　　　　　　　　　　　　　　　500
　　贷：银行存款　　　　　　　　　　　　　　　　　500

【例15—5】某行政单位根据需要有偿调出一台专用设备。该专用设备的原价为46000元。有偿调出价为22000元。款项已存入银行。行政单位应编制的会计分录为：

借：固定基金　　　　　　　　　　　　　　　　　46000
　　贷：固定资产——专用设备　　　　　　　　　　　46000

同时：

借：银行存款　　　　　　　　　　　　　　　　　22000
　　贷：其他收入　　　　　　　　　　　　　　　　　22000

【例15—6】某行政单位已经实行财政国库集中支付制度。该行政单位收到财政国库支付执行机构委托代理银行转来的财政直接支付入账通知书，财政国库支付执行机构通过财政零余额账户为行政单位支付了交通工具购置费125000元。行政单位应编制的会计分录为：

借：经费支出　　　　　　　　　　　　　　　　　125000
　　贷：拨入经费　　　　　　　　　　　　　　　　　125000

同时：

借：固定资产——交通工具　　　　　　　　　　　125000
　　贷：固定基金　　　　　　　　　　　　　　　　　125000

【例15—7】某行政单位已经实行财政国库集中支付制度。该行政单位通过单位零余额账户支付了购买办公设备的价款87000元。同时，以现金支付了购买办公设备的运输费100元。行政单位应编制的会计分录为：

借：经费支出　　　　　　　　　　　　　　　　　87100
　　贷：零余额账户用款额度　　　　　　　　　　　　87000

|  |  |
|---|---|
| 　　　现金 | 100 |

同时：

借：固定资产——办公设备　　　　　　　　87100

　　贷：固定基金　　　　　　　　　　　　　　87100

本部分内容请结合第十二章第三节有关内容学习。

## 二、行政单位结余的核算

行政单位结余是年度各项收入与支出相抵后的余额。作为结余反映的内容可能是收入大于支出的剩余，也可能是支出大于收入的超支数额。行政单位的结余每年年终结算一次，它是行政单位全年全部实际收入与全年全部实际支出相抵后的最终财务结果。行政单位的结余根据规定结转下年使用。对于未完成项目的专项资金结余，行政单位应结转下年度继续用于该项目的支出；对于已完成项目的专项资金结余，行政单位应报经主管部门或财政部门批准后，由行政单位统筹安排使用。有专项资金的行政单位，结余可分别由基本支出结余和项目支出结余两部分组成。行政单位结余的计算公式为：

本年结余资金＝本年收入额－本年支出额＝（拨入经费＋预算外资金收入＋其他收入）－（经费支出＋拨出经费＋结转自筹基建）

为了核算结余业务，行政单位应设置"结余"总账科目。该科目的贷方登记"拨入经费"（不含预拨下年经费）、"预算外资金收入"和"其他收入"科目的转入数，借方登记"经费支出"、"拨出经费"（不含预拨下年经费）和"结转自筹基建"科目的转入数。年终该科目的贷方余额，表示行政单位的滚存结余。该科目应设置"基本结余"和"项目结余"两个明细账，进行明细分类核算。

【例15－8】某行政单位年终各收支科目余额如下：

| 收入科目 | 金额 | 支出科目 | 金额 |
|---|---|---|---|
| 拨入经费——基本支出 | 4560000 | 经费支出——基本支出 | 2210000 |
| 拨入经费——项目支出 | 860000 | 经费支出——项目支出 | 430000 |
| 拨入经费——预拨下年度经费 | 160000 | 拨出经费——基本支出 | 2440000 |
| 预算外资金收入——基本支出 | 244000 | 拨出经费——项目支出 | 350000 |
| 预算外资金收入——项目支出 | 135000 | 拨出经费——预拨下年度经费 | 64000 |
| 其他收入 | 56000 | 结转自筹基建 | 50000 |
| 合计 | 6015000 | 合计 | 5544000 |

要求：将有关收支科目的余额结转至"结余"科目。

（1）结转基本结余：

借：拨入经费——基本支出　　　　　　　　　　　4560000

　　预算外资金收入——基本支出　　　　　　　　244000

　　其他收入　　　　　　　　　　　　　　　　　56000

　　　贷：结余——基本结余　　　　　　　　　　　　　4860000

同时：

借：结余——基本结余　　　　　　　　　　　　4700000

　　　贷：经费支出——基本支出　　　　　　　　　　　2210000

　　　　　拨出经费——基本支出　　　　　　　　　　　2440000

　　　　　结转自筹基建　　　　　　　　　　　　　　　50000

（2）结转项目结余：

借：拨入经费——项目支出　　　　　　　　　　860000

　　预算外资金收入——项目支出　　　　　　　135000

　　　贷：结余——项目结余　　　　　　　　　　　　　995000

同时：

借：结余——项目结余　　　　　　　　　　　　780000

　　　贷：经费支出——项目支出　　　　　　　　　　　430000

　　　　　拨出经费——项目支出　　　　　　　　　　　350000

　　已经实行财政国库单一账户制度改革的行政单位，年终可能会存在零余额账户用款额度结余。其中包括财政零余额账户用款额度结余和单位零余额账户用款额度结余。财政直接支付年度用款预算指标与行政单位年度内财政直接支付实际发生数额之间的差额，构成行政单位的财政零余额账户用款额度结余。财政授权支付年度用款预算指标与行政单位年度内财政授权支付实际发生数额之间的差额，构成行政单位的单位零余额账户用款额度结余。行政单位的财政零余额账户用款额度结余是行政单位尚未使用的财政直接支付预算额度，行政单位的单位零余额账户用款额度结余是行政单位尚未使用的财政授权支付预算额度。这些尚未使用的预算额度，行政单位按照规定可以在次年继续使用。

　　行政单位的零余额账户用款额度结余与行政单位的年终实际结余总数是两个不同的概念。行政单位的零余额账户用款额度结余是行政单位尚未使用的年度预算指标。行政单位的年终实际结余总数，是行政单位全年实际收入减去实际支出后的余额。行政单位的零余额账户用款额度结余可能会构成行政单位年终实际结余总数的一部分，如财政零余额账户用款额度结余；也可能不会构成行政单位年终实际结余总数的一部分，如已经下达到单位零余额账户代理银行但尚未实际使用的单位零余额账户用款额度结余。

　　为了核算在不同支付方式下的年终结余资金，实行国库集中支付制度的行政单位，应设置"财政应返还额度"总账科目进行核算。该科目是资产类科目，应分别按"财政直接支付"和"财政授权支付"两种方式设置明细账，进行明细核算。财政直接支付年终结余资金账务处理时，借方登记单位本年度财政直接支付预算指标数与财政直接支付实际支出数的差额，贷方登记下年度实际支出的冲减数；财政授权支付年终结余资金账务处理时，借方登记单位零余额账户注销额度数，贷方登记下年度恢复额度数（如单位本年度财政授权支付预算指标数大于零余额账户用款额度下达数，借方需同时登记两者的差额，贷方登记下年度单位零余额账户用款额度下达数）。

（1）财政直接支付方式的年终结余资金核算。年度终了，行政单位应根据本年度财政直接支付预算指标数与当年财政直接支付实际支出数的差额，进行相应的账务处理：借记"财政应返还额度——财政直接支付"科目，贷记"拨入经费"科目。下年度恢复财政直接支付额度后，行政单位在使用预算结余资金时，借记有关支出类科目，贷记"财政应返还额度——财政直接支付"科目。

（2）财政授权支付方式的年终结余资金核算。年度终了，行政单位依据代理银行提供的对账单注销额度时，借记"财政应返还额度——财政授权支付"科目，贷记"零余额账户用款额度"科目。如果单位本年度财政授权支付预算指标数大于零余额账户用款额度下达数，根据两者的差额，借记"财政应返还额度——财政授权支付"科目，贷记"拨入经费"科目。下年初恢复额度时，行政单位依据代理银行提供的额度恢复到账通知书，借记"零余额账户用款额度"科目，贷记"财政应返还额度——财政授权支付"科目。如果下年度收到财政部门批复的上年未下达零余额账户用款额度，借记"零余额账户用款额度"科目，贷记"财政应返还额度——财政授权支付"科目。

【例15—9】甲行政单位尚未使用的年终结余用款计划额度为40000元，其中，财政直接支付结余15000元，财政授权支付额度结余25000元，均被注销。已收到代理银行转来的对账单，行政单位应编制的会计分录为：

借：财政应返还额度——财政直接支付　　　　　　　　15000
　　贷：拨入经费　　　　　　　　　　　　　　　　　　　　15000
借：财政应返还额度——财政授权支付　　　　　　　　25000
　　贷：零余额账户用款额度　　　　　　　　　　　　　　25000

【例15—10】按照相关规定，甲行政单位本年度年终结余用款计划额度40000元得到自动返还。行政单位应编制的会计分录为：

借：零余额账户用款额度　　　　　　　　　　　　　　40000
　　贷：财政应返还额度　　　　　　　　　　　　　　　　40000

【例15—11】某行政单位已经纳入财政国库单一账户制度改革。年终，本年度财政直接支付预算指标数为356000元，财政直接支付实际支出数为349000元，两者差额为7000元。行政单位应编制的会计分录为：

借：财政应返还额度　　　　　　　　　　　　　　　　7000
　　贷：拨入经费　　　　　　　　　　　　　　　　　　　7000

【例15—12】某行政单位已经纳入财政国库单一账户制度改革。年终，本年度财政授权支付预算指标数为 96000 元，本年度财政授权支付实际支出数为 93000 元，单位零余额账户代理银行收到零余额账户用款额度 94000 元。行政单位存在尚未使用的预算额度 1000 元，存在尚未收到的预算额度 2000 元。行政单位应编制的会计分录为：

借：财政应返还额度　　　　　　　　　　　　　1000
　　贷：零余额账户用款额度　　　　　　　　　　　　1000
同时：
借：财政应返还额度　　　　　　　　　　　　　2000
　　贷：拨入经费　　　　　　　　　　　　　　　　　2000

## 复习思考题

1. 什么是行政单位的净资产？它包括哪些主要内容？

2. 什么是固定基金？行政单位的固定基金在数额上与固定资产有怎样的联系？

3. 行政单位在使用零余额账户用款额度购入固定资产时，应当编制什么会计分录？

4. 什么是行政单位的结余？行政单位结余是如何计算的？

5. 已经实行财政国库集中支付制度的行政单位，年终零余额账户用款额度结余是如何形成的？零余额账户用款额度结余与行政单位的年终结余总数是什么关系？

# 第十六章　行政单位年终结算与会计报表

## 第一节　行政单位年终清理结算

行政单位在年度终了前，应当根据财政部门或上级主管部门关于决算编审工作的要求，认真做好年终清理结算工作。行政单位应进行年终清理结算的事项主要包括下述几项。

### 一、清理核对各项预算收支

行政单位应认真清理核对各项年度预算收支数字，保证上下级之间的年度预算数和实际领拨经费数相互一致。为准确反映各项收支数额，凡属本年度的应拨款项，行政单位应当在 12 月 31 日前汇达对方。主管会计单位对所属各单位的预算拨款和预算外资金拨款，截至 12 月 31 日，逾期一般不再下拨；凡属本年的各项收入，行政单位应当要及时入账。凡属本年的各项支出，行政单位应当要按规定的支出渠道如实列报。行政单位的年度支出决算，一律以基层用款单位截至 12 月 31 日的本年实际支出数为准，不得将年终前预拨下级单位的下年预算拨款列入本年的支出，也不得以上级会计单位的拨款数代替基层会计单位的实际支出数。

### 二、清理结算各项应缴款项

行政单位应当认真清理结算各项应缴国库的预算款项和应缴财政专户的预算外资金，所有应缴预算款和应缴财政专户款应当在年终前全部上缴国库或财政专户。

### 三、清理结算各项往来款项

行政单位的各项往来款项，年终前应尽量清理完毕。按照有关规定应当转作各项收入或各项支出的往来款项，行政单位应当及时转入有关的收入或支出，并编入本年决算。主管会计单位收到的应当转拨所属单位的预算外资金应当及时向所属单位转拨，不得作为暂存款挂账。

## 四、清查核对各项货币资金

年度终了时，行政单位应当及时与开户银行进行对账。经过核对，行政单位的银行存款账面余额应当与银行对账单的余额相一致。行政单位还应当将现金的账面余额与库存现金数进行核对，经过核对，两者应当相符。行政单位还应当将有价证券的账面数字与实存的有价证券实际成本数字进行核对，经过核对，两者应当相符。

## 五、清查核对各项财产物资

行政单位的各项财产物资应当全部入账。年终前，行政单位应当对各项财产物资进行全面的实地清理盘点。发生盘盈或盘亏的，行政单位应当及时查明原因，并按规定作出相应的处理。同时，行政单位还应当相应地调整财产物资的账面数，保证账实相符、账账相符。

# 第二节　行政单位年终结账

行政单位在年终清理结算的基础上进行年终结账。年终结账包括年终转账、结算旧账和记入新账。

## 一、年终结账的环节

（1）年终转账。账目核对无误后，首先计算出各账户借方或贷方的12月份合计数和全年累计数，结出月末的余额。然后编制结账前的资产负债表试算平衡后，再将应对冲结转的各个收支账户的余额按年终冲转办法，填制12月31日的记账凭单办理结账冲转。

（2）结清旧账。将转账后无余额的账户结出全年总累计数，然后在下面划双红线，表示本账户全部结清。

对年终有余额的账户，在"全年累计数"下行的"摘要"栏内注明"结转下年"字样，再在下面划双红线，表示年终余额转入新账，旧账结束。

（3）记入新账。根据本年度各账户余额，编制年终决算的资产负债表和有关明细表。将表列各账户的年终余额数（不编制记账凭单），直接记入下一年度相应的各有关账户，并在摘要栏注明"上年结转"字样，以区别下一年度发生数。

## 二、年终转账的内容

（1）将"拨入经费——基本支出"年末余额全部转入"结余——基本结余"账户。其账户处理为：

借：拨入经费——基本支出

　　贷：结余——基本结余

（2）将"拨入经费——项目支出"年末余额全部转入"结余——项目结余"账户。其账务处理为：

借：拨入经费——项目支出

　　贷：结余——项目结余

（3）将"预算外资金收入"年末余额全部转入"结余——基本结余"账户。其账务处理为：

借：预算外资金收入

　　贷：结余——基本结余

（4）将"其他收入"年末余额全部转入"结余——基本结余"账户。其账务处理为：

借：其他收入

　　贷：结余——基本结余

（5）将"经费支出——经常性支出"年末余额全部转入"结余——基本结余"账户。其账务处理为：

借：结余——基本结余

　　贷：经费支出——经常性支出

（6）将"经费支出——项目支出"年末余额全部转入"结余——项目结余"账户。其账务处理为：

借：结余——项目结余

　　贷：经费支出——项目支出

（7）将"拨出经费——基本支出"年末余额全部转入"结余——基本结余"账户。其账务处理为：

借：结余——基本结余

　　贷：拨出经费——基本支出

（8）将"拨出经费——拨出专项经费"年末余额全部转入"结余——专项结余"账户。其账务处理为：

借：结余——专项结余

　　贷：拨出经费——拨出专项经费

（9）将"结转自筹基建"年末余额全部转入"结余——基本结余"账户。其账户处理为：

借：结余——基本结余

　　贷：结转自筹基建

按上述程序转账后，年终行政单位的"预算外资金收入"、"其他收入"、"经费支出"、"结转自筹基建"、"应缴预算款"、"应缴财政专户款"科目无余额，行政单位应按照结清旧账的方法结束账簿记录。

对"现金"、"银行存款"、"有价证券"、"暂付款"、"库存材料"、"固定资产"、"固定基金"、"暂存款"、"结余"等年终转账后仍有余额的账户，应按规定程序将余额结转下年。

某行政单位会计根据月末有关账户的余额，编制结账前的资产负债表，如表16－1所示。

现要求根据年终结账前的资产负债表，按年终转账的有关规定办理年终转账，并根据转账后各账户余额，编制转账后的资产负债表。

### 表 16－1　资产负债表（结账前）

编表单位：　　　　　　　　　年　　月　　日　　　　　　　　单位：万元

| 科目编号 | 资产部类 | 金额 | 科目编号 | 负债部类 | 金额 |
|---|---|---|---|---|---|
|  | 一、资产类 | 6013 |  | 二、负债类 | 93 |
| 101 | 现金 | 2 | 201 | 应缴预算款 |  |
| 102 | 银行存款 | 43 | 202 | 应缴财政专户款 |  |
| 103 | 有价证券 | 130 | 203 | 暂存款 | 93 |
| 104 | 暂付款 | 72 |  | 负债类合计 |  |
| 105 | 库存材料 | 96 |  |  |  |
| 106 | 固定资产 | 5670 |  | 三、净资产类 |  |
| 107 | 零余额账户用款额度 | 0 | 301 | 固定基金 | 5852 |
|  | 资产类合计 |  | 303 | 结余 | 182 |
|  | 五、支出类 | 1650 |  | 其中：基本结余 | 169 |
| 501 | 经费支出 | 1270 |  | 项目结余 | 13 |
|  | 其中：基本支出 | 1185 |  | 结余合计 |  |
|  | 项目支出 | 85 |  | 四、收入类 | 1718 |
| 502 | 拨出经费 | 180 | 401 | 拨入经费 | 1200 |
|  | 其中：基本支出 | 160 |  | 其中：基本支出 | 1100 |
|  | 项目支出 | 20 |  | 项目支出 | 100 |
| 505 | 结转自筹自建 | 200 | 404 | 预算外资金收入 | 350 |
|  | 支出类合计 |  | 407 | 其他收入 | 168 |
|  |  |  |  | 收入类合计 |  |
|  | 资产部类总计 | 7663 |  | 负债部类总计 | 7663 |

（1）将"拨入经费——基本支出"科目贷方余额 11000000 元，"预算外资金收入"科目贷方余额 3500000 元，"其他收入"科目贷方余额 1680000 元转入"结余——基本结余"科目贷方。会计分录为：

借：拨入经费——基本支出　　　　　　　　　11000000
　　预算外资金收入　　　　　　　　　　　　　3500000
　　其他收入　　　　　　　　　　　　　　　　1680000
　　　贷：结余——基本结余　　　　　　　　　　16180000

（2）将"拨入经费——项目支出"科目年末余额 1000000 元全部转入"结余——项目结余"科目。会计分录为：

借：拨入经费——项目支出　　　　　　　　　1000000
　　　贷：结余——项目结余　　　　　　　　　　1000000

（3）将"经费支出——基本支出"科目借方余额 11850000 元，"拨出经费——基本支出"科目借方余额 1600000 元，"结转自筹基建"科目借方余额 2000000 元，转入"结余——基本结余"科目。会计分录为：

借：结余——基本结余　　　　　　　　　　　15450000
　　　贷：经费支出——基本支出　　　　　　　　11850000
　　　　　拨出经费——基本支出　　　　　　　　1600000
　　　　　结转自筹基建　　　　　　　　　　　　2000000

（4）将"经费支出——项目支出"科目借方余额 850000 元，"拨出经费——项目支出"科目借方余额 200000 元，转入"结余——项目结余"科目。会计分录为：

借：结余——项目结余　　　　　　　　　　　1050000
　　　贷：经费支出——项目支出　　　　　　　　 850000
　　　　　拨出经费——项目支出　　　　　　　　 200000

**计算转账后的结余：**

**转账后的基本结余**

＝16900000＋11000000＋3500000＋1680000－11850000－1600000－2000000

＝2420000（元）

**转账后的项目结余**

＝130000＋1000000－850000－200000

＝80000（元）

根据转账后的各账户余额，编制转账后的资产负债表，如表 16—2 所示。

表 16—2　资产负债表（结账后）

编表单位：　　　　　　　　　　年　　月　　日　　　　　　金额单位：万元

| 科目编号 | 资产部类 | 年初数 | 期末数 | 科目编号 | 负债部类 | 年初数 | 期末数 |
|---|---|---|---|---|---|---|---|
| | 一、资产类 | 5971 | 6013 | | 二、负债类 | 51 | 93 |
| 101 | 现金 | 5 | 2 | 201 | 应缴预算款 | | |
| 102 | 银行存款 | 50 | 43 | 202 | 应教财政专户款 | | |
| 103 | 有价证券 | 85 | 130 | 203 | 暂存款 | 51 | 93 |
| 104 | 暂付款 | 141 | 72 | | | | |
| 105 | 库存材料 | 90 | 96 | | | | |
| 106 | 固定资产 | 5600 | 5670 | | 三、净资产类 | 5920 | 5920 |
| | | | | 301 | 固定基金 | 5600 | 5670 |
| | | | | 303 | 结余 | 320 | 250 |
| | | | | | 其中：经常性结余 | 300 | 242 |
| | | | | | 专项结余 | 20 | 8 |
| | | | | | | | |
| | 资产部类总计 | 5971 | 6013 | | 负债部类总计 | 5971 | 6013 |

# 第三节　行政单位会计报表

会计报表是反映行政单位财务状况和预算执行情况的书面文件，包括资产负债表、收入支出总表、经费支出明细表、附表和报表说明书。有专款收支业务的行政单位，还应按专款的种类编报专项资金支出明细表。

## 一、行政单位资产负债表

### （一）资产负债表的概念与平衡原理

行政单位的资产负债表是反映行政单位在某一特定日期财务状况的报表。它是根据资产、负债、净资产、收入、支出五个会计要素之间的相互关系，按照一定的分类标准和一定的顺序，把行政单位在一定日期的资产、负债、净资产、收入、支出项目予以适当排列并对日常工作中形成的大量数据进行高度浓缩整理后编制而成的。通过这张表，可以全面了解、分析行政单位资产的总量及分布情况，负债是否正常，以及年度内各项收入和支出的完成情况；与预算数对比，还可以了解预算的执行情况。因此，资产负债表是财政部门、上级单位和本单位了解单位财务收支、加强预算管理的重要工具。

行政单位的资产负债表应于每月末、每季末、每年末编报。其中：月报和季报采用"资产＋支出＝负债＋净资产＋收入"的平衡等式，反映行政单位月末或季末的资产、负债和净资产的实有数以及至本月末或本季末收入和支出的累计数；年报采用"资产＝负债＋净资产"的平衡等式，反映行政单位年末资产、负债和净资产的实有数。

**（二）资产负债表的格式与编制方法**

1. 资产负债表的格式

资产负债表的月报和季报由资产、支出、负债、净资产和收入五个会计要素组成，其参考格式如表 16－3 所示。

**表 16－3　资产负债表（月报或季报）**

编表单位：　　　　　　　年　月　日　　　　　金额单位：万元

| 科目编号 | 资产部类 | 年初数 | 期末数 | 科目编号 | 负债部类 | 年初数 | 期末数 |
|---|---|---|---|---|---|---|---|
|  | 一、资产类 |  |  |  | 二、负债类 |  |  |
| 101 | 现金 |  |  | 201 | 应缴预算款 |  |  |
| 102 | 银行存款 |  |  | 202 | 应缴财政专户款 |  |  |
| 103 | 有价证券 |  |  | 203 | 暂存款 |  |  |
| 104 | 暂付款 |  |  | 211 | 应付工资 |  |  |
| 105 | 库存材料 |  |  | 212 | 应付地方津贴补贴 |  |  |
| 106 | 固定资产 |  |  | 213 | 应付其他个人收入 |  |  |
| 107 | 零余额账户用款额度 |  |  |  |  |  |  |
| 115 | 财政返还额度 |  |  |  | 三、净资产类 |  |  |
|  |  |  |  | 301 | 固定基金 |  |  |
|  | 五、支出类 |  |  | 303 | 结余 |  |  |
| 501 | 经费支出 |  |  |  | 其中：基本结余 |  |  |
|  | 其中：基本支出 |  |  |  | 项目结余 |  |  |
|  | 项目支出 |  |  |  |  |  |  |
| 502 | 拨出经费 |  |  |  | 四、收入类 |  |  |
|  | 其中：基本支出 |  |  | 401 | 拨入经费 |  |  |
|  | 项目支出 |  |  |  | 其中：基本支出 |  |  |

续表

| 科目编号 | 资产部类 | 年初数 | 期末数 | 科目编号 | 负债部类 | 年初数 | 期末数 |
|---|---|---|---|---|---|---|---|
| 505 | 结转自筹自建 | | | | 项目支出 | | |
| | | | | 404 | 预算外资金收入 | | |
| | | | | 407 | 其他收入 | | |
| | | | | | | | |
| | 资产部类总计 | | | | 负债部类总计 | | |

　　年度终了，由于行政单位已将有关的收入和支出全部转入了相应的结余，因此，资产负债表的年报中就没有了收入和支出这两个会计要素，而只有资产、负债、净资产这三个会计要素。资产负债表年报的参考格式如表16—4所示。

表 16—4　资产负债表（年报）

编表单位：　　　　　　　　　　　年　　月　　日　　　　　　　金额单位：万元

| 科目编号 | 资产部类 | 年初数 | 期末数 | 科目编号 | 负债部类 | 年初数 | 期末数 |
|---|---|---|---|---|---|---|---|
| | 一、资产类 | | | | 二、负债类 | | |
| 101 | 现金 | | | 201 | 应缴预算款 | | |
| 102 | 银行存款 | | | 202 | 应缴财政专户款 | | |
| 103 | 有价证券 | | | 203 | 暂存款 | | |
| 104 | 暂付款 | | | 211 | 应付工资 | | |
| 105 | 库存材料 | | | 212 | 应付地方津贴补贴 | | |
| 106 | 固定资产 | | | 213 | 应付其他个人收入 | | |
| 115 | 财政返还额度 | | | | | | |
| | | | | | 三、净资产类 | | |
| | | | | 301 | 固定基金 | | |
| | | | | 303 | 结余 | | |
| | | | | | 其中：基本结余 | | |
| | | | | | 　　　项目结余 | | |
| | 资产部类总计 | | | | 负债部类总计 | | |

### 2.资产负债表的编制方法

资产负债表的有关栏目应当根据账簿记录和其他有关资料填列。

（1）表首，应填写编报单位的名称、编制日期和货币单位。其中，如果是月报或季报，编制日期应为月末或季末；如果是年报，编制日期则为年末。

（2）"年初数"，是指行政单位年初有关的资产、负债和净资产各项目的数额。此栏目应根据上年决算后结转本年的各账户"期初数"填列。一般来说，年初数全年不变。

（3）"期末数"，是指行政单位月末或季末有关资产、负债、净资产、收入和支出各项目的数字，或年末有关资产、负债和净资产各项目的数字。"期末数"表示报告期末的财务状况，应根据月末、季末或年末有关账户的余额填列。

（4）年末编制资产负债表时，应分别编制结账前资产负债表与结账后资产负债表。其中：结账前资产负债表就是月末或季末的资产负债表；结账后资产负债表就是年末资产负债表。但是，如果存在预拨下年度经费的情况，则年末资产负债表仍可保留"拨入经费"或"拨出经费"的项目。

（5）上级行政单位在编制汇总资产负债表时，应将本级行政单位资产负债表中"拨出经费"的数字与所属单位资产负债表中"拨入经费"的数字进行冲销，其余数字则直接相加汇总。实行财政直接支付和授权支付的现代国库集中收付制度后，上级行政单位在编制汇总资产负债表时，本级的"拨出经费"不和所属单位的"拨入经费"项目相抵冲。

## 二、行政单位收入支出总表

收入支出总表是反映行政单位年度收支总规模的报表。它由三部分内容组成，即收入、支出和结余。三部分之间的关系是：

收入－支出＝结余

收入支出报表为年度报表，它总括地反映行政单位全年的收入、支出和结余情况。其中结余本身是年度预算收支结余，平时并不进行核算。行政单位平时的收支情况，可通过月报资产负债表进行总括反映；而其中的支出情况，则通过经费支出明细表进行详细反映。收入支出总表采用三栏式。第一栏，反映行政单位的各项收入情况；第二栏，反映行政单位各项经费支出及经费拨出数；第三栏，为结转当年的结余数和以前年度的累计结余额。收入、支出项目都需列示"本月数"和"本年累计数"。"本月数"反映各项目的本月实际发生数，可按各有关账户的本月发生额填列。"本年累计数"反映各项目全年累计实际发生额，可按各有关账户的期末结账前的余额填列。收入支出总表的基本格式如表16－5所示。

表 16－5　收入支出总表

编表单位：　　　　　　　　　　年　　月　　日　　　　　　　金额单位：元

| 收入 | | | 支出 | | | | |
|---|---|---|---|---|---|---|---|
| 项　目 | 本月数 | 本年累计 | 项　目 | 本月数 | 本年累计 | | |
| 拨入经费 | | | 拨出经费 | | | 结转当年结余 | |
| 其中：基本支出 | | | 其中：基本支出 | | | 其中：基本结余 | |
| 项目支出 | | | 项目支出 | | | 项目结余 | |
| 预算外资金收入 | | | 经费支出 | | | 以前年度结余 | |
| 其中：基本支出 | | | 其中：基本支出 | | | | |
| 项目支出 | | | 项目支出 | | | | |
| 其他收入 | | | 结转自筹基建 | | | | |
| | | | | | | | |
| 收入合计 | | | 支出合计 | | | 累计结余 | |

　　收入支出总表可以反映行政单位各项收入和支出的预算完成情况，还可以反映行政单位各项收入、支出的结构以及行政单位当年取得的结余以及以前年度的累计结余。通过分析收入支出总表，有关方面可以及时评估行政单位在预算执行过程中的业绩和存在的问题，便于行政单位采取措施，加以改进。

　　收入支出总表的有关栏目应当根据账簿记录和其他有关资料填列。

　　(1) 表首。填写编报单位的名称、编制日期和货币单位。

　　(2) 本月数。指行政单位本月实际取得的收入数和实际发生的支出数。本月数根据有关收入和支出账户的本月发生额填列。

　　(3) 累计数。指行政单位年初至报告期末实际取得的收入合计数和实际发生的支出合计数。累计数根据有关收入和支出账户的期末累计发生数填列。

　　(4) 上级行政单位在编制汇总收入支出总表时，应将本行政单位收入支出总表中"拨出经费"的数字与所属单位收入支出总表中相应"拨入经费"的数字进行冲销。但实行单一国库制后，上级行政单位在编制汇总收入支出总表时，本级的"拨出经费"不和所属单位的"拨入经费"项目相抵冲。

　　(5) 各月份收入支出总表中"本年累计"栏中的数据，应当与相应月份资产负债表中"期末数"栏的数据相互一致。

## 三、行政单位经费支出明细表

　　经费支出明细表是反映一定时期经常性支出和专项支出的具体支出项目情况

的报表，也就是反映一定时期内预算执行情况的报表。经费支出明细表的项目，应当按照"政府收支分类科目"列示。对于财政拨款和预算外资金收入安排的支出，应按支出的用途分别列示。经费支出明细表以"款"级科目，即工资福利支出、商品服务支出、对个人和家庭的补助、对企事业单位的补贴、社会保障费、转移性支出、赠与、债务利息支出、债务还本支出、基本建设支出、其他资本性支出、贷款转贷及产权参股等为列。经费支出明细表的格式如表16—6所示。

**表 16—6　经费支出明细表**

编表单位：　　　　　　　　年　　月　　日　　　　　　　金额单位：元

| 项　　目 | 合计 | 工资福利支出 | 商品服务支出 | 对个人和家庭的补助 | 对企事业单位的补贴 | 社会保障费 | 转移性支出 | 赠与 | 债务利息支出 | 债务还本支出 | 基本建设支出 | 其他资本性支出 | 贷款转贷及产权参股 | 其他支出 |
|---|---|---|---|---|---|---|---|---|---|---|---|---|---|---|
| 列次 | 1 | 2 | 3 | 4 | 5 | 6 | 7 | 8 | 9 | 10 | 11 | 12 | 13 | 14 |
| 经费支出 | | | | | | | | | | | | | | |
| 基本支出 | | | | | | | | | | | | | | |
| 其中：财政拨款支出 | | | | | | | | | | | | | | |
| 　　　预算外资金支出 | | | | | | | | | | | | | | |
| 项目支出 | | | | | | | | | | | | | | |
| 其中：财政拨款支出 | | | | | | | | | | | | | | |
| 　　　预算外资金支出 | | | | | | | | | | | | | | |

在编制经费支出明细表时，对财政拨款和预算外收入资金安排的支出应按支出用途分别列示，由于行政单位的经费支出是综合使用包括所有收入来源的结果，并且在平时核算中经费支出是不区分财政拨款支出和预算外资金支出的，因此，行政单位可根据核定的预算和实际使用情况采用统计方法填列"财政拨款支出"和"预算外资金支出"项目。经费支出明细表中的"项目支出"是指用财政拨款和预算外资金收入中的专项资金安排的支出，根据"经费支出"科目的"项目支出"二级科目填列，其"预算外资金支出"按实有项目汇总填列。经费支出明细表的实际支出数合计，应与相应资产负债表中的"经费支出"项目期末数额相一致。

## 四、有关补充指标表和报表说明书的内容及编制

补充指标表是指行政单位根据财政部门或主管会计单位的要求编报的补充性报表，如基本数字表、项目支出明细表等。报表说明书是对行政单位会计报表进行技术方面和分析方面的说明。行政单位的补充指标表和报表说明书应当按照财政部门和上级主管部门规定的内容和格式编制。

### （一）基本数字表

基本数字表是反映行政单位定员定额执行情况的报表补充指标表。行政单位应按照制度规定编制基本数字的季度报表和年度报表。表中数据应根据行政单位人事部门和有关业务部门提供的统计数字填列。基本数字表的格式如表 16－7 所示。

**表 16－7　基本数字表**

编报单位：　　　　　　　　年　　月　　日

| 预算科目 | | | 国家职工（人） | | 离退休人员（人） | 机动车船数（辆、艘） | | 房屋建筑物（平方米） | | 取暖面积（平方米） | 应缴财政预算收入（元） |
|---|---|---|---|---|---|---|---|---|---|---|---|
| 款 | 项 | 名称 | 编制数 | 实有数 | | 编制数 | 实有数 | 合计 | 其中：办公用房 | | |
| | | | | | | | | | | | |
| | | | | | | | | | | | |
| | | | | | | | | | | | |
| | | | | | | | | | | | |

### （二）项目支出明细表

项目支出明细表是反映一定时期行政单位的专项经费使用情况的报表，也是支出明细表的辅助报表。项目支出明细表一般包括专项会议支出明细表、专项设备购置支出明细表、专项修缮支出明细表、专项业务支出明细表等。项目支出明细表应根据财政部门或上级主管部门的要求编制，一般为一个项目一张项目支出明细表。通过专项支出情况表，可以了解和掌握行政单位对专项经费是否做到了"专款专用"，项目开支是否合理。

### （三）行政单位报表说明书

行政单位在报送月报、季报和年报时，都应当编写报表说明书。报表说明书包括报表编制技术说明和报表分析说明两方面的内容。

行政单位编写的报表编制技术说明，主要包括采用的主要会计处理方法，特殊事项的会计处理方法，会计处理方法的变更情况、变更原因以及对收支情况和

结果的影响等。

行政单位编写的报表分析说明一般包括基本情况，影响预算执行、资金活动的原因，经费支出、资金活动的趋势，管理中存在的问题和改进措施，以及对主管会计单位工作的意见和建议等。

报表说明书是行政单位会计报表的重要组成部分。它有助于财政部门、上级主管部门更好地理解行政单位会计报表的内容，是会计报表的有机组成部分。

## 复习思考题

1. 行政单位进行年终清理结算的项目包括哪些？
2. 行政单位年终结账分为哪几个阶段？
3. 什么是行政单位的会计报表？它主要包括哪些种类？
4. 什么是资产负债表？行政单位应当如何编制资产负债表？
5. 什么是收入支出总表？行政单位应当如何编制收入支出总表？
6. 什么是经费支出明细表？行政单位应当如何编制经费支出明细表？
7. 什么是基本数字表？行政单位应当如何编制基本数字表？
8. 行政单位的报表说明书主要包括哪些内容？

# 第四篇
# 事业单位会计

# 第十七章　事业单位会计概论

## 第一节　事业单位会计的概念和特点

### 一、事业单位的概念

事业单位是不具有物质产品生产和国家事务管理职能，主要以精神产品和各种劳务形式，向社会提供生产性或生活性服务的单位。它包括文化、教育、卫生、科研设计、广播电视、体育等科学、文体事业单位；水利、环保、计划生育、气象等公益事业单位；孤儿院、养老院等社会福利救济事业单位。事业单位所属的经济实体，是以营利为目的的生产服务性实体，不包括在上述事业单位范围之内。

事业单位虽然一般不直接创造物质财富，但是对于整个社会再生产起着基础、先行的作用。国民经济的发展，需要依靠科学技术的发展。科技是第一生产力，它不仅可以创造大量的无形产品，促进社会生产进步，而且有的科研成果运用于生产获得了巨大的经济效益。经济振兴、科技发展，乃至整个社会的进步，都离不开高质量人才的培养、劳动力素质的提高和精神文明建设。因此，事业单位是整个国民经济不可缺少的组成部分，没有这些部门的业务活动，整个社会生产和社会生活将无法顺利进行。

### 二、事业单位会计的概念和特点

事业单位会计是各类事业单位以货币为主要计量单位，对单位预算资金及经营收支过程和结果进行全面、系统、连续核算和监督的专业会计。

事业单位会计根据国家建制和经费领拨关系或财政隶属关系，划分为事业主管单位会计、二级事业单位会计和基层事业单位会计。事业主管单位会计是指向同级财政部门领报经费并发生预算管理关系的事业主管单位执行的会计核算。二级事业单位会计是指向事业主管单位领报经费并发生预算管理关系且有下属单位的事业单位执行的会计核算。基层事业单位会计是指向上级事业单位领报经费并发生预算管理关系且无下属单位的事业单位执行的会计核算。

事业单位会计从涉及的主要行业来看又可以分为教育单位会计、医院会计、体育单位会计、科研单位会计、农林水利会计等。

事业单位会计的性质和具体任务与政府财政会计、行政单位会计不同，它具有以下特点：

（1）事业单位的经济来源主要依赖于财政部门，但同时可以有自己创收的收入。

（2）有经营活动的事业单位，可以进行成本核算。

（3）一般以收付实现制为会计核算基础，但有经营活动收支业务的采用权责发生制。

（4）事业单位会计在会计科目设置上，为满足会计核算需要，既有预算资金收支科目，又有成本费用科目，如"应收账款"、"产成品"、"待摊费用"、"预提费用"、"经营结余"等。

（5）事业单位会计报表有经营支出明细表、净资产变动情况表等，而政府财政会计、行政单位会计报表中无此内容。

## 第二节　事业单位会计的基本前提

会计核算的基本前提又称基本假设，它是会计核算工作必须具备的前提条件，是对会计工作环境所做的逻辑性推断，并进而奠定了会计核算的基础。我国原有的政府与事业单位会计制度，均未对事业单位会计核算的基本前提做统一的规定。我国政府与事业单位会计在改革过程中借鉴了《企业会计准则》的做法，对事业单位会计核算的基本前提做了统一的规定。

事业单位会计核算的基本前提包括会计主体、会计分期、持续运作和货币计量，详细内容在第一章中已经述及，此处不再重复。

## 第三节　事业单位会计核算的基本原则

### 一、基本原则

事业单位会计核算的基本原则是对会计核算工作具有普遍指导意义的行为规范。它是对事业单位会计实践经验的总结。

根据《事业单位会计准则》的要求，事业单位会计核算的基本原则包括真实性、相关性、可比性、一致性、及时性等 11 项，详细内容已在第一章中介绍，此处不再赘述。

## 二、记账基础

记账基础又称结账基础，是指会计结账所应遵循的原则，一般习惯上叫做会计基础。会计基础主要分为收付实现制和权责发生制。一直以来，我国的政府与事业单位会计基本上是实行收付实现制。改革开放以来，特别是随着社会主义市场经济体制的建立，事业单位的经济核算内容发生了很大变化，政府与事业单位各会计主体会计核算统一采用收付实现制已经不能适应新形势下的会计核算工作。因此，政府与事业单位会计改革根据会计核算的特点和实际工作的需要，采用不同的记账基础：政府财政会计和行政单位会计统一实行收付实现制；事业单位会计应根据单位实际情况和核算要求，分别采用收付实现制和权责发生制。

### （一）收付实现制

收付实现制是指以实收、实付为标准确认本期收入和费用的原则。收付实现制对于收入和费用按照收付日期确定其归属期。也就是说，凡本期收到的收入和支出的费用，不管其是否应归属本期，都作为本期的收入和费用；反之，凡本期未收到的收入和未支付的费用，即使应归属本期，也不能作为本期的收入和费用。由于收付实现制确定本期收入和费用是以现金收付为标准，所以又称现金制或实收实付制。

采用收付实现制，由于按照现金收付日期确定其归属期，因而凡属本期收到的收入，都作为本期收入，凡属本期支付的费用，都作为本期的支出。因为实收的收入和实付的支出均已登记入账，于是根据账簿记录就可以确定本期的收入和支出，不存在对账簿记录进行期末账项调整的问题。

政府财政会计和行政单位会计以及事业单位会计对于非生产经营性的业务采用收付实现制作为记账基础。

### （二）权责发生制

权责发生制是指以应收、应付作为确定本期收入和费用标准的原则。采用这一原则处理会计事项，凡是本期发生的收入，不论其款项是否收到均作为本期收入处理；凡应由本期收入补偿的费用，不论其款项是否付出，均作为本期费用处理。反之，不应归属本期的收入和费用，即使款项是在本期内收到或付出的，也不作为本期收入和费用。由于权责发生制确定本期收入和费用是以应收、应付作为标准，而不问款项的收付，所以又称应计制或应收应付制。

采用权责发生制，可以正确反映各个会计期间所实现的收入和实现收入所应负担的费用，从而可以把各期的收入和与其费用、成本相配合，加以比较，并在此基础上正确确定各期的收入。按照权责发生制进行会计核算，需要根据账簿记录对期末账项进行调整，以便正确反映本期的收入和费用，合理计算损益。

事业单位对于生产经营性的业务宜采用权责发生制作为其记账基础。

# 第四节　事业单位会计工作的组织

## 一、事业单位会计科目

事业单位会计科目是对各级各类事业单位会计要素的具体分类。它是事业单位设置账户、核算经济业务的依据，也是汇总和检查事业单位资金活动及其结果的依据。按照事业单位会计要素的类别，事业单位会计科目可分为资产、负债、净资产、收入和支出五大类。各级各类事业单位统一适用的会计科目表如表17－1所示。

**表 17－1　事业单位会计科目表**

| 序号 | 编号 | 科目名称 | 序号 | 编号 | 科目名称 |
|---|---|---|---|---|---|
| | | 一、资产类 | | | 四、收入类 |
| 1 | 101 | 现金 | 27 | 401 | 财政补助收入 |
| 2 | 102 | 银行存款 | 28 | 403 | 上级补助收入 |
| 3 | 103 | 零余额账户用款额度 | 29 | 404 | 拨入专款 |
| 4 | 105 | 应收票据 | 30 | 405 | 事业收入 |
| 5 | 106 | 应收账款 | 31 | 406 | 财政专户返还收入 |
| 6 | 108 | 预付账款 | 32 | 409 | 经营收入 |
| 7 | 110 | 其他应收款 | 33 | 412 | 附属单位缴款 |
| 8 | 115 | 材料 | 34 | 413 | 其他收入 |
| 9 | 116 | 产成品 | | | 五、支出类 |
| 10 | 117 | 对外投资 | 35 | 501 | 拨出经费 |
| 11 | 120 | 固定资产 | 36 | 502 | 拨出专款 |
| 12 | 124 | 无形资产 | 37 | 503 | 专款支出 |
| | | 二、负债类 | 38 | 504 | 事业支出 |
| 13 | 201 | 借入款项 | 39 | 505 | 经营支出 |
| 14 | 202 | 应付票据 | 40 | 509 | 成本费用 |
| 15 | 203 | 应付账款 | 41 | 512 | 销售税金 |
| 16 | 204 | 预收账款 | 42 | 516 | 上缴上级支出 |
| 17 | 207 | 其他应付款 | 43 | 517 | 对附属单位补助 |
| 18 | 208 | 应缴预算款 | 44 | 520 | 结转自筹基建 |
| 19 | 209 | 应缴财政专户款 | | | |
| 20 | 210 | 应交税金 | | | |
| | | 三、净资产类 | | | |
| 21 | 301 | 事业基金 | | | |
| 22 | 302 | 固定基金 | | | |
| 23 | 303 | 专用基金 | | | |
| 24 | 306 | 事业结余 | | | |
| 25 | 307 | 经营结余 | | | |
| 26 | 308 | 结余分配 | | | |

事业单位会计科目使用要求：

（1）事业单位应按财政部制定的有关规定，设置和使用会计科目。

（2）根据财政部规定适用特殊行业会计制度的事业单位，不执行本会计科目；事业单位有关基本建设投资的会计核算，按有关规定执行，不执行本会计科目；已经纳入企业会计核算体系的事业单位，按有关企业会计制度执行。

（3）事业单位应按本制度的规定设置和使用会计科目，不需用的科目可以不用；会计科目编号，各单位不得打乱重编。

# 二、事业单位会计凭证

会计凭证是记录经济业务、明确经济责任的书面证明，是登记账簿的依据。

设置会计科目、明确记账方法，是为了正确地将经济业务进行分类、科学地进行记账，但是记账必须有依据，如实反映经济业务本来的面貌。因此，任何一项经济业务，都应该取得或填制会计凭证，只有根据合法的会计凭证才能记账。

会计凭证按照填制程序和用途，可分为原始凭证和记账凭证。

## （一）原始凭证

原始凭证是经济业务发生时取得的书面证明，是会计事项的唯一合法证据，是登记明细账的依据。事业单位的原始凭证主要有：

（1）收款收据。

（2）借款凭证。

（3）预算拨款凭证。

（4）固定资产调拨单或出、入库单。

（5）库存材料或材料出、入库单。

（6）开户银行转来的收、付款凭证。

（7）往来结算凭证。

（8）各种税票。

（9）其他足以证明会计事项发生经过的文件等。

## （二）记账凭证

### 1. 记账凭证的格式

记账凭证是由会计人员根据审核后的原始凭证填制的，并作为登记账簿依据的凭证。事业单位的记账凭证通常分为收款凭证、付款凭证和转账凭证三种，其格式分别如表17-2、表17-3和表17-4所示。

表 17－2　收款凭证　　　　　出纳编号_____

借方科目：　　　　　　　年　　月　　日　　　　制单编号_____

| 对方单位<br>（或缴款人） | 摘要 | 贷方科目 | | 金额 | 记账符号 |
|---|---|---|---|---|---|
| | | 总账科目 | 明细科目 | | |
| | | | | | |
| | | | | | |
| | | | | | |
| | | 合计金额 | | | |

会计主管　　　　记账　　　　稽核　　　　出纳　　　　制单

表 17－3　付款凭证　　　　　出纳编号_____

贷方科目：　　　　　　　年　　月　　日　　　　制单编号_____

| 对方单位<br>（或缴款人） | 摘要 | 借方科目 | | 金额 | 记账符号 |
|---|---|---|---|---|---|
| | | 总账科目 | 明细科目 | | |
| | | | | | |
| | | | | | |
| | | | | | |
| | | 合计金额 | | | |

会计主管　　　记账　　　稽核　　　出纳　　　制单　　　领款人签章

表 17－4　转账凭证　　　　　出纳编号_____

年　　月　　日　　　　制单编号_____

| 对方单位 | 摘要 | 借方 | | 贷方 | | 金额 | 记账符号 |
|---|---|---|---|---|---|---|---|
| | | 总账科目 | 明细科目 | 总账科目 | 明细科目 | | |
| | | | | | | | |
| | | | | | | | |
| | | | | | | | |
| | | | | | | | |

会计主管　　　记账　　　稽核　　　出纳　　　制单　　　领（缴）款人

2. 记账凭证的填制和保管要求

事业单位记账凭证作为登记账簿的依据，其填制和保管必须符合一定的要求。这些要求主要有：

（1）事业单位应根据审核无误的原始凭证，归类整理编制记账凭证。记账凭证的各项内容必须填列齐全，制证人或制单人必须签名或盖章。

（2）记账凭证一般根据每项经济业务的原始凭证编制。当天发生的同类经济业务，其原始凭证可以进行适当归并，然后据以编制记账凭证。但不同经济业务的原始凭证，不得合并编制一张记账凭证，也不得将几天的经济业务加在一起编制一张记账凭证。

（3）记账凭证必须附有原始凭证。一张原始凭证涉及几张记账凭证的，可以把原始凭证附在主要的一张记账凭证后面，然后在另外的一张或几张记账凭证上注明附有原始凭证的那张记账凭证的编号。会计年终结账和更正错误的记账凭证，可以不附原始凭证，但应经主管会计人员签章。

（4）记账凭证必须清晰、工整。记账凭证须经指定人员复核，并由会计主管人员签章后据以记账。

（5）记账凭证应根据经济业务发生的日期按顺序编制。记账凭证应有编号，每月从第1号起连续编号。

（6）记账凭证每月应按顺序号整理，连同所附的原始凭证加上封面，装订成册保管。记账凭证封面样式如表17—5所示。

**表 17—5　记账凭证封面**

（财政部门名称或行政事业单位名称）

| 时　间 | 年　　月 |
|---|---|
| 册　数 | 本月共　　册　　本册是第　　册 |
| 张　数 | 本册自第　　号至第　　号 |
|  |  |

会计主管　　　　　　　　　　　　　　　　　　　　装订人

### 3. 记账凭证错误的更正

事业单位会计填制的记账凭证发生错误时，应严格按下列方法更正：

（1）发现未登记账簿的记账凭证发生错误，应将原记账凭证作废，重新编制记账凭证。

（2）发现已经登记账簿的记账凭证发生错误，应采用"红字冲正法"或"补充登记法"更正。实行会计电算化的单位，用"红字冲正法"时，以负数表示。

## 三、事业单位会计账簿

会计账簿是会计核算过程中，以会计凭证为依据，运用会计账户全面、系统、连续地记录、核算资金活动和结果的簿籍。设置和登记账簿，是正确组织会计核算工作的重要环节。

**（一）会计账簿的种类**

事业单位会计可根据需要设置以下账簿：

1. 总账

总账用来核算资产、负债、净资产、收入、支出、结余的总括情况，控制和核对各种明细账。总账的格式通常采用三栏式，按照会计科目设置会计账户。三栏式账页的格式如表 17－6 所示。

表 17－6　总　账

会计科目：　　　　　　　　　　　　　　　　　　　　　　第　页

| 年 | | 凭证号 | 摘要 | 借方金额 | 贷方金额 | 余　额 | |
| 月 | 日 | | | | | 借或贷 | 金额 |
| | | | | | | | |
| | | | | | | | |
| | | | | | | | |
| | | | | | | | |
| | | | | | | | |
| | | | | | | | |

2. 明细账

明细账是用以对总账有关科目进行明细核算的账簿。明细账的格式一般采用三栏式或多栏式。事业单位主要设置：

（1）收入明细账：财政补助收入明细账、事业收入明细账、经营收入明细账、拨入专款明细账、附属单位缴款明细账及其他收入明细账等。

（2）支出明细账：拨出经费明细账、拨出专款明细账、专项资金支出明细账、事业支出明细账、经营支出明细账等。

（3）往来款明细账：应收账款明细账、其他应收款明细账、应付账款明细账、其他应付款明细账等。

多栏式账页格式如表 17－7 所示。

**表 17—7　明　细　账**

明细科目或户名：　　　　　　　　　　　　　　　　　　　　　　　第　页

| 年 | | | | | | | 借（贷）方余额分析 | |
|---|---|---|---|---|---|---|---|---|
| 月 | 日 | | | | | | | |
| | | | | | | | | |
| | | | | | | | | |
| | | | | | | | | |
| | | | | | | | | |
| | | | | | | | | |

说明：各种收支明细账可采用本账格式。本账做支出明细核算时，"借（贷）方余额分析"栏以借方为主；本账做收入明细账时，"借（贷）方余额分析"栏以贷方为主。

### （二）会计账簿的使用要求

事业单位会计账簿作为反映和监督各级各类事业单位各项预算收支、往来款项和保护各项财产安全的核算工具，在填制时要严格按照规定的要求进行。关于账簿使用的要求在第二章已详细论述，此处不再赘述。

## 四、事业单位会计工作组织形式

大中型事业单位应当设置总会计师。总会计师协助单位领导人全面领导各项财经工作，负责处理日常财务管理的重大问题，审批重大的财务开支事项。未设置总会计师的单位，应由一名单位领导人主管会计工作。

事业单位应当设置独立的会计机构，配备必要的会计人员。会计机构由单位领导人和总会计师直接领导，统一管理整个单位的各项财会工作。单独设置会计机构，有利于加强对财会工作的领导，有利于发挥会计部门的监督作用。实践证明，单独设置会计机构是十分必要的。事业单位规模不大、会计业务不多的单位，可以不设会计机构，但应当配备专职或兼职的会计员和出纳员办理会计工作。

事业单位的各内部单位，凡是规模较大、会计事项较多的，如校办工厂、出版社、印刷厂、基建处等，要设置财会机构，配备专职的财会人员；规模较小、会计事项较少的，要配备专职或兼职的财会人员。各内部单位的会计机构和人员，都要接受单位财务部门的业务指导和监督。

单位内部会计工作的组织形式通常有两种：

（1）一级核算方式。规模较小、所属二级单位财务活动较少的事业单位，可实行一级核算方式。二级单位为报账单位，不设账簿，发生各项支出时持凭证向单位会计部门报账。

（2）二级核算方式。规模较大、所属二级单位财务活动较多的事业单位，可实行二级核算方式。二级单位为单独核算单位，要设置完整的会计账簿，自行编制会计报表，向单位会计部门报送。财务收支数额很大的二级单位，还可征得银行同意单独开设账户。

## 复习思考题

1. 简述事业单位会计的概念及特点。
2. 试论述事业单位会计的记账基础。
3. 简述事业单位记账凭证的填制与保管要求。
4. 简述事业单位记账凭证错误的更正方法。
5. 试论述事业单位会计工作的组织形式。

# 第十八章 事业单位资产的核算

## 第一节 事业单位资产的特征和内容

### 一、事业单位资产的特征

资产是事业单位占有或者使用的能以货币计量的经济资源，包括各种财产、债权和其他权利。其特征是：

（1）具有为事业单位服务的潜能或某些特定权利，事业单位能自主地运用其进行经济活动，并承担由此产生的各种风险。

（2）具有价值，可用货币来计量。

（3）资产必须通过已发生的交易或事项为事业单位所取得。事业单位对其拥有所有权，或者在一定时期、一定条件下拥有其使用权。

（4）资产只限于经济资源，其存在形态有有形的（如存货等），也有无形的（如专利权等）。

事业单位的资产按流动性及存在形态分为流动资产、对外投资、固定资产和无形资产。

### 二、事业单位资产的内容

#### （一）流动资产

流动资产是指可以在一年内变现或者耗用的资产，包括现金、各种存款、应收及预付款项、存货等。在事业单位的日常经济活动中，需要有一定数量的现金和各种存款，以便于发放工资、购置零星物品、支付某些费用等；在与其他经济单位和个人的经济往来中，由于结算方式或其他方面的原因，发生应收及预付款项；为满足经济活动的正常进行，还必须经常地储备一定数量的材料物资和产成品等存货。由此可见，现金及银行存款、应收及预付款项、存货等流动资产，是事业单位开展经济活动的重要条件。

**（二）非流动资产**

对外投资、固定资产和无形资产这些资产变现或耗用的期限一般在一年以上，所以亦称其为长期资产或非流动资产。事业单位在日常经济活动中，为了合理地控制现款余额，提高经济资源的使用效益，或者出于扩大规模、控制其他经济单位的目的等，可以用存款或其他资产对外进行投资；为了进行正常的经济活动，必须拥有一定数量的房屋、建筑物、设备、仪器、仪表等固定资产；有些事业单位在正当的经济活动中，会形成一些没有实物形态但能够给单位带来经济利益的无形资产。可见，对外投资、固定资产和无形资产也是事业单位开展经济活动的重要条件。

为了有效地管理和运用各项资产，准确、及时地掌握各项资产的增减变化及其结存情况，财会部门应当会同资产管理部门对各项资产进行分类核算，反映和监督各类资产的变化，并在资产负债表中分项目予以反映。

# 第二节　事业单位流动资产的核算

## 一、现金和银行存款的核算

现金和银行存款是事业单位流动资产的重要组成部分，其收付涉及事业单位经济活动的各个方面，有流动性强和收支频繁的特点，必须加强管理与核算。各单位应当严格遵照国家关于现金管理、外汇管理和银行结算制度的规定，健全收支手续，及时、正确地办理结算业务，严密地反映现金及各种存款的收支和结存情况，并促使其合理、有效地加以运用，满足事业单位各项经济活动的需要。

**（一）现金的核算**

在我国会计实务中，现金是指存放在财会部门并由出纳员保管的纸币和铸币。现金是事业单位流动性最强的流动资产，它不受任何契约的限制，使用方便，但不能随保留时间的推移而增值。因此，事业单位库存的现金应以满足日常零星开支为限，并应切实加强管理，坚持以下管理原则：

1. 设置专人，经管现金的出纳工作

单位的现金收付业务，应由专职或兼职的出纳员办理，出纳、会计分开，钱账分管，责任分明。

2. 严格遵守库存现金限额制度

为了便于单位支付日常零星开支，银行对各单位都要核定一个库存现金限额。核定限额一般以3～5天的正常现金支付的需要量为依据。超过限额的现金应于当日营业终了前送存银行。如因需要调整限额时，应向开户银行提出申请。

3. 按规定范围支付现金

各单位在下列范围内可以使用现金：

(1) 支付给职工个人的工资、奖金、津贴。

(2) 个人劳动报酬。

(3) 根据国家规定颁发给个人的科学技术、文化艺术、体育等各种资金。

(4) 各种劳保、福利费以及国家规定对个人的其他支出。

(5) 向城乡居民收购农副产品及其他物资而支付的价款。

(6) 出差人员必须随身携带的差旅费。

(7) 在转账结算金额起点以下的零星支付款项。

(8) 中国人民银行确定需要支付现金的其他支出。

不属于上述现金结算范围的款项支付，一律通过银行办理转账结算。

4. 严格现金收付手续

出纳人员要根据经审核无误的合法凭证，办理现金收付。现金收入，应开给交款人正式、合法的收据；支付现金后，应在原始凭证上加盖“现金付讫”戳记。

5. 不准坐支现金

坐支指将本单位收入的现金直接支出。按照我国会计制度的规定，单位每天收入的现金，必须当天送存银行，不能直接支用。因特殊原因需要坐支现金的，应事先报经开户银行审查批准，由开户银行核定坐支范围和限额，坐支单位应定期向银行报送坐支金额和使用情况。

6. 日清月结，保证账款相符

现金收付要及时入账，每日须清点库款；主管会计人员应定期或不定期地对库存现金实际结存进行核对与检查，做到日清月结、账款相符。不得以借据或白条抵库。

为了连续、系统、全面地记录现金收支业务的情况，应由出纳员根据原始凭证逐笔、序时登记“现金日记账”。

有外币业务的单位，分别按人民币现金、外币现金设置“现金日记账”进行明细核算。

每日业务终了，应计算出当日现金收入合计数、现金支出合计数和结余数，并将结余数与实际库存数核对相符后，编制“库存现金日报表”，连同原始凭证一并交会计员核收记账。“库存现金日报表”的格式如表18－1所示。

为核算现金的收付和结存情况，应设置“现金”（资产类）账户。借方记现金的增加数，贷方记现金的减少数。余额在借方，反映现金的结存数。

对于从银行提取现金的业务，一般只编制银行存款付款凭证，不再编制现金收款凭证；将现金存入银行，一般只编制现金付款凭证，不再编制银行存款收款凭证。

**表 18-1　库存现金日报表**　　　　　　　金额单位：元

附原始单据　张　　　　　　　年　　月　　日　　　　　　　　第　　号

| 项　目 | 金　额 | 备　注 |
|--------|--------|--------|
| 昨日库存 | 1000 | |
| 今日共收 | 5600 | |
| 今日共付 | 4800 | |
| 今日库存 | 1800 | |

出纳员（签章）

**【例 18-1】** 某中学开出现金支票一张，提取现金 2000 元备用。

借：现金　　　　　　　　　　　　　　　　　　2000

　　贷：银行存款　　　　　　　　　　　　　　　2000

**【例 18-2】** 某事业单位支付职工李某因公出差预借的差旅费 1600 元。

借：其他应收款——李某　　　　　　　　　　　1600

　　贷：现金　　　　　　　　　　　　　　　　　1600

**【例 18-3】** 某学校购买办公用品花费 30 元。

借：事业支出　　　　　　　　　　　　　　　　30

　　贷：现金　　　　　　　　　　　　　　　　　30

**【例 18-4】** 某事业单位上月出差的王某报销差旅费，原借款 1500 元，实际开支 960 元，退回余款。

借：事业支出　　　　　　　　　　　　　　　　960

　　现金　　　　　　　　　　　　　　　　　　540

　　贷：其他应收款——王某　　　　　　　　　　1500

为了加强对现金出纳、保管工作的监督，防止盗窃和营私舞弊，保护现金的安全、完整，必须建立并认真执行现金清查制度。库存现金的清查包括出纳人员每日的清查核对和清查小组定期或不定期的清查。现金清查的主要手段是实地盘点。清查小组盘点现金时，出纳人员应当在场，盘点后将实存数与账存数核对，并编制"库存现金盘点报告表"，列明实存、账存和余缺金额。如有余缺，应查明原因，并及时请领导审批。

发生现金溢缺，在未查明原因之前，应根据"库存现金盘点报告表"调整账务。现金短缺时，借记"其他应收款——现金短缺"科目，贷记"现金"科目；属于现金溢余的金额，借记"现金"科目，贷记"其他应付款——现金长余"科目。在查明原因并报经领导审批后，如因为工作失误造成的现金短缺，由责任人赔偿收回现金时，借记"现金"科目，贷记"其他应收款——现金短缺"科目；如果是属于正常误差而产生的短缺，经批准可列入"事业支出——其他费用"。

对于溢余的现金，如属错收的，应退回；如属无主款的，应作应缴预算款，借记"其他应付款"科目，贷记"应缴预算款"科目。

**（二）银行存款的核算**

事业单位与企业一样，除按规定可保留必要的现金以备小额零星收付外，所有货币资金都必须存入银行或其他金融机构。因此，单位应在银行或其他金融机构开立账户。

按规定，一个单位只能开一个基本账户。事业单位应加强对本单位银行账户的管理，由会计部门统一在银行或其他金融机构开户，避免多头开户。银行账户不能出租、出借或转让，只能办理本单位的业务活动。

1. 银行转账结算方式

事业单位的各项业务收支，除按规定可以使用现金结算的以外，一律通过银行办理转账结算。银行转账结算的方式主要有：

（1）支票。是银行的存款人签发给收款人办理结算或委托开户银行将款项支付给收款人的票据。支票印有"现金"字样的为现金支票，现金支票只能用于支取现金；支票上印有"转账"字样的为转账支票，转账支票只可以办理转账。支票上未印有"现金"或"转账"字样的为普通支票，普通支票可以用于支取现金，也可以用于转账；在普通支票的左上角画两条平行线的为划线支票，划线支票只能用于转账，不得支取现金。

采用支票结算方式的收款单位在收到支票时应填制进账单，将进账单连同支票一并送交开户银行，根据银行盖章退回的进账单和有关原始凭证编制收款凭证。采用支票结算方式的付款单位在签发支票时，根据支票存根和有关原始凭证编制付款凭证。

支票是同城结算方式中应用比较广泛的一种结算方式。

（2）银行汇票。是汇款人将款项交存当地银行，由银行签发给汇款人持往异地办理转账结算或支取现金的票据。采用银行汇票结算方式的收款单位，应对银行汇票的内容进行审核。审核无误后，将应收的金额和多余的金额（如果有）分别填入银行汇票的有关栏目内，然后将银行汇票连同进账单一并送开户银行，根据银行盖章退回的进账单和有关原始凭证编制收款凭证。采用银行汇票结算方式的付款单位，在填送银行汇票申请书，将款项交存开户银行并收到银行签发的银行汇票时，根据申请书存根联编制付款凭证。对于退回的多余款项，根据银行收账通知编制收款凭证。

银行汇票的金额起点为 500 元，有效期为 1 个月，逾期的汇票，兑付银行不予受理。

（3）银行本票。是申请人将款项交存银行，由银行签发给其据以在同城办理转账结算或支取现金的票据。它在同城范围内的商品交易和劳务供应以及其他款项的结算中都可以使用。采用银行本票结算方式的收款单位，在受理银行本票时，应将银行本票连同进账单一并交开户银行，根据银行盖章退回的进账单和有关原始凭证编制收款凭证。采用银行本票结算方式的付款单位，在填送银行本票申请书，将款项交存开户银行并收到银行签发的银行本票时，根据申请书存根联编制付款凭证。

银行本票分不定额和定额两种，一律记名，允许背书转让。不定额银行本票的金额起点为 100 元，定额银行本票面额为 1000 元、5000 元、10000 元、50000 元。银行本票的付款期为 2 个月，逾期的银行本票，银行不予受理。

(4) 商业汇票。是由收款人或付款人（或承兑申请人）签发，由承兑人承兑，并于到期日向收款人或被背书人支付款项的票据。商业汇票按承兑人不同，可分为商业承兑汇票和银行承兑汇票两种。商业承兑汇票是由收款人或付款人签发并经付款人承兑的票据。银行承兑汇票是由收款人或付款人签发，并由付款人向开户银行申请，经银行审查同意承兑的票据。

采用商业承兑汇票结算方式的收款单位，在商业承兑汇票到期时将汇票送交开户银行办理收款，收到银行收账通知时，编制收款凭证。采用商业承兑汇票结算方式的付款单位，应在汇票到期前将票款足额缴存开户银行，在收到银行付款通知时，编制付款凭证。采用银行承兑汇票结算方式的收款单位，在银行承兑汇票到期时将汇票、解讫通知和进账单一并送交银行，根据银行盖章退回的进账单编制收款凭证。采用银行承兑汇票结算方式的付款单位，应在汇票到期前将票款足额缴存开户银行，收到银行付款通知时，编制付款凭证。

商业汇票一律记名，允许背书转让，同城和异地都可以使用。商业汇票适用于订有购销合同进行商品交易的单位先发货后收款或者双方约定延期付款的商品交易。

(5) 汇兑。是汇款人委托开户银行将款项汇给外地收款人的结算方式。采用汇兑结算方式的收款单位，在收到银行收账通知时，编制收款凭证。采用汇兑结算方式的付款单位，在向开户银行办理汇款后，根据汇款回单编制付款凭证。

(6) 委托收款。是收款人委托银行向付款人收取款项的结算方式。采用委托收款结算方式的收款单位，在收到银行收账通知时，根据收账通知编制收款凭证。采用委托收款结算方式的付款单位，根据委托收款凭证的付款通知联和有关原始凭证，编制付款凭证。

委托收款结算方式方便、灵活，在同城和异地都可以使用。

(7) 托收承付。是根据经济合同由收款单位发货后委托银行向异地付款单位收取款项，由付款单位向银行承兑付款的结算方式。采用托收承付结算方式的收款单位，在收到银行收账通知时，根据收账通知和有关原始凭证编制收款凭证。采用托收承付结算方式的付款单位，在承付时根据托收承付结算凭证的承付通知和有关原始凭证编制付款凭证。

2. 银行存款的核算

为了核算事业单位银行存款的增减变动和实存情况，应设置"银行存款"账户。借方记银行存款的增加数，贷方记银行存款的减少数。余额在借方，反映事业单位银行存款实有数额。

【例18—5】某事业单位收到财政部门拨入的事业经费300000元，款项已通过银行收妥。会计分录如下：

借：银行存款 300000

贷：财政补助收入 300000

【例18—6】某事业单位根据合同规定，向委托单位预收科研课题研究专款50000元。根据银行转来的收账通知单填制记账凭证，会计分录如下：

借：银行存款 50000

贷：预收账款 50000

【例18—7】某事业单位开出金额8000元的转账支票一张，支付购买材料款。材料已验收入库。根据支票存根、发票填制记账凭证，会计分录如下：

借：材料 8000

贷：银行存款 8000

【例18—8】某事业单位购入事业活动用一般设备一台，价款48000元，款项以银行存款支付。会计分录如下：

借：事业支出 48000

贷：银行存款 48000

同时：

借：固定资产 48000

贷：固定基金 48000

3. 银行存款的对账工作

事业单位按开户银行和其他金融机构的名称以及存款种类等，分别设置"银行存款日记账"，由出纳人员根据收付款凭证逐笔顺序登记，每日终了应结出余额。单位银行存款日记账应定期与银行对账，至少每月核对一次。月终时，单位银行存款账面余额与银行对账单余额之间如有差额，原因主要有三：一是计算错误，二是记账错漏，三是未达账项，应逐笔查明原因并进行处理。所谓未达账项，是指银行和单位对同一笔款项收付业务，因记账时间不同而发生的一方已经入账，另一方尚未入账的款项。若属未达账项，应编制"银行存款余额调节表"，对双方的账面存款余额进行调节。产生未达账项的原因有以下几种情况：

(1) 银行已收款入账，而单位尚未入账。

(2) 银行已付款入账，而单位尚未入账。

（3）单位已作存款增加，而银行尚未入账。

（4）单位已作存款减少，而银行尚未入账。

银行存款余额调节表的编制一般采用补记式编制方法，其基本原理是：假设未达账项全部入账，银行存款日记账及银行对账单的余额应相等。其编制方法是：在本单位"银行存款日记账"的余额和"银行对账单"的余额中，各自加上对方已收到而本单位未收的未达账项，减去对方已付而本单位未付的未达账项以后，看双方金额是否相符。有关实例请参照本书第十二章第一节有关内容。

## 二、单位零余额账户的使用、管理与用款额度的核算

### （一）单位零余额账户的含义

预算单位零余额账户是国库集中支付银行账户体系的重要组成部分，是行政、事业单位用于财政授权支付的特设账户。国库集中支付银行账户体系包括国库单一账户、财政零余额账户、预算单位零余额账户、非税收入财政专户、特设专户和清算备付金账户。当财政部门向事业单位零余额账户的代理银行下达零余额账户用款额度时，事业单位的零余额账户用款额度增加。事业单位可以根据经批准的单位预算和用款计划，自行向单位零余额账户的代理银行开具支付令，从单位零余额账户向收款人支付款项，或从单位零余额账户提取现金。代理银行在将事业单位开具的支付令与事业单位的单位预算和用款计划进行核对，并向收款人支付款项后，于当日通过事业单位的零余额账户与财政国库单一账户进行资金清算。资金清算后，事业单位零余额账户的余额为零。虽然如此，只要事业单位从单位零余额账户中支取的款项小于财政部门下达的单位零余额账户用款额度，事业单位零余额账户的用款额度仍然存放在代理银行。事业单位仍然可以继续通过单位零余额账户使用剩余的用款额度，实现支付。所以说，零余额账户用款额度虽然只是一个额度，但它是事业单位可以随时使用的一项特殊的流动资产。

### （二）单位零余额账户的使用和管理

实行财政授权支付业务的预算单位，应当按照国库支付的有关规定和程序，向财政部门提出开设零余额账户的申请，并向财政国库管理机构和国库执行机构办理预留印鉴手续。

单位零余额账户的开立程序是：①预算单位提出申请。一个预算单位原则上只能开设一个零余额账户。预算单位应根据相关规定和本部门的实际情况，填写"财政授权支付银行开户申请表"，报财政部门批准。②财政部门审核。财政部门审核同意后通知代理银行为申请单位开设零余额账户。③代理银行办理开户。代理银行接到财政部门通知后，按相关规定为申请单位开设零余额账户，接受财政部门和中国人民银行的管理和监督。④通知预算单位。代理银行将所开立账户的详细情况书面报告财政部门和中国人民银行，并由财政部门通知一级预算单位，

一级预算单位依次通知二级预算单位、基层预算单位。⑤办理印鉴手续。申请单位按规定填写财政部门统一制发的印鉴卡。⑥申请单位变更、撤销零余额账户时，应当按规定向财政部门提出变更、撤销的申请。

**（三）零余额账户用款额度的核算**

为核算事业单位财政授权支付的资金业务情况，应设置"零余额账户用款额度"总账科目。该科目借方反映财政核定给事业单位的用款额度和因特殊原因退回该账户的额度资金；贷方反映事业单位支用的额度和年终未用注销的额度；该账户每日资金结算后余额为零。

**【例 18－9】** 某事业单位收到银行的《授权支付到账通知》，本月的零余额账户用款额度为 600000 元，与财政部门批准的分月用款计划一致。会计分录如下：

借：零余额账户用款额度　　　　　　　　　　600000
　　贷：财政补助收入　　　　　　　　　　　　600000

**【例 18－10】** 某事单位用上述额度支付本月采购实验材料的费用，共计520000 元。会计分录如下：

借：材料　　　　　　　　　　　　　　　　520000
　　贷：零余额账户用款额度　　　　　　　　520000

# 三、应收票据的核算

应收票据是事业单位因从事经营活动销售产品而收到的商业汇票，包括商业承兑汇票和银行承兑汇票。

商业承兑汇票是由收款人签发，经付款人承兑，或由付款人签发并承兑的票据。

银行承兑汇票是由收款人或承兑申请人签发，并由承兑申请人向开户银行申请，由银行审查并承兑的票据。

应收票据按是否计息划分，可分为带息票据和不带息票据。带息票据是指注明利率及付息日期的票据，短期票据可在票据到期时一次付息。不带息票据是指到期只按面额支付，无需支付利息的票据。

**（一）应收票据的账务处理**

为了反映事业单位应收票据的增减变化情况，应设置"应收票据"账户。借方记应收的票款数，贷方记收到的票据金额数。余额在借方，反映未到期的票款数。

不论票据是否带息，会计实务中一律按票据的面值入账。对于带息票据，到期时应计算票据利息，计算公式为：

应收票据利息＝应收票据面额×利率×时间

上式中，利率一般以年利率表示，时间则以日或月表示。因此，应把年利率调整为月利率或者日利率，一年以 360 天计算。

应收票据的核算举例：

**【例 18－11】** 4 月 3 日，某研究所因销售科研产品收到面额为 23400 元的商业汇票一张，其中 3400 元是向客户收取的增值税，票据到期日是 6 月 3 日。该单位为增值税一般纳税人。

4 月 3 日凭发票填记账凭证，会计分录如下：

借：应收票据——某客户　　　　　　　　　　　　23400
　　贷：经营收入　　　　　　　　　　　　　　　　20000
　　　　应交税金——应交增值税（销项税额）　　　3400

6 月 3 日票据兑付，收到票款时，凭收账通知填制记账凭证，会计分录如下：

借：银行存款　　　　　　　　　　　　　　　　　23400
　　贷：应收票据——某客户　　　　　　　　　　　23400

**【例 18－12】** 上例中，若科研所收到的是带息票据，年利率为 9％。则到期日应收回本息之和共 23751（23400＋23400×9％×2÷12）元。凭收账通知填制记账凭证，会计分录如下：

借：银行存款　　　　　　　　　　　　　　　　　23751
　　贷：应收票据——某客户　　　　　　　　　　　23400
　　　　经营支出　　　　　　　　　　　　　　　　351

事业单位应设置"应收票据备查簿"，逐笔登记每一应收票据的种类、号数和出票日期、票面金额、付款人、承兑人、背书人的姓名或单位名称、到期日、收款日和收回金额等资料。

**（二）应收票据的贴现**

单位持有的应收票据在到期之前，如果遇到资金短缺，可以持票向银行申请贴现。银行受理后，从票据到期值中扣除按银行贴现率计算确定的利息，然后将余款付给贴现申请人。银行贴现所扣的利息，称为贴现息；计算贴现息所用的利率，称为贴现率。不带息票据的到期值为票据的面值，带息票据的到期值为票据的到期日的本金加利息。

应收票据贴现息和贴现净额的计算：

贴现息＝票据到期值×贴现率×贴现期

贴现净额＝票据到期值－贴现息

式中，贴现期是指自票据贴现日至票据到期日所间隔的日期。

事业单位支付的贴现息，可列入"经营支出"。

**【例 18－13】** 续【例 18－11】，该研究所因资金短缺，5 月 19 日将面额为 23400 元的商业汇票向银行申请贴现，贴现率为 12％。

贴现息＝23400×12％×15÷360＝117（元）

贴现净额＝23400－117＝23283（元）

根据上述计算结果，凭贴现凭证填制记账凭证，会计分录如下：

借：银行存款 23283

经营支出 117

贷：应收票据——某客户 23400

**【例18－14】** 如果上述票据是带息票据，票面利率为9％，其他条件不变。该票据的到期值是23751元（参阅例18－12）。

贴现息＝23751×12％×15÷360＝118.76（元）

贴现净额＝23751－118.76＝23632.24（元）

会计分录如下：

借：银行存款 23632.24

贷：应收票据——某客户 23400

经营支出 232.24

贴现的应收票据到期，如果付款人按期付给贴现银行，则办理贴现的事业单位的责任完全解除。该事业单位应在"应收票据备查簿"上注销该票据。

如果贴现的商业汇票到期，承兑人的银行账户不足支付，申请贴现的事业单位将会收到银行退回的应收票据和支付款通知，银行已从贴现单位的账户中将票款划出。此时，贴现单位要按所付本息，借记"应收账款"科目，贷记"银行存款"科目。若申请贴现的单位的银行存款账户余额不足，银行将强制性作为逾期贷款处理，贴现单位应借记"应收账款"科目，贷记"借入款项"科目。

## 四、应收账款的核算

应收账款是事业单位因提供劳务、开展有偿服务以及销售产品等业务形成的应向客户收取的款项。它是单位的债权，也是单位流动资产的重要组成部分。

### （一）应收账款的计价

一般而言，事业单位赊销商品或提供劳务等，应按买卖成交时的实际金额入账。但如果应收账款有现金折扣时，要考虑折扣因素。所谓现金折扣，是指为了鼓励客户在预定付款期内尽早付款而给予的一种现金折扣优惠。现金折扣条件通常表示为："2/10（10天内付款，给予2％的现金折扣），1/20（即20天内付款，给予1％的现金折扣），N/30（30天内付款不给予折扣）"。在此情况下，事业单位应收账款的实际数额会随客户的付款时间而异，客户付款的时间不同，应收账款实收金额也不同。在存在现金折扣的情况下，应收账款入账金额的确定有两种方法：

### 1. 总价法

总价法是将未扣减现金折扣的价款数额作为实际售价，据以确定应收账款的入账金额。这种方法是把现金折扣理解为鼓励客户提前付款而获得的经济利益。销售方给予客户的现金折扣，从融资角度上看，属于一种财务费用。总价法可以较好地反映销售的总过程，但在客户可能享受现金折扣的情况下，会引起高估应收账款和销售收入。

2. 净价法

净价法是将扣减现金折扣后的金额作为实际售价据以确定应收账款的入账金额。这种方法把客户取得现金折扣视为正常现象，认为一般客户都会提前付款，而将由于客户未提前付款所不能享受的现金折扣，视为提供信贷获得的收入，冲减事业单位的事业支出或经营支出。净价法可弥补总价法的不足，但操作较麻烦。我国会计实务中，采用的是总价法。

**（二）应收账款的账务处理**

为了反映应收账款的发生、结算情况，事业单位应设置"应收账款"账户。借方记事业单位因提供劳务、开展有偿服务及销售产品等业务而发生的应收账款数，贷方记收到的款项数。余额在借方，反映待结算应收账款的累计数。事业单位应按不同债务人设置明细账，进行明细核算。

【例18－15】6月5日东方研究所因向东方公司提供劳务而获得收入86000元，按合同规定，这笔款项应在6月25日支付。

6月5日的会计分录为：

借：应收账款——东方公司　　　　　　　　86000
　　贷：经营收入　　　　　　　　　　　　　　　86000

6月25日收到款项时的会计分录为：

借：银行存款　　　　　　　　　　　　　86000
　　贷：应收账款——东方公司　　　　　　　　86000

【例18－16】某从事产品生产的事业单位销售产品一批，价值10000元，适用的增值税税率为17%，代购货单位垫付运杂费300元。

在办妥委托银行收款手续时，会计分录为：

借：应收账款　　　　　　　　　　　　　12000
　　贷：营业收入　　　　　　　　　　　　　　10000
　　　　应交税金——应交增值税（销项税额）　　1700
　　　　银行存款　　　　　　　　　　　　　　　300

在收到货款时编制会计分录如下：

借：银行存款　　　　　　　　　　　　　12000
　　贷：应收账款　　　　　　　　　　　　　　12000

【例18－17】3月1日，某事业单位发生应收劳务款40000元，规定的现金折扣条件为"2/10，N/30"。采用总价法进行核算，当日会计分录为：

借：应收账款　　　　　　　　　　　　　　　40000
　　贷：经营收入　　　　　　　　　　　　　　　　40000
如客户在 3 月 10 日之前付款，收到款项时的会计分录为：
借：银行存款　　　　　　　　　　　　　　　39200
　　经营支出　　　　　　　　　　　　　　　　800
　　贷：应收账款　　　　　　　　　　　　　　　　40000
如客户在 3 月 10 以后付款，收到款项时的会计分录为：
借：银行存款　　　　　　　　　　　　　　　40000
　　贷：应收账款　　　　　　　　　　　　　　　　40000

**（三）坏账的处理**

坏账是指企业无法收回的应收账款。由于发生坏账而产生的损失，称为坏账损失。确认坏账损失应符合以下条件：

（1）债务人破产或者死亡，以其破产财产或者遗产清偿后仍无法收回。

（2）债务人逾期未履行其偿债义务，且具有明显特征表明无法收回。

坏账损失的核算一般有两种方法，即直接转销法和备抵法。

1. 直接转销法

是指在实际发生坏账时，确认坏账损失，计入期间费用，同时注销该笔应收账款的会计处理方法。

【例 18—18】东方研究所一笔 5000 元的应收账款已超过 3 年，多次催收均无法收回，经确认已属坏账，则对该笔应收账款做账务处理如下：

借：经营支出——坏账损失　　　　　　　　　5000
　　贷：应收账款　　　　　　　　　　　　　　　　5000
如果已冲销的应收账款以后又收回，则应编制以下分录：
借：应收账款　　　　　　　　　　　　　　　5000
　　贷：经营支出——坏账损失　　　　　　　　　　5000
同时，应增加银行存款，减少应收账款，分录如下：
借：银行存款　　　　　　　　　　　　　　　5000
　　贷：应收账款　　　　　　　　　　　　　　　　5000

直接转销法的优点是账务处理简单，对大多数事业单位来说都比较适用，但这种方法忽视了坏账损失与赊销业务的联系，不符合权责发生制原则和收入与费用配比原则，容易造成虚增收益，夸大应收账款的可实现价值，因此，对于产品销售比较多、赊销业务多的单位可能不太适合。

2. 备抵法

是按期估计坏账损失，形成坏账准备，当某一应收账款全部或部分被确认为坏账时，应根据其金额冲减坏账准备，同时转销相应的应收账款金额的会计处理方法。现行制度不要求事业单位采用备抵法，但备抵法比直接转销法能够更准确地提供会计信息，故在此简介一下。

采用备抵法首先要按期估计坏账损失，以便提取坏账准备。估计坏账损失主要有三种方法：

（1）应收账款余额百分比法。即根据会计期末应收账款的余额乘以估计坏账率来估计当期坏账损失。

（2）账龄分析法。即根据应收账款的入账时间的长短和相应的坏账损失率来估计坏账损失。在采用此法时，应收账款账龄越长，估计的坏账损失率越高，提取的坏账准备越多。

（3）销货百分比法。即根据赊销金额的一定百分比来估计坏账损失。

我国企业会计制度规定，采用应收账款余额百分比法，可以于年度终了，按年末应收账款余额的 3‰～5‰ 计提坏账准备。

为了核算坏账准备的提取和使用，应设置"坏账准备"账户，本科目是核算事业单位提取的坏账准备及其使用情况的一个会计科目，是应收账款的备抵账户。提取坏账准备时，借记"事业支出"、"经营支出"等科目，贷记本科目；发生坏账损失时，借记本科目，贷记"应收账款"科目。已确认并转销的坏账损失，以后又收回的，应按收回的金额，借记"应收账款"科目，贷记本科目；同时借记"银行存款"科目，贷记"应收账款"科目。本科目的贷方余额为已经提取但尚未转销的坏账准备。

【例 18—19】某事业单位 2005 年年末应收账款余额为 1000000 元，按 5‰ 提取坏账准备，2006 年发生坏账损失 6000 元，年末应收账款为 1200000 元，2007 年，已冲销的坏账准备有 4000 元收回，期末应收账款余额为 1000000 元。编制会计分录如下：

2005 年提取坏账准备时：

借：经营支出　　　　　　　　　　　　　　　　5000

　　贷：坏账准备　　　　　　　　　　　　　　　　　5000

2006 年冲销坏账时：

借：坏账准备　　　　　　　　　　　　　　　　6000

　　贷：应收账款　　　　　　　　　　　　　　　　　6000

2006 年末提取坏账准备时，按应收账款余额计算的坏账准备为 6000（1200000×5‰）元，但在期末提取坏账准备前，"坏账准备"科目有借方余额 1000 元，还应补提坏账准备 1000 元，故应提取的坏账准备为 7000 元。分录如下：

借：经营支出　　　　　　　　　　　　　　　　7000

　　贷：坏账准备　　　　　　　　　　　　　　　　　7000

2007 年，已冲销的 4000 元又收回时：

借：应收账款　　　　　　　　　　　　　　　　4000
　　贷：坏账准备　　　　　　　　　　　　　　　　4000

同时编制如下分录：

借：银行存款　　　　　　　　　　　　　　　　4000
　　贷：应收账款　　　　　　　　　　　　　　　　4000

2007 年末计提坏账准备时，按规定提取的坏账准备为 5000 元，但在提取坏账准备前，"坏账准备"科目已有贷方余额 10000 元，即期初的 6000 元加上收回的已冲销的坏账准备 4000 元，超过了应提取的坏账准备数，所以，应冲回多提的坏账准备 5000（10000－5000）元。编制会计分录如下：

借：坏账准备　　　　　　　　　　　　　　　　5000
　　贷：经营支出　　　　　　　　　　　　　　　　5000

## 五、预付账款的核算

预付账款是指事业单位因购买材料或者接受劳务供应而预付给有关单位或者个人的款项。

对于预付款项，应设置"预付账款"科目进行核算。本科目核算按照购货、劳务合同规定预付给供应单位的款项。事业单位预付款项时，借记"预付账款"，贷记"银行存款"科目。收到所购物品或劳务结算时，根据发票账单等所列的金额，借记"材料"及有关支出科目，贷记"预付账款"。退回多付的款项，借记"银行存款"科目，贷记"预付账款"科目。本科目余额为尚未结算的预付款项。

**【例 18－20】** 某事业单位按购货合同规定预付供应单位材料款 30000 元，会计分录为：

借：预付账款　　　　　　　　　　　　　　　　30000
　　贷：银行存款　　　　　　　　　　　　　　　　30000

收到材料和专用发票时，全部货款为 35000 元，税金为 5950 元，应补付 10950 元。会计分录为：

借：材料　　　　　　　　　　　　　　　　　　35000
　　应交税金——应交增值税（进项税额）　　　　5950
　　　　贷：预付账款　　　　　　　　　　　　　　40950

同时：

借：预付账款　　　　　　　　　　　　　　　　10950
　　贷：银行存款　　　　　　　　　　　　　　　　10950

如果事业单位预付款项业务不多时，也可不设"预付账款"科目，将其并入"应付账款"科目进行核算。

## 六、其他应收款的核算

其他应收款是指在应收票据和应收账款以外的事业单位应该收取而尚未收取的有关款项。如应收的各种赔款、借出款、备用金、应向职工收取的各种垫付款项等。

事业单位为反映和监督其他应收款的发生和结存情况，应设置"其他应收款"科目。该科目为一个资产类科目，借方登记发生的其他各种应收款项，贷方登记收回的各种款项及结转情况，期末余额通常在借方，反映尚未结算的应收款项。

【例 18—21】某事业单位固定资产发生非正常报废，根据保险协议，应向保险公司收取保险赔款 20000 元。编制分录如下：

借：其他应收款——保险公司　　　　　　　　　　20000

　　贷：专用基金——修购基金　　　　　　　　　　　20000

收到上述赔款时，则：

借：银行存款　　　　　　　　　　　　　　　　　20000

　　贷：其他应收款——保险公司　　　　　　　　　　20000

【例 18—22】职工李某预借差旅费 1000 元。

借：其他应收款——李某　　　　　　　　　　　　1000

　　贷：现金　　　　　　　　　　　　　　　　　　1000

该科目按其他应收款的项目和债务人设明细账进行明细分类核算。

## 七、存货的核算

### (一) 存货核算的内容

1. 存货的特点

存货是指事业单位在业务活动过程中为耗用或者为销售而持有的各种资产，具体包括材料、产成品等。

存货属于事业单位的流动资产，它除了具有流动资产的一般特点外，还具有如下特点：①存货是为了在经营中销售的流动资产，或者是在生产中耗用的流动资产。②存货通常能在一年内转换为现金或其他资产。③存货是一种非货币性资产，具有时效性和潜在损失的可能性。

2. 存货的盘存制度

存货的盘存制度是指确定特定会计期间减少与结存存货量的方法，包括实地盘存制和永续盘存制两种。

(1) 实地盘存制。是指事业单位在每个会计期间增加的存货，要依据会计凭证，依次记入存货明细账及其总账，但对各个会计期间销售或耗用的存货平时不予记录；会计期末，通过实地盘点，确定存货的期末结存数量，并按一定的存货计价方法确定期末存货的金额，然后通过倒挤的方法确定本会计期间已经销售或耗用存货的数量和金额。

实地盘存制的优点是平时只记进货成本，可以不记商品的发出数量和成本，月末汇总计算得出，一次登记账簿，简化了日常的存货核算工作。缺点是不能随时结转成本，只能月末一次结转，加大了期末核算的工作量；以存计销，掩盖了存货管理中出现的自然和人为损耗因素，从而导致成本资料不真实；缺乏经常的存货记录，不能随时反映收、发、存信息，不利于日常对存货的计划管理和控制。

【例 18－23】某事业单位甲材料的期初结存及购进和发出的资料如下：

8 月 1 日：结存 80 千克，单价 200 元，金额 16000 元；

8 月 6 日：发出 50 千克；

8 月 15 日：购进 200 千克，单价 200 元，金额 40000 元；

8 月 22 日：购进 300 千克，单价 200 元，金额 60000 元；

8 月 28 日：发出 400 千克。

期末盘点时，该种材料的结存数量为 120 千克。采用实地盘存制，甲材料明细账如表 18－2 所示。

表 18－2 材料明细账

品名：甲材料　　　　　　　　　　　　　　　　　　　计量单位：千克
金额单位：元

| 年 | | 凭证字号 | 摘要 | 收　入 | | | 发　出 | | | 结　存 | | |
|---|---|---|---|---|---|---|---|---|---|---|---|---|
| 月 | 日 | | | 数量 | 单价 | 金额 | 数量 | 单价 | 金额 | 数量 | 单价 | 金额 |
| 8 | 1 | | 期初结存 | | | | | | | 80 | 200 | 16000 |
| 8 | 15 | | 购进 | 200 | 200 | 40000 | | | | | | |
| 8 | 22 | | 购进 | 300 | 200 | 60000 | | | | | | |
| 8 | 30 | | 盘点 | | | | | | | 120 | 200 | 24000 |
| 8 | 30 | | 发出成本 | | | | 460 | 200 | 92000 | | | |
| 8 | 31 | | 本期发生额及余额 | 500 | 200 | 100000 | 460 | 200 | 92000 | 120 | 200 | 24000 |

通过上例可以看出，采用实地盘存制，平时只记录购进成本，不记录发出的数量、金额，可以简化存货的核算工作。但这种盘存制度不能从账面上随时反映存货的收入、发出和结存情况，只能通过定期盘点，计算、结转发出存货的成本。由于倒挤发出存货的成本，使结转的发出成本中可能包含有非正常耗用的成本，从而不利于存货的管理。如在本例中，发出材料应是 450（400＋50）千克，

金额应为 90000 元，但采用实地盘存制却使得发出材料数量多出了 10 千克，成本增加了 2000 元。

（2）永续盘存制。是指事业单位在每个会计期间所增加的存货以及所销售、耗用的存货，都要根据存货收发的凭证，依次记入存货明细账，对存货的增减变动进行连续记录，并根据存货增减数量的登记，随时在存货明细账中结出存货的结存数量。在这种方法下，存货明细账中的收入数量和金额可以根据收入存货的原始记录进行登记，发出数量可以根据发出存货的原始记录进行登记，在每次收发存货以后，要随时结出存货的数量。存货明细账中是否随时登记发出和结存存货的金额，应根据事业单位采取的期末存货的计价方法而定。会计实务中，一般都在会计期末通过期末存货的计价，集中计算和结转本会计期间已经销售或已经耗用的存货成本。无论事业单位采用何种存货计价方法，都能在每次收发存货以后，在存货明细账中及时结出存货的结存数量。因此，永续盘存制又称"账面盘存制"。

永续盘存制的应用，要求为存货设置明细的辅助分类账，以反映每种品名及型号存货的收入、发出和结余的数量和金额。有了这种明细记录，一方面可据以同存货总分类账相互核对，以便在它们之间保持数量和金额上的勾稽关系，增强存货核算的正确性；另一方面也便于存货的管理和控制，可以弥补实地盘存制的缺陷。

【例 18－24】承前例，采用永续盘存制，甲材料明细账如表 18－3 所示。

表 18－3　材料明细账　　　　　　计量单位：千克
金额单位：元

品名：甲材料

| 年 | | 凭证字号 | 摘要 | 收　入 | | | 发　出 | | | 结　存 | | |
|---|---|---|---|---|---|---|---|---|---|---|---|---|
| 月 | 日 | | | 数量 | 单价 | 金额 | 数量 | 单价 | 金额 | 数量 | 单价 | 金额 |
| 8 | 1 | | 期初结存 | | | | | | | 80 | 200 | 16000 |
| 8 | 6 | | 发出 | | | | 50 | 200 | 10000 | 30 | 200 | 6000 |
| 8 | 15 | | 购进 | 200 | 200 | 40000 | | | | 230 | 200 | 46000 |
| 8 | 22 | | 购进 | 300 | 200 | 60000 | | | | 530 | 200 | 106000 |
| 8 | 28 | | 发出 | | | | 400 | 200 | 80000 | 130 | 200 | 26000 |
| 8 | 31 | | 本期发生额及余额 | 500 | 200 | 100000 | 450 | 200 | 90000 | 130 | 200 | 26000 |

通过上例可以看出，采用永续盘存制，可以在账簿中反映存货的收入、发出和结存的情况，并从数量和金额两方面进行控制；账簿上结存数量 130 千克，可以通过盘点加以核对，如果账簿上的结存数量与实存数量不符，可以及时查明原

因。但是，永续盘存制要求每一种产品的存货都要开设一个明细账，使存货明细分类核算的工作量增大。由于永续盘存制便于存货的日常核算，有利于存货的计划与控制，又能通过实物盘点来及时发现和处理各种非正常的损失，因而，这种存货盘存制度为多数企事业单位所采用。

**（二）材料的核算**

1. 材料入账价格的确认

购入材料，应按购价、运杂费作为材料入账价格。事业单位属于小规模纳税人的，其购进材料应按实际支付的含税价格核算。事业单位属于一般纳税人的，其购进的材料非自用部分按不含税价格计算；自用部分，按实际支付的含税价格计算。

2. 材料发出的计价方法

按现行制度规定，事业单位领用或发出材料可以根据实际情况选择先进先出法、加权平均法确定其实际成本。

（1）先进先出法。是假定先购进的材料先发出，并根据这一假定的成本流转顺序，对发出材料和期末材料进行计价。采用这种计价方法，收入材料时要逐笔登记购入的每一笔材料的数量、单价和金额；发出时，按先进先出的原则确定单价，逐笔登记材料发出和结存金额。

【例18－25】某事业单位期初库存甲材料400千克，单价0.8元，金额320元，实际成本资料如表18－4所示。

第一次发出甲材料的实际成本＝200×0.8＝160（元）

第二次发出甲材料的实际成本＝200×0.8＋200×0.82＝324（元）

第三次发出甲材料的实际成本＝300×0.82＋500×0.9＝696（元）

本月发出甲材料的实际成本＝160＋324＋696＝1180（元）

**表18－4　材料明细账**

品名：甲材料　　　　　　　　　　　　　　　　计量单位：千克　　金额单位：元

| 年 | | 凭证字号 | 摘要 | 收入 | | 发出 | | 结存 | | |
| 月 | 日 | | | 数量 | 单价 | 数量 | 单价 | 数量 | 单价 | 金额 |
|---|---|---|---|---|---|---|---|---|---|---|
| 8 | 2 | | 期初数 | | | | | 400 | 0.8 | 320 |
| 8 | 9 | | 领用 | | | 200 | | | | |
| 8 | 10 | | 购入 | 500 | 0.82 | | | | | |
| 8 | 21 | | 领用 | | | 400 | | | | |
| 8 | 25 | | 购入 | 700 | 0.9 | | | | | |
| 8 | 28 | | 领用 | | | 800 | | | | |
| 8 | 31 | | 月计 | 1200 | | 1400 | | 200 | | |

（2）加权平均法。即以本月（期）初累计的库存材料总金额与本月（期）收入的材料总金额之和，除以月初库存材料总数量与本月（期）收入数量之和，求得材料加权平均单价，作为领发材料的计价标准。采用这种计算方法，可以在每月月末或旬末根据材料明细分类账有关数字计算出平均单价后，求出发出和结存材料的金额。因此，计价工作一般要在月末和旬末进行。其计算公式如下：

加权平均单价＝（期初结存金额＋本期购入材料金额）/（期初结存数量＋本期购入数量）

期末材料成本＝加权平均单价×期末结存数量

本期发出材料成本＝期初材料成本＋本期购入材料成本－期末材料成本

【例18－26】根据上例的已知资料，用加权平均法计算发出材料实际成本如下：

加权平均单价＝（320＋500×0.82＋700×0.9）/（400＋500＋700）
　　　　　　　＝0.85（元/千克）

期末材料成本＝0.85×200＝170（元）

本期发出材料成本＝（200＋400＋800）×0.85＝1190（元）

3. 材料核算使用的主要科目

事业单位的材料核算，由会计部门和材料管理部门配合进行。会计部门为了反映和监督材料的收入、发出和结存情况，应设置"材料"科目。该科目是一个资产类科目，借方登记外购验收入库材料的成本，贷方登记发出、领用、对外销售、盘亏、毁损等各种原因而减少的材料成本，期末余额在借方，反映月末材料的成本。

保管部门则按材料的品种、规格等分设明细账进行明细核算。材料明细账的格式采用数量金额式，既提供数量指标，又提供金额指标。会计部门的总账应和保管部门的明细账定期核对，以便从金额和数量两个方面来加强对材料的控制。

4. 主要的账务处理

（1）材料购入的账务处理。购入材料时，应根据原始单据验收无误后，在原始单据上加盖"验收合格"戳记和验收用的签章，并填制"入库单"，其中一份由材料记账员据以登记材料明细账，一份连同购入的原始单据一并送会计部门报账。会计部门对材料管理部门送来的凭证单据审核无误后，凭以做材料收入的账务处理。

1）购入自用材料已验收入库的，借记"材料"科目，贷记"银行存款"等科目。

2）属于小规模纳税人的事业单位购进材料并已验收入库的，按含税价格，借记"材料"科目，贷记"银行存款"等科目。

3）属于一般纳税人的事业单位购进非自用材料并已验收入库的，按照采购材料专用发票上注明的增值税额，借记"应交税金——应交增值税（进项税额）"科目，按专用发票上记载的应记入采购成本的金额，借记"材料"科目，按实际支付的金额，贷记"银行存款"、"应付账款"等科目。

【例18—27】某事业单位购入自用甲材料1000千克，单价10元，增值税款为1700元，价税合计11700元，由银行付讫，材料已验收入库。

　　借：材料——甲材料　　　　　　　　　　　　　11700
　　　　贷：银行存款　　　　　　　　　　　　　　　　　11700

【例18—28】某事业单位属于一般纳税人，购入非自用丙材料500千克，单价100元，增值税款为8500元，款项已通过银行付讫，材料已验收入库。

　　借：材料　　　　　　　　　　　　　　　　　　50000
　　　　应交税金——应交增值税（进项税额）　　　　8500
　　　　贷：银行存款　　　　　　　　　　　　　　　　　58500

【例18—29】某事业单位（一般纳税人）1月20日从外地购入生产用丙材料300千克，单价15元，增值税额为765元；购入丁材料250千克，单价12元，增值税额为510元。材料已验收入库，用银行存款支付含税价款计8775元和运杂费616元，运杂费按两种材料的重量比例分配。

　　运杂费分配率＝616/（300＋250）＝1.12（元/千克）
　　丙材料负担运杂费＝300×1.12＝336（元）
　　丁材料负担运杂费＝250×1.12＝280（元）
　　会计分录为：
　　借：材料——丙材料　　　　　　　　　　　　　4836
　　　　　　——丁材料　　　　　　　　　　　　　3280
　　　　应交税金——应交增值税（进项税额）　　　　1275
　　　　贷：银行存款　　　　　　　　　　　　　　　　　9391

（2）材料发出的账务处理。材料发出时，由领料单位填写"领料单"，写明材料品名、规格、数量和用途，向材料管理部门领料。材料管理部门付料后，在"领料单"上加盖"付讫"戳记，并登记材料明细账。

1）购入自用材料领用出库时，借记"事业支出"等科目，贷记"材料"科目。

2）属于小规模纳税人的事业单位领用材料出库时，借记"事业支出"、"经营支出"等科目，贷记"材料"科目。

3）属于一般纳税人的事业单位领用材料出库时，按采购成本价（不含税价）借记"事业支出"、"成本费用"科目，贷记"材料"科目。

【例18—30】某单位为不从事产品生产的事业单位，为修缮房屋领用材料，成本为5000元。

```
借：事业支出                              5000
    贷：材料                                  5000
```

【例18－31】某单位为从事产品生产的事业单位，领用材料成本12000元。

```
借：成本费用                             12000
    贷：材料                                 12000
```

### （三）产成品的核算

#### 1. 产成品核算的内容

产成品是指从事产品生产的事业单位生产的、已经通过全部生产工序并已验收入库的产品。

从事产品生产的事业单位必须加强产成品的管理，建立、健全产成品内部控制制度，做好产成品的核算工作。为此，在建立、健全产成品收发、保管责任制的基础上，认真执行产成品收发凭证的填制和审核程序，正确计价，设置账簿，进行产成品的总分类核算和明细分类核算并确保账账相符、账实相符。

#### 2. 产成品核算使用的会计科目

产成品收发的总分类核算，通过"产成品"科目进行。该科目核算从事产品生产的事业单位库存的各种产成品的实际成本，其借方登记验收入库的产成品的实际成本；贷方登记销售、发出的产成品的实际成本；余额在借方，反映库存产成品的实际成本。

为了具体核算和监督各种产成品的收、发和结存情况，应按产成品的品种或类别开设产成品明细分类账户，进行产成品的明细分类核算。

#### 3. 产成品核算的账务处理

从事产品生产的事业单位，完工产品验收入库时，按入库产成品的实际生产成本借记"产成品"科目，贷记"成本费用"科目；因销售而发出产品，按发出产品的实际生产成本，借记"经营支出"科目，贷记"产成品"科目。

【例18－32】某从事产品生产的事业单位结转已全部制造完工并验收入库的A产品的生产成本60000元，B产品的生产成本24000元。会计分录为：

```
借：产成品——A产品                      60000
         ——B产品                      24000
    贷：成本费用                             84000
```

结转已经销售的产品的实际成本计84000元。会计分录为：

```
借：经营支出                             84000
    贷：产成品                               84000
```

在实际工作中，上述发出销售产成品实际成本的计算，可具体采用先进先出法、全月一次加权平均法或移动加权平均法。关于这几种存货计价的方法，已在本节"材料的核算"中做过介绍。

**（四）存货清查的核算**

为了如实反映存货库存情况，各事业单位的库存存货应定期进行清查盘点。每年年终，应当全面清查一次。存货清查后，如果实存数与账存数一致，账实相符，不必进行账务处理。如果实存数小于账存数，称为盘亏；实存数虽与账存数一致，但实存的材料有质量问题，不能按正常的材料使用的，称为毁损。不论是盘盈，还是盘亏、毁损，都需要进行账务处理，调整账存数，使账存数与实存数一致，保证账实相符。盘盈时，调增账存数，使其与实存数一致；盘亏或毁损时，调减账存数，使其与实存数一致。盘盈、盘亏或毁损等都说明事业单位在经营管理中、材料的保管中存在着一定的问题。因此，一旦发现账存数与实存数不一致时，应核准数字，并进一步分析形成差异的原因，明确经济责任，提出相应的处理意见。经规定的程序批准后，才能对差异进行处理。

（1）事业单位的材料，每年至少盘点一次，发生的盘盈、盘亏等情况，属于正常的溢出或损耗时，按实际成本，做增加或减少材料处理，其中属于经营用材料应冲减或增加"经营支出"，属于事业用材料应冲减或增加"事业支出"。

（2）清查盘点发现产成品盘盈或盘亏，做增加或减少产成品处理。盘盈时，借记"产成品"科目，贷记"事业支出"或"经营支出"科目；盘亏时，借记"事业支出"或"经营支出"科目，贷记"产成品"科目。

【例18—33】某事业单位年终盘点，发现事业用甲材料盘亏200千克，单价5元，共计1000元；经营用乙材料盘盈100千克，单价8元，共800元。经查，系合理损耗和溢出。

事业用甲材料盘亏1000元，会计分录为：

借：事业支出　　　　　　　　　　　　　　　1000
　　贷：材料　　　　　　　　　　　　　　　　　　1000

经营用乙材料盘盈800元，会计分录为：

借：材料　　　　　　　　　　　　　　　　　800
　　贷：经营支出　　　　　　　　　　　　　　　　800

# 第三节　事业单位对外投资的核算

## 一、对外投资的概念与种类

对外投资是指事业单位利用货币资金、实物和无形资产等向其他单位的投资。

事业单位的对外投资按投资对象可分为债券投资和其他投资。债券投资是指事业单位通过购买公司债券或国库券等进行的对外投资。其他投资是指事业单位除债券投资以外的其他对外投资。

事业单位的对外投资按投资性质可分为债权性投资和权益性投资。所谓债权性投资，是指事业单位通过投资取得被投资单位的债权，从而与被投资单位建立起债权债务关系的对外投资。如事业单位投资于公司债券、国库券等。债权性投资的特点主要是投资有固定的偿还期限和利息收入，投资风险相对较小。所谓权益性投资，是指事业单位通过投资取得被投资单位相应份额的所有权，从而与被投资单位建立起所有权关系的对外投资。如事业单位通过合同、协议等方式向合资、联营单位进行投资等。权益性投资的特点主要是投资在合同、协议等未到期前不能随意收回，投资报酬不固定，投资风险相对较大。

## 二、对外投资的核算

### (一) 债券投资

事业单位债券投资的核算，通过设置"对外投资"总账科目进行。事业单位购入各种债券时，按实际支付的款项借记该科目，贷记"银行存款"等科目；同时，为如实反映事业基金中一般基金和投资基金的情况，借记"事业基金——一般基金"科目，贷记"事业基金——投资基金"科目；债券到期收回投资或债券未到期将其出售时，按实际收到的金额借记"银行存款"科目，按实际投资成本贷记该科目，按实际收到的金额与实际成本的差额借记或贷记"其他收入"科目；同时，调整事业基金的明细科目，借记"事业基金——投资基金"科目，贷记"事业基金——一般基金"科目。

【例18—34】某事业单位用银行存款购入某公司债券200张，每张债券面值1000元，另用银行存款支付给经纪人佣金500元。会计分录为：

借：对外投资——债券投资　　　　　　　　　200500
　　贷：银行存款　　　　　　　　　　　　　　　200500

同时：

借：事业基金——一般基金　　　　　　　　　200500
　　贷：事业基金——投资基金　　　　　　　　　200500

【例18—35】承上例，债券到期，该事业单位收回债券本息272000元，存入银行。会计分录为：

借：银行存款　　　　　　　　　　　　　　　272000
　　贷：对外投资——债券投资　　　　　　　　　200500
　　　　其他收入　　　　　　　　　　　　　　　71500

同时：

借：事业基金——投资基金　　　　　　　　　200500

　　　　贷：事业基金——一般基金　　　　　　　　　　　　200500

　　【例18—36】承【例18—34】，如果该事业单位在该债券到期前将其出售，收到价款230000元，存入银行。会计分录为：

　　　　借：银行存款　　　　　　　　　　　　　　　　　230000
　　　　　　贷：对外投资——债券投资　　　　　　　　　　200500
　　　　　　　　其他收入　　　　　　　　　　　　　　　　29500

　　同时：

　　　　借：事业基金——投资基金　　　　　　　　　　　200500
　　　　　　贷：事业基金——一般基金　　　　　　　　　　200500

　　**（二）其他投资**

　　事业单位的其他投资主要有固定资产投资、材料投资、无形资产投资、货币资金投资等。事业单位其他投资的核算，也是通过设置"对外投资"总账科目进行的。事业单位以固定资产对外投资时，按评估价或合同、协议确认的价值借记该科目，贷记"事业基金——投资基金"科目；同时，按固定资产账面原价借记"固定基金"科目，贷记"固定资产"科目。

　　属于一般纳税人的事业单位向其他单位投出材料时，按合同、协议确定的价值借记该科目，按材料账面价值（不含增值税）贷记"材料"科目，按应交增值税销项税额贷记"应交税金——应交增值税（销项税额）"科目，按合同、协议确定的价值扣除材料账面价值与应交增值税销项税额的差额，借记或贷记"事业基金——投资基金"科目；同时，按材料账面价值借记"事业基金——一般基金"科目，贷记"事业基金——投资基金"科目。

　　属于小规模纳税人的事业单位对外投出材料时，按合同、协议确定的价值借记该科目，按材料账面价值（含税）贷记"材料"科目，按合同、协议确定的价值与材料账面价值的差额借记或贷记"事业基金——投资基金"科目；同时，按材料账面价值借记"事业基金——一般基金"科目，贷记"事业基金——投资基金"科目。

　　事业单位向其他单位投出无形资产时，按双方确定的价值借记该科目，按无形资产账面原价贷记"无形资产"科目，按双方确定的价值与账面原价的差额借记或贷记"事业基金——投资基金"科目；同时，按无形资产的账面价值借记"事业基金——一般基金"科目，贷记"事业基金——投资基金"科目。

　　事业单位以货币资金对外投资时，借记该科目，贷记"银行存款"科目；同时，借记"事业基金——一般基金"科目，贷记"事业基金——投资基金"科目。

　　【例18—37】某事业单位以某项固定资产对外投资，该项固定资产的评估价为640000元，账面原价为580000元。会计分录为：

```
借：对外投资——其他投资                          640000
    贷：事业基金——投资基金                             640000
```
同时：
```
借：固定基金                                    580000
    贷：固定资产                                       580000
```

**【例18-38】** 某事业单位属于一般纳税人，该事业单位以一批甲材料对外投资，该批材料按协议确定的价值为80000元，不含增值税的账面价值为70000元。会计分录为：
```
借：对外投资——其他投资                          80000
    事业基金——投资基金                          3600
    贷：材料——甲材料                                  70000
        应交税金——应交增值税（销项税额）                  13600
```
同时：
```
借：事业基金——一般基金                          70000
    贷：事业基金——投资基金                             70000
```

**【例18-39】** 某事业单位属于小规模纳税人，该事业单位以一批乙材料对外投资，该批材料按协议确定的价值为50000元，含增值税的账面价值为42000元。会计分录为：
```
借：对外投资——其他投资                          50000
    贷：材料——乙材料                                  42000
        事业基金——投资基金                             8000
```
同时：
```
借：事业基金——一般基金                          42000
    贷：事业基金——投资基金                             42000
```

**【例18-40】** 某事业单位以某项专利权对外投资，该项专利权经双方确定的价值为120000元，账面原价为110000元。会计分录为：
```
借：对外投资——其他投资                          120000
    贷：无形资产                                       110000
        事业基金——投资基金                             10000
```
同时：
```
借：事业基金——一般基金                          110000
    贷：事业基金——投资基金                             110000
```

**【例18-41】** 某事业单位以货币资金70000元对外投资。会计分录为：
```
借：对外投资——其他投资                          70000
    贷：银行存款                                       70000
```

同时：

借：事业基金——一般基金       70000

 贷：事业基金——投资基金        70000

# 第四节　事业单位固定资产的核算

## 一、固定资产的概念与分类

### （一）固定资产的概念

固定资产是指使用年限在 1 年以上，单位价值在规定标准以上，并在使用过程中基本保持原来物质形态的资产。单位价值虽然不足规定标准，但耐用时间在 1 年以上的大批同类资产，也作为固定资产管理，如专业图书馆贮藏的大批书籍等。

### （二）固定资产的分类

事业单位的固定资产一般可分为如下六类：

#### 1. 房屋和建筑物

指事业单位占有或者使用的房屋、建筑物及其附属设施。其中：房屋一般包括办公用房、业务用房、库房、职工宿舍用房、职工食堂等；建筑物一般包括道路、水塔、围墙等；附属设施一般包括房屋、建筑物内的电梯、通信线路、输电线路、水气管道等。

#### 2. 专用设备

指事业单位根据业务活动需要购置的各种具有专门性能和专门用途的设备，如学校的教学仪器、科研单位的科研仪器、医院的医疗器械等。事业单位作为专用设备管理的固定资产，其单位价值应当在 800 元以上。

#### 3. 一般设备

指事业单位用于业务活动需要的通用设备，如办公用的家具、交通工具等。事业单位作为固定资产管理的一般设备，其单位价值应当在 500 元以上。

#### 4. 文物和陈列品

指博物馆、展览馆、纪念馆等事业单位的各种文物和陈列品，如古物、字画、纪念物品等。

#### 5. 图书

指专业图书馆、文化馆贮藏的书籍，以及事业单位贮藏的统一管理、使用的批量业务用书，如单位图书馆、阅览室的图书等。

6. 其他固定资产

指以上各类未包括的固定资产。

事业单位应根据规定的固定资产标准和分类，结合本单位实际情况，制定固定资产目录，作为核算的依据。

## 二、固定资产的取得与计价

事业单位的固定资产应当按照取得时的实际成本计价。实际成本的具体内容视事业单位取得固定资产的渠道而定。

（1）购入、调入的固定资产，按实际支付的买价、调拨价以及运杂费、安装费等计价。

（2）自制的固定资产，按开支的工、料费计价。

（3）在原有固定资产基础上进行改建、扩建的固定资产，应按改建、扩建过程中发生的支出，减去改建、扩建过程中发生的变价收入后的净增加值，增计固定资产价值。

（4）购建的固定资产，其借款利息和有关费用，以及外币借款的汇兑差额，在固定资产办理竣工决算之前发生的，应当计入固定资产价值，在竣工决算之后发生的，计入当期支出或费用。

（5）融资租入的固定资产，按租赁协议确定的设备价款、运杂费和安装费等计价。

（6）接受捐赠的固定资产，按照同类固定资产的市场价格或根据所提供的有关凭据计价。接受捐赠固定资产时发生的相关费用，应当计入固定资产的价值。

（7）盘盈的固定资产，按重置完全价值计价。

（8）已投入使用但尚未办理移交手续的固定资产，可先按估计价值计价，待确定实际价值后，再进行调整。

（9）购置固定资产过程中发生的差旅费，不计入固定资产价值。

## 三、固定资产的清理与处置

为保护固定资产的安全和完整，事业单位应定期对固定资产进行清理、盘点，年终应全面清理、盘点一次。固定资产清理、盘点后，如果发生实存数与账面数不相一致的情况，事业单位应及时查明原因，并区别情况做出相应的处理。事业单位盘盈固定资产，应当增加固定资产价值；事业单位盘亏固定资产，应当减少固定资产原值。

事业单位对于已经不能再继续使用的固定资产，应当按照规定的程序予以报废。对于闲置或者不再适用的固定资产，应当按照规定的程序予以转让。固定资产的报废和转让都是事业单位处置固定资产的方式。事业单位处置固定资产，应当减少固定资产原值。

## 四、固定资产的核算

为核算固定资产业务，事业单位应设置"固定资产"总账科目，该科目核算事业单位固定资产的原价。事业单位购置固定资产时，按资金来源分别借记"专用基金——修购基金"、"事业支出"、"专款支出"等科目，贷记"银行存款"科目；同时，借记该科目，贷记"固定基金"科目。接受捐赠固定资产时，借记该科目，贷记"固定基金"科目。融资租入固定资产时，借记该科目，贷记"其他应付款"科目；支付租金时，借记有关支出科目，贷记"固定基金"科目；同时，借记"其他应付款"科目，贷记"银行存款"科目。盘盈固定资产时，按重置价值借记该科目，贷记"固定基金"科目。报废、毁损及盘亏固定资产时，借记"固定基金"科目，贷记该科目；清理报废、毁损固定资产的残值变价收入和清理费用记入"专用基金——修购基金"科目。出售固定资产时，按实际收到的价款借记"银行存款"科目，贷记"专用基金——修购基金"科目；同时，按固定资产原值借记"固定基金"科目，贷记该科目。对外投资转出固定资产时，按评估价或合同、协议确定的价值借记"对外投资"科目，贷记"事业基金——投资基金"科目；同时，按固定资产账面原价借记"固定基金"科目，贷记该科目。该科目借方余额，表示事业单位占有或者使用的固定资产价值总额。

事业单位应按固定资产分类设置明细账和固定资产卡片，对固定资产进行明细分类核算。

【例 18-42】某事业单位用事业经费购买某种一般设备一台，价款 42000 元，运杂费 100 元，以银行存款支付。会计分录为：

借：事业支出　　　　　　　　　　　　　42100
　　贷：银行存款　　　　　　　　　　　　　42100

同时：

借：固定资产——一般设备　　　　　　　42100
　　贷：固定基金　　　　　　　　　　　　　42100

【例 18-43】某事业单位按计划用取得的专款购置某种专用设备一台，价款 34000 元。会计分录为：

借：专款支出　　　　　　　　　　　　　34000
　　贷：银行存款　　　　　　　　　　　　　34000

同时：

借：固定资产——专用设备　　　　　　　34000
　　贷：固定基金　　　　　　　　　　　　　34000

【例 18-44】某事业单位接受某公司捐赠的某种一般设备 10 台，该种一般设备的市场价格为每台 5000 元。会计分录为：

借：固定资产——一般设备　　　　　　　　　　　50000

　　贷：固定基金　　　　　　　　　　　　　　　　　50000

【例 18—45】某事业单位采用融资租赁方式向某公司租入专用设备一台，协议价为 500000 元，每年付租金 100000 元，分 5 年付清，当付清最后一笔租金后，该事业单位以 4000 元优惠价格购买该专用设备。租入该专用设备时，发生运杂费、安装费等 2000 元，以银行存款支付。会计分录为：

（1）租入固定资产时：

借：固定资产——专用设备　　　　　　　　　　　506000

　　贷：其他应付款——某公司　　　　　　　　　　　504000

　　　　银行存款　　　　　　　　　　　　　　　　　2000

（2）每年支付租金 100000 元时：

借：事业支出　　　　　　　　　　　　　　　　　100000

　　贷：固定基金　　　　　　　　　　　　　　　　　100000

同时：

借：其他应付款——某公司　　　　　　　　　　　100000

　　贷：银行存款　　　　　　　　　　　　　　　　　100000

（3）付清最后一笔租金后，支付 4000 元优惠价格购买该专用设备时：

借：事业支出　　　　　　　　　　　　　　　　　4000

　　贷：固定基金　　　　　　　　　　　　　　　　　4000

同时：

借：其他应付款——某公司　　　　　　　　　　　4000

　　贷：银行存款　　　　　　　　　　　　　　　　　4000

【例 18—46】某事业单位用取得的专款对某幢房屋进行改建，发生改建支出 850000 元，改建过程中取得变价收入 220000 元。会计分录为：

（1）发生改建支出时：

借：专款支出　　　　　　　　　　　　　　　　　850000

　　贷：银行存款　　　　　　　　　　　　　　　　　850000

（2）取得变价收入时：

借：银行存款　　　　　　　　　　　　　　　　　220000

　　贷：专用基金——修购基金　　　　　　　　　　　220000

（3）增加固定资产净值 630000（850000—220000）元时：

借：固定资产——房屋和建筑物　　　　　　　　　630000

　　贷：固定基金　　　　　　　　　　　　　　　　　630000

【例 18—47】某事业单位经批准报废某一般设备一台，该一般设备的账面原值为 45000 元，支付清理费用 500 元，残料出售取得收入 2000 元。会计分录为：

（1）报废一般设备时：

借：固定基金　　　　　　　　　　　　　　　　45000

　　贷：固定资产——一般设备　　　　　　　　　　　45000

（2）支付清理费用 500 元时：

借：专用基金——修购基金　　　　　　　　　　　500

　　贷：银行存款　　　　　　　　　　　　　　　　500

（3）残料出售取得收入 2000 元时：

借：银行存款　　　　　　　　　　　　　　　　2000

　　贷：专用基金——修购基金　　　　　　　　　　2000

【例 18—48】某事业单位某日盘点固定资产，发现盘亏某一般设备一台，价值 1500 元，经查属于正常原因，按规定程序批准核销。会计分录为：

借：固定基金　　　　　　　　　　　　　　　　1500

　　贷：固定资产——一般设备　　　　　　　　　　　1500

# 第五节　事业单位无形资产的核算

## 一、无形资产的概念与种类

### （一）无形资产的概念

无形资产是指不具有实物形态但能为事业单位提供某种权利的资产。无形资产通常具有如下四个主要特征：

（1）不存在实物形态。

（2）能为事业单位带来未来利益。

（3）有效年限超过 1 年。

（4）在已发生的交易或事项中取得。

### （二）无形资产的种类

事业单位无形资产的种类主要有：

（1）专利权。指政府授予事业单位制造、销售或处分专利品的权利。

（2）土地使用权。指事业单位依法取得的在一定期间内开发和利用土地的权利。

（3）非专利技术。指事业单位拥有或者使用的未公开和未申请取得专利的先进技术，如事业单位在组织事业收入或经营收入过程中取得的在生产、经营和管理等方面未获得专利权的知识、经验和技巧等。

（4）著作权。指文学、艺术和科学作品等著作人依法对其作品所拥有的权利，一般包括发表权、署名权、修改权、保护作品完整权、使用权和获得报酬权等。

（5）商标权。指事业单位专门在某类指定的商品或产品上使用特定的名称或图案的权利。

（6）商誉。指事业单位由于管理有方、信誉良好、历史悠久、积累了从事本行业的特殊经验等原因而形成的一种无形价值。

## 二、无形资产的取得与计价

事业单位无形资产的取得按来源划分，可分为购入无形资产、自创无形资产和接受捐赠无形资产等。

事业单位购入的无形资产，应当按照购入时发生的实际成本计价。自创的无形资产，应当按照自行开发创立过程中发生的实际支出计价。接受捐赠的无形资产，应当按评估确认的价值计价。事业单位的商誉，只有在从外部购入时才计价入账，平时自创的商誉不计价入账。

## 三、无形资产的摊销与转让

事业单位的各种无形资产在计价入账后应进行合理的摊销。不实行内部成本核算的事业单位，其无形资产摊销时，应一次计入事业支出。实行内部成本核算的事业单位，其无形资产应在受益期内分期平均摊销。

事业单位可以通过有偿的方式，将无形资产的所有权转让给别的单位。事业单位转让无形资产时，其转让收入列入事业收入或经营收入，同时，应结转无形资产的摊余成本。

## 四、无形资产的核算

为核算无形资产业务，事业单位应设置"无形资产"总账科目。事业单位购入或自行开发并按法律程序申请取得无形资产时，应按实际支出数借记该科目，贷记"银行存款"等有关科目。不实行内部成本核算的事业单位摊销无形资产时，按无形资产的取得成本一次记入"事业支出"科目，借记"事业支出"科目，贷记该科目；实行内部成本核算的事业单位摊销无形资产时，按应摊销数额借记"经营支出"科目，贷记该科目。事业单位向外转让无形资产时，按转让收入借记"银行存款"科目，贷记"事业收入"科目；同时，结转无形资产成本，借记"事业支出"科目，贷记该科目。事业单位对外投资转出无形资产时，按双方确定的价值借记"对外投资"科目，按账面价值贷记该科目，按其差额借记或贷记"事业基金——投资基金"科目；同时，按无形资产账面价值，借记"事业基金——一般基金"科目，贷记"事业基金——投资基金"科目。该科目期末余额，表示尚未摊销的无形资产价值。该科目应按无形资产的类别设置明细账。

【例 18—49】某事业单位为开展经营活动需要外购商标权一项，价款 45000 元，以银行存款支付。会计分录为：

借：无形资产——商标权　　　　　　　　　　45000

　　贷：银行存款　　　　　　　　　　　　　　　　45000

【例 18—50】承【例 18—49】，按规定，该事业单位外购的该项商标权，其摊销期限为 10 年，每年摊销 4500 元时，会计分录为：

借：经营支出　　　　　　　　　　　　　　　4500

　　贷：无形资产——商标权　　　　　　　　　　　4500

【例 18—51】续【例 18—49】、【例 18—50】，假定该事业单位外购的该项商标权在用了 4 年后，将其出售，获得价款 28000 元。会计分录为：

借：银行存款　　　　　　　　　　　　　　28000

　　贷：经营收入　　　　　　　　　　　　　　　28000

同时，结转摊余成本 27000（45000－4500×4）元：

借：经营支出　　　　　　　　　　　　　　27000

　　贷：无形资产——商标权　　　　　　　　　　　27000

【例 18—52】某事业单位为开展事业活动需要外购专利权一项，价款 24000 元，以银行存款支付。会计分录为：

借：无形资产——专利权　　　　　　　　　　24000

　　贷：银行存款　　　　　　　　　　　　　　　24000

【例 18—53】承【例 18—52】，该事业单位不实行内部成本核算，年终摊销无形资产时，会计分录为：

借：事业支出　　　　　　　　　　　　　　24000

　　贷：无形资产——专利权　　　　　　　　　　　24000

## 复习思考题

1. 简述事业单位资产的内容。

2. 简述事业单位现金的使用范围。

3. 简述事业单位零余额账户的含义及用款额度的使用。

4. 简述事业单位的银行转账结算方式的内容及各自的适用范围。

5. 事业单位的应收及预付款项包括哪些内容？各自应当如何核算？

6. 简述事业单位的材料的计价。

7. 简述事业单位对外投资的内容及核算方法。

8. 简述事业单位固定资产的内容及核算方法。

9. 什么是无形资产？事业单位应当如何核算无形资产？

# 第十九章　事业单位负债的核算

## 第一节　事业单位负债概述

　　事业单位负债是指事业单位所承担的能以货币计量，需要以资产或者劳务偿还的债务。负债是事业单位资产总额中属于债权人的那部分权益或利益，它反映事业单位对其债权人所应承担的全部经济责任。事业单位的负债有以下特点：

　　（1）负债是指已经发生的，并在未来一定时期内必须偿付的经济义务，这种偿付可以用货币、物品、提供劳务、再负债等债权人所能接受的形式来实现。

　　（2）负债是可计量的，有确切的或可预计的金额。

　　（3）负债在一般情况下有确切的债权人和到期日。

　　（4）大部分负债是交易的结果，而这种交易一般是以契约、合同、协议或者法律约束为前提的。

　　（5）负债只有在偿还或债权人放弃债权，或情况发生变化以后才能消失。

　　事业单位的负债，包括借入款项、各种应付账款、预收账款、各种应缴款项等。

　　事业单位应当对不同性质的负债分别管理，及时清理并按规定办理结算，保证各项负债在规定期限内归还。负债管理主要应注意以下几个问题：

　　（1）要严格控制负债规模。事业单位是依靠自身业务优势为社会提供公共商品的社会组织，其主要任务是按照国家的计划和群众的要求发展社会事业。在社会主义市场经济条件下，国家虽然允许或鼓励一部分有条件的事业单位依法组织事业收入和经营收入，但必须在一定范围内进行，利用负债去组织事业收入开展经营活动要慎之又慎，要严格控制负债规模。如果事业单位借款超过了一定的限度，经营效益又不佳，其借款归还实际上无法得到保证，这样既影响债权人的利益，又影响事业单位正常工作的开展。

　　（2）要及时清理债权债务，按规定办理有关结算。对往来款中属于负债性质的款项，如借入款项、应付款项、预收款项和应缴款项，事业单位要及时组织清理，保证在规定的期限内及时进行偿还、缴纳和结算，不得长期挂账。

（3）事业单位的负债均以实际发生数计价入账，对已经发生而价款尚需确定的负债应当以合理预计价格入账，待实际价款正式确定后再按实际数额进行调整。

# 第二节　事业单位借入款项的核算

## 一、借入款项的内容

事业单位借入款项是指事业单位从财政部门、上级主管部门、金融机构或其他单位借入的有偿使用的款项。事业单位借入款项一般是满足事业单位资金周转不足的需要而发生的，用以开展事业单位的正常经营活动。款项借入以后即构成事业单位的一项负债，事业单位必须在一定的期限内按规定支付本金和借款利息。因此，事业单位应对其借入的款项进行科学、合理的利用和管理，以发挥其最大的经济效益。尤其应注意以下几个方面：

（1）事业单位主管应在了解本单位经营情况以及财务收支状况的基础上，会同财务人员制订出切实合理的借款计划，并向债权人提供有关资料，如各种借款计划、综合经济计划、经济活动分析等，以便接受债权人的监督。此外，还应提供不同形式的各种担保，以确保债权人的利益不受损失。

（2）事业单位取得贷款后，应根据不同时期的借款结构比例安排偿还债务的期限和数额，并按规定的利息率支付利息。一方面要保证按时偿还贷款本金，一方面要充分利用资金，避免资金的闲置和浪费，提高资金的使用效率。

（3）事业单位的财务人员应对借入款项进行分期、分类管理，及时办理清偿债务的事宜。

## 二、借入款项的核算

事业单位为了核算和监督从财政部门、上级主管部门、金融机构以及其他单位借入的有偿使用的款项，应设置"借入款项"科目，本科目贷方核算单位借入的各种款项，借方核算借款归还数，贷方余额表示尚未归还的借款。

事业单位发生借入款项时，借记"银行存款"科目，贷记"借入款项"科目；归还本金时，借记"借入款项"科目，贷记"银行存款"科目；支付借款利息时，借记"事业支出"、"经营支出"科目，贷记"银行存款"科目。

事业单位借入款项的核算应按债权单位设置明细账进行明细分类核算。

【例19-1】东方研究所2007年5月10日向某银行借款30000元，期限1年，年利率12%。会计分录如下：

借：银行存款　　　　　　　　　　　　　　　　　30000
　　贷：借入款项——某银行　　　　　　　　　　　　　30000

【例 19-2】2008 年 5 月 10 日，东方研究所向该银行归还借款，并支付利息 3600 元。会计分录如下：

借：借入款项——某银行　　　　　　　　　　　　30000
　　经营支出（或事业支出）　　　　　　　　　　　　3600
　　贷：银行存款　　　　　　　　　　　　　　　　　33600

【例 19-3】某事业单位为非成本核算单位，2008 年 8 月 8 日向银行支付利息 900 元。会计分录如下：

借：事业支出　　　　　　　　　　　　　　　　　900
　　贷：银行存款　　　　　　　　　　　　　　　　　900

# 第三节　事业单位应付及预收款项的核算

事业单位的应付和预收款项包括应付票据、应付账款、预收账款和其他应付款。

## 一、应付票据

### （一）应付票据的概念

应付票据是指事业单位对外发生债务时所开出、承兑的商业汇票。商业汇票是单位之间根据赊销合同进行延期付款的商品交易时开具的反映债权债务关系的票据。

商业汇票按承兑人的不同，分为由企业承兑的商业承兑汇票和由银行承兑的银行承兑汇票。在运用商业承兑汇票进行款项结算的情况下，单位承诺到期支付票据本息，应作为单位的一项负债；在运用银行承兑汇票进行款项结算的情况下，由付款单位向其开户银行申请承兑并经银行同意后，银行成为票据承兑人。但这只是为收款人按期收回债权提供了可靠的信用保证，单位的付款义务依然存在，同样应将其作为一项负债。付款单位应在商业汇票到期前，及时将款项交存其开户银行，以便银行在到期日凭票将款项划给收款人、被背书人或贴现银行。单位在收到银行的付款通知时，据以编制付款凭证。

### （二）应付票据的核算

为反映事业单位由于商品交易而开出、承兑的商业汇票的实际情况，应设置"应付票据"科目。该科目的贷方发生额，反映单位因购买材料、商品等而开出、承兑的商业汇票；借方发生额反映已支付的商业汇票；期末贷方余额，反映尚未到期支付的商业汇票。

（1）单位开出、承兑汇票或以汇票抵付货款时，借记"材料"、"应付账款"等科目，贷记"应付票据"科目。支付银行承兑汇票手续费时，借记"事业支出"或"经营支出"科目，贷记"银行存款"科目。收到银行支付本息的通知时，借记"应付票据"科目和有关支出科目，贷记"银行存款"科目。

（2）开出并承兑的商业承兑汇票如果不能如期支付，应在票据期并未签发新的票据时，将"应付票据"的账面余额转入"应付账款"科目。

（3）在采用银行承兑汇票的方式下，如果对方已经将应收票据向银行贴现，在付款期满时，如果无力付款，由银行代为扣款或作为逾期借款处理，借记"应付票据"科目，贷记"银行存款"或"借入款"科目。

（4）单位应设置"应付票据备查簿"，详细登记每一应付票据的种类、号数、签发日期、到期日、票面金额、收款人姓名或单位以及付款日期和金额等详细资料。应付票据到期付清时，应在备查簿内逐笔注销。

【例19-4】某实行成本核算的单位用商业承兑汇票结算方式购入一批材料，材料成本 20000 元，应交增值税 3400 元。单位开出期限为 6 个月的商业承兑汇票一张，年利率为 12%，材料已验收入库。

（1）购入材料时：

| | | |
|---|---|---|
| 借：材料 | 20000 | |
| 应交税金——应交增值税（进项税额） | 3400 | |
| 贷：应付票据 | | 23400 |

（2）票据到期偿还时：

| | | |
|---|---|---|
| 借：经营支出 | 1404 | |
| 应付票据 | 23400 | |
| 贷：银行存款 | | 24804 |

（3）若到期不能如期支付票款时：

| | | |
|---|---|---|
| 借：应付票据 | 23400 | |
| 经营支出 | 1404 | |
| 贷：应付账款 | | 24804 |

【例19-5】续【例19-4】，如果该事业单位不实行成本费用核算，而且该批材料不用于产品生产，则会计分录如下：

（1）购入材料时：

| | | |
|---|---|---|
| 借：材料 | 23400 | |
| 贷：应付票据 | | 23400 |

（2）票据到期偿还时：

| | |
|---|---|
| 借：事业支出 | 1404 |

|  | 应付票据 | · 23400 |
| --- | --- | --- |
|  | 贷：银行存款 | 24804 |

## 二、应付账款

应付账款是指事业单位因购买材料、商品或接受劳务供应而应付给供应单位的款项，是事业单位在结算中发生的负债行为。

### （一）应付账款的入账时间

应付账款入账时间的确定，应区别不同情况处理：在货物和发票账单同时到达的情况下，通常在货物验收入库后，才按发票账单登记应付账款入账。这样处理的目的主要是为了避免入账后再验收入库时发现购入货物错、漏、短缺、破损等问题而重新调账。若货物先到，发票账单后到，则在收到发票账单后再登记应付账款入账。若月度终了发票账单仍未到，则应在月末估价入账。

### （二）应付账款的核算

为了反映单位因购入材料、物资、接受劳务等而产生的应付账款及偿还情况，事业单位应设置"应付账款"科目。该科目贷方反映单位应支付的款项，借方反映已支付或已转销的应付账款。期末贷方余额，反映尚未支付的应付账款。"应付账款"科目按供应单位设置明细账进行明细核算。

（1）单位购入材料、物资等并验收入库，但货款尚未支付时，根据有关凭证，借记"材料"及有关科目，贷记"应付账款"科目。

单位接受其他单位提供的劳务而发生的应付未付款项，应根据供应单位提供的发票账单，借记有关费用支出科目，贷记"应付账款"科目。

（2）单位偿付应付账款时，借记"应付账款"科目，贷记"银行存款"科目。单位开出、承兑商业汇票抵冲应付账款时，借记"应付账款"科目，贷记"应付票据"科目。

【例 19—6】某事业单位为开展事业活动的需要，向某公司购入材料一批，价款 6000 元，材料已验收入库，款项尚未支付。会计分录为：

|  | 借：材料 | 6000 |
| --- | --- | --- |
|  | 贷：应付账款 | 6000 |

【例 19—7】承上例，该事业单位偿付某公司货款。会计分录为：

|  | 借：应付账款 | 6000 |
| --- | --- | --- |
|  | 贷：银行存款 | 6000 |

【例 19—8】某事业单位开出商业汇票一张，抵付欠某单位的 6000 元应付账款。会计分录为：

|  | 借：应付账款 | 6000 |
| --- | --- | --- |
|  | 贷：应付票据 | 6000 |

## 三、预收账款

预收账款是指事业单位按照合同规定向购货单位或接受劳务单位预收的款项。

预收账款是交易双方协商确定，由购货方或接受劳务方预先支付一部分款项给供应方而发生的一笔负债。在事业单位按照合同如期交货或提供劳务以后，预收账款转为收入，债务得以解除。倘若预收款项的事业单位未能履行合同的承诺，未能按期交货或提供劳务，就必须退还这笔预收款项。

对于预收账款有两种会计处理方法：一种方法是对发生的预收账款单独设置"预收账款"科目核算；另一种方法是将预收的款项直接通过"应收账款"科目核算。至于预收账款的核算究竟采用哪种方法，应根据事业单位预收账款业务的情况灵活确定。

"预收账款"科目按预付款单位设置明细账。

【例19－9】某实行成本核算的事业单位接受某公司的一项订货合同时，合同规定，货款总额50000元，预计6个月之后完成。该公司预付货款的30%，其余款项待收到产品后支付（不考虑税收因素）。会计分录如下：

（1）收到预付款时：

借：银行存款　　　　　　　　　　　　　　　　15000
　　贷：预收账款　　　　　　　　　　　　　　　　　15000

（2）6个月后，产品发出：

借：预收账款　　　　　　　　　　　　　　　　50000
　　贷：经营收入　　　　　　　　　　　　　　　　　50000

（3）收到某公司补付货款时：

借：银行存款　　　　　　　　　　　　　　　　35000
　　贷：预收账款　　　　　　　　　　　　　　　　　35000

## 四、其他应付款

其他应付款是指事业单位应付、暂收其他单位或个人的各种款项，如出租固定资产的押金、存入保证金、应付统筹退休金、个人缴存的住房公积金等。

事业单位设置"其他应付款"科目对上述其他应付款项进行核算，借方反映已经偿还给其他单位和个人的款项，期末贷方余额反映尚未偿还给其他单位或个人的款项。该科目按应付、暂收款项的内容或单位、个人名称设置明细账。

# 第四节　事业单位应缴款项的核算

应缴款项指事业单位按照有关规定应当缴纳的各种款项。它包括：应缴财政预算款（如罚没收入、赃款和赃物变价收入等）、应缴税金和应上缴财政专户款等。这些应缴的收入与税金，国家都有专门规定，事业单位应当严格按照国家规定执行，按时、足额上缴，不得无故拖欠、截留和坐支。

## 一、应缴预算款

### （一）应缴预算款的内容

应缴预算款是指事业单位按规定应当缴入国家预算的收入。它主要包括事业单位代收的纳入预算管理的基金、罚没收入、无主财物变价收入和其他按预算管理规定应上缴预算的款项。

（1）罚没收入。指各事业单位依法查处应上缴国库的各项罚款收入和没收物品的变价收入等。

（2）无主财物变价收入。指应上缴财政部门的无主财物（如遗失物等）变价收入。

（3）追回赃款和赃物变价款收入。指执法机关和查处单位依法追回的应上缴国家预算的贪污、受贿等赃款和赃物变价款。

（4）其他按预算管理规定应上缴预算的款项。

各类单位发生的应缴预算收入款项，是国家财政收入的重要组成部分，必须加强管理。对于应缴预算收入，应当依法积极组织收入，并按时、足额上缴，不得隐瞒，不得列作暂存不缴，不得挪用，也不得以任何借口截留、坐支或转为"小金库"。

### （二）应缴预算款的账务处理

为核算单位上述应缴入预算的款项，应设置"应缴预算款"科目。该科目贷方记取得的应缴预算的各项收入数，借方记上缴数，贷方余额反映应缴未缴款，年终本科目应无余额。本科目应按应缴预算款项类别设置明细账。

【例19—10】10月5日，某事业单位代收的本月份行政性收费收入50000元存入银行。会计分录如下：

借：银行存款　　　　　　　　　　　　　　　50000
　　贷：应缴预算款　　　　　　　　　　　　　　　50000

【例19—11】10月30日，该事业单位将应缴预算款上缴国库。会计分录如下：

　　借：应缴预算款　　　　　　　　　　　　　　　50000
　　　　贷：银行存款　　　　　　　　　　　　　　　　　50000

## 二、应缴财政专户款

　　应缴财政专户款是事业单位按规定代收的各种应上缴财政专户的预算外资金。

　　预算外资金是指国家机关、事业单位和社会团体为履行或代行政府职能，依据国家法律、法规和具有法律效力的规章而收取、提取和安排使用的未纳入政府预算管理的各种财政性资金。此项资金在未缴之前，对事业单位来说是一种负债，不能作为事业单位的收入来处理。事业单位按规定代收的预算外资金必须上缴同级财政专户，支出由同级财政按预算外资金收支计划和单位财务收支计划统筹安排，从财政专户中拨付，实行收支两条线管理。对其中少数费用开支有特殊需要的预算外资金，经财政部门核定收支计划后，可按确定的比例或收支结余的数额定期缴入同级财政专户。

　　按照上述规定，事业单位实行全额上缴财政专户的预算外资金，不能直接作为事业收入处理，应缴入同级财政专户，待同级财政部门拨付本单位使用时，才能计入事业收入。实行按比例上缴财政专户的预算外资金，其上缴部分不能直接作为事业收入处理，应缴入同级财政专户，待同级财政拨付本单位使用时，才能计入事业收入，其留用部分可以直接作为事业收入处理。实行按收支结余的数额上缴财政专户的预算外资金，平时可以直接作为事业收入处理，年终按该项预算外资金的收支结余数额上缴财政专户。

　　为了核算事业单位应上缴财政专户的预算外资金，应设置"应缴财政专户款"科目。该科目贷方反映收到应缴财政专户的收入数，或实行预算外资金结余上缴办法的单位，定期结算预算外资金的结余数，借方反映上缴财政专户的收入数，贷方反映应缴未缴数，年终本科目无余额。

　　应上缴财政专户的预算外资金的范围按财政部的规定办理。

　　**【例19－12】**某事业单位预算外资金采用全额上缴的办法，某日收到应缴财政专户的预算外资金2000元，存入银行。会计分录为：

　　借：银行存款　　　　　　　　　　　　　　　2000
　　　　贷：应缴财政专户款　　　　　　　　　　　　　2000

　　**【例19－13】**承**【例19－12】**，将收到的预算外资金2000元上缴财政专户。会计分录为：

　　借：应缴财政专户款　　　　　　　　　　　　2000
　　　　贷：银行存款　　　　　　　　　　　　　　　2000

　　**【例19－14】**某事业单位预算外资金采用结余上缴的办法，某日计算出应缴财政专户的资金 6800 元，当即上缴。会计分录为：

　　　借：事业收入　　　　　　　　　　　　　　6800
　　　　贷：应缴财政专户款　　　　　　　　　　　　　　6800
　　同时：
　　　借：应缴财政专户款　　　　　　　　　　　6800
　　　　贷：银行存款　　　　　　　　　　　　　　　　6800

【例 19－15】某事业单位预算外资金采用按比例上缴的办法，财政部门核定的预算外资金上缴比例为 70％，该事业单位收到应上缴财政专户的预算外资金 8000 元。会计分录为：

　　　借：银行存款　　　　　　　　　　　　　　8000
　　　　贷：事业收入　　　　　　　　　　　　　　　　2400
　　　　　　应缴财政专户款　　　　　　　　　　　　　5600
　　上缴款项时：
　　　借：应缴财政专户款　　　　　　　　　　　5600
　　　　贷：银行存款　　　　　　　　　　　　　　　　5600

## 三、应交税金

　　应交税金是指事业单位按税法规定应缴纳的各项税金。主要包括：属于一般纳税人事业单位平时计算的应缴纳的增值税；事业单位在月末计算出的应缴纳的增值税（小规模纳税人）、消费税、营业税、城市维护建设税、资源税及其他各项税金；应缴纳所得税的事业单位在年末计算出的应纳所得税等。这些应交税金，按照国家税法规定要及时计算缴纳，依据权责发生制的原则办理，因而形成了事业单位的一项负债。随同各项正税一同计算缴纳的地方财政税费附加中的其他应缴款项，如教育费附加等，应在"其他应付款"科目中核算，而不适用本科目。

　　为了总括反映事业单位应缴纳的各种税金，应设置"应交税金"科目。本科目贷方余额反映应缴纳的税金数，借方反映上缴数；期末借方余额为多缴的税金，贷方余额为应缴未缴的税金。

　　各单位应按所缴纳的税金种类进行明细核算。其中属于一般纳税人的事业单位，其应缴增值税明细账中应设置"进项税额"、"已交税金"、"销项税额"等专栏。

【例 19－16】2008 年 12 月 31 日，某事业单位计提并缴纳城市维护建设税 424 元、教育费附加 212 元。会计分录如下：

　　　借：销售税金　　　　　　　　　　　　　　636
　　　　贷：应交税金——应交城市维护建设税　　　　　424

　　　　其他应付款——教育费附加　　　　　　　　212

上缴时：

借：应交税金——应交城市维护建设税　　　424

　　其他应付款——教育费附加　　　　　　　212

　　贷：银行存款　　　　　　　　　　　　　　　　636

## 复习思考题

1. 事业单位负债包括哪些内容？

2. 事业单位的应付及预收款项包括哪些内容？应如何核算？

3. 事业单位的应缴款项包括哪些内容？应如何核算？

# 第二十章　事业单位收入的核算

## 第一节　事业单位收入概述

《事业单位财务规则》规定：收入是指事业单位为开展业务及其他活动依法取得的非偿还性资金。这表明，新确立的收入概念与过去的收入概念已经不同了。过去我们讲收入，一般是特指事业单位自身组织的那部分收入；而新确立的收入概念，则是一个全新的概念，即"大收入"的概念，它不仅包括财政补助收入，而且包括上级补助收入，事业单位依法组织的事业收入、财政专户返还收入和经营收入，附属单位缴款及其他收入等。

（1）财政补助收入。指事业单位直接从财政部门取得的和通过主管部门从财政部门取得的各类事业经费。需要明确的是，财政补助收入不包括国家对事业单位的基本建设投资。

（2）上级补助收入。指事业单位从主管部门和上级单位取得的非财政补助收入。具体地讲，上级补助收入是事业单位的主管部门或上级单位下拨的财政补助收入之外的收入。如自身组织的收入和集中下级单位的收入拨给事业单位的资金。如前所述，财政部门通过主管部门和上级单位转拨的事业经费，只能计入财政补助收入，不能作为上级补助收入处理。

（3）拨入专款。指事业单位收到财政部门、上级单位或其他单位拨入的有指定用途，并需单独报账的专项资金，主要用于科研课题经费、挖潜改造支出、科技三项费等。

（4）事业收入。指事业单位通过开展专业业务活动及其辅助活动取得的收入。所谓专业业务活动，是指事业单位根据本单位专业特点所从事或开展的主要业务活动，通俗地讲，也可以叫做"主营业务"。如文化事业单位的演出活动、教育事业单位的教学活动、科学事业单位的科研活动、卫生事业单位的医疗保健活动等。辅助活动是指与专业业务活动相关、直接为专业业务活动服务的单位行政管理活动、后勤服务活动及其他有关活动。通过开展上述活动取得的收入，均作为事业收入处理。另外，《事业单位财务规则》对事业单位的一些特殊的事业收入做了专门规定，即按国家有关规定应当上缴财政预算的资金和应当缴入财政专户的预算外资金，不计入事业收入。从财政专户核拨的预算外资金和部分经核准不上缴财政专户管理的预算外资金，也不计入事业收入。

应当上缴财政预算的资金是指事业单位依法组织或者代收的按规定应当上缴国家预算的收入，包括规费收入、罚没收入、追回赃款赃物变价收入等。对应缴预算收入，单位应当及时、足额上缴，不得分成、提留、坐支。

应当缴入财政专户的预算外资金是指按照国家有关规定应当缴入财政专户的预算外资金。按照《国务院关于加强预算外资金管理的决定》，国家机关、事业单位和社会团体为履行或代行政府职能，依据国家法律、法规和具有法律效力的规章而收取、提取和安排使用的未纳入国家预算管理的各种财政性资金，属于预算外资金。部门和单位的预算外收入必须上缴同级财政专户，支出由同级财政按预算外资金收支计划和单位财务收支计划统筹安排，从财政专户中拨付，实行收支两条线管理。对其中少数费用开支有特殊需要的预算外资金，经财政部门核定收支计划后，可按确定的比例或按收支结余的数额定期缴入同级财政专户。

（5）财政专户返还收入。指事业单位收到的从财政预算外资金专户核拨的预算外资金收入。

（6）经营收入。指事业单位在专业业务活动及其辅助活动之外开展非独立核算的经营活动取得的收入。

（7）附属单位缴款。指事业单位附属独立核算单位按有关规定上缴的收入。它包括附属的事业单位上缴的收入和附属的企业上缴的利润等。附属单位补偿事业单位在支出中垫付的各种费用应当相应冲减支出，不能作为上缴收入处理。

（8）其他收入。指上述范围以外的各项收入，如投资收益、利息收入、捐赠收入等。

# 第二节　事业单位补助收入的核算

事业单位的补助收入一般包括财政补助收入和上级补助收入。

## 一、财政补助收入

### （一）财政补助收入的概念与管理

财政补助收入是指事业单位按核定的预算和经费领报关系从财政部门或通过主管部门从财政部门取得的各类事业经费。财政补助收入不包括国家对事业单位的基本建设投资。

为加强对财政补助收入的管理，主管部门应编制季度分月用款计划。在申请当月财政补助时，应分"款"、"项"填写"预算经费请拨单"，报同级财政部门。主管部门或同级财政部门在拨款时，应结合事业单位事业计划完成情况、资金余存情况控制拨款进度，做到既要及时保证事业单位计划内使用预算资金的需要，又要防止预算资金的积压浪费。事业单位在使用财政补助时，应按计划控制用款，不得随意改变资金用途。"款"、"项"用途如需调整，应填写"科目留用申请书"，报经同级财政部门批准后使用。

### （二）财政补助收入的核算

为核算财政补助收入业务，事业单位应设置"财政补助收入"总账科目。事业单位收到财政补助收入时，借记"银行存款"等科目，贷记该科目；缴回财政补助收入时，做相反的会计分录；年终结账将该科目贷方余额全数转入"事业结余"科目时，借记该科目，贷记"事业结余"科目。该科目平时贷方余额，表示财政补助收入的累计数。年终结账后，该科目无余额。该科目应按国家预算收入科目的"款"级科目设置明细账。

【例20-1】12月6日，某事业单位收到财政部门3000000元。根据银行转来的"收款通知单"等，编制如下会计分录：

借：银行存款　　　　　　　　　　　　　　3000000
　　贷：财政补助收入　　　　　　　　　　　　3000000

【例20-2】承【例20-1】，16日，该事业单位退回本月财政补助收入80000元。根据"预算拨款凭证回单"等，编制如下会计分录：

借：财政补助收入　　　　　　　　　　　　80000
　　贷：银行存款　　　　　　　　　　　　　　80000

【例20-3】承上例，年终结账时，"财政补助收入"科目贷方余额为76000元。会计分录为：

借：财政补助收入　　　　　　　　　　　　76000
　　贷：事业结余　　　　　　　　　　　　　　76000

## 二、上级补助收入

### （一）上级补助收入的概念

上级补助收入是指事业单位从上级单位取得的非财政补助收入。它是由事业单位的上级单位用自身组织的收入或集中下级单位的收入拨给事业单位的资金，是上级单位用于调剂附属单位资金收支余缺的机动财力。事业单位通过上级单位从财政部门取得的预算经费，应作为财政补助收入处理，不能作为上级补助收入处理。

### （二）上级补助收入的核算

为核算上级补助收入业务，事业单位应设置"上级补助收入"总账科目。事业单位收到上级补助收入时，借记"银行存款"科目，贷记该科目；年终将该科目余额全数转入"事业结余"科目时，借记该科目，贷记"事业结余"科目。年终结账后，该科目无余额。

现举例说明如下：

【例 20—4】某事业单位收到上级单位拨来的补助款项 800000 元。根据银行收款通知，编制如下会计分录：

借：银行存款　　　　　　　　　　　　　　800000
　　贷：上级补助收入　　　　　　　　　　　　800000

【例 20—5】年终，某事业单位将"上级补助收入"科目贷方余额 60000 元全部结转。会计分录为：

借：上级补助收入　　　　　　　　　　　　60000
　　贷：事业结余　　　　　　　　　　　　　60000

# 第三节　事业单位拨入专款的核算

## 一、拨入专款的概念与管理

拨入专款是指事业单位收到财政部门、上级单位或其他单位拨入的有指定用途，并需要单独报账的专项资金。

事业单位对拨入专款的管理要注意以下几点：

（1）专款专用。即事业单位应当严格按照专款指定的用途使用，不能将取得的专款挪作他用。

（2）单独核算。即事业单位在收到专款时，应当为每项专款分别设置账户，单独组织会计核算，各项专款之间的会计核算不能混淆。

（3）专项结报。即事业单位应当按拨款单位的要求，及时报送拨入专款的使用情况和事业成果情况，项目完成后，应当专项办理报账手续，余款按拨款单位的要求处理。

（4）讲求效益。即事业单位对于拨入专款的使用应当进行严格的控制和监督，厉行节约，杜绝浪费，提高资金的使用效益。

## 二、拨入专款的核算

为核算拨入专款业务，事业单位应设置"拨入专款"总账科目。事业单位收到拨款时，借记"银行存款"科目，贷记该科目；缴回拨款时，做相反的会计分录；年终结账时，对于已完工的项目，将该科目与"拨出专款"、"专款支出"科目对冲，借记该科目，贷记"拨出专款"、"专款支出"科目，其余额按拨款单位的规定办理。年终结账时，对于未完成的项目，其全部拨入的款项均应留在"拨入专款"科目，待项目完成时再进行结算。

该科目应按资金来源和项目设置明细账，进行明细分类核算。

【例20—6】某事业单位收到主管部门拨入专款 700000 元，用于某项目建设。会计分录为：

借：银行存款　　　　　　　　　　　　　　700000
　　贷：拨入专款　　　　　　　　　　　　　　　700000

【例20—7】续上例，某项目建设完成，价款合计 680000 元，以银行存款支付。会计分录为：

借：专款支出　　　　　　　　　　　　　　680000
　　贷：银行存款　　　　　　　　　　　　　　　680000
同时：
借：拨入专款　　　　　　　　　　　　　　680000
　　贷：专款支出　　　　　　　　　　　　　　　680000

【例20—8】续以上两例，按主管部门的要求，对于已建设完成的某项目的余款 20000 元，50％留归该事业单位，50％缴回主管部门。会计分录为：

借：拨入专款　　　　　　　　　　　　　20000
　　贷：银行存款　　　　　　　　　　　　　　　10000
　　　　事业收入　　　　　　　　　　　　　　　10000

# 第四节　事业单位事业收入的核算

事业收入是指事业单位通过开展专业业务活动及其辅助活动所取得的收入。

## 一、事业收入的确认

事业单位对事业收入的确认，一般采用收付实现制原则，即以款项的实际收付为标准来确认和计量本期收入、费用。

## 二、事业收入的核算

为了核算和监督事业单位的事业收入的增减变化情况，应设置"事业收入"科目，它属于收入类科目。事业单位收到款项或取得事业收入时，记入该科目的贷方，对于属于一般纳税人的事业单位，在取得事业收入时，应按实际收到的价款扣除增值税销项税额后的余额记入该科目的贷方；发生收入退还时，记入该科目的借方；年终结账时，应将该科目的贷方余额全部转入"事业结余"，结转后，该科目应无余额。该科目应根据事业收入的种类或来源设置明细账科目，进行明细分类核算。

【例20－9】某事业单位取得不需上缴财政专户的专业业务活动收入8800元，款项已存入银行。会计分录为：

借：银行存款         8800

  贷：事业收入         8800

【例20－10】年终，某事业单位将"事业收入"科目贷方余额180000元进行结转。会计分录为：

借：事业收入         180000

  贷：事业结余         180000

# 第五节　事业单位财政返还收入的核算

财政专户返还收入是指事业单位收到的从财政预算外资金专户核拨的预算外资金收入。

## 一、财政专户返还收入的管理

财政专户返还收入是事业单位代行行政职能而取得的一部分财政性资金。事业单位财政专户返还收入的管理要求主要有：

（1）分别核算，分类管理。财政专户返还收入与财政补助收入都是事业单位为开展专业业务活动而取得的财政性资金。前者是事业单位收到的从财政预算外资金专户核拨的财政性资金，后者是事业单位从财政国库取得的财政性资金，一个是事业单位的预算外资金收入，一个是预算内资金收入，应当分别核算，分类管理。

（2）财政专户返还收入应纳入单位综合财务收支计划。

## 二、财政专户返还收入的核算

为核算财政专户返还收入，事业单位应设置"财政专户返还收入"总账科目。事业单位实行全额上缴财政专户的预算外资金，不能直接作为收入处理，应缴入同级财政专户，待同级财政拨付本单位使用时，记入该科目的贷方；实行按比例上缴财政专户办法的事业单位收到预算外资金时，其上缴部分记入"应缴财政专户款"的贷方，其留用部分直接记入该科目贷方；实行按收支结余的数额上缴财政专户预算外资金的事业单位，平时收到预算外资金时，借记"银行存款"，贷记该科目，定期结算应缴预算外资金结余时，借记该科目，贷记"应缴财政专户款"科目。年终将该科目贷方余额全部转入"事业结余"科目，结转后，该科目无余额。该科目应按预算外资金收入管理要求分设"基本支出"和"项目支出"两个二级科目，二级科目下再按《政府收支分类科目》中的支出功能分类科目设置明细账，进行明细核算。

主管事业单位收到财政专户核拨的属于应返还所属单位的预算外资金时，通过"其他应付款"科目核算，不通过"财政专户返还收入"科目核算。

【例 20-11】某事业单位收到预算外资金 50000 元。如果该单位实行预算外资金全额上缴财政专户办法，收到预算外资金时，会计分录为：

借：银行存款　　　　　　　　　　　　　50000
　　贷：应缴财政专户款　　　　　　　　　　50000

上缴财政专户时，会计分录为：

借：应缴财政专户款　　　　　　　　　　50000
　　贷：银行存款　　　　　　　　　　　　　50000

收到财政专户拨回的款项时（数额为 50000 元），会计分录为：

借：银行存款　　　　　　　　　　　　　50000
　　贷：财政专户返还收入　　　　　　　　　50000

如果该单位实行预算外资金 60% 上缴财政专户的办法，收到预算外资金时，会计分录为：

借：银行存款　　　　　　　　　　　　　50000
　　贷：应缴财政专户款　　　　　　　　　　30000
　　　　财政专户返还收入　　　　　　　　　20000

上缴财政专户时，会计分录为：

借：应缴财政专户款　　　　　　　　　　30000
　　贷：银行存款　　　　　　　　　　　　　30000

如果该单位实行预算外资金结余上缴财政专户的办法，收到预算外资金收入时，会计分录为：

借：银行存款　　　　　　　　　　　　　50000
　　贷：财政专户返还收入　　　　　　　　　50000

月末结算出应缴财政专户的预算外资金结余 28000 元，会计分录为：

借：财政专户返还收入　　　　　　　　　28000
　　贷：应缴财政专户款　　　　　　　　　　28000

上缴财政专户时，会计分录为：

借：应缴财政专户款　　　　　　　　　　28000
　　贷：银行存款　　　　　　　　　　　　　28000

【例20－12】年终，某事业单位将"财政专户返还收入"科目贷方余额360000元进行结转。会计分录为：

借：财政专户返还收入　　　　　　　　　　　360000

　　贷：事业结余　　　　　　　　　　　　　　　　360000

# 第六节　事业单位经营收入的核算

经营收入是指事业单位在专业业务活动及其辅助活动之外开展非独立核算经营活动所取得的收入。

## 一、经营收入的特征和确认

事业单位的经营收入，一般必须同时具备以下两个特征：

（1）经营收入是经营活动所取得的收入，而不是专业业务活动及其辅助活动所取得的收入。如科研事业单位的社会咨询服务活动所取得的收入，属于经营收入；而科研单位为政府等有关单位提供科研服务取得的规费收入，则属于事业收入。又如，教育事业单位（学校）对社会开展服务活动，或利用闲置固定资产开展有偿服务取得的收入，属于经营收入；而向学生收取的学杂费，则属于专业业务及其辅助活动取得的收入，应作为事业收入处理。

（2）经营收入是非独立核算的经营活动取得的收入，而不是独立核算的经营活动取得的收入。如果事业单位的经营活动实行独立核算，则应执行企业会计制度，其上缴事业单位的纯收入，在"附属单位缴款"科目中核算。所谓独立核算，就是单位对其经营活动的过程和结果进行独立的、完整的会计核算。如学校的校办企业，单独设置财会机构或单独配备财会人员，单独设置会计账簿，单独计算盈亏，就是独立核算的经营活动；学校收到校办企业上缴（或分配）的纯收入，应作为附属单位上缴收入，而不能作为经营收入处理。如果事业单位的经营活动规模较小或收入不稳定，不便或无法实行独立核算，则应该在"经营收入"科目中核算。如学校非独立核算的车队取得的收入和发生的支出，则由学校财会部门集中进行会计核算。因此，车队对外服务取得的收入和发生的支出，应作为经营收入和经营支出处理。

事业单位对其开展的经营活动，一般采用权责发生制作为会计核算的基础；但是，对于经营规模不大的收支业务，也可以采用收付实现制。是否采用权责发生制，还应当考虑事业单位对经营活动是否进行成本核算。

1）对经营活动实行成本核算制度时，其经营收支业务一般采用权责发生制核算，并且其经营支出应当与相关的经营收入配比。其商品销售的经营收入应当在下列四个条件均能满足时予以确认：①本单位已将商品所有权上的主要风险和报酬转移给购货方；②本单位既没有保留通常与所有权相联系的继续管理权，也没有对已售出的商品实施控制；③与交易相关的经济利益能够流入本单位；④相关的收入和成本能够可靠地计量。其提供劳务的经营收入，如果是在同一会计年度内开始并完成的劳务，应当在完成劳务时确认收入；如果劳务的开始和完成分属不同的会计年度，在提供劳务交易的结果能够可靠估计的情况下，应当在资产负债表日按完工百分比法确认相关的劳务收入。

2）对经营活动不实行成本核算制度时，其经营收支业务可以采用收付实现制核算。经营收入应当在实际收到款项时予以确认。

## 二、经营收入的核算

为了总括地核算和监督事业单位的非独立核算业务的经营收入，应设置"经营收入"科目。该科目属于收入类科目。其贷方登记事业单位取得的经营收入，借方登记冲销和期末结转额，余额平时在贷方，表示本期经营收入的累计额。年终结账后该科目无余额。

该科目应根据经营收入的种类设置明细账，进行明细核算。

**【例20-13】**某事业单位属于一般纳税人，开展经营活动取得销售的商品收入20000元，增值税税率为17％，款项已收存银行。会计分录为：

借：银行存款　　　　　　　　　　　　　　23400
　　贷：经营收入　　　　　　　　　　　　20000
　　　　应交税金——应交增值税（销项税额）　3400

**【例20-14】**年终，某事业单位将"经营收入"科目贷方余额74000元进行结转。会计分录为：

借：经营收入　　　　　　　　　　　　　　74000
　　贷：经营结余　　　　　　　　　　　　74000

# 第七节　附属单位缴款和其他收入的核算

## 一、附属单位缴款

附属单位缴款是指事业单位附属的独立核算单位按规定标准或比例缴纳的各项收入。所谓附属的独立核算单位，一般是指具有独立法人资格的单位。事业单位开展非独立核算经营活动取得的收入，应当作为经营收入处理，不能作为附属单位缴款处理。事业单位对附属单位经营项目的投资所获得的投资收益，属于事业单位的其他收入，不属于附属单位缴款。附属单位归还由事业单位垫付的费用，如房租、水电费等，不属于附属单位缴款的范围。

附属单位缴款是事业单位完成事业计划所需资金的必要补充，事业单位应当对其附属单位的业务活动和上缴款项实行计划管理，并加强调控和监督。

为核算附属单位缴款业务，事业单位应设置"附属单位缴款"总账科目。事业单位实际收到款项时，借记"银行存款"科目，贷记该科目；发生缴款退回时，做相反的会计分录；年终，将该科目余额全数转入"事业结余"科目时，借记该科目，贷记"事业结余"科目。年终结转后，该科目无余额。

该科目应按缴款单位设置明细账，进行明细分类核算。

【例 20－15】某事业单位收到所属单位缴来的款项 81000 元。会计分录如下：

借：银行存款　　　　　　　　　　　　　　　81000
　　贷：附属单位缴款　　　　　　　　　　　　　81000

【例 20－16】年终，某事业单位将"附属单位缴款"科目贷方余额 22000 元进行结转。会计分录如下：

借：附属单位缴款　　　　　　　　　　　　　22000
　　贷：银行存款　　　　　　　　　　　　　　　22000

## 二、其 他 收 入

其他收入是指事业单位除上述各项收入以外的收入，如对外投资收益、固定资产出租收入、外单位捐赠未限定用途的收入、其他单位对本单位的补助以及其他零星杂项收入等。

为核算其他收入业务，事业单位应设置"其他收入"总账科目。事业单位取得其他收入时，借记"银行存款"等科目，贷记该科目；收入退回时，做相反的会计分录；年终将该科目贷方余额全数转入"事业结余"科目时，借记该科目，贷记"事业结余"科目。年终结转后，该科目无余额。

该科目应按收入的种类，如"投资收益"、"固定资产出租收入"、"捐赠收入"等设置明细账，进行明细分类核算。

现举例说明如下：

【例 20－17】某事业单位收到到期债券利息收入 9000 元。会计分录如下：

借：银行存款　　　　　　　　　　　　　　　9000
　　贷：其他收入　　　　　　　　　　　　　　　9000

【例 20－18】某事业单位出租报告厅，取得年租金 20000 元。会计分录为：

借：银行存款　　　　　　　　　　　　　　　20000
　　贷：其他收入　　　　　　　　　　　　　　　20000

## 复习思考题

1. 简述事业单位收入的内容。
2. 如何对事业单位取得的财政专户返还收入进行核算?
3. 简述事业单位拨入专款的内容及管理要求。
4. 简述事业单位事业收入的内容及管理要求。
5. 简述事业单位附属单位缴款和经营收入的区别。

# 第二十一章　事业单位支出的核算

## 第一节　事业单位支出概述

支出是指事业单位为开展业务活动和其他活动所发生的各项资金耗费及损失，以及用于基本建设项目的开支。

事业单位的支出按其用途可分为本单位支出和对所属单位拨款。本单位支出是为了本单位开展业务及其他活动需要而发生的支出。对所属单位拨款是指有下属单位的事业单位转拨上级拨入的款项和用本单位集中的资金补助所属单位的拨款。

事业单位的支出按其内容可分为以下几项：

（1）事业支出。指事业单位开展各项专业业务活动以及辅助活动发生的支出，包括人员经费支出和公用经费支出。人员经费支出是指用于个人方面的开支，如工资、补助工资、职工福利费、社会保障费、助学金等；公用经费支出是指为了完成事业计划，用于单位公务、业务活动方面的开支，如公务费、业务费、设备购置费、修缮费和其他费用。

（2）经营支出。指事业单位在开展专业业务活动以及辅助活动之外的非独立核算经营活动发生的支出。事业单位非独立核算的经营活动所发生的全部支出，都应纳入经营支出进行核算。经营支出与经营收入要配比。对独立核算的经营活动，应当按照企业财务制度单独进行核算，不在经营支出中反映。

（3）对附属单位补助。指事业单位用财政补助收入之外的收入对附属单位补助而发生的支出。

（4）上缴上级支出。指实行收入上缴办法的事业单位按照规定的定额或比例上缴上级单位的支出。

（5）拨出经费。指事业单位按核定的预算拨付所属单位的预算资金。

（6）拨出专款。指主管部门或上级单位拨给所属单位的需要单独报账的专项资金。

（7）专款支出。指由财政部门、上级单位或其他单位拨入的、有指定项目或用途，并需要单独报账的专项资金的实际支出数。

(8) 成本费用。指实行内部成本核算的事业单位在提供产品或劳务时所发生的各种应列入产品或劳务成本的各项费用。

(9) 销售税金。指事业单位提供劳务或销售产品应负担的税金及附加。

(10) 结转自筹基建。指事业单位用财政补助收入之外的自筹资金安排基建项目所发生的各项开支。

事业单位的各项支出是为保证单位完成业务活动而发生的必要耗费。在办理各项开支时，既要保证事业发展的需要，又要严格遵守各项规章制度，精打细算，厉行节约，使各项支出发挥最大的经济效果。支出管理应遵循以下要求：

(1) 严格执行国家财务制度和财经纪律。国家颁布的各项财务制度和财经纪律，是支出管理的行为规范，事业单位必须认真贯彻执行，不得违反。国家有规定的各项开支范围和开支标准，不得任意扩大或提高；国家没有统一规定开支范围和开支标准的，由事业单位做出相应的规定，并向主管部门和财政部门备案。对违反有关制度规定的支出，应责令限期改正。

(2) 严格控制社会集团购买力，节约费用开支。社会集团购买力是指单位在市场上购买公用消费性商品的资金。社会集团购买力的任意扩大，意味着行政管理费用的增加，还会造成物资供应紧张。各事业单位应严格遵守国家下达的社会集团购买力控制指标。凡购买社控商品，必须报经有关部门审批后方可购买，否则会计人员应拒绝支付或报销。

(3) 划清各项支出界限，按资金来源渠道办理支出。事业单位的各种资金，来源渠道不同，使用范围也不同，必须严格遵守。要划清基建支出与事业支出的界限，事业支出与经营支出的界限，本单位支出与附属单位补助支出的界限，个人支出与单位支出的界限等。

(4) 分清轻重缓急，合理分配各项支出比例。事业单位的支出，有维持性的，也有发展性的；有行政性的，也有业务性的。对于各种经营性支出项目，要根据其客观规律安排支出数额。对于各种重点项目、急需项目，则要在照顾一般的条件下优先安排。只有科学、合理地分配、安排各项支出，才能使有限的资金发挥更大的经济效益。

# 第二节　事业支出的核算

## 一、事业支出的内容

事业支出是指事业单位开展专业业务活动及其辅助活动发生的支出，是事业单位支出的主要内容，是考核事业单位成果和资金使用的重要依据。

事业支出的分类，依据《政府收支分类科目》"支出经济分类科目"的"类"和"款"级科目设置明细科目，进行明细核算。

我国《政府收支分类科目》"支出经济分类科目"共有 12 类 96 款（2008年）。12 个类级科目分别是：工资福利支出、商品和服务支出、对个人和家庭的补助、对企事业单位的补贴、转移性支出、赠与、债务利息支出、债务还本支出、基本建设支出、其他资本性支出、贷款转贷及产权参股和其他支出。其中：工资福利支出类下有基本工资、津贴补贴、奖金、社会保障缴费、伙食补助费、绩效工资、其他工资福利支出 7 款；商品和服务支出类下有办公费、印刷费、咨询费、手续费、水费、电费、邮电费、取暖费、物业管理费、交通费、差旅费、出国费、维修费、租赁费、会议费、培训费、招待费、专用材料费、装备购置费、工程建设费、作战费、军用油料费、军队其他运行维护费、被装购置费、专用燃料费、劳务费、委托业务费、工会经费、福利费、其他商品和服务支出 30款；对个人和家庭的补助类下有离休费、退休费、退职（役）费、抚恤金、生活补助费、救济费、医疗费、助学金、奖励金、生产补贴、提租补贴、购房补贴和其他对个人和家庭的补助支出 14 款；转移性支出类下有不同级政府间转移性支出和同级政府间转移性支出 2 款；赠与类下有对国内的赠与和对国外的赠与 2款；债务利息支出类下有国库券付息、向国家银行借款付息、其他国内借款付息、向国外政府借款付息、向国际组织借款付息和其他国外借款付息 6 款；债务还本支出有国内债务还本和国外债务还本 2 款；基本建设支出类下有房屋建筑物购建、办公设备购置、专用设备购置、交通工具购置、基础设施建设、大型修缮、信息网络购建、物资储备和其他基本建设支出 9 款；其他资本性支出类下有房屋建筑物购建、办公设备购置、专用设备购置、交通工具购置、基础设施建设、大型修缮、信息网络购建、物资储备和其他基本建设支出 9 款；贷款转贷及产权参股类下有国内贷款、国外贷款、国内转贷、国外转贷、产权参股和其他贷款转贷及产权参股支出 6 款；其他支出类下有预备费、预留、补充全国社会保障基金、未划分的项目支出和其他支出 5 款。

## 二、事业支出的列支口径

单位的事业支出数是上级机关考核各单位预算执行情况的依据。只有按统一的口径列报，才能准确地核算实际支出数。总的要求是：按实际支出的数额列报，不能以拨作支、以领代报，不能按预算数或按规定数列报。事业单位的事业支出列支口径具体要求如下：

（1）支付给个人的工资、津贴、补助和抚恤救济金等，应根据实有人数和实发金额，在取得本人签收的凭证后列报支出。

（2）购入办公用品、业务用品一般可按购入数直接列为支出，但单价较大、数量较多的购入，应先记入"材料"账户，待领用出库后再转为支出。

（3）社会保障费、职工福利费和管理部门支付的工会经费，应按照规定标准和实有人数每月计算提取，直接列报支出。

（4）固定资产修购基金按核定的比例提取，直接列报支出。

（5）购入固定资产经验收后列报支出，并同时记入"固定资产"和"固定基金"账户。

（6）其他各项费用，均按实际报销数列报支出。

## 三、办理事业支出的有关规定

办理事业单位支出应遵守以下规定：

（1）按批准的预算和计划用款。事业单位各项事业支出应事先编报预算和计划，报经财政部门或上级主管部门批准，按预算和计划使用资金，不得办理无预算和无计划用款。

（2）按财务制度和开支标准办理支付。事业单位在办理支出时，应严格按照事业支出核算口径和财务制度的规定办理，自觉维护国家的有关财经政策和法规，对不符合制度规定和开支标准的支出应拒绝办理。

（3）按规定的资金渠道列报支出。事业单位从不同渠道取得的资金，用于不同方面的开支。财政补助收入、上级补助收入及事业单位自行组织的收入，只能用于正常的事业支出，不能用于经营活动开支。拨入的专款只能用于规定的用途或项目，不得用于正常的事业支出和经营支出。

## 四、事业支出的核算

为了核算与监督事业支出的发生与转销情况，应设置"事业支出"账户。它属于支出类账户，借方登记按规定列支的事业支出数，贷方登记事业支出的收回及年终转销数，平时余额在借方，反映事业支出的累计数，年终转入"事业结余"账户后本账户无余额。该账户应按事业支出构成内容的具体项目进行明细核算。

事业单位发生各项事业支出时，借记"事业支出"账户，贷记"现金"、"银行存款"、"其他应收款"等账户；当年支出收回时，借记有关账户，贷记本账户；年终转销时，借记"事业结余"账户，贷记"事业支出"账户。

【例21—1】某事业单位2008年12月份发生以下经济业务（明细科目略）：

（1）用现金发放职工工资1210000元。会计分录为：

借：事业支出　　　　　　　　　　　　　　　1210000
　　贷：现金　　　　　　　　　　　　　　　　　1210000

（2）以专项资金购买一般设备一台，价款8900元。会计分录为：

```
借：事业支出                                    8900
    贷：银行存款                                 8900
同时：
借：固定资产                                    8900
    贷：固定基金                                 8900
```

（3）按规定提取本月工会经费 3600 元。会计分录为：

```
借：事业支出                                    3600
    贷：其他应付款                               3600
```

（4）开出转账支票一张，金额 4000 元，用以支付教室维修费。会计分录为：

```
借：事业支出                                    4000
    贷：银行存款                                 4000
```

（5）职工张某出差归来，报销 860 元，原借款 1000 元，余款交回。会计分录为：

```
借：事业支出                                     860
    现金                                         140
    贷：其他应收款——张某                        1000
```

（6）期末，将"事业支出"科目的借方余额 240000 元进行结转。会计分录为：

```
借：事业结余                                   240000
    贷：事业支出                                240000
```

# 第三节　事业单位经营支出的核算

## 一、经营支出及其特征

经营支出是指事业单位在专业业务活动及其辅助活动之外开展非独立核算经营活动发生的各项支出以及实行内部成本核算单位已销产品的实际成本。一般来说，事业单位的经营支出必须具备以下特征：

（1）经营支出是由于开展经营性活动而发生的各项支出。比如，事业单位对社会开展服务活动，对出租、出借固定资产所承担的维护和维修所发生的支出，这些都属于经营活动发生的支出。

（2）经营支出是非独立核算的经营活动发生的支出，而不是独立核算的经营活动发生的支出。如学校的食堂、车队等后勤单位，财务上不实行独立核算，其社会服务发生的各项支出，报由学校集中进行会计核算，这部分支出，应作为经营支出处理。

（3）经营支出是实行内部成本核算的事业单位，应当按照支出用途归集到"经营支出"科目中的支出。

## 二、经营支出的核算

为了核算事业单位在事业活动以外开展非独立核算经营活动发生的各项支出以及实行内部成本核算的单位已销产品的实际成本，应设置"经营支出"账户。该账户属于支出类账户，借方登记事业单位经营支出的发生数，贷方登记经营支出冲销数和期末余额转出数，平时借方余额表示经营支出累计数。期末结转后本账户应无余额。

事业单位发生各项经营支出时，借记本科目，贷记"银行存款"或有关科目。实行内部成本核算的事业单位结转已提供的经营性劳务成果或已销产品时，按实际成本借记本科目，贷记"产成品"科目。期末应将本科目余额全部转入"经营结余"科目，借记"经营结余"科目，贷记本科目。

经营支出一般应按以下项目进行明细核算：基本工资、补助工资、职工福利费、社会保障费、助学金、公务费、业务费、业务招待费、设备购置费、修缮费和其他费用等。经营业务种类较多的单位，应按业务的类别进行二级明细核算。

【例21-2】某开展非独立核算经营活动的事业单位 2008 年 12 月份发生以下经济业务：

（1）现金发放职工工资 18000 元。会计分录为：

借：经营支出　　　　　　　　　　　　　　　18000
　　贷：银行存款　　　　　　　　　　　　　　18000

（2）开出转账支票一张，支付经营活动日常用品款 1600 元。会计分录为：

借：经营支出　　　　　　　　　　　　　　　1600
　　贷：银行存款　　　　　　　　　　　　　　1600

（3）领用材料一批，价值 1700 元。会计分录为：

借：经营支出　　　　　　　　　　　　　　　1700
　　贷：材料　　　　　　　　　　　　　　　　1700

（4）结转已销产品的成本 8700 元。会计分录为：

借：经营支出　　　　　　　　　　　　　　　8700
　　贷：产成品　　　　　　　　　　　　　　　8700

（5）期末，将"经营支出"科目借方余额 89000 元进行结转。会计分录为：

借：经营结余　　　　　　　　　　　　　　　89000
　　贷：经营支出　　　　　　　　　　　　　　89000

# 第四节　拨出经费、拨出专款与专款支出的核算

## 一、拨出经费

拨出经费是指事业单位按核定的预算拨付所属单位的预算资金。事业单位对附属单位拨付的非财政性补助资金以及需要单独报账的专项资金，不属于拨出经费的范围。

为核算拨出经费业务，事业单位应设置"拨出经费"总账科目。事业单位拨出经费时，借记该科目，贷记"银行存款"科目；收回拨出经费时，借记"银行存款"科目，贷记该科目；年终将该科目借方余额全数转入"事业结余"科目时，借记"事业结余"科目，贷记该科目。年终结转后，该科目无余额。

该科目应按所属单位的名称设置明细账。

【例21—3】某事业单位根据预算管理关系向所属东方单位拨出经费48000元。会计分录为：

借：拨出经费——东方　　　　　　　　　　　　48000
　　贷：银行存款　　　　　　　　　　　　　　　　　48000

【例21—4】某事业单位年终将"拨出经费"科目借方余额180000元进行结转。会计分录为：

借：事业结余　　　　　　　　　　　　　　　180000
　　贷：拨出经费　　　　　　　　　　　　　　　　180000

## 二、拨出专款

拨出专款是指主管部门或上级单位拨付给所属单位的需要单独报账的专项资金。主管部门或上级单位拨付给所属单位的不需要单独报账的资金，不属于拨出专款的范围。

为核算拨出专款业务，事业单位应设置"拨出专款"总账科目。事业单位拨出专款时，借记该科目，贷记"银行存款"科目；收回拨出专款时，做相反的会计分录。所属单位报销专款支出时，专项资金如系上级单位拨入的，则借记"拨入专款"科目，贷记该科目；专项资金如系本单位用自有资金设置的，按资金渠道借记有关科目，贷记该科目。该科目借方余额表示所属单位尚未报销的专款数。该科目应按所属单位名称或项目设置明细账。

【例21—5】某事业单位通过银行转拨上级单位拨给所属东方单位的专款90000元。会计分录为：

借：拨出专款——东方　　　　　　　　　　　　90000
　　贷：银行存款　　　　　　　　　　　　　　　　90000

【例21-6】承上例，东方单位专项任务完成，用去专款88000元，余款按规定50％留归东方单位所有，另50％缴回上级单位。会计分录为：

借：银行存款　　　　　　　　　　　　　　　1000
　　贷：拨出专款——东方　　　　　　　　　　　　1000

同时：

借：拨入专款　　　　　　　　　　　　　　　90000
　　贷：拨出专款——东方　　　　　　　　　　　　89000
　　　　银行存款　　　　　　　　　　　　　　　　1000

【例21-7】某事业单位用自有资金拨给所属华宇单位专款50000元。会计分录为：

借：拨出专款——华宇　　　　　　　　　　　50000
　　贷：银行存款　　　　　　　　　　　　　　　　50000

【例21-8】承上例，华宇单位专项任务完成，用去专款49000元，余款按规定50％留归华宇单位所有，另50％收回。会计分录为：

借：银行存款　　　　　　　　　　　　　　　500
　　贷：拨出专款——华宇　　　　　　　　　　　　500

同时：

借：事业支出　　　　　　　　　　　　　　　49500
　　贷：拨出专款——华宇　　　　　　　　　　　　49500

## 三、专款支出

专款支出是指事业单位使用财政部门、上级单位和其他单位拨入的指定项目或用途并需要单独报账的专项资金所发生的实际支出。事业单位拨付给所属单位的需要单独报账的专项资金，以及事业单位使用不需要单独报账的资金所发生的支出，均不属于专款支出的范围。

事业单位的专款支出主要有科研课题经费、挖潜改造资金、科技三项费用等指定项目或用途的支出。

为核算专款支出业务，事业单位应设置"专款支出"总账科目。事业单位按指定的项目或用途开支工、料费时，借记该科目，贷记"银行存款"、"材料"等科目；项目完工向有关部门单独列报时，借记"拨入专款"科目，贷记该科目。该科目应按专款的项目设置明细账。

【例21-9】某事业单位以专项资金购置某项目专用设备一台，价款15000元，设备已交付使用。会计分录为：

借：专款支出——某项目　　　　　　　　　　　15000
　　贷：银行存款　　　　　　　　　　　　　　　　　15000
同时：
借：固定资产——专用设备　　　　　　　　　　15000
　　贷：固定基金　　　　　　　　　　　　　　　　　15000

**【例21—10】** 某事业单位以专项资金购入材料一批，价款4000元，直接交付某项目使用。会计分录为：

借：专款支出——某项目　　　　　　　　　　　4000
　　贷：银行存款　　　　　　　　　　　　　　　　　4000

**【例21—11】** 某事业单位某项目完成，实际支出56000元，余款4000元，经批准留归单位使用。会计分录为：

借：拨入专款——某项目　　　　　　　　　　　56000
　　贷：专款支出——某项目　　　　　　　　　　　56000
同时：
借：拨入专款——某项目　　　　　　　　　　　4000
　　贷：事业基金　　　　　　　　　　　　　　　　　4000

# 第五节　上缴上级支出与对附属单位补助的核算

## 一、上缴上级支出

上缴上级支出是指事业单位按规定的标准或比例上缴上级单位的支出。

为核算上缴上级支出业务，事业单位应设置"上缴上级支出"总账科目。事业单位上缴上级款项时，借记该科目，贷记"银行存款"等科目；年终将该科目借方余额全数转入"事业结余"科目时，借记"事业结余"科目，贷记该科目。年终结账后，该科目无余额。

**【例21—12】** 某事业单位按规定的标准上缴上级单位款项60000元。会计分录为：

借：上缴上级支出　　　　　　　　　　　　　　60000
　　贷：银行存款　　　　　　　　　　　　　　　　　60000

**【例21—13】** 年终，某事业单位将"上缴上级支出"科目借方余额86000元进行结转。会计分录为：

借：事业结余　　　　　　　　　　　　　　　　86000
　　贷：上缴上级支出　　　　　　　　　　　　　　　86000

## 二、对附属单位补助

对附属单位补助是指事业单位用非财政预算资金对附属单位补助发生的支出。

为核算对附属单位的补助业务，事业单位应设置"对附属单位补助"总账科目。事业单位对附属单位补助时，借记该科目，贷记"银行存款"科目；补助收回时，做相反的会计分录；年终结账将该科目借方余额全数转入"事业结余"科目时，借记"事业结余"科目，贷记该科目。年终结转后，该科目无余额。该科目应按接受补助的附属单位名称设置明细账。

【例 21-14】某事业单位用自有资金拨给附属甲单位一次性补助 40000 元。会计分录为：

借：对附属单位补助——甲单位　　　　　　　　　　　　40000
　　贷：银行存款　　　　　　　　　　　　　　　　　　　　40000

【例 21-15】年终，某事业单位将"对附属单位补助"科目借方余额 80000元进行结转。会计分录为：

借：事业结余　　　　　　　　　　　　　　　　　　　80000
　　贷：对附属单位补助　　　　　　　　　　　　　　　　　80000

# 第六节　成本费用、销售税金与结转自筹基建的核算

## 一、成本费用的核算

### （一）成本费用的概念

成本费用是指实行内部成本核算的事业单位应列入劳务（产品、商品）成本的各项费用。费用和成本是两个不同的概念。费用是指以货币表现的某一期间内的资产耗费；成本则是为生产一定种类和数量的产品或劳务所发生的耗费。成本是以费用为基础形成的，一定期间内发生的费用也一定都是当期的产品或劳务的成本，但不一定全部计入本期的产品或劳务成本。可以说，成本是对象化的费用。

### （二）事业单位成本核算的特点

《事业单位财务规则》规定：事业单位可以根据开展业务活动及其他活动的实际需要，实行内部成本核算办法。但是，事业单位成本核算与企业成本核算又不完全相同。

（1）从核算内容上讲，事业单位成本核算属于不完全成本核算。因为事业单位成本核算的内容没有企业成本核算的内容那么完整，有些费用项目可能没有发

生，有些费用项目发生了但又无法进行准确的成本核算。

（2）从核算方法上讲，事业单位成本核算不是严格的成本核算。因为事业单位一般不具备真正意义上的成本核算条件，各种成本费用的界限不像企业那样容易划分，计算、分配方法也难以严格分开使用。

（3）从核算形式上讲，事业单位成本核算是内部的成本核算。其目的是为了加强事业单位的内部管理，正确反映事业单位的财务状况和事业成果，提高成本意识和资金利用效果。虽然各事业单位情况有所不同，但都可以根据自身业务特点，参照企业成本管理方式、成本开支范围制定出具体的成本核算方法，计算出开展每项事业或经营活动的成本费用金额。如学校可以计算出学生培养成本，电视台可以计算出电视剧制作成本，医疗单位可以计算出每个病人的医疗成本，等等。

### （三）成本费用计算的程序

#### 1. 确定成本计算对象

成本计算对象是指成本费用归属的对象。事业单位进行成本费用的计算，首先必须确定成本计算对象，以便归集费用，计算成本。由于事业单位从事业务活动内容的广泛性，因此，不同的事业单位，其成本计算对象也不完全一样。事业单位成本计算的对象可以是生产的产品，可以是研究的课题，可以是服务的项目，也可以是一项专项工程或专项工作。例如，根据有关规定，科学事业单位应以研究室、业务部、课题组等为核算单位，以科研课题、项目、产品等为基本成本核算对象，进行多层次的成本费用核算。

#### 2. 划分成本项目

成本项目是指在成本费用开支范围内，对成本费用按用途进行的分类，事业单位的成本项目包括基本工资、补助工资、其他工资、职工福利费、社会保障费、助学金、公务费、业务费、设备购置费、修缮费和其他费用等。

#### 3. 确定成本计算期

成本计算期是指成本计算的起止日期。事业单位的成本计算期可以是定期的，也可以是不定期的。在通常情况下，产品生产以月为成本计算期，课题研究以课题周期为成本计算期，跨年度的课题分年度计算，课题结束后计算全部成本。

#### 4. 成本费用的归集与分配

成本费用归集与分配的原则是：直接费用直接计入成本计算对象，间接费用通过分配计入成本计算对象。所谓直接费用，是指直接用于成本计算对象的费用；所谓间接费用，是指各生产单位或业务部门为组织和管理生产活动或业务活动而发生的费用。例如，根据有关规定，科学事业单位的直接费用是指在科研、生产过程中直接耗用的材料、支付的工资及其他直接支出所发生的费用，间接费用是指各研究室、业务部、车间等部门为组织和管理科研生产活动所发生的费用；文化事业单位的直接费用是指直接从事文艺创作、剧目排练、演出等业务活动和非独立核算生产经营活动所发生的费用，间接费用是指单位内部各业务部门为组织文艺创作、剧目排练和演出等业务活动和非独立核算生产经营活动所发生的费用；广播电视事业单位的直接费用是指直接从事广播电视节目制作、发射、传输、转播等业务活动和非独立核算生产经营活动所发生的费用，间接费用是指单位内部各业务部门为组织广播、电视节目制作、发射、传输、转播等业务活动和非独立核算生产经营活动所发生的费用。

期间费用即事业单位行政管理部门为组织和管理生产活动或业务活动而发生的费用，一般直接计入当期结余，不计入成本计算对象。

所有实行内部成本核算的事业单位以及事业单位内部实行成本核算的部门，其成本费用均须按支出用途分别归集到事业支出和经营支出的相应科目中去。事业支出的成本费用核算与经营支出的成本费用核算应当分别进行。

5. 成本计算单的建立与成本计算表的编制

成本计算单（生产费用明细账）是成本费用归集的实体。成本计算单按成本计算对象开设，按成本项目划分专栏。成本计算表根据成本计算单编制。通过成本计算表，可以计算出事业单位各成本计算对象的总成本和单位成本。

事业单位实行内部成本核算，其成本项目和计算分配成本的方法，可参照企业财务制度的规定，结合本单位具体情况，制定具体办法。在进行成本项目设计时，其具体的、明细的项目，应当与国家统一规定的事业支出科目衔接起来。在编制财务报告时，有关成本费用应能够还原到国家统一规定的支出科目当中去，以便统一编制事业单位的财务报告。

**（四）事业单位成本费用的核算**

为了正确地核算事业单位的成本费用，需设置"成本费用"科目。该科目借方登记实行内部成本核算的事业单位应列入劳务（产品、商品）成本的各项费用；贷方登记完工并验收入库的产品成本；余额在借方，反映未完工产品的成本。对于成本核算业务较复杂的单位，可根据需要自行设置必要的成本核算科目。该科目应按经营类别或产品品种设置明细账。

事业单位在业务活动或经营过程中发生各项费用时，借记"成本费用"科目，贷记"材料"、"现金"、"银行存款"等有关科目。产品验收入库时，借记"产成品"科目，贷记"成本费用"科目。

【例21—16】某事业单位生产甲、乙两种产品，发生下列业务：

（1）领用项目用材料5800元，其中甲产品3000元，乙产品2800元。会计分录为：

借：成本费用——甲　　　　　　　　　　　　　　　3000

　　　　　　——乙　　　　　　　　　　　　　　　2800

　　贷：材料　　　　　　　　　　　　　　　　　　　　　5800

（2）以银行存款支付加工费 1600 元，甲、乙产品各一半。会计分录为：

借：成本费用——甲　　　　　　　　　　　　　　　　800
　　　　　　　——乙　　　　　　　　　　　　　　　　800
　　贷：银行存款　　　　　　　　　　　　　　　　　　　1600

（3）根据工资结算单，甲产品生产工人工资 1400 元，乙产品生产工人工资 1200 元。会计分录为：

借：成本费用——甲　　　　　　　　　　　　　　　1400
　　　　　　　——乙　　　　　　　　　　　　　　　1200
　　贷：应付工资　　　　　　　　　　　　　　　　　　　2600

（4）甲、乙产品全部完工，结转上述产品成本。会计分录为：

借：产成品——甲　　　　　　　　　　　　　　　　5200
　　　　　　——乙　　　　　　　　　　　　　　　　4800
　　贷：成本费用——甲　　　　　　　　　　　　　　　　5200
　　　　　　　　——乙　　　　　　　　　　　　　　　　4800

## 二、销售税金的核算

销售税金是指事业单位提供劳务或销售产品时应上缴国家的销售税金及附加，包括营业税、城市维护建设税、资源税和教育费附加等。

为了核算事业单位应负担的除增值税以外的销售税金及附加，应设置"销售税金"科目。该科目属于支出类科目。其借方登记事业单位按规定计算的应负担的销售税金及附加；贷方登记期末结账时转入"经营结余"、"事业结余"科目的金额。期末结账后本科目无余额。

本科目还按产品、劳务的类别（或品种）设置明细账，进行明细核算。

## 三、结转自筹基建的核算

结转自筹基建是指事业单位经批准用财政补助收入以外的资金安排自筹基本建设时，所筹集并转存建设银行的资金。目前，事业单位会计制度中，只对基建资金来源于单位自筹部分规定了核算办法。

事业单位用自筹资金安排基本建设，应先落实资金来源，并按审批权限，报经有关部门批准列入基本建设计划。事业单位应在保证正常的事业支出需要以及正常预算平衡的基础上，统筹安排自筹基本建设支出，并报主管部门和财政部门批准。事业单位经核定的自筹基本建设资金纳入基本建设财务管理。

为了核算和监督事业单位自筹基本建设资金的筹集并转存中国建设银行和年终结转的情况，应设置"结转自筹基建"科目。该科目属于支出类科目。其借方登记自筹基本建设资金转存中国建设银行的基建专户数；年终结账时，应将本科目的余额全部从贷方转入"事业结余"科目。

【例 21—17】某事业单位将自筹的基建资金 1000000 元转存中国建设银行。会计分录为：

借：结转自筹基建　　　　　　　　　　　　　　　1000000
　　贷：银行存款　　　　　　　　　　　　　　　　　1000000

【例 21—18】年终结账时，将上述自筹基建资金进行结转。会计分录为：

借：事业结余　　　　　　　　　　　　　　　　　1000000
　　贷：结转自筹基建　　　　　　　　　　　　　　　1000000

## 复习思考题

1. 简述事业单位支出的概念及内容。

2. 简述事业单位事业支出的列报口径。

3. 简述事业单位成本费用核算的特点。

4. 简述事业单位经营支出及其核算。

5. 简述专款支出的含义，并说明其与拨出经费、拨出专款的区别。

# 第二十二章 事业单位净资产的核算

## 第一节 事业单位净资产概述

事业单位的净资产是指资产减去负债后的差额，分为基金和结余两部分。

基金是指资产提供者实际投入事业单位的各种资产，包括财政部门投入的、上级主管部门投入的、接受捐赠的以及其他投资者投入的资产。

结余是事业单位在开展业务活动过程中，收入和支出相抵后的余额。

事业单位的净资产按具体内容分为事业基金、固定基金、专用基金、事业结余和经营结余等。

## 第二节 事业单位事业基金的核算

### 一、事业基金的内容

事业基金是指事业单位拥有的非限定用途的净资产，包括一般基金和投资基金。一般基金是指事业单位历年的未分配的结余和损失，以及历年的专项资金结余。投资基金是指事业单位对外投资形成的基金，包括以货币资金、固定资产、无形资产、材料投资而形成的产权，以及在对外投资中评估确认价高于或低于原账面价值而增加或减少的净资产。

事业基金的来源有四个方面：

（1）各年收支结余的滚存数，这是事业基金的主要来源。

（2）接受其他单位未限定用途的捐赠。

（3）资产重估的增值或减值。事业单位对外投资等活动中，对资产进行价值重估的增值部分一般确认为事业基金。

（4）事业单位通过自身的生产经营活动和业务活动所获取的各种留存结余。事业基金按当期实际发生数和年终转入数记账。

事业基金在事业单位中起的是"蓄水池"的作用，用来调节年度之间的收支平衡。即事业单位以后年度如果收入大于支出，则其差额继续转入事业基金；如果支出大于收入，则其差额用以前年度的事业基金来弥补；在确定年初单位预算时，如果支出安排出现缺口，也可以用一部分事业基金来弥补。

## 二、事业基金的核算

为了核算事业单位拥有的非限定用途的净资产，事业单位会计应设置"事业基金"科目。贷方记事业基金增加数，借方记事业基金减少数。贷方余额反映事业基金的累计数。

本科目应按核算的业务内容设"一般基金"和"投资基金"两个明细科目。"一般基金"主要用以核算滚存结余资金等；"投资基金"用以核算对外投资部分的基金。

年终未分配结余转入"事业基金"科目。年终，单位应将当期未分配结余转入本科目，借记"结余分配"科目，贷记"事业基金"（一般基金）科目。

"拨入专款"结余按规定留归本单位使用的转入"事业基金"科目。财政部门或上级单位拨入的指定用途的专款资金，对于项目已经完成的拨入专款结余，按规定留归本单位使用的转入"事业基金"科目核算，借记"拨入专款"科目，贷记"事业基金"（一般基金）科目。

用固定资产对外投资时，记入"事业基金"科目。用固定资产对外投资时，应按评估价或合同、协议确定的价值，借记"对外投资"科目，贷记"事业基金"（投资基金）科目；同时按固定资产账面原价，借记"固定基金"科目，贷记"固定资产"科目（参照本书第十八章第三节）。

用材料、无形资产对外投资，记入"事业基金"科目（参照本书第十八章第三节）。

接受捐赠的材料和存款记入"事业基金"科目。

【例22—1】年终，某事业单位将未分配结余100000元转入事业基金。会计分录为：

　　借：结余分配　　　　　　　　　　　　　　　　　100000
　　　　贷：事业基金——一般基金　　　　　　　　　　　100000

【例22—2】某事业单位某专项任务完成，按照规定，专项结余8000元留归单位使用。会计分录为：

　　借：拨入专款　　　　　　　　　　　　　　　　　　8000
　　　　贷：事业基金——一般基金　　　　　　　　　　　　8000

【例22—3】某事业单位以固定资产对外投资，固定资产的账面原价为280000元，评估价为200000元。会计分录为：

借：对外投资            200000

  贷：事业基金——投资基金     200000

同时：

借：固定基金           280000

  贷：固定资产         280000

**【例 22—4】** 某事业单位属于一般纳税人，某日对外投出材料一批，该批材料原价为 48000 元，双方协议作价 50000 元，增值税为 8500 元。会计分录为：

借：对外投资            50000

  事业基金——投资基金       6500

  贷：材料            48000

    应交税金——应交增值税（销项税额）  8500

同时：

借：事业基金——一般基金      48000

  贷：事业基金——投资基金     48000

**【例 22—5】** 某事业单位以一项专利权对外投资，该项专利权的账面价值为 50000 元，双方协议作价 55000 元。会计分录为：

借：对外投资            55000

  贷：无形资产         50000

    事业基金——投资基金     5000

同时：

借：事业基金——一般基金      50000

  贷：事业基金——投资基金     50000

# 第三节 事业单位固定基金的核算

## 一、固定基金的内容

固定基金是指事业单位固定资产占用的基金。固定基金的内容按其形成的方式不同可分为以下几个方面：

（1）事业单位新建固定资产而形成的固定基金。

（2）事业单位购入、调入固定资产而形成的固定基金。

（3）事业单位自制固定资产而形成的固定基金。

（4）融资租入固定资产而形成的固定基金。

（5）接受捐赠固定资产而形成的固定基金。

（6）接受其他单位投资转入的固定资产而形成的固定基金。

（7）盘盈固定资产而形成的固定基金。

## 二、固定基金的核算

事业单位为了核算和监督固定基金的增减余存情况，应设置"固定基金"科目，该科目的贷方记固定基金增加数，借方记固定基金减少数，贷方余额反映事业单位拥有的固定基金总值。本科目应按实际发生的数额记账。具体核算如下：

### （一）事业单位新建、购入固定资产

借：专用基金——修购基金

　　事业支出

　　经营支出

　　　贷：银行存款

同时：

借：固定资产

　　　贷：固定基金

### （二）融资租入固定资产

借：固定资产

　　　贷：其他应付款

支付租金时：

借：事业支出（经营支出）

　　　贷：固定基金

同时：

借：其他应付款

　　　贷：银行存款

注：在通常情况下，"固定资产"和"固定基金"科目的数额相等。但在融资租入固定资产的情况下，按制度规定的核算方法核算，两者并不相等。因此，在编制有关报表时，应注明形成差额所包含的明细内容。

### （三）接受捐赠固定资产

借：固定资产

　　　贷：固定基金

### （四）盘盈固定资产

按重置完全价值记：

借：固定资产

　　　贷：固定基金

**（五）盘亏固定资产**

按账面原价记：

借：固定基金

　　贷：固定资产

**（六）出售、对外投资转出固定资产**

借：固定基金

　　贷：固定资产

**（七）改建、扩建固定资产**

在原有固定资产基础上改建、扩建固定资产的，以其改、扩建发生的支出减去改、扩建过程中的变价收入后的净增加值记账。

借：固定资产（净值）

　　贷：固定基金（净值）

本节内容请参照本书第十八章第四节有关内容学习。

# 第四节　事业单位专用基金的核算

专用基金是指事业单位按照规定提取或者设置的有专门用途的资金。它主要包括修购基金、职工福利基金、医疗基金和住房基金等。

## 一、专用基金管理的内容

专用基金一般不直接参加业务经营活动，其运动过程具有相对独立的特点：一是专用基金的取得，一般都有专门的规定。如：修购基金是根据事业收入和经营收入的一定比例提取；职工福利基金是根据结余的一定比例提取转入；其他基金的提取也有专门的规定。二是各项专用基金，都规定有专门的用途和使用范围，专用基金一般不得占用和挪作他用。三是专用基金的使用，均属一次性消耗，没有循环周转，不可能通过专用基金支出直接取得补偿。

专用基金的管理应遵循"先提后用、专设账户、专款专用"的原则。"先提后用"是指各项专用基金必须根据规定的来源渠道，在取得资金以后，方能安排使用；"专设账户"是指各项专用基金应单设账户进行管理和核算（应该注意的是，这里所指的账户是会计核算上的账户，并不是要求在银行开设专户）；"专款专用"是指各种专用基金都要按照规定的用途和使用范围安排开支，支出不得超出资金规模，以保证专用基金使用的合理、合法。

专用基金管理的方法主要是指取得和使用专用基金的具体办法、手段或规定。事业单位专用基金的管理主要采取以下办法：

（1）按比例提取。《事业单位财务规则》对事业单位各项专用基金提取的比例做了原则规定：专用基金的提取，国家有统一规定的，要按统一规定执行；国家没有统一规定的，按财务管理权限，由财政部门和事业主管部门依据相关因素协商确定，如修购基金的提取比例，要根据事业单位的收入规模和单位修缮购置的需要确定；职工福利基金的提取比例，要依据单位收支结余数额和经费自给率确定。

（2）按规定支出。事业单位各项专用基金，都规定了专门的用途，在使用中要注意划清各项专用基金的界限。如修购基金，按照财务制度规定，只能用于单位固定资产的修缮和购置，不能用于发奖金、搞福利。专用基金因特殊情况发生临时占用的，要及时清还。

（3）收支有计划。事业单位对各项专用基金，要编制收支计划，收支计划不能留赤字。事业单位要根据专用基金来源的额度，安排支出项目，量入为出，并应注意专用基金的积累。

## 二、设置专用基金的意义

事业单位设置专用基金具有重要的现实意义：

（1）专用基金是事业单位客观存在的一种资金形态。事业单位的资金类型多样，对各种资金的管理要求也有所不同。在开展业务经营过程中，全部资金的运用有一部分是根据事业单位正常业务支出的需要，同时也客观存在着另一类资金，其支出范围及额度受到了严格限制，需要必要的积累，以满足某方面支出的需要。如事业单位在支出中提取国家工作人员福利费，只能用于职工的福利开支，其支出范围受到严格的限制。由于事业单位本身的性质，决定了它不可能像企业一样通过市场取得全部价值的补偿。

（2）设置专用基金符合事业单位的特点，符合改革和加强财务管理的要求。专用基金具有控制、专用等性能，如果管理和使用得当，将对事业的发展发挥积极作用。现行制度规定事业单位设置专用基金，并对其项目进行必要的调整，是符合事业单位的特点和加强事业单位财务管理的要求的。如设置和提取修购基金，是根据社会主义市场经济体制的要求，结合当前大多数事业单位自身都能组织一定收入，但还不能完全满足经常性支出，无法按折旧办法提取折旧的现实情况，为保证事业单位固定资产更新和维护有一个相对稳定的来源，统一规定了事业单位应按事业收入和经营收入的一定比例提取修购基金，用于事业单位的设备购置和房屋修缮。

（3）设置专用基金有利于正确处理国家、集体和个人三者的利益关系，对事业单位的发展具有积极的促进作用。现行制度规定事业单位提取修购基金，这使国家和事业单位的利益得到了保证，有利于事业单位持续、健康发展；设立职工福利基金和医疗基金，保障了职工的正常权益，有利于消除职工的后顾之忧，增强事业单位职工的凝聚力,调动职工的工作积极性。

## 三、专用基金的核算

为了对专用基金进行核算,事业单位会计应设置"专用基金"总账账户。"专用基金"账户,用来核算事业单位按规定提取、设置的有专门用途的资金收入、支出及结存情况。它主要包括修购基金、职工福利基金、医疗基金、住房基金等。

### (一) 修购基金的核算与管理

修购基金是按事业收入和经营收入的一定比例在事业支出和经营支出的设备购置费和修缮费中列支(各列50%)后转入以及按其他规定(固定资产变价收入应转入修购基金)转入,用于事业单位固定资产维修和购置的资金。

提取时:借记"事业支出——修缮费、设备购置费"或"经营支出——修缮费、设备购置费"科目,贷记"专用基金——修购基金"科目;清理报废固定资产残值变价收入转入时,借记"银行存款"账户,贷记本账户;支付清理报废固定资产所发生的清理费用时,借记本账户,贷记"银行存款"账户。

1. 修购基金的核算

事业单位修购基金的提取和核算有两种情况:

(1) 按事业收入和经营收入的一定比例提取、设置,并在事业支出和经营支出的修缮费和设备购置费中各列50%。

提取修购基金的计算公式如下:

提取额=事业收入提取率+经营收入提取率

事业单位在提取修购基金时,借记"事业支出——修缮费、设备购置费"或"经营支出——修缮费、设备购置费"科目,贷记"专用基金——修购基金"科目。

【例22-6】某事业单位年度事业收入为100000元,经营收入为500000元,提取比例都为5%。年终根据提取比例增设修购基金。

提取额=100000×5%+500000×5%=30000(元)

| | | |
|---|---|---|
| 借:事业支出——修缮费 | 2500 | |
| ——设备购置费 | 2500 | |
| 经营支出——修缮费 | 12500 | |
| ——设备购置费 | 12500 | |
| 贷:专用基金——修购基金 | | 30000 |

(2) 固定资产变价收入转为修购基金。事业单位发生清理报废固定资产残值变价收入转入时,借记"银行存款"科目,贷记"专用基金——修购基金"科目;支付清理报废固定资产所发生的清理费用时,借记"专用基金——修购基金"科目,贷记"银行存款"科目。

【例22-7】某事业单位报废仪器设备一台,原价100000元,固定资产残值变价收入为 32000 元，支付清理报废固定资产所发生的清理费用 8000 元。其会计分录如下：

按固定资产原价记：

借：固定基金　　　　　　　　　　　　　　　　100000

　　贷：固定资产——仪器　　　　　　　　　　　100000

取得残值变价收入时记：

借：银行存款　　　　　　　　　　　　　　　　32000

　　贷：专用基金——修购基金　　　　　　　　　32000

支付清理费用时记：

借：专用基金——修购基金　　　　　　　　　　8000

　　贷：银行存款　　　　　　　　　　　　　　　8000

2. 修购基金的管理

按规定，事业单位的修购基金支出范围仅限于固定资产的维修和购置，不得用于其他方面的开支。但由于固定资产的维修和购置尤其是固定资产大修和大中型仪器设备购置所需资金数额较大，对事业单位的业务经营活动和事业发展都有重大影响，因此，必须加强修购基金支出的管理：一是要做好计划；二是尽可能实行项目管理，讲求效益。

此外，在安排修购基金支出计划和进行修购基金支出具体管理时，应注意以下几方面：

（1）固定资产维修和购置，要分清轻重缓急，以保证固定资产达到正常使用要求，满足单位的基本工作需要。

（2）在购置大中型仪器设备之前，要进行可行性论证研究，分析其所能带来的社会效益和经济效益，以免造成损失和浪费。

（3）固定资产的维修和购置要按项目进行管理和核算，并组织好项目的技术鉴定和验收工作。

**（二）职工福利基金的核算与管理**

1. 职工福利基金的核算

职工福利基金是按结余的一定比例提取以及按其他规定提取转入，用于单位职工的集体福利设施、集体福利待遇等的资金。

职工福利基金与按标准在事业支出和经营支出中列支提取的国家工作人员福利费不同，前者主要用于集体福利的开支，如用于集体福利设施建设等，后者主要用于职工个人方面的开支，如用于职工生活困难补助等，福利费提取后也在"专用基金"科目核算，但二者应分开核算。

事业单位在按规定从结余中提取一定比例的职工福利基金时，必须严格按规定比例提取，不得随意提高职工福利基金的提取比例。计算公式为：

　　职工福利基金提取额＝可计提职工福利基金的结余额×提取比例

　　其中，结余额包括事业结余和经营结余，即转入"结余分配"科目的数额扣除"应交所得税"（有所得税缴纳业务的单位）后的数额。

　　年终，事业单位按规定比例从当年结余中计提职工福利基金时，借记"结余分配——职工福利基金"科目，贷记"专用基金——职工福利基金"科目。

　　**【例 22—8】** 某事业单位年终"事业结余"100000 元，"经营结余"200000 元，假定按 33％的税率缴纳所得税，按税后结余额 30％的比例提取职工福利基金。

　　应交所得税额＝200000×33％＝66000（元）

　　应提职工福利基金＝［100000＋（200000—66000）］×30％＝70200（元）

　　（1）根据提取额：

　　借：结余分配——应交所得税　　　　　　　　　　　66000

　　　　贷：应交税金——所得税　　　　　　　　　　　　　　66000

　　借：结余分配——职工福利基金　　　　　　　　　　70200

　　　　贷：专用基金——职工福利基金　　　　　　　　　　　70200

　　（2）按规定用途使用时：

　　借：专用基金——职工福利基金

　　　　贷：银行存款（现金）

　　2. 职工福利基金的管理

　　职工福利基金的支出范围一般有：集体福利设施建设支出；对后勤服务部门的补助，如单位职工浴室、理发室、托儿所、幼儿园等人员工资和各项支出收支相抵以后的差额部分，可用职工福利基金予以补助；单位职工食堂的补助；单位公费医疗超支部分按规定由单位负担的费用；按国家规定由职工福利基金开支的其他支出。因此，在支出管理上，要考虑职工福利基金的结存数和当期提取数，量入为出，计划好开支。

　　**（三）医疗基金的核算与管理**

　　1. 医疗基金的核算

　　医疗基金是指未纳入公费医疗经费开支范围的事业单位，参照公费医疗制度有关规定从收入中提取的用于职工公费医疗开支的资金。

　　各地财政部门一般是在年初核定公费医疗经费人均预算定额，并据此核拨给享受公费医疗待遇的事业单位公费医疗经费。未纳入公费医疗经费开支范围的事业单位，也应按当地财政部门确定的公费医疗经费人均预算定额提取医疗基金。医疗基金应按从事专业业务及其辅助活动的人员和从事生产经营活动的人员分别列入事业支出和经营支出的社会保障费中。其计算公式为：

　　医疗基金提取额＝职工人数×提取标准（预算定额）

　　事业单位在提取医疗基金时，借记"事业支出——社会保障费"、"经营支出——社会保障费"科目,贷记"专用基金——医疗基金"科目。

【例22—9】某事业单位有从事专业业务活动及其辅助活动的人员200人和从事生产经营活动的人员40人,按财政部门确定的公费医疗经费人均年度预算定额标准400元提取医疗基金。

事业支出中应提取的医疗基金＝400×200＝80000(元)

经营支出中应提取的医疗基金＝400×40＝16000(元)

(1)根据提取额:

借:事业支出——社会保障费　　　　　　　　　80000

　　经营支出——社会保障费　　　　　　　　　16000

　　　贷:专用基金——医疗基金　　　　　　　　　　　96000

(2)按规定使用时:

借:专用基金——医疗基金

　　贷:银行存款

2. 医疗基金的管理

医疗基金的管理应参照当地公费医疗经费管理的有关制度,确定医疗基金的开支项目和支出标准。同时,建立起医疗费用制约机制,减少浪费,保证职工基本医疗需要。

**(四)住房基金的核算与管理**

1. 住房基金的核算

按我国现行制度规定,所有行政和企事业单位及其职工均应按照"个人存储、单位资助、统一管理、专项使用"的原则缴纳住房公积金。

住房公积金是由在职职工及其所在单位,按职工个人工资和职工工资总额的一定比例逐月缴纳,归个人所有,存入个人公积金账户,用于购建、大修住房,职工离退休时,本息金额一次结清,退还职工本人。各级财政是住房公积金管理机构财务管理的主管部门。

事业单位住房基金是按国务院规定的住房公积金制度,由单位按职工工资总额的5%提取住房公积金,不包括个人缴纳的住房公积金。

事业单位提取职工住房基金时,借记"事业支出"、"经营支出"科目,贷记"专用基金"科目;使用住房基金时,借记"专用基金"科目,贷记"银行存款"科目。个人住房公积金的缴纳、使用和结存情况,以"其他应付款"科目核算。

【例22—10】某事业单位2008年6月份依据职工工资总额400000元计算提取住房基金。

(1)提取职工住房基金时:

借:事业支出(经营支出)——社会保障费　　　　20000

　　贷:专用基金——住房基金　　　　　　　　　　　20000

（2）使用住房基金时：

借：专用基金——住房基金

　　贷：银行存款

2. 住房基金的管理

住房基金应严格按国家规定的比例提取，并实行专款专用。

# 第五节　事业单位结余及分配

事业单位的结余是指事业单位在一定期间各项收入与支出相抵后的差额，包括"事业结余"和"经营结余"两部分。

各项收入包括财政补助收入、上级补助收入、事业收入、经营收入、附属单位缴款、其他收入等。

各项支出包括拨出经费、事业支出、经营支出、上缴上级支出、对附属单位补助、销售税金、结转自筹基建等。

"事业结余"是指事业单位各项非经营收支相抵后的余额。

"经营结余"是指事业单位各项经营收支相抵后的余额。

## 一、事业结余的核算

事业结余是指事业单位在一定期间除经营收支以外的各项收支相抵后的余额（不含实行预算外资金结余上缴办法的预算外结余）。在这里，"一定期间"通常是指一年，起讫日期采用公历日期，即公历的1月1日至12月31日。各项收入和支出的范围如上所述。

为了核算各项非经营收支的结余，应设置"事业结余"账户。贷方登记从有关收入账户转入数，借方登记从有关支出账户转入数。余额一般在贷方，反映事业单位当年收入大于支出的结余数；如果出现借方余额，则表示事业单位当年支出大于收入的超支。其账务处理如下：

（1）年终将各项收入转入事业结余的贷方，转账时：

借：财政补助收入

　　上级补助收入

　　事业收入

　　财政专户返还收入

　　附属单位缴款

　　其他收入

　　贷：事业结余

（2）将各项支出转入事业结余的借方，转账时：

借：事业结余

　　贷：事业支出

　　　　上缴上级支出

　　　　对附属单位补助

　　　　销售税金

　　　　拨出经费

　　　　结转自筹基建

（3）将当年事业结余账户的余额全数转入"结余分配"账户，结账后，本账户无余额。转账时：

借：事业结余

　　贷：结余分配

若"事业结余"账户为借方余额，将"事业结余"余额转"结余分配"的分录与上述分录相反。

## 二、经营结余的核算

经营结余是指事业单位在一定期间（通常为一年）各项经营收入与经营支出相抵后的余额。

为核算经营收支的结余，应设置"经营结余"账户。贷方登记经营收入账户转入数，借方登记经营支出和属于经营收入负担的销售税金数。余额一般在贷方，反映事业单位当年经营收入大于支出的结余数；如果余额在借方，则表示事业单位当年经营支出大于收入的亏损数。其账务处理如下：

（1）将"经营收入"转入"经营结余"的贷方。转账时：

借：经营收入

　　贷：经营结余

（2）将"经营支出"、"销售税金"（指经营业务的销售税金）转入"经营结余"的借方。转账时：

借：经营结余

　　贷：经营支出

　　　　销售税金

（3）年终"经营结余"账户如为贷方余额，表示当年盈余，应全数转入"结余分配"账户，结转后本账户无余额；如为借方余额，则表示当年经营亏损，年终不予转账，等待以后年度用盈余弥补。盈余转账时：

借：经营结余

　　贷：结余分配

## 三、结余分配的核算

结余分配是指事业单位当年结余分配的结果。

事业单位结余分配的要求主要有两点：

（1）正确计算结余。事业单位应按照规定的计算方法和内容，对单位全年的收支活动进行全面的清查、核对、整理和结算。凡属本年的各项收入，都要及时入账；凡属本年的各项支出，都要按规定的支出渠道列报，如实反映全年的收支结余情况。需要强调的是，经营收入要与经营支出对比进行结算，以正确反映经营收支结余；各项非经营收入之和要与非经营支出之和对应进行结算，以正确反映事业收支结余，两者不能混淆。

（2）按规定分配结余。结余的分配，包括预算外资金结余的处理、专项资金结存的处理、职工福利基金的提取等，都要严格按照规定办理。

"结余分配"账户一般设置"应交所得税"、"提取专用基金"、"事业基金"等明细账户。其账务处理如下：

1）有所得税缴纳任务的事业单位计算出应缴纳的所得税时：

借：结余分配——应交所得税

　　贷：应交税金——应交所得税

2）按规定比例计算提取专用基金时：

借：结余分配——提取专用基金

　　贷：专用基金——职工福利基金

3）分配后，应将"结余分配"账户的贷方余额全数转入"事业基金"账户的贷方。结转后，本账户无余额。转账时：

借：结余分配

　　贷：事业基金——一般基金

单位发生以前年度会计事项的调整和变更，涉及以前年度结余的，凡国家有规定的，从其规定；没有规定的，直接通过"事业基金"账户进行核算，并在会计报表上加以注明。

## 复习思考题

1. 简述事业单位净资产的内容。

2. 如何核算事业单位事业基金？

3. 简述事业单位专用基金的含义与内容。

4. 如何核算单位的结余？

5. 简述事业单位设置专用基金的意义。

# 第二十三章　事业单位会计报表

## 第一节　事业单位会计报表概述

### 一、会计报表的概念和种类

事业单位会计报表是反映事业单位财务状况和收支情况的书面文件，是财政部门和上级单位了解情况、掌握政策、指导单位预算执行工作的重要资料，也是编制下年度单位财务收支计划的基础。各单位财务部门必须认真做好会计报表的编审工作。

事业单位会计报表主要包括资产负债表、收入支出表、基建投资表、附表及会计报表附注和收支情况说明书等。对于有专款收支业务的单位，应根据财政部门或主管部门的要求编报专项资金收支情况表。

事业单位会计报表可以根据需要，按照不同标准进行分类：

（1）按会计报表反映的经济内容，分为静态报表和动态报表。静态报表是反映事业单位特定日期资产、负债和净资产构成情况的报表，如资产负债表；动态报表是反映事业单位在一定时期内收入和支出情况的报表，如收入支出表。

（2）·按照会计报表的编报单位，分为本级报表和汇总报表。本级报表指事业单位编制的自身的会计报表；汇总报表指事业主管部门或上级机关，根据所属单位报送的会计报表和本单位的会计报表汇总编制的反映本部门财务状况及收支情况的综合性会计报表。

（3）按会计报表的编报时间，分为月报、季报和年报。其中，月报要求简明扼要；年报要求全面、完整地反映事业单位的状况；季报介于月报和年报之间。

（4）按报送对象不同，事业单位会计报表可分为外部会计报表和内部会计报表。外部会计报表是报送给本单位外部有关方面、满足外部会计信息使用者需要的会计报表。内部会计报表是报送给本单位领导和有关部门负责人、满足本单位内部管理需要的会计报表。事业单位会计制度要求编制的会计报表都是外部会计报表。

## 二、会计报表的编制要求

事业单位会计报表应当根据登记完整、核对无误的账簿记录和其他有关资料编制，要做到数字真实，内容完整，报送及时。

### （一）数字真实

事业单位预算会计报表的数字必须真实可靠。会计报表的编制，应该以核对无误的账簿记录和有关的实际执行资料填制。在编制报表前，应将本期发生的全部经济业务登记入账，做到账证相符、账账相符、账实相符，保证会计报表所反映的数字真实、可靠。任何人都不能篡改或授意、指使他人篡改会计报表数字；在汇总报表的时候，要按下级报来经过审查的报表汇编，不能估列编报，更不能弄虚作假或任意增减数字。

### （二）内容完整

事业单位预算会计报表必须内容完整，按照国家或上级主管部门统一规定的报表种类、格式、内容、计算方法和编报口径填报齐全，不能漏编、漏报报表中规定的格式栏次，不论是表内项目还是补充资料，应填的项目内容要填列齐全，不能任意取舍，以保证满足会计报表在本部门、本地区及全国逐级汇总分析工作的需要。

中央各部门、各省、自治区、直辖市财政厅（局）可以根据工作需要增加一些报表或项目，但不得影响国家统一规定的报表和报表项目的编报。事业单位内部管理需要的特殊会计报表由有关单位自行规定。

### （三）报送及时

事业单位预算会计报表必须按照国家或上级机关规定的期限和程序，在保证报表真实、完整的前提下，于规定的期限内报送上级单位。一个事业单位的会计报表不及时报送，就会影响主管部门、政府部门以至全国的逐级汇总，影响全局对会计信息的分析。为此，各事业单位应当科学、合理地组织好日常的会计核算工作，加强会计部门内部及会计部门与有关部门的协作与配合，以便尽快地编制出会计报表，满足预算管理和财务管理的需要。

## 三、事业单位的年终清理结算和结账

### （一）年终清理结算

事业单位在年度终了前，应根据财政部门或主管部门关于决算编审工作的要求，对各项收支款项、往来款项、货币资金和物资进行全面的年终清理结算，以保证单位年度决算内容的正确和完整。

事业单位年终清理结算的主要事项有：

（1）清理、核对年度预算收支数字和各项缴拨款项、上缴下拨款项数字。年终前，对财政部门、上级单位和所属单位之间的全年预算数（包括追加、追减和上、下划数字）以及应上缴、拨补的款项等，都应按规定逐笔进行清理结算，保证上、下级之间的年度预算数、领拨经费数和上缴、下拨数一致。

为了准确反映各项收支数额，凡属本年度应拨应缴款项，应当在 12 月 31 日前汇达对方。主管会计单位对所属各单位的拨款应截至 12 月 25 日，逾期一般不再下拨。

（2）清理、核对各项收支。凡属本年的各项收入都应及时入账。本年的各项应缴预算款和应缴财政专户的预算外资金收入，应在年终前全部上缴。属于本年的各项支出，应按规定用途如实列报。

年度单位支出决算，一律以基层用款单位截至 12 月 31 日的本年实际支出数为准，不得将年终前预拨下年的预算拨款列入本年的支出，也不得以上级单位的拨款数代替基层会计单位的实际支出数。

（3）清理结算各种往来款项。对应收、应付、预收、预付的各种款项，年终前要尽量清理完毕，人欠收回，欠人付清。按有关规定应转作各项收入或支出的往来款项要及时结转，编入本年决算。

（4）清查货币资金。年终，事业单位应及时同开户银行对账，银行存款账面余额应同银行对账单余额核对相符；现金账面余额应同库存现金核对相符；有价证券账面数字，应同实存的有价证券核对相符。

（5）清查财产物资。年终前，事业单位应对各项财产物资进行清查盘点。发生盘盈、盘亏时，应及时查明原因，按规定做出处理，做到账账相符、账实相符。

**（二）年终结账**

事业单位在年终清理结算后进行年终结账。年终结账包括年终转账、结清旧账和记入新账三个环节。

1. 年终转账

账目核对无误后，首先计算出各账户的 12 月份合计数和全年累计数，结出 12 月末的余额。然后，编制结账前的"资产负债表"，试算平衡后，再将应对冲结转的各个账户的余额按年终冲转办法，填制 12 月 31 日的记账凭单办理结账冲转。事业单位年终转账的会计分录为：将事业活动收支科目余额转入"事业结余"科目时，借记"财政补助收入"、"上级补助收入"、"附属单位缴款"、"事业收入"、"财政专户返还收入"、"其他收入"科目，贷记"事业结余"科目；借记"事业结余"科目，贷记"拨出经费"、"事业支出"、"上缴上级支出"、"销售税金"（非经营业务）、"对附属单位补助"、"结转自筹基建"科目。将经营活动收支科目余额转入"经营结余"科目时，借记"经营收入"科目，贷记"经营结余"科目；借记"经营结余"科目，贷记"经营支出"、"销售税金"科目。将

"事业结余"、"经营结余"科目余额（"经营结余"科目借方余额不转）转入"结余分配"科目时，借记"事业结余"、"经营结余"科目，贷记"结余分配"科目。将结余分配后的余额转入"事业基金"科目时，借记"结余分配"科目，贷记"事业基金"科目。

2. 结清旧账

在这一阶段，事业单位应将转账后无余额的账户结出全年总累计数，然后在下面划通栏双红线，表示本账户全部结清。对年终有余额的账户，在"全年累计数"下一行的"摘要"栏内注明"结转下年"字样，再在下面划通栏双红线，表示年终余额转入新账，旧账终结。

3. 记入新账

事业单位应根据本年度各账户余额，编制年终决算的资产负债表和有关明细表。然后，将表列各账户的年终余额数直接记入新年度相应的各有关账户，并在"摘要"栏内注明"上年结转"字样，表示新年度的年初数额。

# 第二节　事业单位会计报表的编制

## 一、资产负债表的编制

### （一）资产负债表的概念

资产负债表是一张静态会计报表，是反映事业单位在某一特定日期财务状况的报表。资产负债表是依据一定的分类标准和一定的顺序，把事业单位某一特定日期的资产、支出、负债、净资产和收入项目予以适当排列，按照规定的编制要求编制而成的。具体讲是按照"资产＋支出＝负债＋净资产＋收入"的平衡公式设置，分为左右两方。左方为资产部类，包括资产和支出两类；右方为负债部类，包括负债、净资产和收入三大类，左右两方总计数相等。

按时间划分，资产负债表可分为月报和年报两种。

### （二）资产负债表的格式与内容

目前国际上流行的资产负债表的格式有账户式和报告式两种。账户式资产负债表是将资产总部类列在报表的左方，将负债部类列在报表的右方。报告式资产负债表是将资产负债表的项目按一定顺序自上而下排列。我国事业单位的资产负债表的基本格式如表23-1所示。

## 表 23-1　资产负债表

编制单位：　　　　　　　　　　　年　　月　　日　　　　　　　　　　金额单位：元

| 科目编号 | 资产部类 | 年初数 | 期末数 | 科目编号 | 负债部类 | 年初数 | 期末数 |
|---|---|---|---|---|---|---|---|
| | 一、资产类 | | | | 二、负债类 | | |
| 101 | 现金 | | | 201 | 借入款项 | | |
| 102 | 银行存款 | | | 202 | 应付票据 | | |
| 103 | 零余额账户用款额度 | | | 203 | 应付账款 | | |
| 105 | 应收票据 | | | 204 | 预收账款 | | |
| 106 | 应收账款 | | | 207 | 其他应付款 | | |
| 108 | 预付账款 | | | 208 | 应缴预算款 | | |
| 110 | 其他应收款 | | | 209 | 应缴财政专户款 | | |
| 115 | 材料 | | | 210 | 应交税金 | | |
| 116 | 产成品 | | | | 负债合计 | | |
| 117 | 对外投资 | | | | | | |
| 120 | 固定资产 | | | | 三、净资产类 | | |
| 124 | 无形资产 | | | 301 | 事业基金 | | |
| | 资产合计 | | | | 其中：一般基金 | | |
| | | | | | 　　　　投资基金 | | |
| | | | | 302 | 固定基金 | | |
| | | | | 303 | 专用基金 | | |
| | | | | 306 | 事业结余 | | |
| | | | | 307 | 经营结余 | | |
| | | | | | 净资产合计 | | |
| | 五、支出类 | | | | 四、收入类 | | |
| 501 | 拨出经费 | | | 401 | 财政补助收入 | | |
| 502 | 拨出专款 | | | 403 | 上级补助收入 | | |
| 503 | 专款支出 | | | 404 | 拨入专款 | | |
| 504 | 事业支出 | | | 405 | 事业收入 | | |
| 505 | 经营支出 | | | 406 | 财政专户返还收入 | | |
| 509 | 成本费用 | | | 409 | 经营收入 | | |
| 512 | 销售税金 | | | 412 | 附属单位缴款 | | |
| 516 | 上缴上级支出 | | | 413 | 其他收入 | | |
| 517 | 对附属单位缴款 | | | | 收入合计 | | |
| 520 | 结转自筹基建 | | | | | | |
| | 支出合计 | | | | | | |
| | 资产部类总计 | | | | 负债部类总计 | | |

**（三）资产负债表的编制方法**

资产负债表各项目都设有两栏，即"年初数"和"期末数"。其中，"年初数"即上年年末数，按上年决算后结转本年的各总账科目年初数填列。如果本年度的项目与上年末各项目的名称和内容不一致，则应调整后填入。"期末数"表示报告期末的状况，因而应根据截至报告月份的各项目的总账科目期末余额填列。具体填列时应注意以下几点：

（1）"银行存款"项目，根据事业单位"银行存款"总账科目的期末余额填列。事业单位的外埠存款、银行汇票存款、银行本票存款和在途资金都应包含在该项目中。

（2）"应收票据"项目，根据"应收票据"科目的期末余额填列。单位已向银行贴现的应收票据，不包括在本项目中，但应在报表附注中对贴现票据进行说明。

（3）"应收账款"项目，应根据"应收账款"科目的有关明细科目的期末借方余额合计填列。"预收账款"科目有关明细账如有借方余额，应填入本项目。"应收账款"有关明细账如有贷方余额，应将其剔除，记入"预收账款"项目中。

（4）"预付账款"项目，根据"预付账款"科目的期末余额填列。如果"应付账款"的有关明细科目有借方余额，也应包括在本项目内，但"预付账款"有贷方余额的，应填入"应付账款"项目。

（5）"固定资产"项目，根据"固定资产"科目余额填列。它包括单位融资租入的产权尚未确定的固定资产，但应在附注中加以说明。该项目与"固定基金"项目填列数字一般情况下应该一致，但有可能不一致。

（6）"应付账款"项目，根据"应付账款"有关明细科目的期末贷方余额合计填列。但如果"预付账款"科目所属明细科目有贷方余额时，也应填入本项目；"应付账款"的明细科目有借方余额时，将其填入"预付账款"项目中。

（7）"预收账款"项目，根据"预收账款"明细科目贷方余额合计数填列。如果"应收账款"所属明细科目有贷方余额的，也填入本项目。如果"预收账款"所属明细科目有借方余额时，将其填入本表的"应收账款"项目。

除以上项目外，表中其他项目的填列直接根据对应的总账科目的期末余额填列即可。

另外，须注意，上级单位或主管单位在编制汇总的"资产负债表"时，应将上、下级之间的对应科目数字冲销后才能逐级汇总上报。上、下级之间的对应科目为：上级单位的"拨出经费"、"拨出专款"、"对附属单位补助"、"附属单位缴款"科目分别与下级单位的"财政补助收入"、"拨入专款"、"上级补助收入"、"上缴上级支出"科目对应。

## 二、收入支出表的编制

### (一) 收入支出表的内容与格式

收入支出表是反映事业单位在一定期间的收支结余及其分配情况的报表。它由收入、支出和结余三部分内容组成，其关系为"收入－支出＝结余"。其中，收入、支出和结余均再分成三部分内容，即收入分成事业活动收入（包括财政补助收入、上级补助收入、附属单位缴款、事业收入和其他收入）、经营活动收入（即经营收入）和专款收入（即拨入专款）三部分，支出分成事业活动支出（包括拨出经费、上缴上级支出、对附属单位补助、事业支出、销售税金和结转自筹基建）、经营活动支出（包括经营支出和销售税金）和专款支出（包括拨出专款和专款支出）三部分，结余分成事业结余、经营结余和结余分配（包括应交所得税、提取专用基金、转入事业基金和其他）三部分。

收入支出表是事业单位的主要会计报表之一。按照时间划分，收入支出表可分为月报和年报两种。

事业单位收入支出表的作用，表现在它可以综合地反映事业单位在一定期间内收入的来源、支出的用途以及结余的形成与分配情况等多方面的信息。这些信息，对于财政部门、上级单位和其他有关方面了解情况、掌握政策、指导单位预算执行等，以及对于事业单位本身了解财务收支情况、加强财务管理等，都具有重要的作用。

### 表 23-2　收入支出表

编制单位　　　　　　　　　　年　　月　　　　　　　　　　金额单位：元

| 收　入 | | 支　出 | | 结　余 | |
|---|---|---|---|---|---|
| 项　目 | 累计数 | 项　目 | 累计数 | 项　目 | 累计数 |
| 财政补助收入<br>上级补助收入<br>附属单位缴款<br>事业收入<br>其中：<br>　预算外资金收入<br>　财政专户返还收入<br>其他收入 | | 拨出经费<br>上缴上级支出<br>对附属单位补助<br>事业支出<br>其中：<br>　财政补助支出<br>　预算外资金支出<br>销售税金<br>结转自筹基建 | | 事业结余<br>1. 正常收支结余<br>2. 收回以前年度<br>　事业支出 | |
| 小　计 | | 小　计 | | | |

续表

| 收　　入 | | 支　　出 | | 结　　余 | |
|---|---|---|---|---|---|
| 项　　目 | 累计数 | 项　　目 | 累计数 | 项　　目 | 累计数 |
| 经营收入 | | 经营支出<br>销售税金 | | 经营结余<br>以前年度亏损（一） | |
| 小　　计 | | 小　　计 | | | |
| 拨入专款 | | 拨出专款<br>专款支出 | | 结余分配<br>1. 应交所得税<br>2. 提取专用基金<br>3. 转入事业基金<br>4. 其他 | |
| 小　　计 | | 小　　计 | | | |
| 总　　计 | | 总　　计 | | | |

**（二）收入支出表的编制**

（1）本表事业收入与事业支出、经营收入和经营支出栏下的项目按单位的主要业务收支类别分类填列。单位上述各项收入或支出没有分开设账核算的，可不分项填列。

（2）事业支出项下的财政补助支出和预算外资金支出，事业单位可以采用统计方法填列。

（3）当年没有完成的专项工程或专项业务，其发生的支出及其相关的收入当年不予结转。

（4）主管会计单位汇总编制本表时，应将"拨出经费"、"拨出专项资金"与所属单位"拨入经费"和"拨入专款"科目汇总数对冲；将"附属单位缴款"、"对附属单位补助"与所属单位的"上缴上级支出"、"上级补助收入"科目汇总数对冲。

# 三、附表、会计报表附注与收支情况说明书

**（一）附表**

附表是为帮助使用者深入了解主要会计报表的有关内容和项目而以表格的形式对主要会计报表所做的补充说明和详细解释。它是事业单位会计报表的有机组成部分。

事业单位会计报表的附表主要是收入支出表的附表，它包括事业支出明细表和经营支出明细表。除此之外，事业单位还可以编制基本数字表、事业收入明细

表、预算外资金收入明细表、固定资产分类表、往来款项明细表等。

**（二）会计报表附注**

会计报表附注是为帮助使用者了解主要会计报表及其附表的有关内容和项目而主要以文字的形式对其所做的补充说明和详细解释。它也是事业单位会计报表的有机组成部分。

会计报表附注的作用，主要是它可以对主要会计报表及其附表本身无法或者难以用数字充分表述的内容和项目以文字的形式做补充说明和详细解释，从而可以帮助使用者更好地阅读事业单位的主要会计报表及其附表。

事业单位会计报表附注的内容主要包括：

（1）特殊事项的说明。所谓特殊事项，是指事业单位偶发的事项，它与事业单位正常的业务相比，在性质上具有特殊性。如水灾、火灾等自然灾害给事业单位的财产带来的额外损失等。这些事项需要在会计报表附注中加以说明和解释。

（2）会计报表中有关重要项目的明细资料。会计报表中的有些项目对某些事业单位来说可能是重要项目，但在会计报表中却无法详细列示其内容。对于这些项目，有必要通过会计报表附注加以说明。例如，对于某些事业单位来说，事业收入的项目可能很多，而且占收入总额的比重可能也较大，但在收入支出表中无法详细说明和解释各项事业收入的来源渠道、政策依据、业务运转情况等有关内容。对于这些内容，有必要通过会计报表附注加以说明和解释。

（3）其他有助于理解和分析会计报表的事项。例如，事业单位的会计原则和会计方法虽然并不十分复杂，但有时也会对会计报表产生影响。当这种影响达到一定程度时，就有必要在会计报表附注中予以说明。

**（三）收支情况说明书**

收支情况说明书是事业单位在对一定期间（通常为一个会计年度）内收入和支出、结余及其分配情况进行分析、总结的基础上所做的数字和文字的说明。它是事业单位会计报表的一个有机组成部分。

事业单位收支情况说明书的内容一般包括：

（1）预算或财务收支计划的完成情况，以及预算或财务收支计划执行过程中存在的问题。

（2）收支增减变化的情况和原因。

（3）在改善业务活动的管理、增收节支方面所做的努力和取得的成绩。

（4）目前在收入和支出管理方面存在的问题以及今后改进工作的计划和建议。

（5）结余及其分配情况。

由于收支情况说明书能够以文字和数字的形式明确而具体地揭示出事业单位财务收支活动的过程以及所取得的成绩和存在的问题，从而能够比较全面地揭示出事业单位业务活动的全过程和目前所处的状况，因此，它是使用者了解和评价事业单位财务收支情况、进行有关决策的重要参考资料。

# 第三节　事业单位财务分析

## 一、财务分析的意义

财务分析主要指会计报表的分析，即运用事业计划、财务报表、统计数据和其他有关资料，对一定时期内的单位财务活动过程进行比较、分析和研究，并进行总结，做出正确评价的一种方法。

编制会计报表的目的是为了给会计报表使用者提供有关事业单位一定时期财务状况和收支情况的信息，以帮助事业单位有关利害关系者做出正确的决策。然而，会计报表所提供的财务信息是历史性数据，而信息使用者的决策则是立足现在、面向未来的，历史信息本身并不能直接用于决策。同时，事业单位会计报表中的数字本身并不完全具有比较明确的含义。在许多情况下，如果孤立地去看报表上所列的各类项目的金额，可能对报表使用者的经济决策没有多大的意义。对于报表使用者而言，比较重要的、有意义的资料是数字与数字之间的关系，以及这些数字所体现的一些指标的变动趋势和金额。所以，会计信息的使用者要做出正确的经济决策还必须对财务报告所提供的历史数据进一步加工，进行比较、分析、评价和解释。

## 二、财务分析的方法

财务分析的方法很多，事业单位财务分析主要采用比较分析法和因素分析法两种。

### （一）比较分析法

比较分析法是事业单位财务分析的一种基本方法。它又叫指标比较法，是一种通过指标对比来发现差异的分析方法。也就是将有关的可比指标进行比较，以确定差异、发现先进、揭露矛盾、找出差距的方法。比较分析法一般都是采用本期实际数与预算指标、以前各期实际指标及同类单位的完成指标进行对比。

1. 将本期实际完成数与预算计划数比较

通过对比，可以检查单位预算、计划完成进度，找出超、短的数字差距。这种方法一般可按下列公式进行：

实际数较计划数增减数额＝本期的实际完成数－本期的预算（计划）数

预算（计划）完成的百分比＝本期实际完成数/本期预算（计划）数×100%

【**例 23—1**】某事业单位本年实际修缮费支出 198000 元，预算额为 180000 元。则：

修缮费超支额为：

198000－180000＝18000 （元）

预算完成百分比为：

198000/180000×100％＝110％

2. 本期实际完成指标与上期或历史同期完成指标进行对比

通过本期实际完成指标与上期或历史同期完成指标进行比较，可以了解到历史上不同时期的变化情况，反映不同时期指标的增减变动数额及幅度，以探求各项预算收支和事业计划增减趋势或发展速度及其规律性，有利于吸取经验，改进工作。这种对比的计算方法是：

本期实际数比历史同期实际数增减额＝本期实际数－历史同期实际数

本期实际数与历史同期实际数的百分比＝本期实际完成数/历史同期实际完成数×100％

本期实际数比历史同期实际数增减百分比＝本期实际数比历史同期实际数增减额/历史同期实际完成数×100％

3. 本单位实际完成情况与同类单位的指标相比较

通过这一比较可以了解先进与落后的差距，找出本单位在工作中的问题，以便交流经验，相互学习，挖掘潜力，进一步提高预算管理水平。其计算方法为：

本期实际数与其他同类单位实际数增减额＝本期实际数－其他单位实际数

本期实际数比其他单位实际数百分比＝本期实际数/其他单位实际数×100％

本期实际数比其他单位实际数增减百分比＝本期实际数与其他单位实际数的增减额/其他单位实际数×100％

运用比较分析法时，要注意经济指标的可比性，指标的计算口径、时间、计价基础等，应建立在一致的基础上才能进行比较。

**（二）因素分析法**

运用比较分析法只能确定其差异，然而只知道差异的多少还不够，还应根据差异查明形成差异的原因。为了进一步分析形成差异的因素，找出诸因素对差异的影响方向及程度，就必须运用因素分析法进行分析。正是从这个意义上讲，因素分析法是建立在比较分析法的基础上，是比较分析法的发展和深入。

所谓因素分析法，就是在组成指标的各个相互联系的因素中，以数值来测定各个因素的变动对差异的影响方向及其程度的一种分析方法。其一般计算程序是：

（1）根据测定的各项因素的依次关系首先计算出预算数。例如，工资预算指标是由人员定额与平均工资计划两个因素组成的。其依存关系为：

职工人数定额平均工资预算＝预算工资额

（2）以每个因素的实际指标顺次替换计划定额数。有几项因素就替换几次，每一次替换后要分别计算出由于每项因素变动所得的结果，然后将逐次替换的结果与上一次替换的结果相比较，两者的差额即为某项因素对预算完成结果差异的影响程度。

（3）将各个因素的影响数值相加，即为实际数与预算数（或定额数）之间的差异。

【例23－2】某事业单位的人员定额为150人，平均工资预算为80元。实际人数为145人，实际平均工资为78元。试按因素分析法进行工资项目分析。

工资预算数＝150×80＝12000（元）　　　　　　　　　　　　　　　（1）

根据影响工资变动的两个因素的实际数，依次替换如下：

第一次替换：145×80＝11600（元）　　　　　　　　　　　　　　　（2）

第二次替换：145×78＝11310（元）　　　　　　　　　　　　　　　（3）

（2）－（1）＝11600－12000＝－400（元）　　　　　　　　　　　（4）

（3）－（2）＝11310－11600＝－290（元）　　　　　　　　　　　（5）

（5）＋（4）＝－400＋（－290）＝（3）－（1）＝11310－12000＝－690（元）

由以上分析可知，单位实际工资额比预算工资额减少690元，是由以下两个因素的变动引起的：由于单位人员减少5人，使实际工资减少了400元；由于单位实际平均工资降低了2元，使实际工资减少了290元。

【例23－3】某事业单位甲材料的相关指标如下：

预算数：业务量150次，材料耗用定额30公斤，材料单价7.5元；

实际数：业务量165次，实际耗用28.5公斤，实际材料单价9元。

试运用因素分析法进行当期甲材料费用的分析。

实际材料费用＝165×28.5×9＝42322.5（元）　　　　　　　　　　（1）

预算材料费用＝150×30×7.5＝33750（元）　　　　　　　　　　　（2）

第一次替换：165×30×7.5＝37125（元）　　　　　　　　　　　　（3）

（3）－（2）＝37125－33750＝3375（元），说明业务量增加导致材料费用增加3375元。

第二次替换：165×28.5×7.5＝35268.75（元）　　　　　　　　　　（4）

（4）－（3）＝35268.75－37125＝－1856.25（元），说明材料耗用定额减少导致材料费用减少1856.25元。

第三次替换：165×28.5×9＝42322.5（元）　　　　　　　　　　　（5）

（5）－（4）＝42322.5－35268.75＝7053.75（元），说明材料单价提高导致材料费用增加7053.75元。

各因素综合影响：3375＋（－1856.25）＋7053.75＝（1）－（2）＝42322.5－33750＝8572.5（元）

## 三、财务分析的内容

事业单位会计报表分析的主要内容包括对事业计划完成情况的分析、对预算执行情况的分析、对财务状况的分析、对资产使用情况的分析、对成本开支分析等。

### （一）对事业计划完成情况的分析

对事业计划完成情况的分析，主要是分析、考查事业计划完成的原因，针对存在的问题加以改进和解决，进一步挖掘单位内部潜力，并且为编制下期计划提供资料。

对事业计划完成情况进行分析时，应根据各类事业单位的特点确定分析的项目及其重点。例如，对各类科学研究机构事业计划进行分析时，应着重对机构、职工及其中科技人员，科学研究成果应用、推广及科研课题的年初、年末和平均数进行分析，考查其是否符合计划的要求。如对各类学校事业计划执行情况进行分析时，应着重对年初招生、毕业及年末学生人数、教工人数及其中教师人数，全年开支工资及助学金数，是否符合教育事业发展计划和定员定额的要求等进行分析。

### （二）对预算收支执行情况的分析

对于事业单位预算收入执行情况的分析，主要应对单位应缴预算收入是否符合政策和及时、定额地收纳缴库，有无拖欠挪用的现象进行分析。

由于事业单位一般收入较少，支出较多，因此，对单位预算执行情况的分析，重点应该是对预算支出执行情况进行分析。

单位的各项数字，是根据事业计划、机构体制、人员配备以及规定的各项定额和开支标准确定的。预算执行的情况，反映资金使用的情况和资金使用的效果。对预算收入的分析，主要分析单位的应缴预算收入是否按规定及时、定额地收缴。单位预算会计报表分析，重点是分析"事业支出"，这一分析应根据"收入支出情况表"和有关材料，与单位的计划任务、定员定额和各项开支标准联系起来，分析资金使用效果。

### （三）对事业单位资产使用情况和财务状况的分析

对事业单位资产使用情况及财务状况的分析主要包括以下几方面的内容：

（1）对固定资产的增加、减少和结存情况进行分析。主要是分析固定资产的增加及其资金来源是否符合国家规定、固定资产的减少是否合理和经过正常的批准、固定资产使用是否充分和有效、有无长期闲置和保养不善等情况。

（2）对于材料的增减情况进行分析。要分析各种材料的结构和定额执行情况，有无长期积压和浪费、损失的现象。

（3）对资金流转情况的分析。主要分析事业单位有无保障其业务活动的资金（主要是货币资金），资金的流转情况如何。

（4）对往来款项的余额进行分析。应分析各种应收、应付款的分布及未结算原因，有无长期不清、悬账、呆账等问题，要查明原因，及时处理。

（5）对拨入经费的变化情况进行分析。通过分析，考查拨入经费的期末数比年初数增加或减少的原因。

（6）对预算内、外资金的使用情况进行分析。考查有无铺张浪费等违纪行为。

（7）分析现金及银行存款的运行是否符合现金管理制度和银行结算制度。

# 四、财务分析评价指标

按照《事业单位财务规则》的规定，财务分析评价指标包括经费自给率、人员支出与公用支出分别占事业支出的比率、资产负债率。

## （一）经费自给率

经费自给率是衡量事业单位组织收入的能力和满足经常性支出的程度的指标，它是综合反映事业单位财务状况的重要分析评价指标之一。其计算公式为：

经费自给率＝（事业收入＋经营收入＋附属单位缴款＋其他收入）/（事业支出＋经营支出）×100%

公式中各项收入不包括财政补助收入和上级补助收入；支出内容反映的是事业单位的经常性支出，有些临时性、一次性等特殊支出原因造成经费自给率波动较大的，要予以扣除，如一次性专项资金安排的设备购置支出等。

经费自给率越大，说明事业单位组织收入的能力越高，满足经常性支出的程度越高；经费自给率越小，说明事业单位组织收入能力越低，满足经常性支出的程度越低。它既是国家有关部门制定对事业单位相关政策的重要指标，也是财政部门确定财政补助数额的重要依据，还是财政部门和主管部门确定事业单位收支结余、提取职工福利基金比例的依据。

## （二）人员支出、公用支出占事业支出的比率

该指标是反映事业单位事业支出结构的，是分析单位事业支出结构是否合理的重要指标。计算公式为：

人员支出比率＝人员支出/事业支出×100%

公用支出比率＝公用支出/事业支出×100%

"人员支出"包括工资、补助工资、职工福利费、社会保障费和助学金；"公用支出"包括公务费、业务费、设备购置费、修缮费、业务招待费和其他费用。

这一指标在一定程度上能反映事业单位人员配备情况和人员工作效率，即有

多少费用用于单位职工个人方面，有多少费用用于业务活动方面。对于不同类型的事业单位而言，由于各自的业务特点不同，该指标显示出较大的差异性，因此，以一个绝对标准比例来评价不同类型的事业单位支出结构是否合理是不科学的。该指标主要适用于对单位自身事业支出的历史变化和未来发展趋势的分析，以及同类型单位之间的比较分析。一般而言，应当尽量降低人员支出比重，提高公用支出比重，以使事业获得更快的发展。

### (三) 资产负债率

该指标是衡量事业单位利用债权人提供的资金开展业务活动的能力，以及反映债权人提供资金的安全保障程度的指标。计算公式为：

资产负债率＝负债总额/资产总额×100％

资产负债率可以反映偿还债务的程度，一般而言，资产负债率越低，偿还能力越强，这个比率越高，说明偿还债务的能力越差。从债务人角度来说，资产负债率反映了事业单位利用债权人提供的资金开展业务活动的能力；从债权人角度来说，资产负债率反映债权人提供资金的安全保障程度。所以，一般而言，事业单位的资产负债率保持在一个较低的水平上比较合适。

按照《事业单位财务规则》的规定，事业单位可根据本单位的业务特点增加财务分析和评价指标。我们可以根据事业单位管理的不同需要增加两类指标：一类是各事业单位基本通用的分析指标，如人均组织收入数、人均开支数、收支结余率、设备利用率等；另一类是体现单位特点的财务分析指标，如学校为分析生均支出是否达到国家有关政策要求，可以增加生均开支数和生均开支增长速度等指标，分析学校教职工与学生的比例是否合理，可以增加教职工（或专任教师）与学生的比例等指标。

## 复习思考题

1. 简述编制事业单位会计报表的要求。
2. 简述事业单位年终清理结算的主要事项。
3. 简述事业单位资产负债表的含义、格式及基本编制方法。
4. 简述收入支出表的含义及意义。
5. 简述会计报表附注的内容。
6. 简述收支情况说明书的内容。
7. 简述财务分析的意义。
8. 试举例说明因素分析法的应用。
9. 简述财务分析的内容。

# 参考文献

1. 中华人民共和国财政部．财政总预算会计制度，行政单位会计制度，事业单位会计准则，事业单位会计制度，事业单位财务规则，行政单位财务规则，1997

2. 2007 年政府收支分类科目．北京：中国财政经济出版社，2007

3. 赵建勇．预算会计．上海：上海财经大学出版社，2007

4. 王翠春，初宜红．政府与非营利组织会计．济南：山东人民出版社，2007

5. 贺蕊莉．新编预算会计．北京：清华大学出版社，2008

6. 徐曙娜．政府与非营利组织会计．上海：上海财经大学出版社，2006

7. 赵京菊．新编行政事业单位会计实务速成．北京：企业管理出版社，2008

8. 新预算会计实务全书课题组．新预算会计实务全书．北京：中国经济出版社，1998

9. 侯文铿．会计大典——非企业会计．北京：中国财政经济出版社，1999

10. 林万祥，曹钟侯．政府与事业单位会计．北京：中国财政经济出版社，2000

11. 刘沫行．政府与非营利组织会计．海口：南海出版公司，2007

12. 郭玲．政府会计实验教程．北京：中国财政经济出版社，2008

13. 刘积斌．预算会计改革丛书——财政总预算会计、行政单位会计、事业单位会计．北京：中国财政经济出版社，1997

14. 徐国民，窦洪波．政府与非营利组织会计．北京：中国财政经济出版社，2007

15. 杨远震．政府与非营利组织会计．北京：中国财政经济出版社，2007

16. 张雪芬．新编预算会计．苏州：苏州大学出版社，1999

17. 李海波，刘学华．新编预算会计．上海：立信会计出版社，1998

18. 宋明，么冬梅．政府与非营利组织会计．哈尔滨：哈尔滨工业大学出版社，2007

19. 孙长江，卢凤娟．政府与非营利组织会计．北京：科学出版社，2007

20. 林华，林世怡．企业、政府与非营利组织财务报告分析．上海：复旦大学出版社，2008

政府与事业单位会计

21. 预算会计百科全书编委会 . 预算会计百科全书 . 北京：当代中国出版社，2004

22. 许良虎 . 政府与非营利组织会计 . 镇江：江苏大学出版社，2008

23. 中华人民共和国财政部，中国人民银行 . 行政事业单位工资和津贴补贴有关会计核算办法，财政国库管理制度改革试点会计核算暂行办法，财政国库管理制度改革试点会计核算暂行办法补充规定，财政国库管理制度改革单位年终结余资金账务处理暂行规定，关于政府收支分类改革后行政单位会计核算问题的通知，政府采购资金财政直接拨付核算暂行办法，财政国库管理制度改革试点会计核算暂行办法，《财政国库管理制度改革试点会计核算暂行办法》补充规定，预算外资金收入收缴管理制度改革方案，财政部关于财政国库管理制度改革单位年终结余资金额度处理有关问题的通知，中央部门财政拨款结余资金管理办法

24. 王庆成 . 政府和事业单位会计 . 北京：中国人民大学出版社，2004

25. 财政部国库司 . 政府收支分类改革预算执行培训讲解 . 北京：中国财政经济出版社，2006

26. 财政部预算司 . 政府收支分类改革问题解答 . 北京：中国财政经济出版社，2006

27. 弗里曼，肖尔德斯 . 政府与非盈利组织会计 . 上海：上海财经大学出版社，2004

28. 拉扎克，霍布，艾夫斯 . 政府及非营利组织会计导论 . 北京：机械工业出版社，2003

29. 李凤毅 . 预算会计 . 哈尔滨：哈尔滨地图出版社，2007

30. 孔为民，刘海英 . 政府及非营利组织会计 . 北京：科学出版社，2008

31. 刘志翔 . 预算会计 . 北京：首都经济贸易大学出版社，2005

32. 罗绍德 . 预算会计 . 成都：西南财经大学出版社，2003

33. 罗朝晖 . 政府与非营利组织会计 . 成都：西南财经大学出版社，2005

34. 邬励军，潘敏虹 . 预算会计 . 广州：暨南大学出版社，2005

35. 陈华亭 . 预算会计 . 北京：中国财政经济出版社，2007

36. 周仁仪 . 预算会计学 . 武汉：中南大学出版社，2004

37. 冯力，弓爱乡 . 行政事业单位及民间非营利组织会计操作实务 . 北京：海潮出版社，2005

38. 李建发 . 政府及非营利组织会计 . 大连：东北财经大学出版社，2002

39. 刘有宝 . 预算会计实务 . 北京：高等教育出版社，2008

40. 吕兆海，周斌斌，黄玲蓉 . 预算会计 . 大连：东北财经大学出版社，2008

41. 陈复昌 . 新编预算会计 . 哈尔滨：哈尔滨工业大学出版社，2008